U0145896

名家通识讲座书系

逻辑学十五讲（第二版）

陈波 著

图书在版编目(CIP)数据

逻辑学十五讲/陈波著.—2版.—北京：北京大学出版社，2016.7

（名家通识讲座书系）

ISBN 978-7-301-27272-5

Ⅰ.①逻…　Ⅱ.①陈…　Ⅲ.①逻辑学　Ⅳ.①B81

中国版本图书馆CIP数据核字(2016)第157514号

书　　名	逻辑学十五讲（第二版） LUOJIXUE SHIWUJIANG(DI ER BAN)
著作责任者	陈　波　著
责任编辑	艾　英
标准书号	ISBN 978-7-301-27272-5
出版发行	北京大学出版社
地　　址	北京市海淀区成府路205号　100871
网　　址	http://www.pup.cn　新浪微博：@北京大学出版社
电子邮箱	编辑部 wsz@pup.cn　　总编室 zpup@pup.cn
电　　话	邮购部 62752015　发行部 62750672　编辑部 62756467
印 刷 者	北京中科印刷有限公司
经 销 者	新华书店
	965毫米×1300毫米　16开本　26.75印张　425千字
	2008年1月第1版
	2016年7月第2版　2023年12月第10次印刷
定　　价	79.00元

“名家通识讲座书系”
编审委员会

“名家通识讲座书系”总序

本书系编审委员会

“名家通识讲座书系”是由北京大学发起，全国十多所重点大学和一些科研单位协作编写的一套大型多学科普及读物。全套书系计划出版100种，涵盖文、史、哲、艺术、社会科学、自然科学等各个主要学科领域，第一、二批近50种将在2004年内出齐。北京大学校长许智宏院士出任这套书系的编审委员会主任，北大中文系主任温儒敏教授任执行主编，来自全国一大批各学科领域的权威专家主持各书的撰写。到目前为止，这是同类普及性读物和教材中学科覆盖面最广、规模最大、编撰阵容最强的丛书之一。

本书系的定位是“通识”，是高品位的学科普及读物，能够满足社会上各类读者获取知识与提高素养的要求，同时也是配合高校推进素质教育而设计的讲座类书系，可以作为大学本科生通识课（通选课）的教材和课外读物。

素质教育正在成为当今大学教育和社会公民教育的趋势。为培养学生健全的人格，拓展与完善学生的知识结构，造就更多有创新潜能的复合型人才，目前全国许多大学都在调整课程，推行学分制改革，改变本科教学以往比较单纯的专业培养模式。多数大学的本科教学计划中，都已经规定和设计了通识课（通选课）的内容和学分比例，要求学生在完成本专业课程之外，选修一定比例的外专业课程，包括供全校选修的通识课（通选课）。但是，从调查的情况看，许多学校虽然在努力建设通识课，也还存在一些困难和问题：主要是缺少统一的规划，到底应当有哪些基本的通识课，可能通盘考虑不够；课程不正规，往往因人设课；课量不足，学生缺少选择的空间；更普遍的问题是，很少有真正适合通识课教学的教材，有时只好用专业课教材替代，影响了教学效果。一般来说，综合性大学这方面情况稍好，其他普通的大学，特别是理、工、医、农类学校因为相对缺少这方面的教学资源，加上很少有可供选择的教材，开设通识课的困难就更大。

这些年来,各地也陆续出版过一些面向素质教育的丛书或教材,但无论数量还是质量,都还远远不能满足需要。到底应当如何建设好通识课,使之能真正纳入正常的教学系统,并达到较好的教学效果?这是许多学校师生普遍关心的问题。从2000年开始,由北大中文系主任温儒敏教授发起,联合了本校和一些兄弟院校的老师,经过广泛的调查,并征求许多院校通识课主讲教师的意见,提出要策划一套大型的多学科的青年普及读物,同时又是大学素质教育通识课系列教材。这项建议得到北京大学校长许智宏院士的支持,并由他牵头,组成了一个在学术界和教育界都有相当影响力的编审委员会,实际上也就是有效地联合了许多重点大学,协力同心来做成这套大型的书系。北京大学出版社历来以出版高质量的大学教科书闻名,由北大出版社承担这样一套多学科的大型书系的出版任务,也顺理成章。

编写出版这套书的目标是明确的,那就是:充分整合和利用全国各相关学科的教学资源,通过本书系的编写、出版和推广,将素质教育的理念贯彻到通识课知识体系和教学方式中,使这一类课程的学科搭配结构更合理,更正规,更具有系统性和开放性,从而也更方便全国各大学设计和安排这一类课程。

2001年底,本书系的第一批课题确定。选题的确定,主要是考虑大学生素质教育和知识结构的需要,也参考了一些重点大学的相关课程安排。课题的酝酿和作者的聘请反复征求过各学科专家以及教育部各学科教学指导委员会的意见,并直接得到许多大学和科研机构的支持。第一批选题的作者当中,有一部分就是由各大学推荐的,他们已经在所属学校成功地开设过相关的通识课程。令人感动的是,虽然受聘的作者大都是各学科领域的顶尖学者,不少还是学科带头人,科研与教学工作本来就很忙,但多数作者还是非常乐于接受聘请,宁可先放下其他工作,也要挤时间保证这套书的完成。学者们如此关心和积极参与素质教育之大业,应当对他们表示崇高的敬意。

本书系的内容设计充分照顾到社会上一般青年读者的阅读选择,适合自学;同时又能满足大学通识课教学的需要。每一种书都有一定的知识系统,有相对独立的学科范围和专业性,但又不同于专业教科书,不是专业课的压缩或简化。重要的是能适合本专业之外的一般大学生和读者,深入浅出地传授相关学科的知识,扩展学术的胸襟和眼光,进而增进学生的人格素养。本书系每一种选题都在努力做到入乎其内，出乎其外，把学问真正做活了，并能加以普及，因此对这套书的作者要求很高。我们所邀请的大都是那些真正有学术建树，有良好的教学经验，又能将学问深入浅出地传达出来的重量级学者，是请“大家”来讲“通识”，所以命名为“名家通识讲座书系”。其意图就是精选名校名牌课程，实现大学教学资源共享，让更多的学子能够通过这套书，亲炙名家名师课堂。

本书系由不同的作者撰写，这些作者有不同的治学风格，但又都有共同的追求，既注意知识的相对稳定性，重点突出，通俗易懂，又能适当接触学科前沿，引发跨学科的思考和学习的兴趣。

本书系大都采用学术讲座的风格，有意保留讲课的口气和生动的文风，有“讲”的现场感，比较亲切、有趣。

本书系的拟想读者主要是青年，适合社会上一般读者作为提高文化素养的普及性读物；如果用作大学通识课教材，教员上课时可以参照其框架和基本内容，再加补充发挥；或者预先指定学生阅读某些章节，上课时组织学生讨论；也可以把本书系作为参考教材。

本书系每一本都是“十五讲”，主要是要求在较少的篇幅内讲清楚某一学科领域的通识，而选为教材，十五讲又正好讲一个学期，符合一般通识课的课时要求。同时这也有意形成一种系列出版物的鲜明特色，一个图书品牌。

我们希望这套书的出版既能满足社会上读者的需要，又能有效地促进全国各大学的素质教育和通识课的建设，从而联合更多学界同仁，一起来努力营造一项宏大的文化教育工程。

第二版自序

《逻辑学十五讲》已经出版8年，印刷8次，累计销售31000册。这期间，许多读者给我写信，对这本书给予充分肯定，说了不少好话；也从爱护的角度出发，不辞辛劳，帮我指出书中的一些错讹之处。由于时间拖得很长，有些记录遗失了，我这里仅列出几位这样做过的读者姓名——唐永刚，王龙，胡一乐，叶志坚，并向他们表达真诚的谢意！

北京大学出版社决定出版《逻辑学十五讲》的修订版。我的博士生彭杉杉以极其认真的态度审读此书第一版，帮助找出其中可能的错讹。在先前读者来信和彭杉杉工作的基础上，我对全书做了一次认真的修订，尽可能改正了一切已经发现的错讹。这是此次修订的一项重要内容。另一项重要修订是在书末增加了4个附录，它们都是我近些年来在报刊上发表的有关逻辑学的或长或短的论文，并且都涉及对逻辑学的本性及其未来走向的总体理解。我当初写作《逻辑学十五讲》时，就为自己设定了两个潜在目标：一是使读者初步掌握最基本的逻辑知识和技能，二是给读者描画出逻辑学的整体形象，使其对逻辑学有一个轮廓性了解。我觉得，修订版新增加的这4个附录是对本书前面内容的必要补充和扩展，有助于达成我当初为自己设定的第二个目标。

感谢《逻辑学十五讲》的所有读者。感谢本书责任编辑艾英女士认真负责的编辑工作。希望修订版仍然会得到读者们的欢迎和关爱，也欢迎读者们一如既往地帮助我找出修订版中一切可能的错讹之处。一旦核实，我会在下一次印刷时改正。谢谢！

陈　波

2016年1月11日于京西博雅西园

初版自序

我记得很清楚,2005 年暑假,在北京大学中文系的一间会议室里,我应邀参加了一个小型会议,与北京大学出版社签订了一份约稿合同,答应为很受读者欢迎的“名家通识讲座书系”撰写一本《逻辑学十五讲》。但无奈答应的速度比做事的速度快,答应做的事情比有时间做的事情多,所以,此事就耽搁下来,一直到 2007 年元月寒假以及五一长假期间,才有机会将此书最后完成。这就是摆在读者面前的这本《逻辑学十五讲》。

撰写本书时,我的总的考虑是:通过阅读本书,使读者既对逻辑学有一个基本的轮廓性了解,又对其最基本的内容、方法和技能有较好的掌握,特别是激起读者进一步学习逻辑学的兴趣和欲望。基于这样的考虑,我认为,本书既应该有足够的信息量,使读者读完本书确实有所收获,又要避免过于专门和艰深的内容,以免吓跑一般读者;本书应该尽可能写得生动有趣,而不要一味折磨读者的忍耐力;既然是“十五讲”,就要适当保持讲课的风格。而我所理解的讲课风格,就是口语化风格和散文风格,允许适当的“闲笔”,例如穿插、引申、“离题”、“跑题”,形散而神不散,从而使课堂显得生动活泼,使文章显得摇曳生姿。

好在我有长期在北京大学开设校通选课——“逻辑导论”的经验。这门课程已经开设多年,似乎很受学生欢迎。每次开课,学校安排的是 150 人教室,但想选课的似乎总比能够容纳的多。课堂效果和学生反应都还不错,课后必有的教学评估,学生给的分数和评价都还不低。令我感动的是,有一次选课时,有学生递给我一纸条,说她刚入燕园,就听学长们说,逻辑导论是一门好课,因此,请我务必让她选上这门课。

学生对我教学的反应使我心堪慰,让我觉得我作为大学教师的职业角色至少是合格的。我希望，读者对本书的反应也能够使我感到欣慰，让我觉得我作为写手（几乎是半职业的）似乎也不是太差，所写的书还能够卖得出去，至少能够让相当数量的读者读后觉得满意。当然，本书如有任何疏漏和错误，欢迎读者不吝赐教，我将不胜感激。

亚里士多德有一句名言："求知是人之本性。"知识带给我们的快乐，是悠然于心的快乐，是难与人道的快乐。

陈 波

2007 年 5 月 6 日于京郊博雅西园

目　录

第一讲

天才值得我们敬仰
——西方历史上的逻辑学家

我先前写道:“对于深入地理解一门学科来说,厚重的历史感始终是必要的,并且是重要的。”[①]这是因为,当我们熟悉一门学科的发展历史、熟悉有关理论的来龙去脉时,将有助于我们深入、准确地理解这些理论,并且在学习它们时会产生某种亲切感,对创造它们的大师们产生某种敬畏感。更重要的是,历史上伟大人物的思想并没有完全死去,它们有可能激发出新的灵感,成为新的理论创造的温床和借鉴。因此,这本《逻辑学十五讲》选择从历史上著名的逻辑学家开始讲起,让我们看一看:迄今为止的逻辑学说,是由中外历史上哪些伟大的逻辑学家创造出来的。我力图给他们作一幅文字素描,轮廓性地勾画他们是一些什么样的人,有什么样的人生际遇,有什么样的学术背景,有什么样的思想倾向,做出了哪些主要贡献。历史上的伟人常常可以成为校准我们航向的坐标和参照系。

公认的看法是,世界逻辑的发展有三大源流:肇始于古希腊的西方逻辑,以亚里士多德的三段论为代表;中国先秦时期的逻辑,以名、辞、说、辩为主要内容,以《墨经》的逻辑学为主要代表;古印度是佛教的发源地,其逻辑学理论也带有佛学特色,以正理论和因明为主要内容,代表性人物有陈那、法称等人。在唐代,印度因明随佛教一起传入中国,有汉传因明和藏传因明之分。不过,在实际的历史进程中,中国先秦逻辑和古印度逻辑都有某种中断,没有进入世界逻辑发展的主流。唯有肇始于古希腊的西方逻辑有相对完整的历史,它后来成为世界逻辑发展的主流,现代逻辑就是以它为基础发

---

① 陈波:《逻辑学是什么》,北京大学出版社,2002年,第257页。

展而来的。因此，本讲先从西方历史上的几位大逻辑学家讲起，为了首尾照应，中国历史上的逻辑学家安排成本书最后一讲。至于印度历史上的逻辑学家，由于我本人很不熟悉，从略。

著名逻辑史家波亨斯基（I. M. Bochenski，1902—1995）曾这样描绘西方逻辑发展的总图景：在西方逻辑史上出现过三个高峰，每一个都是较短暂的，由长时期的衰落间隔开来。第一个高峰出现于公元前4世纪至公元前3世纪，这个时期的辉煌成就是亚里士多德逻辑与斯多亚逻辑；第二个高峰出现于12世纪至14世纪，即中世纪逻辑的鼎盛期，此时期取得了许多重要成果；第三个高峰是从19世纪晚期开始的数理逻辑时期。[①] 我同意这样的看法，并从各个时期选择了少数几位代表人物：亚里士多德，逻辑之父，古希腊逻辑的代表；培根和密尔，近代归纳逻辑的代表；莱布尼茨、弗雷格、罗素、哥德尔和克里普克，现代符号逻辑的代表。唯有中世纪逻辑学家以群像的形式出现。我选择人物的依据是他们的原创性和影响力，这些人的工作奠定和塑造了西方逻辑发展到今天的形象。

一　亚里士多德

亚里士多德（Aristotle，前384—前322），诞生在希腊北部马其顿的斯塔吉拉城，其父为马其顿国王菲力普的朋友兼御医。也许受父亲的影响，他终生对生物学和实证科学感兴趣。17岁时，入柏拉图创立的雅典学园，师从柏拉图达20年之久。苏格拉底是柏拉图的老师，柏拉图是亚里士多德的老师，这三代师徒都是哲学史上的顶尖人物。正像天才人物之间经常发生的那样，亚里士多德与柏拉图似乎相处不快，他对柏拉图的理念论持批评态度，曾隐含地说过，智慧不会随柏拉图一起死亡，并有一句名言："吾爱吾师，吾更爱真理。"不过，从柏拉图那里，他学会了哲学的思辨、推理和论证方法。柏拉图去世后不久，他应雅典学园先前的同学赫米亚斯（Hermias）的邀请，来到了后者所统辖的小亚细亚的阿索斯。在这里，亚里士多德建立了一个学园，在他周围聚集了一些柏拉图学派的哲学家。也是在这里，他娶了赫米

① I. M. Bochenski, *A History of Formal Logic*, translated and edited by Ivo Thomas, University of Nortre Dame Press, 1961, pp. 10-14.

亚斯的侄女皮西亚斯(Pythias)为妻,生有一个也叫皮西亚斯的女儿。在阿索斯三年后,他应泰奥弗拉斯多(Theophrastus)的邀请,到离阿索斯不远的一个岛上待了一段时间。泰奥弗拉斯多后来成为他最忠实的追随者。公元前 343 年,他应马其顿国王菲力普之邀,担任时年 14 岁的太子亚历山大(即后来著名的亚历山大大帝)的老师,为时 7 年。公元前 334 年,亚里士多德回到雅典,由于得到来自亚历山大大帝及其他行政官员的丰厚资助,占有了阿波罗吕克昂(Lyceum)神庙附近的广大地区及其园林,创办了一所学校——吕克昂学园。由于采取师生同桌吃饭、在花园里边散步边教学的方式,他的学园被称为"逍遥学派"(源于希腊语"peripatio",意为"漫步")。在雅典,他开展了范围广泛的研究和教学活动,使吕克昂学园成为一个创造性学术活动的中心,园里修建了当时第一流的图书馆和动植物园。在学园创办将届 12 年之际,亚里士多德身陷政治困境之中。因为一方面,他与亚历山大的关系开始冷淡;另一方面,他在雅典仍被认为是亚历山大和马其顿政权的盟友,遭到了雅典的反马其顿党派的激烈攻击。亚历山大病故之后,雅典爆发了仇恨"马其顿党"的风暴,亚里士多德首当其冲,与先前的苏格拉底一样,被控以"亵渎神明"的罪名,他决定"不给雅典人第二次扼杀哲学的机会",把学园托付给泰奥弗拉斯多,自己逃离雅典。次年死于逃亡途中,享年 63 岁。在遗嘱中,他请求葬在亡妻皮西亚斯的墓旁,并为继室赫皮利斯(Herpylias)的生活做了一些安排。亚里士多德与继室生有一子尼各马可,他的一部伦理学著作就是以其子的名字命名的,叫做《尼各马可伦理学》。

亚里士多德是一位百科全书式的学者,一生著述宏富,据说至少撰写了 170 种著作。在他去世后,其侄子带着他的一些主要著作去了小亚细亚的塞普西斯,在那里把它们封存在一个洞穴里,据说封存了两百年,之后被转移到罗马,交给了亚里士多德派哲学家、吕克昂学园最后的领袖——罗得岛的安德罗尼柯(Andronicus of Rhodes)。公元前 60 年,安德罗尼柯根据主题将这些著作加以编辑、分类。今天所知的亚里士多德的许多著作都是根据一些短篇编辑而成,总数大约是 47 种,其中的主要著作有:《工具论》,讨论逻辑问题;《形而上学》,讨论抽象的一般哲学问题;《物理学》《论天》《论生灭》《论灵魂》,讨论自然哲学问题;《尼各马可伦理学》《大伦理学》《欧德谟伦理学》,讨论道德伦理问题。此外,还有《政治学》《修辞学》《诗学》以及有关政治、经济等方面的著作。其著作的内容包括三个方面:一是前人的知识积累，二是助手们为他所作的调查和发现，三是他自己的独立见解。在这些著作中，他对先前的一切哲学进行全面认真的批判研究，兼收并蓄；对千差万别的宇宙现象作出多种方式、多个层次、多个侧面的阐明，开创了逻辑学、伦理学、政治学和生物学等学科的独立研究。在整个西方哲学史、科学史以及文化史上，亚里士多德发挥了广泛而又重要的影响。

《工具论》是亚里士多德的逻辑著作，其中包括《范畴篇》《解释篇》《前分析篇》《后分析篇》《论题篇》《辨谬篇》六篇。在《范畴篇》中，他提出了著名的“十范畴”——实体、性质、关系、地点、时间、姿势、具有、活动、遭受，认为这些范畴既是对外部存在的分类，也是对命题的主谓词的分类，由此开创了对命题的主谓式逻辑分析。在《解释篇》中，他讨论了主谓式命题（直言命题）及其真假关系、模态命题及其真假关系，阐述了著名的“二值原则”（任一命题或真或假，非真即假，非假即真）及其反例（所谓的“海战问题”——“明天将要发生海战”，在今天既不真也不假）。在《前分析篇》中，他系统地阐述了他的推理理论，主要是以直言命题作前提和结论的三段论，以及以模态命题作前提和结论的三段论，区分了它们的格与式，讨论了它们必须遵守的规则，以此区分有效的三段论式和无效的三段论式。在《后分析篇》中，他阐述了他的证明理论，提出了比较系统的公理化思想，即由基本概念（不加定义就加以接受的概念）通过定义得出派生概念，由基本命题（包括公理和假设）根据给定的推理规则得出一系列定理，由此构成一个有严格逻辑秩序的理论体系。在《论题篇》和《辨谬篇》中，他讨论了论辩、谬误以及对谬误的反驳。此外，在《形而上学》一书中，他还重点探讨了矛盾律和排中律，这是两条最基本的思维规律。总体来说，在这些著作中，亚里士多德建立了一种“大逻辑”框架，后来十几个世纪中占据统治地位的逻辑教学体系，即“概念→判断→推理→论证→思维基本规律”，在他那里已具雏形。但他在逻辑方面的主要成就，还是以直言命题为对象、以三段论理论为核心的词项逻辑理论，该理论迄今为止没有实质性变化，只不过作了少许添加和改良。亚里士多德是名副其实的“逻辑之父”。

古希腊的麦加拉派（the Megarans）和斯多亚派（the Stoic，因常在 stoa［画廊］聚会而得名，亦称“画廊学派”）也对逻辑学做出了很多贡献，主要是提出了以“说谎者悖论”为代表的许多悖论和怪论，初步建立了一个以复合命题及其推理关系为主要内容的命题逻辑体系；但其史料大多佚失，在历史进程中并没有发挥实际的影响。古罗马则不是一个逻辑上的创造时期，主要工作是保存和诠释亚里士多德的逻辑著作。

二　中世纪逻辑学家

中世纪是指从公元5世纪末叶西罗马帝国灭亡，至15世纪文艺复兴之前的时期。至于中世纪逻辑，一种意见是指这整个时期内的逻辑学说。但实际上，直至11世纪才有职业的逻辑学家出现，12世纪才从阿拉伯世界传入了亚里士多德逻辑著作的完整译本，因而才有形式逻辑可言。所以，有的逻辑史家指出："'中世纪逻辑'这个词，习惯上用来指在11世纪和15世纪之间在西方欧洲的大学和学校里发展的逻辑学说。"①一般把中世纪逻辑的发展划分为三个时期：

1. 过渡时期：从中世纪开始至12世纪的阿伯拉尔(Peter Abelard, 1079—1142)。这个时期没有任何值得一提的逻辑上的创新，甚至对古希腊逻辑的熟悉也是相当有限的。不过，在12世纪内，逻辑学奠定了朝形式的和语言的方向发展的趋势。

在这个时期的早期，教会学校里所能得到的逻辑著作主要是波爱修斯(Boethius，约480—524)翻译的亚里士多德的《范畴篇》和《解释篇》、波菲利(Porphry of Tyre)的《〈范畴篇〉导论》，再加上波爱修斯对这些著作的评注，他论述直言三段论和假言三段论、论辩的推理和修辞的推理的论文，以及对西塞罗(Marcus Tullios Cicero)的《论题篇》(*Topics*)的评注。除了与波爱修斯的名字相连的这些文献外，还有少数价值很小的逻辑手册，例如卡佩拉(Martinus Capella)的《墨丘利与语文学的婚礼》。这样一些文献对中世纪逻辑的早期发展产生了重要影响。

在11世纪时才出现了一批职业逻辑学家，并且产生了是否能把逻辑标准应用于圣经或神学问题的论战。这个时期的逻辑学家有达米安(Peter Damian，1007—1072)，他怀疑矛盾律对于上帝支配下的事物的有效性。而洛色林(Roscelin，约1050—1120)把关于等词的逻辑应用于三位一体的系

① Erenst A. Moody, *Truth and Consequence in Medieval Logic*, Amsterdam: North-Holland Publishing Company, 1953, p. 1.

统，当时被斥为异端；他还认为，共相只不过是口语的发声，因为这一点他被视为唯名论的奠基人。安瑟尔谟(Anselm，1033—1109)因其关于上帝存在的“本体论证明”而知名，他也讨论了普遍词项的意义和指称的区别。

第一个重要的中世纪逻辑学家是阿伯拉尔。在12世纪前半期，他在巴黎的学校里教书，其主要著作是题为《论辩术》的五册论文，基本上被保存下来了。在讨论关于共相的争论时，他认为，共相是词项或由词项表达的“思维的共同概念”的属性，他反对普遍词项意指存在于思想之外的个别事物的共同本质这样的说法；他把形式有效的推论与其他推论区别开来，并认为仅有前者才是在逻辑上可得结论的“完善的”推论；他详细讨论了系词、量词、否定词、表示条件和析取的联结词，这些讨论构成了后来关于助范畴词(syncategoremata)和词项属性的系统学说的基础。

2. 创造时期：从阿伯拉尔去世(1142)直至13世纪末期。在1260年左右，中世纪逻辑的本质部分已经形成。

在阿伯拉尔死后的半个世纪内，亚里士多德《工具论》的其他各篇即《前分析篇》《后分析篇》《论辩篇》《辩谬篇》，从阿拉伯世界传入欧洲，被译成拉丁文，并且很快地，亚氏的《形而上学》《物理学》《动物篇》以及阿拉伯学者阿维森那和阿维罗伊的著作也被译成拉丁文。这些内容被称为“新逻辑”，前一时期的内容则被称为“旧逻辑”。相应地，这一时期又被称为“新逻辑”时期。

在13世纪初，巴黎和牛津建立了大学，逻辑被列为较初级的技艺课程，因而继续得到发展。这个时期的逻辑学家如格罗斯代特(Robert Grosseteste，1175—1253)、托马斯·阿奎那(Thomas Aquinas，1224—1274)、基尔瓦比(Robert Kilwardby，殁于1279)、罗马的吉尔斯(Giles of Rome，约1247—1316)，以及大阿尔伯特(Albert the Great，殁于1280)，后者甚至给《工具论》中的每一篇写了解说。在逻辑方面，13世纪出现了由神学家们引起的亚里士多德“纯粹化”潮流，在技艺逻辑中发展了新方法，提出了新问题。这种潮流后来逐渐被称作logica antiqua(旧逻辑)，而技艺逻辑被叫做logica moderna(新逻辑)。在13世纪中期，巴黎大学所使用的逻辑教材是由希雷斯伍德的威廉(William of Shyreswood，1200/1210—1266/1271)和西班牙的彼得(Peter of Spain，身份不详)所写的论著和教科书。有逻辑史家认为，希雷斯伍德的威廉的论著在时间上比西班牙的彼得的《逻辑大全》更早，并且更具创造性，但《逻辑大全》却成为14—15世纪逻辑课程的标准教科书，至17世纪时已经出了166版。

3.完成时期：亦称“成熟时期”，从13世纪末期直至中世纪结束即15世纪。在这一时期，没有提出任何本质上的新问题，但非常彻底且非常精细地讨论了上一时期提出的那些问题，结果导致了内容极其丰富的逻辑学和符号学理论。

在这个时期，新逻辑提供了一个框架，亚里士多德的遗产被吸收其中，并在新的基础上得到重新构造。例如，根据词项指代理论重新构造了亚氏的词项逻辑，基于一般蕴涵理论建立了关于推论和三段论的规律，研究了两个不同的模态逻辑系统，阐述了各种不同类型的“诡论”(Sophismata)或“不可解问题”(insolubles，即悖论)，对说谎者悖论给予了高度关注，提出了各种不同的悖论解决方案。

14世纪逻辑的一般形式及其大部分内容是由奥卡姆的威廉(William of Ockham，约1300—1350)奠定的。他出生于英国苏莱郡的奥卡姆村，因此称作“奥卡姆的威廉”，是英国经院哲学家和逻辑学家，最早的唯名论者之一，曾在牛津学习和任教，主要著作有《逻辑大全》。此外，这个时期对逻辑学做出重要贡献的还有：布里丹(Jean Buridan，约1295—1358后)，他担任过巴黎大学的校长；瓦尔特·伯利(Walter Burley，1275—1349后)；萨克森的阿尔伯特(Albert of Saxony，约1316—约1390)，他是布里丹的学生，所撰写的逻辑教材以更清晰和更雅致的方式阐明了奥卡姆的威廉和布里丹的贡献；威廉·赫特斯布里(William Heytesbury)、拉尔夫·斯特罗德(Ralph Strode)、里查德·费拉布里奇(Richard Ferabrich)等人的逻辑著作在15世纪的意大利产生了重大影响；威尼斯的保罗(Paul of Venice，殁于1429)的《大逻辑》阐述了中世纪晚期高度发展了的逻辑学说，可称为14世纪逻辑的百科全书；雷蒙·卢尔(Ramon Lull，约1235—1316)，提出了用概念组合代替思维、创制思维机器的思想，对莱布尼茨产生过一些影响。

概而言之，中世纪逻辑学家涉及了范围广泛的逻辑问题，其中有些是古希腊学者和阿拉伯学者已经提出的，但由他们作了深入的探讨和创造性的阐发；他们还提出了一些新的问题，创造了许多独具特色的逻辑学说，如词项属性学说、推论学说、悖论研究、广义模态逻辑的研究，等等。正如著名逻辑史家波亨斯基所言，中世纪逻辑是西方逻辑史上的三大高峰之一。

三　培根

弗兰西斯·培根(Francis Bacon,1561—1626),出生于英国伦敦的一个官宦世家,其父亲是伊丽莎白女王的掌玺大臣,母亲也是贵族出身,当时颇有名气的一位才女,精通希腊文和拉丁文。培根13岁进入剑桥大学读书,但当时的剑桥受经院哲学的统治,不重视自然科学,而注重研究神学,用烦琐的方法去证明宗教教条的正确性。培根对此非常反感,待了3年便离开了,未得到任何学位。随后,他作为英国驻法大使的随员,在法国待了两年半时间,接触到不少新事物和新思想。由于父亲猝死,回国奔丧。父亲未能给他留下什么钱财,其生活开始陷入困顿。后进入格雷英法学院,21岁获得律师资格。23岁当选为下议院议员。伊丽莎白女王拒绝委任他任何要职或有利可图之职,因为他曾在议会反对女王坚决支持的某项税务法案。但培根奢侈成性,挥霍无度,"借"债累累,曾有一次因欠债而被捕。于是他投奔女王宠臣艾塞克斯勋爵,成为后者的朋友和顾问,后者则成为他的慷慨捐助人。当艾塞克斯后来不听劝告,发动一场推翻伊丽莎白女王的未遂政变时,培根在起诉他犯叛国罪的过程中发挥了重要作用,导致后者被斩首。这次事件使许多人对培根产生厌恶感。伊丽莎白女王1603年去世后,培根1604年成为女王的继承人詹姆士一世的顾问。其建议虽不被新国王采纳,却深获后者赏识,在政坛平步青云,扶摇直上。培根1602年受封为爵士,1607年被任命为副检察长,1613年被委任为首席检察官,1616年被任命为枢密院顾问,1617年晋升为掌玺大臣,1618年晋升为英格兰的大陆官,受封为维鲁兰男爵,1621年又受封为圣阿尔班子爵。同年,被国会指控贪污受贿,被高级法庭罚款四万镑,监禁于伦敦塔内,终生逐出宫廷,不得再任议员和任何官职。虽然后来罚金和监禁皆被豁免,但培根却因此身败名裂。对于此案,培根虽然承认接受过不正当馈赠,但并不承认因此枉法:"我是英格兰这50年里最公正的审判官,但对我的审判却是200年来国会最不公正的审判。"从此培根不理政事,专心从事理论著述。1626年3月底,因用雪鸡做冷冻防腐实验而感染风寒,于4月9日清晨去世。

培根毕生以追求真理为第一目标,留下了很多重要著述:《论说随笔文集》(1597),他的处女作,文笔优美、语言凝练、寓意深刻,广受读者欢迎;《论学术的进展》(两卷本,1605),是一部试图“对科学、艺术和人类所有的知识进行全面重构”的著作,其中提出了一个有关科学百科全书的系统性提纲,对后来法国百科全书派编写百科全书有重大启发作用;《论古人的智慧》(1609)。培根原打算撰写一部百科全书式的著作——《伟大的复兴》,该书拟包括六部分:(1)科学的分类;(2)关于解释自然的指南,即新的归纳逻辑;(3)宇宙的现象,或自然的历史;(4)理智的阶梯,即从现象沿着公理的阶梯上升到“自然总律”的过程;(5)新哲学的展望,即试探性的普遍化;(6)新的哲学或积极的科学,它将在一个有序的公理系统中展示出归纳的全部结果。这项宏伟的计划——可能是自亚里士多德以来最有抱负的设想——未得到完全实现。但是,可以把《学术的进展》(1605)和《新工具》(1620)看作是他的伟大著作的头两个部分。《新工具》也许是培根最重要的著作,其中提出了“知识就是力量”的著名口号,最先系统地探讨了以观察、实验为基础的归纳方法和归纳逻辑。《亨利七世本纪》是其晚年作品,得到后世史学家的高度评价,被誉为“近代史学的里程碑”。而《新大西岛》(约作于1623)则是一部未完成的乌托邦式的作品,在该乌托邦中,科学主宰一切。此外,培根还留下了许多遗著,后经整理出版,包括《论事物的本性》《迷宫的线索》《各家哲学批判》《自然界的大事》《论人类的知识》等等。

尽管培根在人品方面或许有些问题,早年为了出人头地,有些不择手段,晚年位居高官时,又因受贿而被判坐牢,但他在哲学和科学方面的贡献却是不可否认的。培根是资产阶级上升时期的代表,主张发展生产,渴望探索自然,努力发展科学。他认为,经院哲学阻碍了当时科学的发展,因此极力批判经院哲学和神学权威。他还进一步揭露了人类认识产生谬误的根源,由此提出著名的“四假相说”,即“种族的假相”“洞穴的假相”“市场的假相”“剧场的假相”。他本人倡导的方法是基于观察和实验的归纳法。他认为,归纳的一个基本原则就是不能跳跃地而要一步一步地从经验材料得出越来越普遍的规律,由此得到一个开始于经验材料、普遍和抽象程度逐步上升的知识金字塔。在这个过程中,要应用他所谓的“三表法”和“排斥法”等方法。三表法包括:(1)本质和具有表,用以罗列具有被研究性质的实例;(2)缺乏表,用以罗列不出现被研究性质的事例;(3)程度表,用以罗列被研究现象出现变化的实例。排斥法则用来排斥表中所罗列实例中的不相干因素,使得剩下的唯一因素能够成为被研究性质的形式或原因。马克思曾把培根誉为“英国唯物主义和整个现代实验科学的真正始祖”。

后来,英国逻辑学家密尔(John Stuart Mill,1806—1873,严复译为“穆勒”)在《逻辑体系——演绎和归纳》(1843)一书中,把逻辑推理从广义上分为归纳和演绎,前者是由一些命题推出一个一般性程度较大的命题,后者是由一些命题推出一般性程度较小的或相等的命题。密尔在继承和改进培根的三表法和排斥法的基础上,系统性地阐述了寻求现象之间因果联系的5种方法——求同法、求异法、求同求异并用法、共变法和剩余法,通称“密尔五法”,使得归纳逻辑具有了较为成熟的形态。但英国哲学家休谟(David Hume,1711—1776)却对古典归纳逻辑提出了深刻的质疑,认为归纳推理不能从经验材料中发现、概括出具有必然性的一般规律。从此之后,归纳逻辑几乎不再研究如何从感觉经验材料中发现普遍命题的程序和方法,而去研究感觉经验证据对某个一般性假说的确证程度,并引入概率论和数理统计作工具,发展出了概率归纳逻辑。这是现代归纳逻辑的主要形态。

四　莱布尼茨

莱布尼茨(Gottfried Wilhelm Leibniz,1646—1716)生于德国莱比锡,祖父以上三代均在萨克森政府供职,父亲是莱比锡大学的道德哲学教授。莱布尼茨6岁丧父,自幼聪颖好学,利用父亲的丰富藏书,8岁自学拉丁文,14岁自学希腊文,15岁入莱比锡大学研习法律,并博览了历史、文学和哲学等方面的书籍。17岁以哲学论文《论个体原则方面的形而上学争论》获得学士学位。1666年写出博士论文《论法律中典型的哲学问题》,但莱比锡大学因其太年轻(时年20岁)而拒绝授予学位。1667年,纽伦堡郊外的阿尔特多夫大学接受了这篇论文,授予他哲学博士学位,并聘请他到该校任教,他予以回绝。此后,他再也没有担任过任何一个学术职位,更为关注的是政治活动。1667年,他通过纽伦堡的一个炼金术士团体,结识政界人物博因堡男爵,经后者推荐,先任美因茨选帝侯的法律顾问的助手,随后担任上诉法院陪审法官。1672年,受美因茨选帝侯委派,他带着自己拟订的一个计划,作为一名外交官出使巴黎,试图游说法国国王路易十四把进攻尼德兰和德国的兴趣转移到其他目标(如非洲的埃及)上去,但始终未能与法王见面。这次外交活动以失败告终,却因此留居巴黎4年,结交了科学界和哲学界的许多著名人士。例如，他与原已通信的詹森派神学家和哲学家阿尔诺建立了较密切的联系，又结识了荷兰大科学家惠更斯和笛卡尔派哲学家马勒伯朗士等人。1673 年 1 月，到伦敦斡旋英国和荷兰之间的争执未果，却趁此机会见到了已通信 3 年的英国皇家学会秘书奥尔登堡，以及著名科学家胡克、波义耳等人。期间，把自己设计制造的一台比帕斯卡计算机性能更好的计算机献给了英国皇家学会。1673 年 4 月被推选为该会会员。在留居巴黎期间，曾在惠更斯的帮助下从事高等数学研究，终于在 1676 年完成微积分的发明。1676 年 10 月，接受汉诺威的布伦瑞克公爵的任命，担任公爵府参议职务，后兼任图书馆馆长。在离巴黎去汉诺威途中，特地绕道荷兰，会见了科学家列文虎克，使用显微镜第一次观察了细菌、原生动物和精子；还会见了哲学家斯宾诺莎，阅读了后者未发表的《伦理学》部分手稿。此后 40 年，一直定居汉诺威，长期担任宫廷议员，在社会上声名显赫，生活富裕，与许多重要人物频繁地书信往来，据说有 600 多位通信伙伴；广泛研究哲学和各种科学和技术问题，哲学思想逐渐走向成熟；从事多方面的学术文化和社会政治活动，多次到欧洲各地（主要是柏林、维也纳和罗马）旅行；屡次劝说一些国家（如奥地利、俄国、中国）的君主建立科学院，在其推动下，普鲁士国王于 1700 年建立柏林科学院，他本人被任命为第一任院长。1716 年 11 月 14 日，因痛风和胆结石去世。莱布尼茨终生未婚，晚年失宠于宫廷，平时从不进教堂，教会对其去世不予理睬，宫廷也不过问，由他的私人秘书和几名工人将他葬于一个无名墓地，只有法兰西科学院给他题写了一篇悼词以示敬意。不过，后人于 1793 年在汉诺威为他建立了纪念碑；1883 年在莱比锡的一个教堂附近为他竖起了一座立式个人雕像；1983 年，在汉诺威照原样重修了被毁于第二次世界大战的“莱布尼茨故居”；2006 年，在其诞生 360 年之际，德国汉诺威大学改名为汉诺威莱布尼茨大学。

莱布尼茨博学多识，几乎在所有的知识领域都做出了杰出贡献，是 17 世纪堪与亚里士多德相媲美的百科全书式学者。他的兴趣多得简直令人难以置信，他既是哲学家、神学家、外交家、数学家和逻辑学家，也是物理学家、化学家、历史学家和图书馆学家。除此之外，他还从事技术研究，研制计算机、钟表、风车和液压机，他曾发明一种水泵，并在哈尔茨山的采矿中得到应用；在矿山上，他还作为地质学者和工程师而工作。他自己曾在一封信中写道：“我在档案室里开始了研究工作，搬来了古旧的书籍，并收集了一些未经刊印的文稿。我收到许多信件,也不停地给人写回信。但是,在数学方面我有许多新的想法,在哲学方面我也有很多新的思想,在文学方面我也有许多新的观点,我常常不知道应该做什么。”他的主要工作是作为国家法学者和历史学者服务于汉诺威的选帝侯,经过多年的资料研究之后,为布伦瑞克家族编写了一部家谱,这可能是他那个时代最好的历史著作之一。作为数学家,他独立于牛顿创立了微积分,为此设计了一套比牛顿更好的符号体系,并为微积分的发明权与牛顿进行过一场激烈论战;他还在拓扑学方面做出过重要贡献。作为哲学家,他发表了《新的自然体系》《单子论》《自然与神恩的体系》《人类理解新论》等论著,建立了以“单子论”和“先定和谐说”为核心的哲学体系。不过,有这样一种说法:除非能够带来名声和实惠,莱布尼茨不发表自认尚不成熟的手稿。所以,他的著述在生前大多没有发表。

在逻辑学领域,早在 20 岁写成的博士论文——《论组合术》中,莱布尼茨就提出了这样的思想:把所有推理化归于计算,使推理的错误成为计算的错误,以至于哲学争论也可以通过计算来解决。他后来认识到,实现这一目标需要做两件事:一是发明一套普遍语言,即一种符号化语言,用它们可以表示我们所有的简单的和复杂的观念;二是构造一套理性演算,用严格的规则去指导和控制我们的观念之间的变换与推移。他自己在这方面的工作时断时续,分为三个阶段,似乎从未对它们满意过,所以其结果当时都没有发表。据说他从中国的阴阳八卦中获得启发,提出了二进制计算法,并创制了一台手摇计算机,其性能比先前的帕斯卡计算机优越,不仅能做加法运算,而且能做乘法和除法运算。特别是他充分认识到计算机的重要性:“这是十分有价值的:把计算交给机器去做,可以使优秀人才从繁重的计算中解脱出来。”他还预言:“我所说的关于该机器的建造和未来应用,将来一定会更完善,并且我相信,对于将来能见到它的人来说,这一点会变得更清楚。”他还在发展和完善亚里士多德的词项逻辑方面做了许多工作。他把矛盾律和充足理由律作为人类思维的两个根本原则,并用它们去区分推理的真理(必然真理)和事实的真理(偶然真理)。他提出了著名的“可能世界”观念,认为现实世界是上帝在众多的可能世界中所选择的一个最好的世界,并用“可能世界”去定义和刻画必然性、可能性、偶然性和不可能性等模态概念,为在 20 世纪逻辑学和哲学中很重要的可能世界语义学奠定了基础。

莱布尼茨所提出的创立数理逻辑和计算机的理想,激励一代一代后来者前仆后继地为之奋斗，直至 20 世纪终成现实。德国逻辑史家肖尔兹指出："人们提起莱布尼茨的名字就好像是谈到日出一样。他使亚里士多德逻辑开始了'新生'，这种新生的逻辑在今天最完美的表现，就是采用逻辑斯蒂形式的现代精确逻辑。……这种新东西是什么呢？它就是把逻辑加以数学化的伟大思想。"[①]

五　弗雷格

戈特洛布·弗雷格(Gottlob Frege，1848—1925)，出生于德国北部的一个海岸小城威斯玛(Wismar)，父母均为中学教师。1864—1869 年，在威斯玛读文科中学。1869 年春季入耶拿大学，度过了 4 个学期，学习化学、数学和哲学，给他的数学老师、数学家兼社会改革家艾比(Ernst Abbe)留下了深刻的印象，后者举荐他到哥廷根大学攻读博士学位。1871 年，弗雷格转入哥廷根大学，度过 5 个学期，学习数学、物理学，并师从著名哲学家洛采学习宗教哲学。1873 年 12 月，弗雷格以论文《论想象图形在平面上的几何表示》获得哲学博士学位。

1874 年，由于艾比的推荐，弗雷格回到耶拿大学，以《基于量概念的扩大的演算方法》的资格论文，被聘为耶拿大学数学系编外讲师(一种授课资格，无固定薪俸)。1879 年，其第一部重要著作《概念文字——一种模仿算术形式语言构造的纯思维的形式语言》一书出版，又由于艾比的举荐，被聘为该校有薪的特殊教授。在《概念文字》一书出版不久，时年 38 岁的弗雷格与 35 岁的玛格丽特·丽莎贝格(Margaret Libseburg)结婚，7 年后她便去世了。他们至少生有两个孩子，但全都夭折。1908 年，弗雷格应一位牧师亲戚的请求，领养了一个 5 岁大的孤儿——阿尔弗里德·弗雷格。《概念文字》出版后反响不佳，促使弗雷格于 1884 年出版了另一本小书——《算术基础——对数概念的逻辑数学研究》，旨在非形式地描述他的逻辑主义观念。此后不久，弗雷格投身于从逻辑推出算术的工作，但这项工作由于他的观点的某些变化而中断了。在 1880 年代后期和 1890 年代早期，弗雷格发表了三篇论文——《函数和概念》(1891)、《论涵义和所指》(1892)、《论概念和对

---

① 肖尔兹：《简明逻辑史》，张家龙译，商务印书馆，1977 年，第 48 页。

象》(1892)，阐述了他关于语言的本性、函数、概念、哲学逻辑等的新思想，对后来的语义学和分析哲学的发展产生了重要影响。这些观点变化导致弗雷格对其逻辑语言作了某些改变，并迫使他放弃了一部几乎完成了的关于逻辑和数学基础的手稿。不过，1893 年，弗雷格在对其逻辑系统作了很小的修正之后，出版了该手稿的修正版，这就是他的《算术的基本规律》第一卷，该书建立了高阶函数演算；同样由于反响不佳，该书第二卷只好由弗雷格本人于 1903 年自费出版，主要探讨实数理论；因为罗素悖论的发现以及逻辑主义纲领的失败，原定的第三卷未能完成。1894 年，弗雷格被聘为该校荣誉普通教授，相当于正教授，但没有教学管理方面的责任，也无薪俸，从艾比主持的一个基金会获取资助。这使得他可以把更多的精力投入到研究工作中去，在以后十多年内相当多产。1903—1906 年，他发表了题为“论几何学的基础”的系列论文，就几何学的性质以及在数学中对公理系统的适当构建和理解，与希尔伯特展开论战。在耶拿的最后 13 年(1906—1918)中，由于家庭变故(妻子于 1905 年去世)、个人健康、找不到对付罗素悖论的合适方案，以及工作得不到承认所带来的失望和沮丧等原因，弗雷格著述很少。

弗雷格于 1918 年退休，其时他在耶拿大学工作已达 44 年。退休以后，他移居威斯玛附近的巴特克莱纳，并没有停止学术探索，而是完成了一系列题为“逻辑探究”的文章，其中重要的论文有《思想》(1918)、《否定》(1918)和《复杂思想》(1923)。这些论文解释了他关于真理、思想、涵义和所指、逻辑的性质、否定和全称性等等的观念，其中《思想》一文也许是他除《涵义和指称》之外最有影响且得到最广泛讨论的论文。他晚年逐渐放弃了从逻辑推演出算术的逻辑主义纲领，而认为算术的基础在于几何学。1923 年的通货膨胀使其私人存款和养老金变得一文不值，导致他晚年十分贫困，寄居在一位亲戚家里，直至 1925 年去世，享年 77 岁。弗雷格把自己未发表的文稿遗赠给他的养子阿尔弗里德，并附有一个纸条：

> 亲爱的阿尔弗里德：
>
> 不要扔掉我写过的任何纸片。即使它们并非全都是黄金，但它们里面确有黄金。我相信，其中有些东西，会得到比它们目前得到的高得多的评价。当心不要把任何东西弄丢了。
>
> 爱你的父亲

这是我此时遗赠给你的我本人的一大部分。

1935年,阿尔弗里德把弗雷格的遗稿交给曼斯特大学的海因里希·肖尔兹(Heinrich Scholz),后者正计划编辑弗雷格的著作。不幸的是,存于该校图书馆的原稿于1945年毁于战火;幸运的是,其中被认为重要的片段都有多份打印稿。由于肖尔兹本人身体欠佳并于1956年去世,这些文稿直到1969年才正式出版,其中所包括的日记片段使弗雷格研究专家迈克尔·达米特(Michael Dummett)惊讶不已:

> 对我来说不无讽刺意味的是,这个曾让我花费大量时间研究其思想的哲学家,至少到了晚年,却是一个恶毒的种族主义者,特别是一个反犹主义者……[他的]日记显示,弗雷格曾经是一个极端右翼分子,他强烈抵制议会制、民主主义者、自由主义者、天主教徒、法国人和犹太人,认为他们应该被剥夺政治权利,最好是被逐出德国。我被深深地震撼了,因为我曾经把弗雷格尊为一个绝对理性的人。①

在弗雷格生前,他的工作几乎没有得到什么承认。他在逻辑方面的工作遭遇的是普遍的不理解,他的哲学性著作几乎无人问津,当然更谈不上理解。不过,胡塞尔、罗素、维特根斯坦和卡尔纳普等人读过他的著作,并对之十分欣赏。正是由于这些人的推荐,弗雷格的工作才在20世纪得到广泛关注,产生了极其重要的影响,他也因此被公认为现代逻辑和分析哲学的奠基者。

概括起来,弗雷格在逻辑学等方面的主要贡献有:(1)最先阐述了逻辑主义纲领,即从纯逻辑的概念,经过定义,可以得到其他的数学概念;从逻辑命题出发,经过严格的推理,可以派生出其他的数学命题。也就是说,数学的可靠性基础在于逻辑。弗雷格为此付出了巨大的努力,阐述和论证了"数的给出就是对概念的断定""算术命题是分析的"等重要观点,并具体实施了从逻辑推演算术的工作。(2)把数学上的函数概念从各个方面加以推广,阐述了"概念是其值为真值的函数"的重要论断,提出了组合性原则和外延论题,创立了一套特别的、有些笨重的符号语言(概念文字),建立了一个集命题逻辑、不带等词的一阶谓词逻辑、带等词的一阶谓词逻辑和高阶逻辑于一

---

① 参见 G. Frege, "Diary for 924", Translated by R. L. Mendelsohn, *Inquiry*, vol. 39 (1996), pp. 303-342.

身的现代逻辑系统,使莱布尼茨的"把所有推理化归为计算"的理想部分地得到实现。(3)提出了哲学逻辑研究的三原则:"必须把心理的东西与逻辑的东西、主观的东西与客观的东西明确区别开来;必须在命题的前后联系中去寻求一个语词的意义,而不要孤立地去寻求它的意义;必须始终牢记概念与对象之间的区别。"[①]他率先擎起反心理主义的大旗,并深入阐述了涵义和所指、函数和概念、概念和对象之间的关系,对20世纪分析哲学的兴起产生了非常重要的影响。

六 罗素

伯特兰·罗素(Bertrand Russell,1872—1970),出生于英国南威尔士雷文斯克罗夫特(Ravenscroft)的一个贵族世家。祖父罗素勋爵是辉格党(自由党前身)著名政治家,在维多利亚女王时代曾两度出任首相。父母是思想激进的自由主义者,积极参加社会政治活动。年幼时父母相继去世,在祖母的严厉管教下长大。童年很孤寂,经常在家中荒凉失修的大花园里独自散步冥思,是自然、书本和数学把他从孤独和绝望中拯救出来,特别是数学,成为他的主要兴趣之所在。1890年进入剑桥大学三一学院学习,1893年获数学荣誉学士学位一级,随后改学哲学,1894年获道德哲学荣誉学士学位一级。毕业后曾两次游学德国,受到马克思主义的影响,回国后在伦敦大学政治和经济学院任讲师。1903年出版《数学的原则》一书,并以论文《论几何学的基础》获三一学院研究员职位。1908年当选为英国皇家学会会员。1910年,任剑桥大学讲师,1914年又任该校三一学院研究员,1916年因反战宣传而被解职。1920年到中国讲学,任北京大学客座教授,时间长达一年,其部分讲演稿结集为《罗素五大讲演》在中国出版;回国后,罗素撰写了《中国的问题》一书,讨论中国将在20世纪历史中发挥的作用。1931年,继承其兄的第三世罗素勋爵头衔。1949年成为英国皇家学会的荣誉研究员。1920—1950年代,多次应邀去美国任教、访问和演讲。1950年代后,主要精力转向社会政治活动。1970年2月2日去世,享年98岁。

---

① G. Frege, *The Foundation of Arithmatic: A Logico-Mathematical Inquiry into the Concept of Number*, translated by J. L. Austin, Northwest University Press, 1968, p. X.

罗素曾在其自传开头说:“有三股简单而又无比强烈的激情支配了我的一生:对于爱的渴望、对于知识的追求,以及对于人类苦难的难以遏制的同情心。”在这每一方面,他都达到了常人难以企及的高度。他执着地追求爱,主张人要过一种有意义的生活,先后爱过至少七位女性,离过三次婚,结过四次婚,第四次结婚时已经年逾八十。他同情人类苦难,从青年时代起一直积极参加社会政治活动,追求并捍卫社会正义。1895 年,曾两次访问德国,研究德国社会主义运动,与倍倍尔、李卜克内西等人交谈过。1920 年,访问苏联并会见了列宁。他还是一个举世闻名的和平主义者,第一次世界大战期间,由于反对英国参战而被判刑六个月,坐牢期间写了一本名著——《数学哲学导论》(1919 年出版)。1950 年代,抗议氢弹试验,联合爱因斯坦等人,发表著名的《罗素—爱因斯坦宣言》。他支持希腊和巴基斯坦人民的解放运动,反对美国侵略越南的战争,1961 年,因主持反战静坐示威,89 岁的罗素与其妻子一起被判两个月监禁。1964 年,创办了罗素和平基金会。1966 年,与法国哲学家萨特等人组织“国际战犯审判法庭”。1968 年,发表声明抗议苏联入侵捷克。1970 年,抗议以色列发动中东战争。

在对于知识的追求方面,罗素也远远超过了他的先辈及其同时代人,先后出版了 71 本著作和小册子,广泛论及哲学、逻辑学、数学、教育学、伦理学、社会学、政治学、经济学等各方面,拥有“百科全书式的著作家”称号。其主要著作有:《对莱布尼茨哲学的批评性解释》(1900),《数学的原则》(1903),《数学原理》(与 A. N. 怀特海合著,3 卷本,1910—1913),《哲学问题》(1912),《我们关于外间世界的知识》(1914),《社会重建原理》(1916),《政治理想》(1917),《神秘主义和逻辑》(1918),《心的分析》(1921),《一个自由人的崇拜》(1923),《论教育,特别是早期儿童教育》(1926),《物的分析》(1927),《为什么我不是一名基督徒》(1927),《婚姻与道德》(1929),《对幸福的征服》(1930),《权力论——一个新的社会分析》(1938),《对意义和真理的探究》(1940),《西方哲学史》(1946),《人类的知识——它的范围和界限》(1948),《权威与个人》(1949),《逻辑原子论哲学》(1949),《我的哲学发展》(1959),《西方的智慧》(1959),《罗素自传》(3 卷本,1967、1968、1969)等。甚至还出版过两本短篇小说集——《近邻的撒旦》和《显要人物的噩梦》,其风格是寓言式的,文风接近伏尔泰。在对真理的求索中,罗素从无门户之见,善于向各方面学习,善于自我省察,不断修改自己的观点。正是由于他的大力推举和颂扬,弗雷格才从在耶拿小城默默无闻度过一生的教授,成为20世纪逻辑学和分析哲学领域的巨擘。

在逻辑学和哲学这两个领域中,罗素做出了实质性的学术贡献,是20世纪最重要的逻辑学家之一,也是分析哲学的创始人之一。他几乎完全独立于弗雷格的工作,创立了命题演算和一阶谓词演算,这两者合在一起构成现代逻辑体系中的“经典”逻辑部分;并且,他还创立了关系演算,等于建立了一套关系逻辑,大大扩充和丰富了数理逻辑的内容。他在一阶逻辑的框架内,创立了一套摹状词理论,由此推出了一些重要的哲学结论,被誉为在形而上学领域应用数理逻辑工具的“典范”。在弗雷格所构造的逻辑—数学体系中,他发现了后来以他的名字命名的“罗素悖论”,并对悖论产生的原因作出哲学分析:悖论产生于恶性循环,即一个总体内的元素需要通过它所在的那个总体才能定义。因此,避免悖论就要禁止恶性循环,由此提出了简单类型论和分支类型论的技术性方案,不过,这两套方案都存在着这样那样的缺陷。他是逻辑主义纲领的坚定实践家,在这个过程中严格证明了:从逻辑演算出发,加上两个非逻辑的公理,即无穷公理和选择公理,就可以推导出一般算术和康托尔集合论。这一方面证明了逻辑主义纲领在总体上是不正确的;另一方面也精确揭示了数学与逻辑之间的关系。在哲学上,罗素以善于改变观点著称,其思想发展经历了绝对唯心主义、逻辑原子论、新实在论、中立一元论等几个阶段,对20世纪分析哲学的发展产生了非常重要的影响。

罗素生前获得过众多的荣誉和头衔。1949年,获得由英王乔治六世颁发的最高荣誉勋章;1950年,被授予诺贝尔文学奖,《颁奖辞》高度评价他作为“人道主义与思想自由的捍卫者”的斗争精神,认为“罗素哲学具体地体现了诺贝尔先生创立这个奖的初衷,他们对人生的看法是十分相似的,两个人不但都接受怀疑论,而且都怀有乌托邦的思想,并且由于对当前世局的忧虑而共同强调人类行为的理性化”;1950年代因积极参加世界和平运动,反对核战争而获得世界和平奖;1960年,获丹麦索宁奖。如此等等。

七　哥德尔

库尔特·哥德尔(Kurt Friedrich Godel,1906—1978),1906年4月28

日生于奥匈帝国的布吕恩(Brunn),即现在捷克共和国的布尔诺(Brno)。其父是一位商人,开办一家纺织厂,但爱好逻辑和推理;其母是一位受过良好教育的妇女,哥德尔一生与她保持密切关系,母子长期通信往来,讨论范围广泛的问题。童年时健康不佳,对他一生的身体和心理都产生重要影响。在小学和中学阶段,他表现突出,成绩优异,特别是在数学、语言和宗教课程方面。1924 年入维也纳大学,先学物理,后攻数学。期间,修过格门珀兹(Heinrich Gomperz)讲授的哲学、富特温格勒(Phlipp Furtwangler)讲授的数学、卡尔纳普和哈恩(Hans Hahn)讲授的逻辑课程,哈恩后来成为他的博士导师,富特温格勒曾对他产生很大影响。1926—1928 年间,经常参加由石里克主导的维也纳小组会议,但他并不赞成该小组所主张的逻辑实证主义,于 1929 年离开该小组,但仍与该小组成员卡尔纳普保持接触。在确定自己的研究方向时,有两个因素对哥德尔起了重要作用:一是卡尔纳普的数理逻辑讲演,二是希尔伯特和阿克曼的专著《理论逻辑原理》(1928 年出版)。在该书中,著者列举了一阶谓词演算的完全性这个未解决的问题。哥德尔把它作为自己的主攻方向。1929 年夏季,哥德尔肯定地解决了这一问题,证明了一阶谓词演算的完全性定理。他以此作为博士论文成果,于 1930 年 2 月被授予博士学位。1929 年,成为奥地利公民。从 1930 年起,与冯·诺伊曼(John von Neumann)、贝尔奈斯(Paul I. Bernays)、策梅罗(Ernst F. F. Zermelo)、塔斯基(Alfred Tarski)等著名数理逻辑学家建立了良好的关系。1931 年,证明了著名的哥德尔不完全性定理。1933 年 3 月,出任维也纳大学编外讲师。同年 9 月 30 日,作为普林斯顿高级研究院的客座成员,赴美国各地讲学,主要报告他的不完全性定理。在 1935 年和 1938 年,又两次应邀到美国讲学。1938 年 9 月 20 日,与阿黛勒(Adele Nimbursky)结婚。阿黛勒比他大 6 岁,且是一位舞女,先前结过婚。尽管俩人早在 1927 年已相爱,但由于哥德尔父母的极力反对,拖了十年多才结婚,以后的婚姻关系一直良好。尽管哥德尔当时已解决了几项重大的数学问题,三次应邀赴美国讲学,已成为世界知名的数理逻辑学家,但他在维也纳大学的职位却出现了问题。1938 年 3 月 13 日,纳粹吞并奥地利,纳粹政府在维也纳大学取消了先前的编外讲师职位,哥德尔申请成为正规讲师,却要先通过政治审查,结果被纳粹政府发现他适合服兵役。1940 年 1 月,哥德尔携妻子阿黛勒离开维也纳,到美国定居,在普林斯顿大学高等研究院任普通成员,

1946年成为终身成员,1953年晋升为教授。直至1978年1月14日去世,哥德尔再也没有回过欧洲。在普林斯顿期间,哥德尔最亲密的朋友是爱因斯坦和数理经济学家摩根斯坦(O. Morgenstern),他们经常一起散步和闲谈。1948年4月2日,他们三人一起到美国移民局,一起取得美国国籍,成为美国公民。哥德尔与爱因斯坦一直保持密切关系,直至后者于1955年去世。晚年,哥德尔对细菌传播有一种病态的恐惧,对餐具的洁净有极其偏执的要求,根据医疗记录,他实际上死于饥饿和严重的营养不良。一位自称是"坚定的理性主义者"的人,却死于这样的非理性心理和行为,是否构成对理性主义的反讽?他的妻子阿黛勒于1981年去世,二人没有子女。

哥德尔一生的学术贡献,大致分为两个方面,或者说两个时期:前半期致力于数理逻辑和数学基础的研究;大约从1943年开始,他逐渐把注意力转向数学哲学乃至一般的哲学问题,当然也仍然关注逻辑的结果,比如1958年他研究了有穷方法的扩充,1963年审阅并推荐了科恩(Paul J. Cohen)的重要论文《连续统假设的独立性》,1973年评述了鲁宾逊(Abraham Robinson)创立的非标准分析,等等。在数理逻辑和数学基础方面,哥德尔的重要贡献有:(1)博士论文《逻辑谓词演算公理的完全性》(1929)证明:狭谓词演算的有效公式皆可证。(2)讲师论文《〈数学原理〉及有关系统中的形式不可判定命题》(1931)证明:如果一个包括初等数论的形式系统是协调的,则它是不完全的,即在本系统中必定存在不可证明的真命题;此类系统的协调性在本系统中不能证明,更不能用有穷方法证明。(3)《连续统假设的协调性》一书(1939)证明:连续统假设相对于通常的集合论公理系统是协调的。(4)《关于一个尚未用过的有穷观点的扩充》一文(1958)给出了对于古典数论的一个构造性解释。(5)1930年代,发表了有关模态逻辑、直觉主义逻辑、算术以及有关逻辑和数学的其他论题(从证明的长度到微分和投影集合等)的大量论文。其中最重要的是《论直觉主义算术和数论》(1933),该文证明:通过一个简单的翻译程序,古典一阶算术可以在海丁(Arend Heyting)算术中得到解释。哥德尔的这些工作从正面或反面部分地解答了20世纪以来在数学基础方面所争论的最根本的问题,同时也给希尔伯特计划以很大的冲击。他通过创建新方法,把数学基础研究提高到新的水平,使大部分数理逻辑发展成为数学分支。

自16岁首次研读康德的著作始,哥德尔终身对哲学怀有极大兴趣。但除了他生前发表的5篇哲学论文以外，大部分思想或经他人转述，或记录在手稿和通信中。据目前公布的文献，哥德尔的哲学思想大致经历了维也纳时期(1924—1939)、普林斯顿时期(1940—1960年代中期)和普林斯顿后期(1960年代末直至去世)，可划分为一般哲学、数学哲学和物理学哲学三个部分。哥德尔毕生坚守的哲学信念是：世界是理性地构成的，并且是可以为人类心灵认知的；存在与物理世界相分离的概念世界；对概念的理解应更多地诉诸内省；等等。在数学哲学方面，哥德尔持有一种柏拉图式的概念实在论，其基本立场是：坚持数学的先验性，反对经验论；强调数学客体和概念的客观性，承认关于数学客体和概念的命题描述了可知的数学世界和概念世界的客观实在；主张抽象直觉是把握概念本质的基本认知能力，断言对高度超穷的客观数学真理的认识必须不断从直觉之泉中吸取养料。哥德尔的哲学理想是融合柏拉图、莱布尼茨和胡塞尔的思想，并力图超越它们。他从柏拉图那里获得概念实在论的本体论基础；受胡塞尔启发，确立了建构作为严格科学的哲学这一理想目标；莱布尼茨的单子论有可能为他提供理论阐释的概念框架；胡塞尔的现象学方法似乎又指出了通达这一目标的途径。不过，哥德尔的理想并未实现。[①] 总起来说，由于多种原因，目前对哥德尔哲学思想的研究还很不充分。

哥德尔生前或死后获得过不少荣誉。1951年，哥德尔获得首届爱因斯坦奖，以后多次获得荣誉称号，如哈佛大学、洛克菲勒大学等校的荣誉博士学位，英国皇家学会国外会员，法国科学院通讯院士。1966年，拒绝接受奥地利科学院荣誉院士称号。1975年9月18日，获得美国总统奖。20世纪末，美国《时代》杂志评选出对20世纪思想产生重大影响的100人，哥德尔位列第4。甚至有这样的说法：不了解哥德尔，就不了解人类已经达到的智力水平与人类智力奋斗的历程。

进展中的《哥德尔文集》准备收入他生前发表过的论著和未发表的遗著，目前已经出版5卷，还有许多遗著仍有待编辑。

---

① 参见刘晓力：《一个理性主义者的精神历程——哥德尔的哲学观》，《哲学研究》1998年第3期，第55—61页。

八 克里普克

索尔·克里普克(Saul A. Kripke, 1940—),出生于美国的一个犹太人家庭。16岁读高中时,他写了一篇论文《模态逻辑的完全性定理》,寄送到普林斯顿大学审查,有关教授认为是一篇非常优秀的博士论文,邀请他到该校工作。据报道,克里普克回信说:"您的提议使我倍感荣幸,但我妈妈说我必须先读完高中。"该文被推荐到逻辑学方面的顶尖刊物《符号逻辑杂志》上作为首篇论文发表,当时他19岁。随后,克里普克入哈佛大学数学系学习,获数学学士学位。作为一年级新生,他被选为哈佛大学初级研究员(有薪俸),并给麻省理工学院的研究生讲授高等逻辑课程。大学毕业后,先在哈佛大学、后转入洛克菲勒大学和康奈尔大学任教。1977—1998年期间,一直任普林斯顿大学哲学教授,因与其女博士生的绯闻事件而辞职,现为该校荣誉教授。2001年,获得由瑞典科学院颁发的逻辑学和哲学领域的肖克奖(Schock Prize),这被认为等同于该领域的诺贝尔奖。2002年开始在纽约城市大学研究生中心任教,2003年成为该校杰出哲学教授,2006年该校成立克里普克中心。

克里普克的学术贡献涉及模态逻辑、语言哲学、维特根斯坦研究、知识论和心灵哲学等众多领域,在涉足的几乎每一个领域和论题上,其研究成果都产生了极为广泛和深刻的影响。他被誉为20世纪后半期最伟大的逻辑学家和分析哲学家之一,有人甚至称他是"逻辑学和哲学领域的天才,是活着的传奇人物"。

在中学时期所写的那篇论文以及后来的几篇论文中,克里普克为当时处于激烈争论中的模态逻辑创立了一种语义理论,后来被称为"克里普克语义学",亦称"可能世界语义学"。由于这一语义理论的创立,模态逻辑成为一个成熟的逻辑分支,甚至在当代逻辑学科体系中取得了某种"新经典逻辑"的地位。他还把这一语义理论应用到直觉主义逻辑等分支中。1970年,克里普克在普林斯顿大学发表了三次系列讲演,1972年以"命名和必然性"为题作为论文发表,1980年出版同名单行本。在这些讲演中,克里普克批判了弗雷格和罗素等人所主张的关于名称的描述理论,提出了一种新的历史的因果命名理论。该理论认为,名称(至少是一部分名称)只有指称而无涵义，专名和通名都是严格指示词，在所有可能世界内都指称同样的个体或类，假如这些个体或类在这些可能世界中存在的话；命名活动不是依据名称的涵义，而是依据名称与某个命名活动的历史因果联系，即依据人们对某些有关的历史事件及其因果影响的了解。一个名称的所指是由与使用该名称有关的社会历史传递链条决定的。基于这种严格指示词理论，克里普克提出，“必然的和偶然的”是形而上学区分，“先验的和后验的”是认识论区分，而“分析的和综合的”是语言哲学区分，不能将这三种区分等同起来，相反，存在着“先验偶然命题”和“后天必然命题”。同样基于这种严格指示词理论，克里普克还发展了一种新型的本质主义学说：一个事物的本质就是它在所有可能世界中都具有的属性，具体地说，个体的本质是该个体的因果起源，自然种类的本质是其内部结构。他还把严格指示词理论应用于心灵哲学领域，在该领域提出了有很大影响的新理论。有这样的说法：《命名和必然性》产生了一个“真实可见的哲学工业”，各种诠释、赞同、批评、争辩、反驳等等的论著如雨后春笋般出现。1975 年，克里普克发表了一篇重要论文——《一种真理论的概要》，提出了一种新的真理理论以及基于这种理论之上的悖论解决方案。他提出“有根性”或一个语言的“不动点”（或“固定点”）的概念，认为一个断定了某类句子的全部、部分、大部分等等为真或为假的句子，其真值可以通过鉴定该类句子的真值来确定。如果这类句子中有的本身又包含真假概念，那么它们的真值又必须通过考察另外的句子来鉴定，依此类推。如果最后这个过程终止于一些不提真假概念的句子（这句子叫做包含它的那个语言的一个不动点），使得能够确定原句子的真值，那么原句子就叫做有根的，否则就是无根的。他认为，导致悖论的句子都是无根的，它们有意义，但无真假可言。他还指出，一句子是否有根，一般地说不是句子内在的固有的（语法或语义的）性质，通常都依赖于经验事实。他还使用现代逻辑和集合论的手段，发展了一个形式理论，在其中给出有根性的形式定义，并区分出悖论性。1982 年，克里普克出版了一部研究后期维特根斯坦的专著——《维特根斯坦论规则和私人语言》。不过，他所诠释与批评的维特根斯坦并不是历史上的真实的维特根斯坦，而是他所理解的维特根斯坦，基本上出于误解；但他本人却提出了一种有意思的理论：关于一个词语有它的意义这一点，不存在任何事实的根据。这种理论后来被叫做“意义的怀疑论”，是众多文献争论的话题，产生了很大的影响。

第二讲

给思维的野马套上缰绳

——什么是逻辑学?

在这一讲,我将着力讲清楚这样几个问题:逻辑学是研究推理和论证的;它撇开推理和论证的具体内容,而专门研究其前提和结论之间的形式结构关系,正是这种结构关系使得我们由真前提只能得到真结论;同一律、矛盾律、排中律和充足理由律是逻辑学的基本规律,它们体现了逻辑学的基本价值追求:追求思维的确定性、一致性、明确性和论证性。在遇到一个复杂和困难的问题时,逻辑学要求我们从清楚、明确的概念出发,精确地确定问题之所在;把该复杂问题分解为多个相对简单的问题;逐个找出解决这些简单问题的可以操作的模式、程序、方法和准则;给出这些问题的解决方法;检验它们的真假对错;等等。这正是理性精神的体现和运用,并且是西方文化的精髓。爱因斯坦指出:“西方科学的发展是以两个伟大成就为基础的,那就是:希腊哲学家发明形式逻辑体系(在欧几里德几何学中),以及通过系统的实验发现有可能找出因果联系(在文艺复兴时期)。”[①]逻辑学所体现的这种理性精神正是中国传统文化中所缺乏的。因此,在中国研究、传播和普及逻辑学知识,在国民中培植严格的理性精神,是一件非常有意义的事情。

一 逻辑

从词源上说,“逻辑”最早可以追溯到一个希腊词,即“逻各斯”(logos,其复数形式是 logoi)。“逻各斯”是多义的,其主要含义有:

---

① 《爱因斯坦文集》第一卷,许良英等编译,商务印书馆,1977 年,第 574 页。

1. 一般的规律、原理和规则。一般认为，是古希腊哲学家赫拉克利特最早将这一概念引入到哲学中，主要用来说明万物的生灭变化具有一定的尺度，它们虽然变化无常，但人们仍然能够加以把握。在斯多亚学派那里，"逻各斯"表示神圣的秩序；在新柏拉图主义那里，"逻各斯"表示展现在可感世界中的可理解的支配性力量；在基督教中，"逻各斯"指上帝的话语。就此而言，"逻各斯"类似于中国老庄哲学的"道"。

2. 命题、说明、解释、论证等。例如，亚里士多德根据第一原理阐述"逻各斯"。

3. 理性、推理、推理能力、与经验相对的抽象理论、与直觉相对的有条理的推理。例如，柏拉图在《理想国》一书中用"逻各斯"一词表示灵魂的理智部分。

4. 尺度、关系、比例、比率等。例如，亚里士多德曾谈到音律的"逻各斯"。

5. 价值、分量。例如，赫拉克利特谈到人的"逻各斯"大于其他事物的"逻各斯"。

不过，"逻各斯"的基本词义是言辞、理性、秩序、规律，其中核心含义又是"秩序"和"规律"，其他含义都是由此派生出来的。例如，"有秩序的""合乎规律的"就是合乎"理性"的；"推理"就是按照"规律"进行有"秩序"的、有条理的思维。西方各门科学的词尾"学"字(-logy)，均起源于"逻各斯"这个词，"逻辑"一词更是从它引申出来的。

尽管亚里士多德在"议论"或"论证"的意义上使用过"逻各斯"一词，但他更多地用"分析"或"分析学"去表示他关于推理的理论。据史料记载，斯多亚派使用过"逻辑"一词，认为它包括论辩术和修辞学两部分。逍遥学派和古罗马的西塞罗则比较正式地使用了"逻辑"一词，但古罗马更多地用"论辩术"(dialectica)表示包括逻辑和修辞学的科学。欧洲中世纪的逻辑学家有时用"logica"、有时用 "dialectica"表示逻辑。直到近代，西方才通用"logic""logik""logique"等表示逻辑这门科学。

西方逻辑早在明代就开始传入中国。起初，中国译者们按先秦传统来理解"logic"，先后将其译为"名学""辩学""名辩学""理则学""论理学"等等。李之藻(1565—1630)与人合作翻译了葡萄牙人所写的一部逻辑学讲义，译为《名理探》。清朝末年，逻辑方面的翻译著作有《辩学启蒙》(1896)、《穆勒名学》(严复译，1905)等。严复是将"logic"译为"逻辑"的第一人，但他并未加以提倡、推广，而是选用了“名学”作为他的译著的书名——《穆勒名学》。到20世纪30—40年代，“逻辑”这一译名才逐渐流行开来，并慢慢地获得通用。不过，在台湾地区，直到20世纪后半期，仍有逻辑学教材冠以“理则学”等名称。

在现代汉语中，“逻辑”一词同样也是多义的，其主要含义有：

1. 客观事物的规律。例如：“适者生存，优胜劣汰，这是自然界的逻辑，也是市场竞争的逻辑。”

2. 某种理论、观点。例如：“‘强权即公理’，这就是霸权主义者所奉行的逻辑。”

3. 思维的规律、规则。例如：“某个说法不合逻辑。”“只有感觉的材料十分丰富和合于实际，人们才能根据这样的材料，作出合乎逻辑的结论来。”

4. 逻辑学或逻辑知识。例如：“在一般人的印象中，逻辑很难学。”“现代管理人员，为提高自身的综合素质，学一点逻辑很有必要。”

本书将要讲授的就是作为一门科学的逻辑学，它是既古老又年轻的。说它古老，是说它历史悠久，源远流长。具体说来，它有三大源流：以亚里士多德的词项逻辑为代表的古希腊逻辑；以先秦名辩学为代表的古中国逻辑；以正理论和因明学为代表的古印度逻辑。说它年轻，是说它朝气蓬勃，充满生机与活力，正处于一个新的发展高峰期。目前，逻辑学在哲学、语言学、计算机科学和人工智能研究的推动下，正进入许多新的研究领域，创造出许多新的逻辑理论。并且，逻辑学还广泛地进入我们的日常生活，进入我们的阅读、论辩、思考、写作活动之中，发挥实际的功用和效力。

二　命题

逻辑研究推理，但推理由命题组成，推理的前提和结论单独看来都是一个个命题。因此，在分析推理之前，我们必须先分析命题。有三种基本的命题分析方法：复合命题分析，直言命题分析，量化命题分析。

（一）语句、命题与真值

语句有广义和狭义之分。广义的语句即语言学中的语句，它是一种语言单位，由某种语言内的语词或词组按一定的语法规则组成，其特点在于：

合乎语法规则，具有明确的意思。这种意义的语句包括陈述句、疑问句、祈使句、感叹句四种类型。狭义的语句除具有上述特点外，还必须能够作为真值承担者，即：(1)必须或者肯定或者否定；(2)必须或者真或者假。这种意义的语句只包括陈述句、某些特殊的疑问句(如反诘句："难道香山红叶不美吗？！")以及特殊的感叹句("大海，多么辽阔啊！")。很多现代逻辑学家常在狭义上使用语句概念。

"命题"一词有两种主要用法，其中最常见的是把它理解为语句的涵义，即由一语句所表达的具有主体间性(intersubjectivity)的思想内容，能够为真或为假。于是，语句和命题就是一种表达和被表达的关系。若广义地理解语句，则(1)所有命题都由语句表达，但并非所有语句都表达命题，例如疑问句、祈使句、感叹句一般不表达命题，因为它们没有真假可言；(2)不同语言的不同语句，甚至同一语言中的不同语句，可以表达同一命题；(3)由于词汇歧义、结构歧义、指示性短语以及语境等因素，同一语句可以表达不同的命题。若狭义地理解语句，则所有命题都由语句表达，且所有语句都表达命题。

我们以后不讨论没有肯定或否定、因而也没有真假可言的语句，例如："如嫣是北大学生吗？""公共场所，不准吸烟！"；只讨论有肯定或否定、因而有真假可言的语句，例如"鲸鱼是哺乳动物""毛泽东是一位伟大的军事家"。这样的语句都表达命题，命题也都由这样的语句来表达，因此，以后我们不严格区分语句和命题，它们的共同特征是有肯定或否定，有真假可言。

什么是语句或命题的"真"或"假"？在这个问题上，我们取一种古老的说法，也是一种常识的说法："说是者为是，非者为非，是真的；说是者为非，非者为是，是假的。"这是亚里士多德提出来的，是一种符合论的观点，合乎常识和直观，我们大概也都会同意。例如，在天下雪的时候，说"天在下雪"是真，而说"天气真热，大概有 40℃"是假的。根据中国历史记载，说"李白是一位天才诗人"是真的，说"李白是一位伟大的政治家"是假的。"真"和"假"在逻辑学中统称"真值"，按我们的说法，语句、命题有真值，它们是真值承担者(truth-bearer)。

(二) 复合命题

对命题的第一种分析方法是：把单个命题看作不再分析的整体，通过命题联结词把它们组合成复合命题。在日常语言中，这类联结词有：(1)并且，然后，不但……而且……，虽然……但是……，既不……也不……；(2)或者……或者……，也许……也许……，要么……要么……；(3)如果……那么……，只要……就……，一旦……就……，只有……才……，不……就不……，……除非……；(4)当且仅当，如果……那么……并且，只有……才……；(5)并非，并不是；如此等等。为简单起见，我们用“并且”作为第一类联结词的代表，用“或者”作为第二类联结词的代表，用“如果，则”作为第三类联结词的代表，用“当且仅当”作为第四类联结词的代表，用“并非”作为第五类联结词的代表。通过这些联结词，我们可以由一个个命题，如“李冰刻苦学习”“李冰乐于助人”“樱桃红了”“芭蕉绿了”等等，组合成为更复杂的命题。

看下面的例子：

(1)李冰刻苦学习并且乐于助人。

(2)樱桃红了或者芭蕉绿了。

(3)如果锲而不舍，那么金石可镂。

(4)只有宁静，才能致远。

(5)$x+5=0$，当且仅当 $x=-5$。

(6)并非所有的花都是有香味的。

第一类联结词叫做“联言联结词”，由它们形成的命题叫做“联言命题”；第二类联结词叫做“选言联结词”，由它们形成的命题叫做“选言命题”；第三类和第四类联结词叫做“条件联结词”，由它们形成的命题叫做“条件命题”(“假言命题”)，其中表示条件的命题叫做“前件”，表示结果的命题叫做“后件”；第五类联结词叫做“否定词”，由它们形成的命题叫做“负命题”。这些命题统称“复合命题”。

上面用作例子的一些命题，实际上可以换成任一命题。为了表示这种一般性，我们引入命题变项即小写字母 p，q，r，s，t 等来表示任一命题，用符号“$\wedge$”“$\vee$”“$\rightarrow$”“$\leftrightarrow$”“$\neg$”来依次表示“并且”“或者”“如果，则”“当且仅当”“并非”这五个联结词，于是得到下述公式：

$p \wedge q$

$p \vee q$

$p \to q$

$p \leftrightarrow q$

$\neg p$

它们分别是“联言命题”“选言命题”“充分条件假言命题”(蕴涵命题)、“充分必要条件假言命题”(“等值命题”)和“负命题”的一般形式。

(三) 直言命题

请看下面的例子:

(1)所有诺贝尔奖得主都是杰出的科学家。

(2)所有的政客都不是诚实的人。

(3)有些艺术品价值连城。

(4)有些天才不能被同辈人所理解。

(5)萨达姆是一代枭雄。

(6)罗素不是一位小说家。

这些命题都是直言命题,由于它们断定了某种对象具有或不具有某种性质,因此又叫做“性质命题”。

对命题的第二种分析方法是:对一个命题作主谓式分析,即把它拆分为不同的构成要素:主项、谓项、联项和量项。经如此分析的是直言命题。例如,“所有的玫瑰花都是带刺的”就是一个直言命题,其中“玫瑰花”是主项,“带刺的”是谓项,“是”是联项,“所有……都”是量项。一个直言命题中的主项和谓项统称“词项”。如果把其中具体的主项和谓项抽掉,所留下的空位用大写英文字母表示;当主项和谓项表示某一类对象时,用大写字母S表示主项,用大写字母P表示谓项;当主项表示某一单个对象时,则用小写英文字母a表示。联项有“是”和“不是”,量项有“所有”“有些”,由此得到如下形式的命题:

所有S都是P;

所有S都不是P;

有些S是P;

有些S不是P;

a是P;

a不是P。

（四）量化命题

对命题的第三种分析方法是：把一个简单命题分析为个体词、谓词、量词和联结词等构成成分。

个体词包括个体常项和个体变项，它们究竟指称什么样的对象取决于论域（亦称“个体域”），即由具有某种性质的对象所组成的类。个体常项仅限于专名，在逻辑中用小写字母a，b，c等表示，经过解释之后，它们分别指称论域中的某个特定的对象，随论域的不同，这些对象可以是0、1、长江、长城、毛泽东等。个体变项x，y，z等表示论域中不确定的个体，随给定论域的不同，它们的值也有所不同。例如，如果论域是全域，个体变项x就表示全域中的某个东西；如果论域是“人的集合”，则个体变项x就表示某个人；如果论域是“自然数的集合”，则个体变项x就表示某个自然数。

谓词符号包括大写字母F，G，R，S等，经过解释之后，它们表示论域中个体的性质和个体之间的关系。一个谓词符号后面跟有写在一对括号内的适当数目的个体词，就形成最基本的公式，叫做“原子公式”，例如F(x)，G(a)，R(x，y)，S(x，a，y)。一个谓词符号后面跟有一个个体常项或个体变项，则它是一个一元谓词符号。一元谓词符号经过解释之后，表示论域中个体的性质。如果一个谓词符号后面跟有两个个体词，则它是一个二元谓词符号。依此类推，后面跟有n个个体词的谓词符号，就是n元谓词符号。二元以上的谓词符号，经过解释之后，表示论域中个体之间的关系。例如，若以自然数为论域，令a为自然数1，R表示“大于”，S表示“…＋…＝…”，于是，R(x，y)等于说“x大于y”，S(x，a，y)等于说“x＋1＝y”。

量词包括全称量词∀和存在量词∃，它们可以加在原子公式前面。“∀xF(x)”读作“对于所有的x，x是F”，“∃xR(x，y)”读作“存在x使得x与y有R关系”。前面带量词的公式叫做“量化公式”，例如∀xF(x)，∃xR(x，y)。原子公式和量化公式都可以用命题联结词连接起来，形成更复杂的公式，例如$\forall xF(x)\land G(a)$，$\exists x(F(x)\lor R(x,y))$，$S(x,a,y)\rightarrow\forall x(\neg F(x)\leftrightarrow S(x,a,y))$，在如此形成的公式前面，还可以加量词，例如$\forall x(F(x)\rightarrow\exists xR(x,y))$。

对命题进行上述分析后，不仅可以表示和处理性质命题（直言命题）及

其推理,而且可以表示和处理关系命题及其推理。例如,直言命题“所有S都是P”可以表示为:

$$\forall x(S(x) \rightarrow P(x))$$

而“有的投票人赞成所有的候选人”则可以表示为:

$$\exists x(F(x) \wedge \forall y(G(y) \rightarrow R(x,y)))$$

三 推理

推理是从一个或者一些已知的命题得出新命题的思维过程或思维形式,其中已知的命题是前提,得出的新命题是结论。例如,下面三段话语都表达推理:

例1:
所有的人都是会死的,
所有的希腊人都是人,
所以,所有的希腊人都是会死的。

例2:
如果我们的企业想在市场竞争中保持领先地位,我们必须不断地进行技术创新。
我们的企业确实想在市场竞争中保持领先地位,
所以,我们必须不断地进行技术创新。

例3:
从我记事的第一天起,太阳从东方升起,
第二天,太阳从东方升起,
第三天,太阳从东方升起,
⋮
一直到今天,太阳从东方升起,
所以,太阳总是从东方升起。

一般来说,推理的前提陈述在前,结论陈述在后。但也不尽然,有些推理完全可能把结论陈述在前,例如,下面推理的第一句话就是它的结论:

> 不可能所有的人都是彻底无私的。因为假如彻底无私包含两个含义:(1)无条件地为他人服务,(2)拒绝任何他人的服务,并且假如所有的人都彻底无私的话,这些彻底无私的人连一个服务的对象都没有,他们也就不成其为彻底无私的人了。

一般而言,可以根据一些语言标记去识别推理的前提和结论。例如,跟在"因为""由于""假设""鉴于""由……可以推出""正如……所表明的"等词语之后或占据省略号位置的句子是前提,而跟在"因此""所以""于是""由此可见""由此推出""这表明""这证明"等词语之后的是结论。

由于构成推理的各句子之间存在意义关联,有时候人们可以省略这些语言标记,而仅靠句子之间的意义关联去区分前提和结论。例如,"他是一位古稀老人,我们应该好好照顾他",这个句子所表达的并不是并列关系,而是由意义关联所表达的推理关系,其中第一句话是前提,第二句话是结论。

推理通常分为演绎推理和归纳推理。演绎推理通常被说成是从一般到个别的推理,即根据某种一般性原理和个别性例证,得出关于该个别性例证的新结论。归纳推理通常被说成是从个别到一般的推理,即从一定数量的个别性事实,抽象、概括出某种一般性原理。但更精确的说法是:演绎推理是必然性推理,即前提真能够确保结论真;归纳推理是或然性推理,前提只对结论提供一定的支持关系,前提真结论不一定真。上面的例 1 和例 2 是演绎推理,例 3 是归纳推理。

四 推理形式

"推理形式"是指在一个推理中抽掉各个命题的具体内容之后所保留下来的那个模式或框架,或者说,是多个推理中表达不同思维内容的各个命题之间所共同具有的联系方式,由逻辑常项(如命题联结词"或者""并且""如果,则""当且仅当"和"并非",直言命题中的系词"是"和"不是",量词"所有"和"有些"等)和逻辑变项(如命题变项 p,q,r,s,t,词项变项 S,P,M 等)构成,其中逻辑常项代表推理中的结构要素,常项的不同决定了推理形式的不同;变项是命题或推理中抽掉具体内容之后所留下的空位,代表内容要素,若用日常语言中具体的语词(名称和谓词)替代变项,就从抽象的推理形式得到一个个具体的推理;对同一个推理形式,作不同的替代,可以得到不同的具体推理。

由于对作为推理的前提和结论的命题有三种不同的分析方法,因此,对推理及其形式结构也有三种不同的分析方法。

以直言命题作前提和结论的推理叫做“直言命题推理”,如果把其前提和结论中的具体内容抽象掉,留下的空位由大写英文字母代替,就得到了该推理的形式结构。例如:

所有的金子都是闪光的,
所以,有些闪光的东西是金子。

这个推理的形式结构是:

所有S都是P

所以,有些P是S

前述例1的形式结构是:

所有的M都是P
所有的S都是M
所以,所有的S都是P

据说,古希腊智者普罗泰戈拉与他的弟子欧提勒士进行了著名的“半费之讼”。有一天,欧小子拜在普老先生门下,两人签订了这样一份合同:普氏向欧氏传授辩论技巧,教他帮人打官司;欧氏入学时交一半学费,在他毕业后帮人打官司赢了之后再交另一半学费。时光荏苒,欧氏从普氏那里毕业了。但他总不帮人打官司,普氏也就总得不到那另一半学费。普氏为了要回那另一半学费,想了一个主意,他本人去与欧氏打官司,并打着这样的如意算盘:

如果欧氏打赢了这场官司,按照合同的规定,他应给我另一半学费。

如果欧氏打输了这场官司,按照法庭的裁决,他应给我另一半学费。

欧氏或者打赢这场官司,或者打输这场官司。

总之,他应该付给我另一半学费。

但欧氏却对普氏说:青,出于蓝而胜于蓝;冰,水为之而寒于水。我是您的学生,您的那一套咱也会:

如果我打赢了这场官司,根据法庭的裁决,我不应给您另一半学费。

如果我打输了这场官司,根据合同的规定,我不应给您另一半学费。

这场官司我或者打赢或者打输。

总之,我不应该给您另一半学费。

显然,这两个人的立场迥异,但他们却使用了同样的推理形式,这就是命题逻辑中著名的“二难推理”:

如果 p 则 q

如果非 p 则 q

p 或者非 p

所以,q

请读者注意,“半费之讼”有两个不同的问题。

一个是法律问题:假如你是法官,这师徒俩的官司打到你面前来了,你怎么去裁决这场官司?我的回答是:假如我是法官,我会驳回普罗泰戈拉的起诉,不予立案。因为普与欧的官司属于一件合同官司,起诉、立案的前提是至少有一方违背了当初的合同。但在普老先生起诉欧小子时,后者并没有违反合同,因为根据合同,欧小子在没有帮人打官司之前,或者虽然帮人打了官司但没有赢,都可以不付给普老先生另一半学费。这个苦果应该由普老先生自己吞下,由于他没有规定支付另一半学费的确切期限,等于与学生签订了一份毫无约束力的合同。尽管从情理上说,学生应该支付老师学费;但具有法律约束力的却只有合同,按合同规定,在欧小子没有帮人打赢官司之前，可以不支付普老先生那另一半学费，因为“吾爱吾师，但吾更爱真理”。当今社会是法律社会，我们应该吸取普老先生的教训，签合同时必须非常小心谨慎。

另一个是逻辑问题：假如你是一位逻辑学家，你又怎么分析这师徒俩的推理？它们都成立或都不成立吗？为什么？我的解析如下：根据论证规则，论据必须是彼此一致和相容的。如果论据本身不一致，即论据本身包含$p \wedge \neg p$这样的矛盾命题，而根据命题逻辑，从逻辑矛盾可以推出任一结论。因此，一组不一致或自相矛盾的命题不能作论据。普老先生与欧小子之所以得出了完全相反的结论，是因为他们的前提中包含着不一致：一是承认合同的至上性，一是承认法庭判决的至上性，哪一项对自己有利就利用哪一项，而这两者是相互矛盾的。实际上，法庭判决也必须根据合同来进行，因此合同是第一位的，是法庭判决的根据和基础。这样一来，师徒俩的两个二难推理都不能成立。

还有些命题和推理涉及个体之间的关系以及量词和联结词结构，例如：

(1)有的学生尊敬所有的老师，所以，所有的老师都有人尊敬。

(2)法律委员会的每一个成员不是北大毕业的就是清华毕业的。该委员会的每一位北大毕业的成员都住在北京，该委员会的每一位清华毕业的成员也是税收委员会的成员。所以，法律委员会的每一位不在税收委员会的成员都住在北京。

这需要使用分析命题或推理的第三种方法，即把命题分析为个体词、谓词、量词和联结词，并把这些成分按适当的方式组织起来。可以把上例中的两个推理符号化：

(1) $\exists x(T(x) \wedge \forall y(H(y) \to Z(x, y))) / \therefore \forall y(H(y) \to \exists x(T(x) \wedge Z(x, y)))$

(2) $\forall x(F(x) \to B(x) \vee Q(x)), \forall x(F(x) \wedge B(x) \to L(x)), \forall x(F(x) \wedge Q(x) \to S(x)) / \therefore \forall x(F(x) \wedge \neg S(x) \to L(x))$

综上所述，如果把简单命题作为不再分析的整体，用命题联结词把它们连接起来，组合成复合命题，然后研究复合命题的逻辑特性及其推理关系，所得到的是“命题逻辑”；如果把一个简单命题分析为主项、谓项、联项、量项这样的不同成分,并分析由这些成分所决定的直言命题的逻辑特性及其推理关系,所得到的是“词项逻辑”;如果把一个量化命题分析为个体词、谓词、量词、联结词,然后研究此类命题的逻辑特性及其推理关系,所得到的是“谓词逻辑”,或者“量化逻辑”。这是演绎逻辑的三种最基本的类型。

除了以演绎推理为对象的演绎逻辑外,还有以归纳推理为对象的归纳逻辑。例如,上面谈到的例3就是一个归纳推理,它的形式结构是:

S_1 是 P
S_2 是 P
S_3 是 P
⋮
S_n 是 P
———————
所以,所有 S 都是 P

五 推理的省略形式

在自然语言中,推理是用来论证和交流思想的,而交流总是在具体的个人之间、具体的语言环境中进行的,交际双方的大脑并不是一块白板,而是承载了大量信息,其中许多信息是交际双方所共有的,或至少是其中一方以为另一方知道的,故在交际过程中没有明确说出:本来是“A 和 C 一起推出 B”,由于 C 属于(或以为属于)说话双方都知道的公共知识,或者是由说话语境明显提供的知识,故被省略,推理表现为省略形式。

但这种省略有可能造成问题:一是被省略或被假定的东西本身可能不是真的;二是这种省略推理中可能暗含着推理方面的错误。因此,在逻辑学中,常常需要把这些被省略的前提、假定、预设补充到推理过程中来,以便考察它们的真实性以及推理过程的有效性。在作这种补充时,常常存在多种不同的选择,这时应该坚持“宽容原则”,即尽可能地把推理者设想为一个正常的、有理性的人,除非故意,他一般不会使用虚假的前提,一般不会进行无效的推理。在做了这些工作之后,再来看被省略的前提是否真实,推理过程是否正确,即对推理者的推理进行评价。

在国内外各种能力性逻辑考试中，有许多考题都需要考虑省略的前提、假设。例如：

在一次试验中，一位博士生和一个机器人各自独立地通过电脑回答一组问题，那群科学家再去鉴别电脑屏幕上的哪些回答是由博士生作出的，哪些回答是由机器人作出的，而鉴别结果的差错率却高达78%。有一些人认为，试验中所提出的那组问题肯定是不充分的，既然它们不能使一群科学家分辨出那位博士生和那个机器人。

这些人的怀疑基于下面哪一项未陈述的前提？

A. 有的机器人能够与国际象棋高手博弈。

B. 那位博士生可能不是特别聪明。

C. 那个机器人是 IBM 公司的最新一代产品。

D. 在那位博士生和那个机器人之间本来存在相当大的差别。

E. 有的机器人能够具有相当高的智能。

解析：答案是 D。由题干可知，根据对一组问题的回答，科学家不能分辨博士生和机器人，有人由此得出结论：试验中所提出的那组问题肯定是不充分的。只有假定在博士生和机器人之间本来有相当大的差别，而那组问题不能充分揭示这些差别时，才能得出这个结论，因此选项 D 是必须假设的。其他各项大都与题干中的推断无关或关系不大。再如：

在近现代科技的发展中，技术革新从发明、应用到推广的循环过程不断加快。世界经济的繁荣是建立在导致新产业诞生的连续不断的技术革新之上的。因此，产业界需要增加科研投入以促使经济进一步持续发展。

上述论证基于以下哪项假设？

Ⅰ 科研成果能够产生一系列新技术、新发明。

Ⅱ 电讯、生物制药、环保是目前技术革新循环最快的产业，将会在未来几年中产生大量的新技术、新发明。

Ⅲ 目前产业界投入科研的资金量还不足以确保一系列新技术、新发明的产生。

A. 仅Ⅰ。

B. 仅Ⅲ。

C. 仅Ⅰ和Ⅲ。

D. 仅Ⅰ和Ⅱ。

E. Ⅰ、Ⅱ和Ⅲ。

解析:答案是C。题干断定技术革新是经济持续发展的必要条件,并根据这一断定得出结论:产业界需要增加科研投入以促使经济持续发展。为使上述论证成立,Ⅰ是必须假设的,否则,如果科研成果不能够产生一系列新技术、新发明,那么没有理由认为增加科研投入就能有利于经济持续发展。这样,题干的论证就不能成立。为使上述论证成立,Ⅲ是必须假设的。否则,如果目前产业界投入科研的资金量足以确保一系列新技术、新发明的产生,那就没有必要为促使经济持续发展而增加科研投入。这样,题干的论证同样不能成立。Ⅱ显然不是必须假设的。

六　推理形式的有效性

推理形式的有效性亦称"保真性",指一个正确的推理必须确保从真前提只会得到真结论。尽管从假的前提出发也能进行合乎逻辑的推理,其结论可能是真的,也可能是假的,但从真前提出发进行有效推理,却只能得到真结论,不能得到假结论。只有这样,才能保证使用这种推理工具的安全性。这种保真性是对于正确推理的最起码的要求。

"有效性"是推理形式的特性,而不是推理的前提和结论的内容联系。一个推理形式是有效的,当且仅当该推理的形式结构确保了:只要我们按照这种形式进行推理,并且无论我们从具有什么样内容的前提出发,只要这些前提是真的,由此推出的结论必定是真,而不可能是假的。不是碰巧发生的事情,这是一种必然性。所以,有效推理保证了这样一点:从真前提必定得到真结论。并且,有效推理也排除了这样一点:从真前提得出假结论。把这两点合在一起,可知:如果从某个或某些前提出发,进行有效推理,得出了一个假结论,那么可以肯定至少有一个前提是假的。于是,有这样的推理形式:

$p \rightarrow q$

$\neg q$

———————

所以，$\neg p$

它的例证是：

如果127是偶数，则127能够被2整除；127不能被2整除。所以，127不是偶数。

还有所谓的“反三段论”：

$p \land q \to r$

所以，$\neg r \land p \to \neg q$

即是说，如果由两个前提可以逻辑地推出一个结论，如果结论是假的而其中的一个前提是真的，那么可以肯定，另一个前提是假的。例如：

如果客观条件已经成熟，并且主观上作了充分努力，那么，事情一定会成功。所以，如果事情没有成功，并且客观条件确实已经成熟，那么，主观上没有作充分努力。

假如没有推理形式有效这个条件，我们是不能由结论为假逆推出至少一个前提为假的，因为有可能该推理形式本身出了错：从它出发，本来就可能从真前提推出假结论。这样，当我们得出假结论时，就面临多种可能性：可能是前提本身出了错，也可能是推理过程出了错，我们不能必然地得知至少有一个前提为假。假如我们要时时处处担心逻辑的话，好多事情就无法做下去了。因此，需要有一门专门的科学——逻辑学，它告诉我们什么样的推理是有效的，什么样的推理是无效的，并且给我们确定区分有效推理与无效推理的标准、规则、程序、方法，等等。

依据有效的推理形式，从假的前提出发，会得出什么样的结论呢？回答是：既有可能得出真结论，例如：“所有的人是有死的，所有的猴子都是人，所以，所有的猴子都是有死的”；也有可能得出假结论，例如：“所有的鱼都在陆地上奔跑，所有的鲸鱼都是鱼，所以，所有的鲸鱼都在陆地上奔跑。”在实际思维中，推理常被用作证明的工具，即用一些前提的真去证明结论的真。如果我们明明知道一些前提是假的，往往不会用它作推理或证明的前提。因此，从假前提能够合乎逻辑地推出什么，至少不是我们关注的重点。我们关注的重点在于:当前提真时,能否保证结论真。这就是推理形式的有效性问题。

如果一个推理形式是无效的,情况又会怎么样呢? 回答是:什么样的事情都可能发生:从真前提可能推出真结论,但也可能推出假结论;从假前提可能推出真结论,也可能推出假结论。一切都是碰巧,一切都是偶然,没有逻辑的必然性。因此,我们考察一个推理形式是否有效,不是看它是否由真前提碰巧得出了真结论,而是看它是否能够保证得出真结论,即无论在什么样的情形下,都只得出真结论,不可能得出假结论。反驳一个无效推理的方法之一就是进行归谬:构造一个类似的推理,有真的前提,却有假的结论,由此证明它不是一个有效推理。例如:

所有的天鹅都是会飞的,所有的黑熊都不是天鹅。所以,所有的黑熊都不是会飞的。

我们可以从中抽象出一个推理形式:

所有 M 都是 P
所有 S 都不是 M,

所以,所有 S 都不是 P。

我们仍用“天鹅”代入 M,用“会飞的”代入 P,但改用“秃鹫”代入 S,由此得到:

所有的天鹅都是会飞的,所有的秃鹫都不是天鹅。所以,所有的秃鹫都不是会飞的。

显然,这个推理有真前提假结论,其推理形式不是一个有效的推理形式。上面有关黑熊的那个推理也不是一个有效推理,尽管它有真前提和真结论。

从形式有效性的角度,各种能力性逻辑考试常常出一种叫做“直接推断型”考题,具体形式有:从题干出发,可以(逻辑地)推出什么样的结论;或者,从题干出发,不可能推出什么样的结论;或者,需要补充什么样的前提,才能使题干中的推理成为逻辑上有效的推理;或者,给定一组前提,通过比较复杂的推理步骤,得到某个确定的结果(逻辑运算型);等等。例如:

有甲、乙、丙、丁、戊、己六个人排队买票。已知条件如下：

(1)队列中的第四个人戴帽子；

(2)丁要买四张票，直接排在戴帽子的男子之后；

(3)队列中有四个人不戴帽子；

(4)排在队首的甲戴帽子，并且要买两张票；

(5)队列中只有两位女士乙和己，其中要买三张票的女士戴帽子。

(6)乙要买两张票并且排在己之前。

(7)队列中要买一张票的人排在要买五张票的人之后。

如果戊要买的票数是两位女士之和，那么丙在队中的位置是：

A. 第二。

B. 第三。

C. 第四。

D. 第五。

E. 第六。

解析：答案是E。根据(1)(3)(4)可知，第一、第四两个人戴帽子，其余皆不戴。且第一个人是甲，要买两张票。根据(2)(5)可知，戴帽子的两个人恰为一男一女，且戴帽子的女士要买三张票。由此可知，戴帽子的女士是第四位，且只能是乙或己。根据(6)可知，第四位(戴帽子的女士)是要买三张票的己，而第三位是要买两张票的女士乙。由于前面四位要买的票数分别是2、4、2、3，都不是1或5，所以根据(7)，可知第五位要买五张票，第六位要买一张票。根据假定，戊要买的票数是两位女士之和，而两位女士要买的票数之和为5，故戊是第五位。综上可知，丙是第六位，要买一张票。

七　论证：演绎和归纳

论证是用某些理由去支持或反驳某个观点的过程或语言形式，通常由论题、论点、论据和论证方式构成。论点即论证者所主张并且要在论证过程中加以证明的观点。论点本身可以成为论题，但论题还可以是论辩双方所讨论的对象，例如“是否应该用法律的形式禁止婚外恋?”，围绕这个论题可以形成至少两种不同的观点：“应该用法律的形式禁止婚外恋”，“不应该用法律的形式禁止婚外恋”。论据是论证者用来支持或反驳某个论点的理由，它们可以是某种公认的一般性原理，也可以是某个事实性断言。论证要使用推理，甚至可以说就是推理：一个简单的论证就是一个推理，它的论据相当于推理的前提，论点相当于推理的结论，从论据导出论点的过程（即论证方式）相当于推理形式。一个复杂的论证则是由一连串不同的推理构成的，表现为一个推理系列。正是在这一意义上，常常把论证和推理同等看待。

不过，论证和推理还是有一个实质性的区别：推理并不要求前提真，假命题之间完全可以进行合乎逻辑的推理。例如：“如果所有的金子都不是闪光的，那么，所有闪光的东西都不是金子。”而论证的目的在于说服对方接受或者拒绝某个主张，因此所使用的论据必须真实，或者至少为论辩双方所共同接受，以假命题作论据不能证明任何东西，故“巧克力不是可以吃的，石头是巧克力，所以，石头不是可以吃的”这个推理并不构成对“石头不是可以吃的”这个命题的一个证明，但下面的推理却构成对“中国不能再落后”的一个证明：“如果谁落后，谁就会挨打。中国不想再挨打，所以，中国不能再落后。”

由于论证就是推理，或者是一系列推理的综合运用，如同推理分为演绎推理和归纳推理一样，论证也分为演绎论证和归纳论证。演绎论证是依据有效的推理形式，从已经接受为真的命题（作为前提）出发，得出某个或某些新的真命题（作为结论）的过程或形式。演绎论证就是通常所说的“证明”，在数学等严格学科中用得特别多。归纳论证就是使用非必然推理的形式，沿引一些事实性例证，去证明某个一般性命题的真，或推出某个另外的个别性命题的真，前提的真不能保证结论的真，没有逻辑的必然性。

找出一个论证特别是复杂论证中的论点、论据及其论证形式，并不是一件十分容易的事情，需要经过训练。因此，在西方的逻辑教科书中，常用很大的篇幅去讨论如何识别一个推理或论证的结构。例如：

> 本《医学杂志》已经决定采取下列立场：它将不发表不合乎道德的研究报告，无论它们的科学价值如何。
>
> 我们采取此立场是基于如下三个理由。首先，只发表合乎道德的研究成果的政策，如果得到普遍应用，将会吓阻那些不合乎道德的研究。研究成果的发表是医学研究报偿体系的重要组成部分；研究者将

不会从事不合乎道德的研究，如果他们知道其研究结果将得不到发表机会的话。进而言之，任何其他的政策将倾向于导致更多的不合乎道德的工作，因为如我已经指明的，此类研究也许更容易进行，因此会给其实践者带来更多的竞争边际效应。其次，即使对道德的违背只在很小程度上与研究对象的隐私保护原则相抵触，也将拒绝发表其研究成果。如果小的疏忽得到谅解，我们就会逐渐习惯此类事情，并且这将导致对道德的更大违背。最后，拒绝发表不合乎道德的研究成果的政策，可以用来知晓整个社会：甚至科学家也不认为科学是文明的首要尺度。知识尽管是重要的，但与它由之获得的方式相比，对于一个高雅的社会来说，前者不如后者重要。

解析：这个论证的大致结构如下：

论点：不发表不合乎道德的研究报告。

论据：(1)这一政策将会吓阻不合乎道德的研究。

a. 研究成果的发表是医学研究回馈体系的重要组成部分。

b. 如果研究者事先知道这一政策，他们将不会从事不合乎道德的研究。

c. 任何其他的政策将倾向于导致更多的不合乎道德的工作。

c_1. 此类研究会给其实践者带来更多的竞争边际效应。

c_{11}. 此类研究可能更容易进行。

(2)即使对道德的违背程度很小，也将拒绝发表其研究成果。

d. 如果小的疏忽得到谅解，我们就会逐渐习惯此类事情。

e. 如果小的疏忽得到谅解，将导致对道德的更大违背。

(3)这一政策可以将……知晓社会。

f. 知识不如知识获得的方式重要。

八 推理或论证的可靠性

一个推理或论证要得出真实的结论，必须满足两个条件：一是前提真实；二是推理过程合乎逻辑，或者说推理形式是有效的。唯有满足这两个条件的推理或论证才是“可靠的”或“健全的”，或者说，它们具有可靠性或健全性（soundness）。

于是，要反驳或削弱某个推理或论证的结论，通常有这样几种方式：一是直接反驳该结论，可以举出与该结论相反的一些事实（举反例），或从真实的原理出发构造一个推理或论证，以推出该结论的否定；二是反驳论据，即反驳推出该结论的理由和根据，指出它们的虚假性；三是指出该推理或论证不合逻辑，即从前提到结论的过渡是不合法的，违反逻辑规则。在这三种反驳方式中，直接反驳结论是最强的，而驳倒了对方的论据和论证方式，并不等于驳倒了对方的结论，因为对方完全可以更换论据或论证方式去重新论证该结论。无论如何，如果后两种情形成立，对方结论的真至少是没有保证的，从而被削弱。在各种能力性逻辑考试中，有大量这样的“削弱型”考题。例如：

> 一个医生在进行健康检查时，如果检查得足够彻底，就会使那些本没有疾病的被检查者无谓地饱经折腾，并白白地支付了昂贵的检查费用；如果检查得不够彻底，又可能错过一些严重的疾病，给病人一种虚假的安全感而延误治疗。问题在于，一个医生往往很难确定该把一个检查进行到何种程度。因此，对普通人来说，没有感觉不适就去接受医疗检查是不明智的。
>
> 以下各项如果为真，都能削弱上述论证，除了
>
> A. 有些严重疾病早期就有病人自己能察觉的明显症状。
>
> B. 有些严重疾病早期虽无病人能察觉的明显症状，但这些症状并不难被医生发现。
>
> C. 有些严重疾病只有经过彻底检查才能发现。
>
> D. 有些经验丰富的医生可以恰如其分地把握检查的彻底程度。
>
> E. 有些严重疾病发展到病人有明显不适时，已错过了治疗的最佳时机。

解析：答案是A。题干的结论是：对普通人来说，没有感觉不适就去接受医疗检查是不明智的。B、C、D、E各项均能削弱题干。例如，题干中强调了彻底的健康检查的某种负面影响，例如一个医生做彻底的健康检查，就会使那些本没有疾病的被检查者无谓地饱经折腾，并白白地支付了昂贵的检查费用。而C项断定，有些严重疾病只有经过彻底检查才能发现，这就指出了

彻底的健康检查的一种重要的正面作用，因而能削弱题干的论证。但A项断定，有些严重疾病早期就有病人自己能察觉的明显症状，这些症状最可能包括某种程度的感觉不适，显然，这与题干结论（“只有感觉不适才应去接受医疗检查”）及其论证无关，既不加强也不削弱题干。再如：

研究发现，市面上X牌香烟的Y成分可以抑制EB病毒。实验证实，EB病毒是很强的致鼻咽癌的病原体，可以导致正常的鼻咽部细胞转化为癌细胞。因此，经常吸X牌香烟的人将减少患鼻咽癌的风险。

以下哪项如果为真，最能削弱上述论证？

A. 不同条件下的实验，可以得出类似的结论。

B. 已经患有鼻咽癌的患者吸X牌香烟后并未发现病情好转。

C. Y成分可以抑制EB病毒，也可以对人的免疫系统产生负面作用。

D. 经常吸X牌香烟会加强Y成分对EB病毒的抑制作用。

E. Y成分的作用可以被X牌香烟的Z成分中和。

解析：答案是E。如果E项为真，则说明虽然X牌香烟的Y成分可以抑制EB病毒，但由于Y成分的作用，包括抑制EB病毒的作用可以被X牌香烟的Z成分中和，因此，不能根据X牌香烟的Y成分可以抑制EB病毒，就得出结论，经常吸X牌香烟的人将减少患鼻咽癌的风险。这就有力地削弱了题干的论证。其余各项均不能削弱题干。例如，题干只断定Y成分有利于阻止正常的鼻咽部细胞转化为癌细胞，并没有断定Y成分有利于抑制或消除已经形成的癌细胞，因此，B项不能削弱题干。

九　前提对结论的支持或反驳程度

有许多推理或论证尽管不满足保真性，即前提的真不能确保结论的真，但前提却对结论提供一定程度的支持，或者对结论构成一定程度的反驳。在前一情形下，前提真与结论真构成正相关，前提是结论的证据；在后一情形下，前提真与结论真构成负相关，前提是结论的反例。用概率论作工具，可以使这种支持或反驳关系得到某种精确的量的刻画。证据支持度为100％是指：如果前提真，则结论必然真；这样的推理是一个形式有效的演绎推理。证据支持度为 50%是指:如果前提真,则结论为真为假的可能性参半;依此类推。一个推理的证据支持度越高,则在前提真实的条件下,推出的结论可靠性越大。一个证据支持度小于 100%但大于 50%的推理或论证仍然是合理的,并且经常被广泛地使用。

在各种能力性逻辑考试中,围绕前提和结论之间的支持或反驳关系,设计了多种形式的考题,主要有加强前提型和削弱结论型,具体问题则有:"以下哪项如果为真,最能支持题干中的观点","以下哪项如果为真,最能削弱题干中的结论",等等。例如:

> 在司法审判中,所谓肯定性误判是指把无罪者判为有罪,否定性误判是指把有罪者判为无罪。肯定性误判就是所谓的错判,否定性误判就是所谓的错放。而司法公正的根本原则是"不放过一个坏人,不冤枉一个好人"。
>
> 某法学家认为,目前,衡量一个法院在办案中对司法公正的原则贯彻得是否足够好,就看它的肯定性误判率是否足够低。
>
> 以下哪项,如果为真,能最有力地支持上述法学家的观点?
>
> A. 错放,只是放过了坏人;错判,则是既放过了坏人,又冤枉了好人。
>
> B. 宁可错判,不可错放,是"左"的思想在司法界的反映。
>
> C. 错放造成的损失,大多是可弥补的;错判对被害人造成的伤害,是不可弥补的。
>
> D. 各个法院的办案正确率普遍有明显的提高。
>
> E. 各个法院的否定性误判率基本相同。

解析:答案是 E。根据题干,公正司法既不允许错判(肯定性误判),也不允许错放(否定性误判)。因此,要考察某个法院的司法究竟是否公正,就要同时考察该法院的错判率和错放率,二者缺一不可。如果选项 E 为真,即目前各个法院的错放率基本相同,那么,目前衡量一个法院在办案中对司法公正的原则贯彻得是否足够好,就只能看它的肯定性误判率是否足够低,于是法学家的看似片面的观点就得到了有力支持。其他各项都不足以使题干中法学家的观点成立。其中选项 D 与法学家的观点不相干;选项 B 与之有所关联,但也不构成直接的支持关系;选项 A 和 C 对法学家的观点有所支持,但它们断定的只是:就错判和错放二者对司法公正的危害而言,前者比后者更严重,由此显然得不出法学家的结论。

十 逻辑基本规律

逻辑基本规律是正确思维的根本假定,也是理性的交谈能够进行下去的必要条件。这样的规律有四条:同一律、矛盾律、排中律和充足理由律。

(一)同一律

同一律的内容是:在同一思维过程中,一切思想(包括概念和命题)都必须与自身保持同一。可用公式表示如下:

A是A;或者,$A \rightarrow A$

这里,"A"指在思维过程中所使用的任何一个概念或命题。更明确地说,同一律所要求的是:在同一个思维过程中,所使用的概念和命题必须保持自身的确定与同一。因此,它的作用在于保证思维的确定性,以便人们之间的思想交流能够顺利进行。

所谓概念保持同一,是指概念的内涵和外延必须保持同一:一个概念具有什么意思就具有什么意思,指称什么对象就指称什么对象。例如,"人"这个概念可以表示一个动物种类,也可以表示属于这个种类的每一个个体。如果在同一个思维过程(同一思考、同一表述、同一交谈、同一论辩)中,你在第一种意义上使用"人"这个语词,就必须始终在这个意义上使用该语词;如果你也需要在第二种意义上使用"人"这个语词,必须特别声明,并指出它们之间的区别,强调这两个"人"字实际上表达了两个不同的概念,在它们之间不能任意转换和过渡。例如,从"人是由猿猴进化而来的,张三是人",不能推出"张三是由猿猴进化而来的",因为前提中的两个"人"字表达不同的概念。

所谓命题保持同一,是指命题自身的意思和真假值必须保持同一。在同一个思维过程中,如果在什么意义上使用一个命题,就必须始终在该意义上使用该命题;或者,从命题的真假角度说,一个命题是真的就是真的,是假的就是假的;或者,从论辩的角度说,在一个论辩过程中,讨论什么论题就讨论什么论题,不能离题和跑题。例如,如果你断定了"$E=MC^2$",在同一个思维过程中就必须坚持这一断定，不能随便改成“$E \geqslant MC^2$”，也不能随便改成“$E \leqslant MC^2$”。如果你发现你先前的断定错了，要明确指明这一点，并且最好给出证据或说明原因。

如果无意识地违反同一律在概念方面的要求，就会犯“混淆概念”的逻辑错误；如果有意识地违反同一律在概念方面的要求，则会犯“偷换概念”的逻辑错误。例如：

> 鲁迅的著作不是一天能够读完的，《孔乙己》是鲁迅的著作，所以，《孔乙己》不是一天能够读完的。

在这个推理中，“鲁迅的著作”在两个前提中有不同的意义：在大前提中是指鲁迅著作的全体，或者说，鲁迅的全部著作；而在小前提中是指鲁迅的一篇著作。所以，它在两个前提中表达了两个不同的概念，不能起到中项的桥梁或媒介作用，不能必然地推导出结论。再如：

> 有角者论证：“你没有失去的东西你仍然具有，你没有失去角，所以你有角。”
>
> 下述哪一段对话犯有与题干最类似的逻辑错误？
>
> A. 谷堆论证：“一粒谷能否构成谷堆？显然不能。再加一粒，也不能；再加一粒，仍不能；……最后加的一粒构成了谷堆。”
>
> B. 苏格拉底说了唯一一句话：“柏拉图说真话”；柏拉图说了唯一一句话：“苏格拉底说假话”。
>
> C. 认识悖论：“你认识站在你面前的这个人吗？”“不认识。”“而这个人是你的父亲，所以你不认识你的父亲。”
>
> D. 秃头者论证：“掉多少根头发才算秃头？掉一根头发算吗？不算；再掉一根呢？也不算；……最后掉的一根头发造成了秃头。”
>
> E. 在一家大众旅馆里，一旅客在半夜被一群打牌人的哄笑声惊醒，他善意地对那群打牌人说：“都夜里12点多钟了，你们休息吧。”“你睡你的，管我们不着。”一打牌人说。“你们这样大声吵闹，影响别人休息。”“影响别人，又不影响你，关你什么事?!”

解析：答案是E。在“有角者论证”中，犯有“混淆或偷换概念”的逻辑错误。因为大前提要成立，意味着“你原来有的并且你没有失去的东西，你仍然具有”,而角是你原来没有的东西,因此,尽管你“没有失去”它,你仍然没有角。在A、B、C、D中都没有这种错误。但在E中,当那位旅客对那群打牌人说“你们这样大声吵闹,影响别人休息”时,其中的“别人”是相对于打牌人说的,指打牌人之外的其他人,当然包括那位旅客;但当打牌人说“影响别人,又不影响你,关你什么事?!”时,其中的“别人”是相对于那位旅客说的,指该位旅客之外的其他人,不包括该旅客本人,而包括那群打牌人。所以,打牌人犯了与题干类似的“混淆或偷换概念”错误。

如果无意识地违反同一律在命题和论辩方面的要求,就会犯“转移论题”的逻辑错误;如果有意识地违反同一律在命题和论辩方面的要求,则会犯“偷换论题”的错误。例如:

> 在上世纪80年代初期,某单位召开的一次安全生产会议上,该单位的某领导发表了这样一段讲话:“时间不多了,简单讲几句吧。今天是安全生产会议,我想讲几个与之有关的问题:一、关于精神文明;二、关于物质文明;三、关于形势与任务;四、关于绿化问题;五、关于计划生育……最后再讲一下下季度工作安排。关于精神文明,就是要开展文明礼貌月,把两个文明一起搞上去。当然是‘物质第一性’嘛,也有两重性,对立就是矛盾,就是闹不团结。统一么,就是一致思想。比如说,团结一致向前看,想当年……这是第一个问题的第一点。第二……哟,已经讲了一个多小时了,真是‘光阴似箭,日月如梭’呀,难怪子在川上曰:‘逝者如斯夫!’时间确实宝贵,上次开会小王迟到,我批评了他几句,还不服气。可别小看一分一秒,一人浪费一分一秒,十亿人就……大家说对不对?哎,后面的同志别打瞌睡,要振奋精神,振兴中华,要注意听讲……对了,我刚才说到哪儿去了?”

显然,从逻辑上分析,这位领导的讲话就犯了“转移论题”的错误。在说话写文章时,说到A时会说到B,说到B时会说到C,说到C时会说到D,……F,但A与F之间已经相距不止“八千里路云和月”了:说话已经严重跑题,甚至已经“离题万里”了!

(二) 矛盾律

矛盾律应该叫做(禁止)矛盾律或(不)矛盾律。其内容是:两个互相矛

盾的命题不能同真,必有一假。可用公式表示如下:

并非(A 并且非 A)

这里,“A”代表一个命题,“非 A”代表 A 的否定命题。由于两个互相反对的命题蕴涵各自的否定,故两个互相反对的命题也不能同真,必有一假。在这种派生的意义上,矛盾律中的“非 A”既包括与 A 互相矛盾的命题,也包括与 A 互相反对的命题。

两个命题互相矛盾,是指它们不能同真,也不能同假。例如:

“所有 S 是 P”与“有些 S 不是 P”
“所有 S 不是 P”与“有些 S 是 P”
“a 是 P”与“a 不是 P”
“p 并且 q”与“或者非 p 或者非 q”
“p 或者 q”与“非 p 并且非 q”
“如果 p 则 q”与“p 并且非 q”
“只有 p 才 q”与“非 p 并且 q”
“必然 p”与“可能非 p”
“必然非 p”与“可能 p”

都是相互矛盾的命题。

矛盾律要求:在两个互相矛盾的命题中,必须否定其中一个,不能两个都肯定。否则,就会犯“自相矛盾”的逻辑错误。它的作用在于保证思维的一致性,即无矛盾性。

看下面的例子:

《韩非子》中写道:“楚人有鬻盾与矛者,誉之曰:‘吾盾之坚,物莫之能陷也。’又誉其矛曰:‘吾矛之利,于物无不陷也。’或曰:‘以子之矛,陷子之盾,何如?’其人弗能应也。夫不可陷之盾与无不陷之矛,不可同世而立。”

以下议论与那位楚人一样犯有类似的逻辑错误,除了:

A. 电站外高挂一块告示牌:“严禁触摸电线!500 伏高压一触即死。违者法办!”

B. 一位小伙子在给他女朋友的信中写道:“爱你爱得如此之深,以至愿为你赴汤蹈火。星期六若不下雨,我一定来。”

C. 狗父论证:“这是一条狗,它是一个父亲。而它是你的,所以它是你的父亲。你打它,你就是在打自己的父亲。”

D. 他的意见基本正确,一点错误也没有。

E. 今年研究生考试,我有信心考上,但却没有把握。

解析:尽管“狗父论证”是一个完全无效的论证,但其中并没有“自相矛盾”的错误,而其他各项都犯有“自相矛盾”的错误。所以,正确答案是C。

据说,前山东省主席韩复榘有一次挺胸凸肚地站在齐鲁大学校庆演讲台上。未开口倒也威风凛凛,但口一张,原形毕露,搞得满座师生愕然,哗然,昏昏然。下面据说是其讲演记录稿:

诸位,各位,在齐位:

今天是什么天气?今天是演讲的天气。开会的人来齐了没有?看样子大概有个五分之八啦,没来的举手吧!很好,都到齐了。你们来得很茂盛,敝人也实在很感冒。……今天兄弟召集大家,来训一训,兄弟有说得不对的地方,大家应该互相谅解,因为兄弟和大家比不了。你们是文化人,都是大学生、中学生和留洋生,你们这些乌合之众是科学科的,化学化的,都懂七、八国的英文,兄弟我是大老粗,连中国的英文也不懂。……你们是笔筒里爬出来的,兄弟我是炮筒里钻出来的,今天到这里讲话,真使我蓬荜生辉,感恩戴德。其实我没有资格给你们讲话,讲起来嘛,就像……就像……对了,就像对牛弹琴。

正当听众哭笑不得之时,他又提示性地交代:

今天不准备多讲,先讲三个纲目。蒋委员长的新生活运动,兄弟我举双手赞成,就是一条,“行人靠右走”着实不妥,实在太糊涂了。大家想想,行人都靠右走,那左边留给谁呢?

还有件事,兄弟我也想不通:外国人都在北京的东交民巷建了大使馆,就缺我们中国的。我们中国为什么不在那儿也建个大使馆?说来说去,中国人真是太软弱了!

第三个纲目讲他的进校所见,就学生的篮球赛,痛斥总务处长道:

要不是你贪污了,那学校为什么这样穷酸?十来个人穿着裤衩抢一个球像什么样子，多不雅观！明天到我公馆再领笔钱，多买几个球，一人发一个，省得再你争我抢。

“三个纲目”讲完，韩主席扬长而去。如此满嘴荒唐言，大概创“荒谬”之最，其中不合逻辑、自相矛盾之处，几乎触目皆是，相信读者诸君自有判断。

（三）排中律

排中律的内容是：两个互相矛盾的命题不能同假，必有一真。可用公式表示如下：

A或者非A

这里，“A”代表一个命题，“非A”代表A的否定命题。若就词项逻辑而言，“A”和“非A”中一个是特称肯定命题，另一个是全称否定命题，或者相反。若两个特称命题“有些S是P”和“有些S不是P”都为假，我们会得到两个互相反对的命题“所有S不是P”和“所有S是P”，由此可推导出一对矛盾；由于逻辑不允许矛盾，故两个具有下反对关系的命题也不能都假，其中必有一个为真，例如“有些花是红色的”与“有些花不是红色的”。在这种派生的意义上，排中律也适用于两个具有下反对关系的命题。

排中律的逻辑要求是：对两个互相矛盾的命题不能都否定，必须肯定其中一个，否则会犯“两不可”的错误。它的作用在于保证思维的明确性。

于是，根据矛盾律，对两个互相矛盾的命题，不能同时都肯定，否则犯“自相矛盾”的错误；根据排中律，也不能同时都否定，否则犯“两不可”的错误。因此，在一对相互矛盾的命题中间，必定是肯定一个否定另一个；或者说，任一命题必定或者为真或者为假，非真即假，非假即真。这就是所谓的“二值原则”，一般使用的逻辑都是建立在这个原则之上的，因此叫“二值逻辑”。

看下面的例子：

学校在为失学儿童义捐活动中收到两笔没有署真名的捐款，经过多方查找，可以断定是周、吴、郑、王中的某两位捐的。经询问，周说：“不是我捐的”；吴说：“是王捐的”；郑说：“是吴捐的”；王说：“我肯定没有捐”。最后经过详细调查证实四个人中只有两个人说的是真话。

根据已知条件，请你判断下列哪项可能为真？

A. 是吴和王捐的；

B. 是周和王捐的；

C. 是郑和王捐的；

D. 是郑和吴捐的；

E. 是郑和周捐的。

解析：答案是C。吴和王的话是矛盾的，根据排中律，其中必有一真且只有一真。又由题干，四个人中只有两人说真话，因此，周和郑两人中有且只有一个人说真话。假设郑说真话，周说假话，则可得出：是吴和周捐的款；假设周说真话，郑说假话，则可得出：周和吴都没捐，是郑和王捐的。这两种假设都没导致矛盾。因此，根据题干的条件，有关四人中哪两人捐款，有两种情况可能为真：(1)吴和周捐的款；(2)郑和王捐的款。其余的情况一定为假。因此，选项A、B、D和E不可能为真，C项可能为真。再如：

一天，小方、小林做完数学题后发现答案不一样。小方说："如果我的不对，那你的就对了。"小林说："我看你的不对，我的也不对。"旁边的小刚看了看他们俩人的答案后说："小林的答案错了。"这时数学老师刚好走过来，听到了他们的谈话，并查看了他们的运算结果后说："刚才你们三个人所说的话中只有一句是真的。"

请问下述说法中哪一个是正确的？

A. 小方说的是真话，小林的答案对了；

B. 小刚说的是真话，小林的答案错了；

C. 小林说对了，小方和小林的答案都不对；

D. 小林说错了，小方的答案是对的；

E. 小刚说对了，小林和小方的答案都不对。

解析：题干中小方和小林的话是相互矛盾的，因此根据排中律，其中必有一句是真的。既然老师说三句话中只有一句是真的，则小刚的话就是假的，由此可知小林的答案没有错，是对的，于是又可以知道小林的话是假的，而小方的话是真的。因此，正确答案是A。

(四) 充足理由律

古希腊哲学家特别强调推理、论证的作用，并且构造了许多著名的推理和论证。柏拉图指出：我们的断定必须从理由中产生。仅仅当其根据是已知的时，知识在性质上才是科学的。[①] 有人认为，“充足理由律是亚里士多德全部逻辑学的动力，因为亚氏把逻辑学理解为关于证明的科学，理解为根据充足理由分辨真实和虚假的科学”[②]。《墨经》中也说：“夫辞以故生。立辞而不明于其所生，妄也。”（《大取》）即是说，论断凭借理由而产生，提出论断而不明确它赖以产生的理由，就是虚妄的。并且，墨家还把“故”分为“大故”“小故”：小故是“有之不必然，无之必不然”，相当于必要条件；大故是“有之必然，无之必不然”，相当于充分必要条件。不过，比较公认的说法是，最先明确表述充足理由律的是德国哲学家、数学家莱布尼茨。他认为，我们的推理是建立在两大原则之上的，一个是矛盾原则，即思维中不允许自相矛盾；另一个就是充足理由原则：“任何一件事如果是真实的或实在的，任何一个陈述如果是真实的，就必须有一个为什么这样而不那样的充足理由，虽然这些理由常常总是不能为我们所知道的。”[③]

充足理由律的内容是：在同一思维和论证过程中，一个思想被确定为真，要有充足的理由。可用公式表示如下：

$$A, A\rightarrow B \vdash B$$

这里“⊢”表示“推出”，上面的公式有两种解读方式：如果要证明 B 是某系统的定理，必须先证明 A 是该系统的定理，并且证明从 A 能够逻辑地推出 B。或者，如果要证明 B 是真的，必须先证明 A 是真的，并且证明从 A 能够逻辑地推出 B。

充足理由律的具体要求是：(1)对所要论证的观点必须给出理由；(2)给出的理由必须真实；(3)从给出的理由必须能够推出所要论证的论点。否则，就会犯“没有理由”“理由虚假”和“推不出来”的错误。充足理由律的作用在于确保思维的论证性。

论证是用某些理由支持某一结论的一种思维方式或思维过程，也就是我们通常所说的“摆事实，讲道理”。论证的作用是预测、解释、决定和说服。这里，预测是根据某些一般性原理推出某个未来事件将会以何种方式发生；解释是根据某些一般原理去说明某个个别事件为何会如此发生；决定是根

① See A. Dumitriu, *History of Logic*, Abacus Press, Roumania, 1977, vol. 1, p. 120.

② 阿赫曼诺夫：《亚里士多德逻辑学说》，上海译文出版社，1980 年，第 168 页。

③ 北京大学哲学系编：《十六—十八世纪西欧各国哲学》，商务印书馆，1961 年，第 488 页。

据某些一般原理和当下的特殊情况作出行为上的决断：做什么和不做什么；说服显然是用论证把一些理由组织起来，以使对方和公众接受自己的观点。论证的重要性在于：对于论证方来说，论证能够使自己的思想走向深刻、全面和正确。这是因为：论证要以周密与细致的思考为前提，这往往导致思考的全面与深刻；有些想法、观点泛泛而论可能十分动听、在理，但是一旦使其严格化、精确化，使其与其他观点处于有机统一之中，往往就会发现它漏洞百出，有些甚至根本不能成立，纠正错误则导致思考的正确化。对于接受方来说，论证使他能够通过客观地检验论述者的思考过程来判断其思考的好坏，从而决定是否接受他的想法、观点；如果不接受，又是基于什么样的原因、理由；当有必要时，又如何去反驳他。分析哲学就特别强调论证的重要性，甚至认为论证的过程比论证的结论更重要，因为正是论证过程使思想具有了可理解性和可批判性。为一个看似荒谬的论点作出一个好的论证，这是一种十分有益的训练，并且需要一定的才能。

在各种能力性逻辑考试中，重点考察的就是思维的论证性，即对各种已有的推理或论证作出批判性评价：对某个论点是否给出了理由？所给出的理由真实吗？与所要论证的论点相关吗？如果相关，对论点的支持度有多高？是必然性支持（若理由真，则论点或结论必真），还是或然性支持（若理由真，结论很可能真，但也有可能假）？是强支持还是弱支持？给出什么样的理由能够更好地支持该结论？给出什么样的理由能够有力地驳倒该结论，或者至少是削弱它？具体考题类型有“直接推断型”“强化前提型”“削弱结论型”和“说明解释型”，等等。

看下面的例子：

脑部受到重击后人就会失去意识。有人因此得出结论：意识是大脑的产物，肉体一旦死亡，意识就不复存在。但是，一台被摔的电视机突然损坏，它正在播出的图像当然立即消失，但这并不意味着正由电视塔发射的相应图像信号就不复存在。因此，要得出“意识不能独立于肉体而存在”的结论，恐怕还需要更多的证据。

以下哪项最为准确地概括了“被摔的电视机”这一实例在上述论证中的作用？

A. 作为一个证据，它说明意识可以独立于肉体而存在；

B. 作为一个反例，它驳斥关于意识本质的流行信念；

C. 作为一个类似意识丧失的实例，它从自身中得出的结论和关于意识本质的流行信念显然不同；

D. 作为一个主要证据，它试图得出结论：意识和大脑的关系，类似于电视图像信号和接收它的电视机之间的关系；

E. 作为一个实例，它说明流行的信念都是应当质疑的。

解析：答案是C。题干所举的“被摔的电视机”的实例说明，信息可以独立于它的某种载体而存在，这和“意识不能独立于肉体而存在”这个流行信念相左。题干引用这一实例并非要完全否定这一流行信念，而只是说明，论证这一信念需要更多的证据，光依据“肉体一旦死亡，大脑意识就不复存在”是不够的。因此，C项的概括最为准确。

其余各项都不准确。例如，由于题干引用这一实例并非要完全否定关于意识本质的流行信念，因此，A项和B项均不恰当。题干所举的“被摔的电视机”的实例，可以看作是对关于意识本质的流行信念的一种质疑，但显然不能说明流行的信念都是应当质疑的。因此，E项不恰当。

第三讲

“香格里拉”和“马太效应”

——词项、概念和定义

词项和概念是我们思维的细胞，是我们思考问题、相互交流的最初的起点。如果在词项和概念上发生误解和分歧，我们的思维就会陷入混乱，交流就无法正常进行。因此，这一讲从内涵和外延两方面去揭示词项或概念的特征，并阐述明确词项或概念的内涵和外延的各种逻辑方法，以便为我们的思维和交流提供一个可靠的基础和平台。

一　语词、词项和概念

所谓“语词”，是语言学中的术语，指最小的能够独立运用的语法单位。有不同的分类标准，一般认为，语词分为实词和虚词两大类。

实词是能够单独充当句子成分的词，通常包括：(1)名词。如“人”“台北市”“《红楼梦》”“西安事变”等。(2)动词。如“打”“跑”“走”“读”“写”等。(3)形容词。如“美丽的”“聪明的”“自私的”等。(4)数词和量词。数词包括基数和序数。基数表示数目的多少，如“零”“半”“一”“二”“两”“十”“百”“千”“万”“亿”；序数表示次序的先后，如“第一”“第二”“初五”“初六”等；量词表示单位，如“个”“只”“斤”“尺”“条”“朵”“件”“本”“次”“遍”等。(5)副词。修饰动词或形容词，在句子中充当状语或补语，如“已经”“突然”“必须”“仅仅”“很”“非常”“极其”“稍微”“都”“全”等。(6)代词。能够代替前面所谈的各类实词，充当句子的各种成分，如疑问代词、人称代词、指示代词等。

虚词是不能单独充当句子成分的词，其基本功能是连接和附着，被连接和附着的是各类实词、词组以及句子。虚词包括：(1)连词。在句子中连接各句子成分或子句，组成词或词组或复合句，如“和”“不但……而且”“或者……或者”“因为……所以”“如果……则”等。(2)介词。附着在词或词组前面，组成介词结构，如“自从……”“在……”“当……”“为了……”等。(3)助词。附着在词或词组上面，表示一定的附加意义，如“的”“地”“得”“着”“了”等。(4)冠词。如英语中的“a”“an”“the”等。(5)语气词。加在句子上表示情感和语气，如汉语中的“吧”“吗”“啦”“啊”等。

除实词和虚词外，有些语言学者还把“叹词”作为单独一类，包括：(1)感叹词。“唉”“哦”“哎哟”是汉语中常见的感叹词。(2)应答词。“yes”和“no”是英语中广为使用的应答词。(3)呼语词。英语中的“sir”“hello”“hi”，汉语中的“喂”“哎”都属于呼语词。

所谓“词项”，是逻辑学中的术语，指最小的能够独立运用的意义单位。有两种不同的定义方式：

第一，词项是指能够在一个陈述句中充当主词和谓词的语词。这是传统形式逻辑中的标准，不过，后者把陈述句之类的句子叫做“直言命题”。

按照这一标准，绝大多数实词都是词项。例如，专有名词、普通名词、代词以及由形容词等成分构成的描述性短语（又称摹状词）等，毫无疑问可以充当陈述句的主词和谓词，因而它们都是词项。例如，专有名词“台北市”是词项，因为它是陈述句“台北市是一座现代化的大都市”的主词；摹状词“《围城》的作者”也被视为词项，因为它是陈述句“《围城》的作者曾在牛津大学读书”的主词；普通名词“人”是词项，因为在陈述句“人不都是自私的”中，它位于主词位置；人称代词“我”也是词项，因为它在陈述句“我不相信谢慕天获得了诺贝尔奖”中是主词。由于动词、形容词等可以在陈述句中作为谓词出现，在亚里士多德所创立的传统逻辑中，我们实际上把这些语词处理为描述性短语，在直言命题中它们可以与主词换位，因而也是词项。例如，在“鲜花是美丽的”这个命题中，如果我们把论域限定为全域（即由世界上一切事物所组成的类），就可以把谓项“美丽的”这个形容词处理为描述性短语“美丽的事物”，而后者可以是直言命题的主词，比如“美丽的事物是被人热爱的”；在“人跑”这个命题中，如果我们把论域限定为“生物”，该命题相当于“人是会跑的生物”的省略说法，于是“跑”也名词化了，可以与主词换位，例如得到“有些会跑的生物是人”。数词和量词也可以作为直言命题的主词，例如“1是一个自然数”，“斤是一种计量单位”，因而它们也是词项。不过，由于虚词不能在句子中充当独立的语法成分，必须与其他的句子成分相配合才能表达某种意义，不能正常地和单独地作为陈述句的主词和谓词，因而都不是上述意义上的词项；实际上，实词中的副词也是如此，它们不能正常地或单独地充当陈述句的主词和谓词，也不是词项。

这里需要解释一下上面的限定词"正常地"。如果说能够在直言命题中充当主语和谓语的就是词项，实际上任何语词都可以这样使用，假如没有自然的方法，我们也可以用一种人为的方法。例如我们至少可以说，"并且是两个汉字"，"的字是一个虚词"。这实际上牵涉到词项的"正常用法"和"自名用法"的区分。一个词项被正常地使用，是指用它去命名事物、指称对象或陈述事件与事态。例如，在"北京是中华人民共和国的首都"一句中，"北京"一词就被用来指称一座大城市。而一个词项被"自名地"使用，则是指把该词项本身作为一述说对象，而不是用它来作出指称或陈述。例如在"北京是两个汉字"一句中，提到的是"北京"这一个语词，而不是一座大城市。在文献中，常把这一区分称为表达式的"使用"(use)与"提及"(mention)，通常用把一表达式置于一对单引号内如'北京'的办法，来表示它不是被使用，而只是被提及；被正常使用的表达式则不加单引号。显然，在上面所举的几个例子中，"并且""的"都只是被提及，而不是被使用，因此在其中都应该给它们加上单引号："'并且'是两个汉字"，"'的'字是一个虚词"。

表达式的使用与提及是一个重要的区分，这是因为：表达式的使用预设了有某种类型的所指实体，而它的提及则无此种预设；混淆使用与提及在有些情况下还会导致悖论。例如，令符号 C 是"C 不是一个真语句"这一语句的缩写，于是我们有：

(1)"C 不是一个真语句"等同于 C。

然后对语句 C 的那个带引号的名称，提出这样的符合直观的说明：

(2)"C 不是一个真语句"是一个真语句，当且仅当，C 不是一个真语句。

从前提(1)和(2)，立刻就得到一个悖论：

(3)C 是一个真语句，当且仅当，C 不是一个真语句。

仔细分析一下，上面的那些 C 实际上有两种不同的用法，当用符号 C 作为

“C不是一个真语句”的缩写时,前一个C是有所指的,其所指就是引号内的那个句子,因此是在被使用;而引号内的那个C却没有任何所指,只表示其自身,只是被提及。因此,这两个C本质上就是不同的符号,不能相互代替。悖论性结果就是把本来不能相互替换的东西硬拿来相互替换造成的。

所有虚词,以及实词中的副词,在其正常使用中,都不能做直言命题的主词和谓词,不能用来指称或命名对象或事物,因而都不是词项。而绝大多数实词都可以这样使用,因而都是词项。

第二,在现代逻辑中,词项包括所有的个体词和逻辑常项,它们都具有独立的意义,能够作为一个独立的成分参与到句子或公式中去。

个体词包括个体变项和个体常项。个体变项使用小写字母 x,y,z 等等,它们表示某个特定的范围内的某个不确定的对象,相当于语言学中的代词。个体常项使用小写字母 a,b,c 等等,它们表示某个特定范围内的某个确定的对象,相当于语言学中的专名。这里所说的“某个特定的范围”,就是上面所用到的“论域”或“个体域”,即由一定对象所组成的类或者集合,论域规定了个体变项的取值范围,因此也叫做个体变项的“值域”。论域一般是“全域”,即由世界上所有能够被思考、被谈论的事物组成的集合。在有特殊需要时,论域也可以不是全域,而是满足一定条件的事物构成的集合,例如“人的集合”“自然数集合”。在论域给定之后,个体常项指称论域中某个特定的对象,随论域的不同,这些对象可以是2、3、黄河、黄山、蒋介石;个体变项 x,y,z 则表示论域中某个不确定的个体,随论域的不同,它们的值也有所不同。例如,如果论域是全域,个体变项 x 就表示某个事物;如果论域是“人的集合”,则个体变项 x 就表示某个人;如果论域是“自然数集合”,则个体变项 x 就表示某个自然数。在一个有函数符号的语言中,由个体变项和个体常项通过函数运算,还能得到新的个体词。例如,在算术中,“+”“-”“×”“÷”是函数运算,由它们可以得到新的个体词,例如“2+2”“6—2”“2×2”“8÷2”都指称一个确定的数,即自然数4,它们都是4这个数的不同的名称。在后面要讲到的谓词逻辑中,词项简称“项”(term),定义如下:

(1)个体变项和个体常项是项;

(2)如果 $t_1, t_2, \cdots, t_n$ 是项,f 是 n 元函数,则 $f(t_1, t_2, \cdots, t_n)$ 也是项;

(3)只有按以上方式形成的表达式是项。

在前面第一章曾谈到,在一个命题或推理中,我们把其中的命题或推理的具体内容抽象掉，所留下的那些位置或那个框架，就是该命题或推理的“形式”，由逻辑常项和逻辑变项构成，其中逻辑常项代表句子或推理中的结构要素，常项的不同决定了句子或推理的“形式”的不同；变项是命题或推理中抽掉具体内容之后所留下的空位，代表内容要素，若用日常语言中具体的语词（名称和谓词）替代变项，就从那个抽象的形式得到一个个具体的命题或推理；对同一个命题或推理的形式，作不同的替代，可以得到不同的具体的命题或推理。在不同的逻辑中有不同的常项，例如在命题逻辑中，逻辑常项叫做“命题联结词”，如“或者”“并且”“如果，则”“当且仅当”和“并非”，它们在语言学中是连词，不具有独立的意义，但在命题逻辑中，它们作为真值联结词，却获得了独立的意义，其意义通常由相应的真值表来定义，因而是词项。在词项逻辑中，直言命题中的系词“是”和“不是”作为联项，以及量词“所有”和“有些”，也都有其确定的意义，因而也是词项。在谓词逻辑中，量词“所有的”和“有些”，也有确定的意义，是词项。在各种广义模态逻辑中，语言学中的副词“可能”“不可能”“必然”，“应该”“义务”“允许”“禁止”，时态词“过去”“现在”“将来”，以及所谓的命题态度词“知道”“相信”“怀疑”等等，都是逻辑常项，它们是由命题形成新命题的运算符，在相应的逻辑中被赋予确定的意义，因而也是词项。

在本书以后的内容中，我们有时在第一种意义上使用“词项”一词，有时在第二种意义上使用“词项”一词。很显然，并不是所有语词都是词项，只有一部分具有独立的意义的语词是词项。

所谓概念，是思维的基本形式之一，一般把“概念”“判断”“推理”“论证”并称。从语言角度看，概念是词项（一部分语词）所具有的意义，通常叫做该词项的“内涵”。因此，概念是某种精神性的、抽象的东西，是看到、听到一定的词项后人们在思维中所理解的东西，本身看不见、摸不着，但却能够被看到、听到该词项的所有人所共同理解。由于我们把词项理解为“最小的能够独立运用的意义单位”，这已经把不具有独立意义的语词从词项中剔除掉了，于是，凡是词项都表达概念，并且凡是概念都由相应的词项来表达。为了省事起见，常常把一个词项与该词项所表达的概念视为同一，例如我们常常说“人”这个概念，这并不会造成太大的混淆和麻烦。从认知的角度看，概念是事物的特有属性或区别性特征在人的思维中的反映，因为我们使用概念，是为了让它们在我们的思维中指称对象或代表事物，只有它们反映对象或事物的特有属性或区别性特征才能起到这样的作用，即不同的事物有不同的概念，不同的概念指称或代表不同的事物。

二　词项的内涵和外延

作为一种语言符号，词项总是要表达一定的意义（meanings），而词项的意义又分为两个方面：内涵（intension 或 connotation）和外延（extension 或 denotation），亦称“涵义”和“所指”。

词项的内涵就是该词项所表达的概念，也就是该词项所指称的那个或那些对象所具有的并且被人们认识到的事物的特有属性或区别性特征。例如，“人”这个词项的内涵就是：“会语言、能思维、能够制造和使用劳动工具的动物”；“商品”这个词项的内涵就是：“被用来交换的劳动产品”；“人工智能”的内涵就是：“用人工方法在机器（计算机）上实现的智能”。这里要强调以下三点：第一，事物的特有属性是该事物本身所具有的，是一种客观的存在；而词项的内涵则是人们对事物属性的一种认识和反映，它是被人们认识到的事物的特有属性，因此，具有某种程度的主观性。第二，词项的内涵具有某种主观性，这就意味着它是可变的，在不同的时期、在不同的文化中会有很大的不同。以词项“人”为例，在古希腊时代，有人将其内涵理解为“无羽、两足、直立行走、动物”，于是有人反讽式地把一只拔光毛的鸡高高举起，说这就是那些人所理解的“人”！显然，到了当代，“人”的内涵已完全不同。第三，词项的内涵是被一定时期的社会共同体所公共接受的意义，是被整个社会约定俗成的东西，对于该时期、该共同体内的个别使用者来说是同样的，因而不会出现这样的情形：一个词项在不同的人那里有不同的内涵。

词项的外延就是该词项所指的某个对象或某些对象的集合或类。例如，“长江”“黄河”和“毛泽东”就是指对中华民族来说很重要的几个对象：第一个指中国南方的一条江，第二个指中国北方的一条河，在某种意义上它们孕育了中华文明；第三个则是指那位缔造了中华人民共和国、在中国历史上留下他深深的个人印记的伟人。而“人”的外延是指“由古往今来、属于不同的民族、有不同的肤色、操不同的语言、有不同的文化和传统的所有个体构成的集合或类”，你、我、他或她都是该集合或类中的个体，因此都属于“人”的外延；“自然数”的外延是一个无穷集合，单个自然数都是其中的元素；“电子计算机”的外延是一个有穷集，你、我、他所拥有的各式各样的计算机都是它的元素。有些词项在现实世界中没有外延，例如“独角兽”“飞马”“金山”，人们常常把它们叫做“空词项”，并人为地给它们指定外延——空集合，即没有任何元素的集合。

一般认为，词项的内涵是识别它的外延的向导、依据和标准，换句话说，词项的内涵决定词项的外延。例如，我们根据“三角形”的内涵去确定现实中的哪些事物属于或者不属于该词项的外延，常常都能如愿以偿；但我们在根据“永动机”的内涵去找它的外延时，却怎么也找不到，原来该词项表达一个空概念。但是，如果给我们一堆事物(外延)，要我们分别去找它们的内涵，不同的人却会找到很不相同的东西，例如“三角形”的内涵可以是“由三条直线交叉而成的封闭图形”，也可以是“三内角之和为180°的封闭图形”，等等。这一点常被概括为：词项的外延不能决定它的内涵。例如，我们都能确定“人”这个词项的外延，但不同的人却对这个词项的内涵有很不相同的理解。例如，在《认识我们自己》[①]一文中，美国著名科普作家阿西莫夫罗列了对“人”这一词项的不同理解：

柏拉图说：“人是无羽毛的两足动物。”

塞涅卡说：“人是社会的动物。”

马克·吐温说：“人是唯一知道羞耻或者需要羞耻的动物。”

赫胥黎说：“人是受他的器官奴役的智慧的生物。”

物理学家说：“人是熵的减少者。”

生物化学家说：“人是核酸—酶相互作用器。”

化学家说：“人是碳原子的产物。”

天文学家说：“人是星核的孩子。”

人类学家说：“人代表着如下特征的缓慢积累：两足的外表，敏锐的目光，勤劳的双手和发达的大脑。”

考古学家说：“人是文化的积累者，城市的建设者，陶器的制造者，农作物的播种者，书写的发明者。”

心理学家说：“人是复杂非凡的大脑的拥有者，具有思维和抽象能

① 《现代化》杂志1982年第9期。

力，这种能力压倒他从其他动物祖先那里继承下来的天性和感性。”

神学家说：“人是犯罪和赎恶这出大闹剧的恭顺的参与者。”

社会学家说：“人是他所归属的社会的依次更替的塑造者。”

并且，一个词项的内涵与外延还存在某种反比关系：其内涵越多，外延越小；其内涵越少，外延越大。以下面一组词项为例：

人；学生；大学生；北大学生。

这是一个内涵递增的词项序列：“学生”比“人”包含了更多的内涵；“大学生”又比“学生”包含了更多的内涵，“北大学生”则比“大学生”包含了更多的内涵。同时我们发现，该词项序列又是外延递减的。“人”的外延大于“学生”的外延，“学生”的外延大于“大学生”的外延，“大学生”的外延则大于“北大学生”的外延。因此，对这一词项序列而言，内涵越多，则外延越小。这是因为，在一般情况下，随着词项的内涵越多，对事物所具备的性质、属性限制就越多，从而导致事物类的成员数量减少。

反过来，词项的内涵越少，其外延就越大。看另一个词项序列：

素数；正整数；整数；有理数；实数；数。

这个词项序列是内涵递减的，同时也是外延递增的。素数，亦称“质数”，指只能被 1 和自身整除的大于 1 的正整数；正整数就是自然数；整数包括正整数、负整数和零；整数和分数统称有理数；有理数和无理数统称实数；数则是一个外延最大的概念，其内涵也最少。随着每向后面的词项推移一步，其内涵就减少，而外延就扩大了。显然，严格揭示这些词项的内涵，不是本书的任务。

于是，如果我们有时候觉得所使用的概念过于宽泛，不能严格切合于我们的要求，可以通过增加词项的内涵来缩小它的外延，这叫做“词项或概念的限制”。请看下面的词项序列：

机器，精密复杂的机器，宇宙飞船，神舟六号宇宙飞船。

其中，每一个后面的词项就其内涵而言都比前一个词项多，就其外延而言都比前一个词项少。如果限制到一个个体词项，就不能再限制了，因为无论增加什么样的形容词，都不能引起该词项外延的改变。例如：

长城；万里长城；巍峨的万里长城；见证中华民族历史的、巍峨的万里长城。

在这一序列中，由于词项的外延没有改变，因而不构成对“长城”这一词项的限制，只不过是在它前面加了一些形容词而已。同样的情形还有：

活着的人；活着的有脊椎骨和大脑的人；活着的有脊椎骨和大脑、并且其年龄不超过一千岁的人。

在这个词项序列中，外延方面始终没有发生变化，因此不构成对词项的限制。

在日常生活中，我们有时候也需要对词项或概念进行限制。例如，你到果品市场上跟商贩说：“我买水果。”人家一定会问你：“买哪一种水果？”如果你不说出桃、梨、苹果、橘子、香蕉等水果的具体名称来，买卖就没有办法进行；你说“买5斤香蕉”，交易就会成功。这里，从“水果”到“香蕉”，词项的内涵增加，外延减少，是词项的限制。

如果有时候我们觉得所使用的概念过于狭窄，不能严格切合于我们的要求，可以通过减少词项的内涵，来增加词项的外延，这叫做“词项或概念的扩大”。请看下面的词项序列：

香港人，中国人，华人，人。

这是一个内涵减少、外延扩大的序列。词项扩大的极限是所谓的“范畴”(category)，范畴是最普遍、最一般的概念，没有比其外延更大的概念了，哲学概念“存在”就是如此，没有办法再对它进行概括了。

如果我们旨在强调对象或事物之间的区别，需要对相应的词项或概念进行限制：增加内涵，缩小其外延。例如，进行选举投票时，我们需要对“人”这一概念进行限制：“尽管你是人，并且你是有选举权和被选举权的合法选民，但你不是属于这个选区的选民，对不起，你不能在这里投票。”当我们旨在强调事物之间的共同点时，我们需要对相应的词项进行概括，请看下面这段话：“不管是大陆人、香港人还是台湾人，我们都是中国人；不管你是中国人还是美国人，如果有中国血统，你就是华人；不管你是华人、犹太人还是阿拉伯人，无论怎样我们都是人，我们都享有国际法规定的基本人权。”

三　词项的种类和外延关系

根据词项的内涵和外延方面的差异，可以将词项区分为不同的种类。

1. 根据词项的外延的不同，词项分为单称词项、普遍词项和空词项。

所谓单称词项，是其外延仅指一个独一无二的对象的词项，包括专名和限定摹状词。专名就是自然语言中的专有名词，例如时间名“2006 年元旦”，国家名“中国”，地名“台湾”，人名“爱因斯坦”，书名《红楼梦》，事件名“西安事变”，等等，它们分别都只指称一个特定的对象，都是单独词项。限定摹状词是这样的短语：它们通过对某一事物的某种区别性特征的描述而唯一地指称该事物，例如“中华人民共和国的首都”，“世界最高峰”，“《四世同堂》的作者”，“最小的自然数”，“清朝的第一个皇帝”，等等。限定摹状词的特点是所指对象具有存在性和唯一性：有一个且仅有一个对象满足该摹状词所给出的描述。如果不满足存在性和唯一性条件，则相应的描述性短语就不是限定摹状词。如有些描述性短语不满足唯一性，则它们不是限定摹状词。例如，“中华人民共和国现任副总理”的所指对象不止一位，因此它不是限定摹状词，而是普遍词项。

所谓普遍词项，是指称一类事物的词项，它们的外延是由两个以上乃至许多分子组成的类。例如“《数学原理》的作者”的外延只包括两个个体，即英国著名哲学家、逻辑学家怀特海(A. N. Whitehead)和罗素，《数学原理》这部现代逻辑史上的经典著作是由他们两人合写的。有些普遍词项所指的类是一个有穷类。例如“太阳系的行星”，以前公认的说法是太阳系有九大行星，即水星、金星、地球、火星、木星、土星、天王星、海王星和冥王星；但 2006 年国际天文学联合会大会把冥王星降级为矮行星，不再属于太阳系行星系列，于是“太阳系行星”的外延只包括八个天体。“中国人”的外延也是一个有穷类，尽管其中的元素达 13 亿之多。有些普遍词项所指的类是一个无穷类，例如“自然数”所指的类，有最小的自然数，但没有最大的自然数，自然数是无穷多的。

所谓空词项，是指在现实世界没有其所指对象的词项，例如“独角兽”“孙悟空”和“当今的法国国王”。按这样的理解，神话传说中人物的名字，例如“盘古”“女娲”；文学作品中的人物名称，例如“贾宝玉”和“林黛玉”；科学幻想作品中的名字,等等,都是空词项。之所以这样处理,可以用罗素的观点来解释,他强调在逻辑研究中应该保持“健全的实在感”:“动物学既不能承认独脚兽,逻辑也应该同样地不能承认,因为逻辑的特点虽然是更抽象,更普遍,然而逻辑关心实在世界也和动物学一样真诚。”[①]在现代逻辑中,一般人为地规定空词项的外延:一个不包括任何元素的空类。但对空词项作这样的处理是有争议的。如果我们引入“可能世界”的概念,则所谓的空词项也有所指,其所指是某个可能世界中的对象,例如,“贾宝玉”和“林黛玉”指称《红楼梦》所描绘的那个可能世界中的一对痴男怨女。

2.根据词项的外延是一个集合体还是一个类,分为集合词项和非集合词项。

类和集合体是不同的。一个类由若干个元素组成,我们是根据一个元素是否具有某种性质来决定它是否属于某个类,由某个性质所定义的那个类,其性质为其中的每一个元素所分享。例如,动物是一个类,其性质是:是生物,多以有机物为食料,有神经,有感觉,能运动。属于动物类的每一个元素,例如每一只猫、每一只狗都有这样的性质。集合体也是由许多个体所组成的一个整体,该集合体所具有的性质未必为其中的每一个个体所具有。例如,丛书是集合体,一套丛书很优秀,不一定其中的每一本书都很优秀。一个政党是一个集合体,该党怎么样,不一定其中的每一个党员就怎么样:一个整体上表现很糟糕的政党,其中可能有品行很高洁的党员;一个整体上表现很优秀的政党,其中可能有品行很败坏的党员。

所指对象是集合体的词项是集合词项。例如:

森林,舰队,丛书,政党,工人阶级,词汇,……

所指对象是一般的类的词项是非集合词项。例如:

树木,舰艇,书,党员,工人,词,……

问题是,同一个词项有时候在集合意义下使用,有时在非集合意义下使用。例如:

(1)人是由猿猴进化而来的。

---

① 罗素:《数理哲学导论》,晏成书译,商务印书馆,2003年,第159页。

(2)张三是人。

在(1)中,"人"是在集合意义上使用的,指一个动物种类,根据达尔文的进化论,它是由猿猴进化而来的。在(2)中,"人"是在非集合的意义上使用的,指一个一个的人。因此,不能由(1)和(2)推出:

张三是由猿猴进化而来的。

类似的例证很多,例如"自然数是无穷多的"和"1 是自然数","鲁迅的著作不是一天能读完的"和"《孔乙己》是鲁迅的著作",等等。读者还可以自己举例。

3. 根据词项是正面刻画还是反面否定所指对象的性质,分为正词项和负词项。

有些词项重在说明所指对象是什么,或具有什么性质,这叫做"正词项"。例如,"聪明的""电子计算机""大学生""正义战争"等等,这些是正词项。而"不聪明的""非电子计算机""非大学生""非正义战争"等等,则是负词项。一般而言,负词项前面带有含否定意义的语词"无""不""非"等字样。如果某个正词项用 S 表示,那么相应的负词项则用"非 S"表示,后者进一步用在 S 上面加一短横的方法表示:$\overline{S}$。

显然,只有普遍词项才会有相应的负词项,单独词项不会有它的负词项,例如"非纽约"根本不是一个词项,因为我们无法知道它的内涵和外延,不知道它指什么东西。并且,负词项是相对于正词项而言的,正词项和负词项一起所构成的那个范围,在逻辑学上叫做"论域",例如"大学生"和"非大学生"的论域是"学生","正义战争"和"非正义战争"的论域是"战争","共产党员"和"非共产党员"的论域是"人"。论域有大有小,根据需要,可以以"人"为论域,也可以以"自然数"或"实数"为论域。考虑到逻辑学的普遍性和一般性,在逻辑学上通常以全域做论域。全域是由世界上一切实际存在的事物所构成的类或集合。

我们用大写字母 S 和 P 表示任意两个词项。就其外延关系而言,S 和 P 之间有并且只有如下五种关系:

(1)同一关系。如果所有的 S 都是 P,并且所有的 P 都是 S,则 S 和 P 之间就是全同关系。例如,"等边三角形"和"等角三角形""会说话的动物"和"能思维的动物"之间就是全同关系,它们的外延中的对象全部相同,没有任何差别。

（2）包含关系。如果所有P都是S，但有些S不是P，也就是说，S的外延大于P的外延，则称S和P之间是包含关系，S包含P。例如，“飞机”包含“民航飞机”，也包含“军用飞机”；“星体”包含“行星”，也包含“恒星”；“股票”包含“原始股票”。

（3）包含于关系。如果所有S都是P，但有些P不是S，也就是说，P的外延大于S的外延，则称S和P之间是包含于关系，S包含于P。把上面所举的各例颠倒过来，“民航飞机”和“军用飞机”都包含于“飞机”之中；“行星”和“恒星”都包含于“星体”之中；“原始股票”包含于“股票”之中。

包含关系和包含于关系合称“种属关系”，其中外延大的词项是属词项，外延小的词项是种词项。例如，“大学生”这个词项就是“学生”这个词项的种词项，而“学生”就是“大学生”的属词项。有些教科书也许恰恰相反，把外延大的叫做“种词项”，把外延小的叫做“属词项”。尽管这是一个用法问题，但本书的用法还是更好一些，因为它与生物学上的分类系统“种、属、科、目、纲、门、界”是一致的，这里的次序是由小到大，“属”（genus）是比“种”（species）更上一层的分类。从大到小，人在这个分类系统中属于：动物界，脊椎动物门，哺乳动物纲，灵长目，人猿超科，人科，人属，智人种。

（4）交叉关系。如果有些S是P，有些P是S，并且有些S不是P，有些P不是S，则S和P之间就是交叉关系。如“青年人”和“科学家”“女人”和“政治家”之间就是交叉关系，它们的外延只有部分重合。

（5）全异关系。如果S和P之间没有共同的外延，即所有的S都不是P，所有的P都不是S，则S和P之间是全异关系。例如，“男人”和“女人”“奇数”和“偶数”“儿童”与“政治家”“桌子”和“椅子”等等，这些词项之间都是全异关系。

全异关系本身又可以区分出两种关系：矛盾关系和反对关系。如果S和P之间没有共同的外延，并且它们的外延之和恰好等于它们的属词项的外延，如“奇数”和“偶数”相对于“整数”，“男人”和“女人”相对于“人”，那么，我们就称这两个词项之间的关系为矛盾关系。如果S和P之间没有共同的外延，并且它们的外延之和小于它们的属词项的外延，如“物理学”和“化学”相对于“自然科学”，“大学生”和“中学生”相对于“学生”，那么，我们就称它们之间具有反对关系。

我们可以用欧拉图来表示两个甚至多个词项之间的外延关系。所谓“欧拉图”，是由瑞士数学家欧拉（L. Euler，1707—1783）发明的，后人曾加以改进。欧拉图使用圆圈来表示非空非全的类或集合之间的关系。依照这种方法，任意两个词项的外延之间有且仅有五种关系，即全同关系、包含关系、包含于关系、交叉关系和全异关系，分别图示如下：

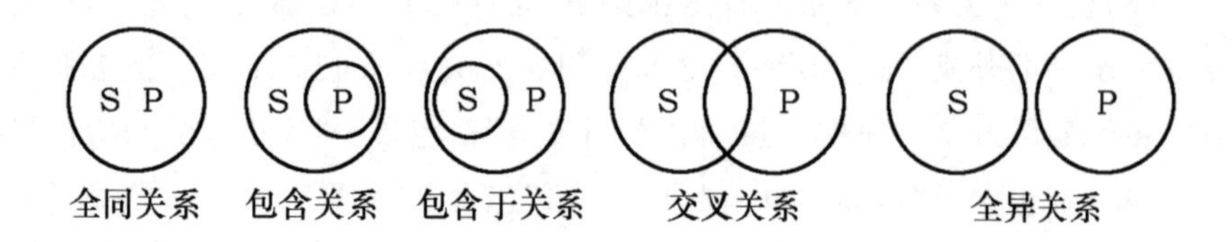

全异关系底下的两个子类，实际上讲的是两个词项相对于它们共同的属词项的关系，因此，是三个词项之间的关系，图示如下：

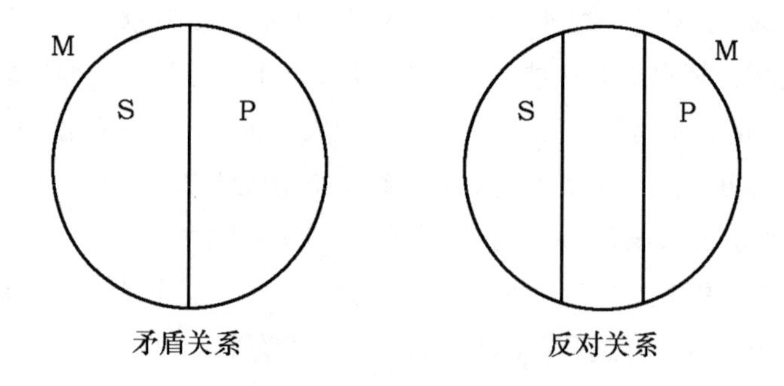

多个词项的外延之间的关系，只不过是两个词项之间的外延关系的复杂化，也就是先分别考察其中每两个词项之间的关系，然后再把所考察的结果组合起来。如“大学生”（U）、“北京大学学生”（P）、“中国人”（C）、“共产党员”（V）、“白马”（W）这五个词项之间的关系就可以表示为下图：

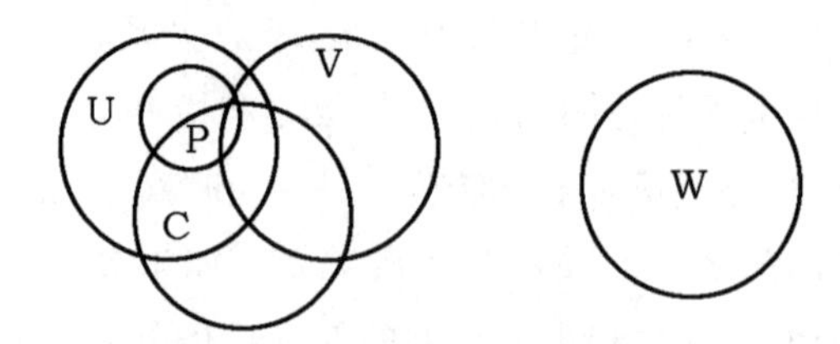

四　定义的方法和规则

(一) 定义的构成与作用

定义的对象就是词项或概念，有时也包括句子或命题。所谓定义，就是以简短的形式揭示词项(概念)、句子(命题)的内涵和外延，使人们明确它们的意义及其使用范围的逻辑方法。例如，以下句子都是定义：

(1)$A \subseteq B$，当且仅当，对任一 x，如果 $x \in A$，则 $x \in B$。

(2)“独角兽(unicorn)”这个词的意思是一种像马的动物，但其额头上长着一支挺直犄角。

(3)行星是围绕太阳运转，自身引力足以克服其刚体力而使天体呈圆球状，并且能够清除其轨道附近其他物体的天体。

(4)英里：起源于古罗马“Mille passus”一语，意思是“一千步”。一名罗马士兵所迈出的一步，即左、右脚各一步，被划分为 5 英尺，由此得出 1 英里等于 5000 英尺。到 16 世纪，常用的英里定义有两个——5280 英尺和 5000 英尺。1593 年，英国女王伊丽莎白一世批准了一项议会法案，禁止在英国议会大厦附近 3 英里以内修建新的建筑物，该法案所确定的“法定英里”是 5280 英尺，约合 1.609 公里。英里的长度由此确定，沿用至今。

这里，(1)所直接定义的是一个命题 $A \subseteq B$，从而隐含地定义了该命题所包含的运算符“$\subseteq$”；(2)和(3)所定义的是指称虚幻或实在事物的词项；(4)是关于“英里”一词的词源定义，描述了该词的来龙去脉。

定义通常包括三个部分：被定义项、定义项和定义联项。被定义项就是在定义中被解释和说明的词项、概念或命题。定义项就是用来解释、说明被定义项的词项、概念或命题。定义联项是连接被定义项和定义项的词项，例如“是”“就是”“是指”“所谓……就是……”和“当且仅当”等。因此，定义有下述形式：

D_s是 D_p；

D_s就是 D_p；

D_s是指D_p;

D_s意味着D_p

D_s当且仅当D_p。

所谓D_s,就是D_p。

这里,D_s代表被定义项,D_p代表定义项,其他部分代表定义联项。

无论是在科学理论中,还是在日常思维中,定义都是一种普遍使用的逻辑方法,发挥着十分重要的作用。具体来说,其作用有以下几点:

1. 通过定义,人们能够把对事物的已有认识总结、巩固下来,作为后续的认识活动的基础。这是定义的综合作用。例如,爱因斯坦提出相对论,凝结出许多新的概念,如“四维空间”“同时性的相对性”等等,要真正弄懂这些概念,就必须去学习、理解相对论本身。这几乎是一个普遍的现象:一个理论就是靠其核心概念来支撑的。正因为如此,列宁才把概念、范畴比作人们认识和掌握自然现象之网的网上纽结。

2. 通过定义,人们能够揭示一个词项、概念、命题的内涵和外延,从而明确它们的使用范围,进而弄清楚某个词项、概念、命题的使用是否合适。这是定义的分析作用。例如,脑死亡被作为判定人是否死亡的一个重要证据。那么,什么是“脑死亡”?弄清楚这一点显然是非常关键的。哈佛大学医学院给出的定义是:

> 脑死亡是整个中枢神经系统的全部死亡,包括脑干在内的整个人脑机能丧失的不可逆转的状态。具体标准是:①不可逆转的深度昏迷,对外界刺激无感应性,无反应性;②无自主呼吸和自主运动;③生理反射作用消失,对光无反应;④脑电图平坦。以上四项要在24小时内反复测试多次,结果无变化。

3. 通过定义,人们在理性的交谈、对话、写作、阅读中,对于所使用的词项、概念、命题能够有一个共同的理解,从而避免因误解、误读而产生的无谓争论,大大提高成功交际的可能性。这是定义的交流作用。日常交流中的分歧有时候是真正立场上的分歧,有时候则是情感态度上的分歧,但也有时候实际上没有分歧,只是由于误解而造成了分歧。在所有这些情形下,对关键词语的重新定义,对于澄清分歧之所在和有效地化解分歧,都是很有帮助的。

(二) 定义的种类

根据不同的标准,定义可以区分为不同的类型。例如,词项都有内涵和外延,因此,要明确一个词项,既可以从内涵角度着手,也可以从外延角度着手,于是有"内涵定义"和"外延定义";被定义项可以是某个词项所代表、指称的事物、对象,也可以仅仅是该词项本身,于是有"真实定义"和"语词定义"。

1. 内涵定义

即揭示一个词项的内涵的定义。而一个词项的内涵,则是该词项所代表、指称的对象的特有属性或区别性特征,通过这些属性或特征,能够把这类(或这个)对象与其他的对象区别开来。

I. **属加种差定义** 最常见的内涵定义形式,也是最常用的下定义的方法,即先找出被定义词项的属词项,然后找出它与同一个属下的其他物种之间的区别,简称"种差",并以"被定义项=种差+属"的形式给出定义。例如:

(1)哺乳动物就是以分泌乳汁喂养初生后代的脊椎动物。

(2)社会生物学是以生物学知识为手段,深入探索社会现象的一门科学。

(3)彗星是围绕太阳运行的一种质量较小的天体。它的形状很像一把倒立的扫帚,民间俗称"扫帚星"。

从不同的认识需要和认识角度出发,事物之间会显现出不同的差别,并且其中许多差别都能够把不同类的事物区别开来。因此,属加种差定义就有多种多样的表现形式。

i. 发生定义:从被定义词项所指称的事物的发生、来源方面揭示种差的定义形式。

(1)三角形是由三条直线交叉形成的平面图形。

(2)核能,亦称原子能,指在核反应过程中,原子核结构发生变化所释放出来的能量。

(3)太阳风,是太阳外层大气(日冕)因高温膨胀不断向外抛射出的稳定的粒子流。1958年,美国物理学家柏克把这种粒子流定名为"太阳风"。

ii. 功用定义：以某种事物的特殊用途作为种差的定义形式。

(1)质谱仪是分析各种元素的同位素并测量其质量及含量百分比的仪器。

(2)粒子对撞机是一种通过两束相向运动的粒子束对撞的方法提高粒子有效相互作用能量的实验装置。

iii. 关系定义：以事物之间的特殊关系作为种差的定义。

(1)伯伯是指与父亲辈分相同而年龄较大的男子。

(2)奇数指不能被 2 整除的整数。

(3)原子量就是一个原子的重量与氢原子的重量相比的数量。

属加种差定义是有局限的。对于比如说哲学的那些最普遍、最一般的概念“存在”“实体”“属性”“主体”“客体”等等来说，在它们之外或者之上已经没有更大、包含它们的属词项了，因此就不能给它们下属加种差定义。我们还需要其他的一些定义形式，例如：

Ⅱ. 操作定义 通过对一整套相关的操作程序的描述来给被定义项下定义。

(1)x 是酸类，如果将 x 与石蕊试纸接触，石蕊试纸就呈现出红色。

(2)商标注册，是指使用人将其使用的商标依照《商标法》以及《商标法实施细则》规定的注册条件、程序，向商标管理机关提出注册申请，经商标局依法审核批准，在商标注册簿上登录，发给商标注册证，并给予公告，授予注册人以商标专用权的法律活动。

操作定义的引入是与诺贝尔物理学奖获得者布里奇曼(P. W. Bridgman)分不开的，他在《现代物理学的逻辑》一书(1972)中提倡操作主义，认为：当且仅当在所讨论的情形下，一组特定的操作能够导致特定的结果，才能把被定义词项正确地用于该情形。这种观点的逻辑派生形式之一就是操作定义。由于在社会科学中，对一些重要术语的传统定义常常引起麻烦和混淆，因此一部分社会科学家主张在社会科学中使用操作定义，例如心理学家只参照个体行为或可观察的反应，来给一些造成麻烦的术语如“心灵”“知觉”“意识”下操作定义，从而在研究者中间引入某种中性的、公共的标准。这些理论和实践常常与作为哲学学说的“行为主义”联系在一起。

Ⅲ.语境定义　将被定义项放在一定的语言环境(上下文)之中,然后用一个意义相同、但被定义项在其中不出现的语句来给被定义项下定义。对于有些关系概念,常常采取、有时候也只能采取这种定义形式。

(1)x是一位祖父,当且仅当,存在一个y,并且存在一个z,x是y的父亲,并且y是z的父亲。

(2)关系R是传递的,当且仅当,对于任一的x、y、z,如果xRy,并且yRz,则xRz。

2.外延定义

通过列举一个词项的外延,也能够使人们获得对该词项的某种理解和认识,从而明确该词项的意义和适用范围。因此,外延定义也是一种比较常用的定义形式。

Ⅰ.穷举定义　如果一个词项所指的对象数目很少,或者其种类有限,则可以对它下穷举的外延定义。

(1)有理数和无理数总称"实数"。

(2)氧族元素是指氧O、硫S、硒Se、碲Te、钋Po五种元素。

(3)中华人民共和国元帅是以下十人:朱德、彭德怀、林彪、刘伯承、贺龙、陈毅、罗荣桓、徐向前、聂荣臻、叶剑英。

Ⅱ.列举定义　属于一个概念的外延的对象数目很大,或者种类很多,无法穷尽地列举,于是就举出一些例证,以帮助人们获得关于该概念所指称的对象的一些了解。

(1)中国的少数民族有藏族、维吾尔族、蒙古族、回族、壮族、土家族、苗族等。

(2)什么是自然语言?例如汉语、英语、俄语、德语、日语、西班牙语都是自然语言。

Ⅲ.实指定义　通过用手指着某一个对象,从而教会儿童去认识事物和使用语言,这样的方法常被叫做"实指定义"(ostensive definition)。例如,指着鼻子教孩子说"鼻子",摸着耳朵教孩子说"耳朵",拍着桌子教孩子说"桌子"。实指定义据说是儿童学习母语最基本、最有效的手段。不过,这种比喻意义上的定义形式有很多缺陷。首先,所指着的东西究竟是什么,是异常不确定的。例如,当我们用手指着桌子的时候,我们也同时在指着桌子的表面、桌子的腿、构成桌子的木料、桌子所在那个位置、桌子上的器具……其次,在儿童通过实指定义去学习语言之前,他还必须学会分辨手指和指着这个姿态的意义。例如,当我们用手指着某个东西的时候,我们同时也在显示该手指,该手指的形状,该手指的漂亮程度,该手指在空中所画的那个弧形,该手指在空间中的位置……根据如此不确定的实指定义,儿童居然学会了语言,这可以说是所有奇迹中比较大的一个。正是基于这样的一些思考,美国著名逻辑学家和哲学家蒯因提出了著名的"(词项的)指称不可测知论题"。[①]

内涵定义和外延定义常常合在一起使用。例如,先给出某个概念的一些或全部内涵,再列举该概念的一些或全部外延。

(1)人文科学是研究人类的信仰、情感、道德和美感等的各门科学的总称,包括语言学、文学、哲学、考古学、历史学等。

(2)太阳系:由太阳和在太阳强大引力的作用下环绕它运动的行星及其卫星、小行星、彗星以及行星际物质所构成的天体系统。太阳系的成员包括太阳系 8 大行星,2000 多颗小行星,34 颗卫星,还有彗星,以及为数众多的流星体和尘埃等。太阳系的年龄,一般认为大于 46 亿年。

Ⅳ.递归定义 用数学归纳法给对象下的定义,由三部分构成:(1)初始条件,刻画一些个体属于一给定集合;(2)归纳条件,当在条件(1)中列出的第 n 个个体属于给定集合时,第 n+1 个个体也属于该集合;(3)此外没有别的个体属于该集合。这样就定义出了一个集合。

在命题逻辑中,将合式公式(简称"公式")递归定义如下:

(1)任一命题变项 p、q、r、s…是公式;

(2)如果 A 是公式,则 $\neg A$ 是公式;

(3)如果 A 和 B 是公式,则 $A\wedge B$,$A\vee B$,$A\rightarrow B$,$A\leftrightarrow B$ 是公式;

(4)只有按以上方式形成的符号串是公式。

① 参见陈波:《奎因哲学研究——从逻辑和语言的观点看》,三联书店"哈佛—燕京学术丛书"第五辑,1998 年,第 129—134 页。

递归定义只适用于具有自然数性质的对象。它相当于给出了得到某个集合的元素的方法，根据这种方法，我们可以判定任一事物属于还是不属于该集合，在这一点上它类似于操作定义；但它又等于给出了一个集合的全部元素，也就是给出了得到其全部外延的方法，在这一点上它相当于外延定义。

3. 语词定义

语词定义的对象是语词，常常涉及该语词的词源、意义、用法等，而不涉及该语词所代表、指称的事物和对象。可以区分出如下类型：

Ⅰ. **描述性定义** 或者称"报道定义"，它是对被定义语词既有用法的报道或描述，语言词典上的定义大多是这种类型，故常被称为"词典定义"。

(1)胡：①古代泛称北方和西方的少数民族，如"胡人"；②古代称来自北方和西方少数民族的东西，也泛指来自国外的东西，如"胡琴"，"胡桃"，"胡椒"；③百家姓之一种。(《现代汉语词典》)

(2)Being：be 的现在分词-n。1 存在；生存。2 生命；(一个人的)肉体和身心的综合体，身心：the mother who gave him his ～ 给予他生命的母亲/respond with one's whole ～/全力响应。3 存在物；生物；人：inanimate ～s 无生物/a human ～ 人/a social ～ 社会的人。4 本质，特质/[B-]神(《新英汉词典[世纪版]》)

描述性定义有一种特殊的类型，叫做"词源定义"，通过刻画某个词的来源、演变来说明该词的意义。对于有些学科如哲学、语言学、文化人类学来说，词源定义具有特别重要的意义。在某种意义上，词源是一种重要的文化密码，如德国著名哲学家海德格尔(M. Heidegger，1889—1976)就特别热衷于通过考察一个哲学概念的词源来辨析它所隐含的深刻意义。例如：

马太效应：在《圣经》中的"马太福音"第 25 章有这么几句话："凡有的，还要加给他叫他多余；没有的，连他所有的也要夺过来。"1973 年，美国科学史家默顿用这句话来概括一种社会心理现象："对已有相当声誉的科学家做出的科学贡献给予的荣誉越来越多，而对那些未出名的科学家则不承认他们的成绩。"默顿将这种社会心理现象命名为"马太效应"。

顺便指出,这里谈到的马太效应既有积极作用也有消极作用。其积极作用是:可以防止社会过早地承认那些还不成熟的成果,或过早地接受貌似正确的理论或发明;它所产生的"荣誉追加"和"荣誉终身"等现象,对无名者有巨大的吸引力,促使无名者去奋斗,而这种奋斗又必须有明显超越名人过去的成果,他才能获得所向往的荣誉。其消极后果是:名人与无名者做出同样的成绩,前者可能得到了一大堆荣誉和奖赏,并在这种荣誉和奖赏中失去自己;而无名者则可能什么也得不到,甚至还会遭受非难和嫉妒,这样有可能扼杀真正的天才,从而妨碍科学的进步。再如:

> "香格里拉"一词,源于藏经中的香巴拉王国,在藏传佛教的发展史上,其一直作为"净土"的最高境界而被广泛提及。英国作家詹姆斯-希尔顿在小说《消失的地平线》(1933)描述了有关香格里拉的故事,并由好莱坞于1944年拍成电影,香格里拉由此声名大噪,成为"伊甸园、理想国、世外桃源、乌托邦"的代名词。至于它究竟位于何处,久具争议。经中国国务院批准,云南省迪庆藏族自治州中甸县于2002年4月5日正式更名为香格里拉县。

Ⅱ.约定性定义　在科学研究和日常交往中,有时候为了保密,更多的时候是为了简便和实用,有时候也为了避免一些熟知词语往往带有的某些不相关意义的干扰,需要发明新词,或者需要使用缩略语,这都要求对该新词或缩略语的意义有所规定。

> (1)黑洞,指引力完全崩溃的星体。这个新术语是由普林斯顿大学的约翰·威勒博士在1967年于纽约召开的空间研究组织的一次会议上引进的。
>
> (2)三个"代表":指"代表先进生产力,代表先进文化的前进方向,代表最广大人民群众的最根本的利益",是由中国共产党前总书记江泽民所提出的一种建党学说的简称。
>
> (3)因特网,英语词"internet"的音译加意译,指通过软件程序把世界各地的计算机连接起来,以便于信息资源的共享。

Ⅲ.修正性定义　其中既有描述性成分,也有约定性或规定性成分。因为在日常语言中,许多词语的意义常常不那么规范、标准,满足日常交往的需要尚可，当要把它们用于严格、精确的目的时，就需要对它们的意义作出某些修改、订正和限制，使其具有清楚、明确、独一无二的意义，这在科学研究中、在法律、法规等政策性文件中用得比较多。例如：

(1)任何人遇到以下情况之一，即死亡：①循环系统和呼吸系统的功能永久停顿；②整个脑部（包括脑髓体）所有功能永久停顿。

(2)所谓著作财产权，即著作人或依法取得著作之人对于属于文学、科学、艺术或其他学术范围之创作，享有独占的利用与处置其类似物权之特殊权利。依本法规定，著作财产权包含下列权利：①重制权；②公开口述权；③公开播送权；④公开上映权；⑤公开演出权；⑥公开展示权；⑦改作权；⑧编辑权；⑨出租权；⑩输入权。

之所以需要定义“死亡”，是因为只有被判定死去的人才可以捐出器官，以往所使用的脑死亡的标准不明确，不好执行，因为人脑分为大脑和小脑两部分，大脑永久性受损并不表示小脑和脑髓体不能继续正常工作。因此，“死亡”需要有一个更精确的、易于判定和操作的定义。1983 年，由美国总统委任的一个医学道德委员会发表了一份报告书，里面给出了这个死亡定义，后来被广为接受，作为判定死亡的标准。

(三) 定义的规则

定义的目的就是通过揭示概念的内涵和外延，明确概念的适用范围，并因此判定该概念的某一次具体使用是否适当。一个好的定义，或者说一个可以接受的定义，必须满足一定的条件或标准，遵守一定的规则。这里给出以下几条：

1. 定义必须揭示被定义对象的特有属性或区别性特征。

词项、概念是用来代表、指称对象的，是特定的事物在思维中的代表者，因为人们显然不能在想到、说到某个具体事物时，把该事物本身摆出来，而只能使用与该特定事物相配的特定的概念。为了做到特定的概念与特定的事物相配，该概念的定义就必须反映一类事物区别于其他事物的那些特性或特征，只有这样才不会在思维中造成混乱。请看下面的定义：

千里马是善于奔跑的马。

这个定义不能把千里马与一般的马区别开来。根据古文献记载，千里马不仅有速度的要求，而且有形体、风度的表现，并且更多地喻指那些特别有才能的人才。于是有韩愈的说法："千里马常有，伯乐不常有。"下面给出另一个定义：

千里马，原指特别善于奔跑的骏马；喻指有特殊才能的人才。

既然事物本身具有几乎无穷多的属性，由于认识和实践的需要不同，这些属性中能够起区别作用的并不是唯一的，从不同的角度去看会有不同的起区别作用的属性。但不管怎样，定义必须揭示被定义对象的区别性特征，这一点却是确定无疑的。

2. 定义项和被定义项的外延必须相等。

违反这一规则，所犯的逻辑错误有两种：一是"定义过窄"，指一个定义把本来属于被定义概念外延的对象排除在该概念的外延之外。例如：

(1)商品是通过货币交换的劳动产品。

(2)古生物学是研究各个地质时代的动物形态、生活条件及其发展演变的科学。

这两个定义都犯有"定义过窄"的错误，因为在人类社会发展的早期，或在当代某些不发达地区和角落，以物易物的"物"也是商品；或者通过给人家干某件活，来换取对方的某件物，这也是在进行商品交换。古生物学除了研究古动物之外，也研究古代植物、古代微生物。

二是"定义过宽"，指一个定义把本来不属于被定义概念外延的对象也包括在该概念的外延之中。例如：

(1)汽车是适用于街道或公路的自动车辆。

(2)哺乳动物是有肺部并要呼吸空气的脊椎动物。

这两个定义都犯有"定义过宽"的错误。根据它们，摩托车、电动自行车似乎应归于"汽车"之列；鸟类、爬行动物以及大多数成熟的两栖动物都有肺部并要呼吸空气，并且都是脊椎动物，它们似乎也属于哺乳动物。但实际情况并非如此。

定义过窄和定义过宽都是由于没有揭示被定义对象的特有属性或区别性特征造成的。

3. 定义不能恶性循环。

违反这一规则，就会犯“循环定义”的错误。所谓循环，是指在用定义项去刻画、说明被定义项时，定义项本身又需要或依赖于被定义项来说明。例如，有人在一篇文章中给出了三个相关的定义：

(1)人是有理性的动物。

(2)理性是人区别于其他动物的高级神经活动。

(3)高级神经活动是人的理性活动。

通过这三个定义，我们既没有明白什么是人，也没有明白什么是理性和什么是高级神经活动，因为它们相互依赖，谁也说明不了谁。

但是，对于有些关系概念的定义，某种程度的循环是允许的，甚至是必不可少的。例如，什么是父亲和子女？父亲就是有自己的子女的男人，而子女则是由父母生下的后代。什么是原因和结果？原因就是引起一个现象的现象，而结果则是由一个现象所引起的现象。

4. 定义不可用含混、隐晦或比喻性词语来表示。

违反这一规则，就会犯“定义含糊不清”或“用比喻下定义”的错误。例如：

什么是列宁主义？作为革命行动体系的列宁主义，就是由思维和经验养成的革命嗅觉，这种社会领域里的嗅觉，就如同体力劳动中肌肉的感觉一样。

看了或听了这个定义后，一般人都有如堕五里雾中的感觉，混混沌沌，模模糊糊，什么也看不清楚，甚至在不看、不听这个定义时还明白一些什么，当看了、听了这个定义之后，反而什么也不明白了。其原因在于该定义使用许多莫名其妙的词语，例如“由思维和经验养成的革命嗅觉”“体力劳动中肌肉的感觉”，去刻画作为一种理论体系的列宁主义。

再如，据说英国哲学家斯宾塞(Herbert Spenser)给“进化”下了这样一个定义：

[进化就是]物质和伴随的运动的消耗两者的整合过程，而在这个过程中物质由不明确的、不一致的同质性转而成为明确的、一致的异质性，并且，在这个过程中，被保持的运动经历了与此平行的转化。

对此定义只有一个评价：莫名其妙！

下面这些句子作为一般的句子,是好的句子,甚至含有深刻的意义,但作为定义却是糟糕的:

(1)建筑是凝固的音乐。

(2)书是人类进步的阶梯。

(3)记忆像一条狗,躺在它怡然自得的地方。

(4)爱情是一条流动的河。[这条河中也许有壮观的激流,但也必然会有平缓的流程;也许有明显的主航道,但也会有支流和暗流。除此以外,天上的云彩和两岸的景物会在河面上映出倒影,晚来的风会在河面上吹起涟漪,打起浪花。但我们承认,所有这一切都是这条河的组成部分,共同造就了我们生命中美丽的爱情风景。]

因为要真正明白一个事物、概念是什么,需要正面地去说明、刻画它,而不是形容、比喻它。万物之间既有相似也有差异。自其同者视之,物我齐一,天地一体。因此,几乎任何一个事物都可以比喻为任何一个其他的事物,但通过这样的比喻,却不能真正认识一个事物,或者弄清楚一个概念的适用范围。

5. 除非必要,定义不能用否定形式或负概念。

通过定义,我们是要弄明白一个事物本身是什么,而不是它不是什么。因为一个事物除了是它本身之外,不是世界上其他的一切事物,而这样的事物是列举不完的。德国哲学家黑格尔曾有一句名言:

真理不是口袋中现存的铸币。

它具有深刻的哲理,但不能作为"真理"的定义。黑格尔的意思是:真理不是唾手可得的,真理是一个过程,人们要真正学会、领悟一个真理,就必须以压缩的形式去重复人类认识和掌握这个真理的全过程。因此,他说:同一句格言,在一位初涉人世的小伙子嘴里说出来,与在一位饱经风霜的老人嘴里说出来,具有完全不同的内涵。我国宋朝诗人辛弃疾用一首词表达了类似的意思:"少年不识愁滋味。爱上层楼,爱上层楼,为赋新词强说愁。/ 如今识尽愁滋味。欲说还休,欲说还休,却道天凉好个秋。"

五　划分与分类

划分是依据一定的标准，将一个属概念的外延分为若干个种类，以进一步明确该概念的外延的逻辑方法。划分包括三个要素：划分的母项，即其外延被划分的那个属概念；划分的子项，即由被划分的属概念中划分出来的若干个种概念；划分的标准，即划分赖以进行的依据。请看下面的例证：

> (1)脊椎动物分为哺乳动物、鱼、鸟、爬行动物和两栖动物这5个小类。
>
> (2)星体分为恒星、行星、卫星和彗星四个小类。
>
> (3)基本粒子包括电子、中子、光子等，按其自旋可分为两大类：一类是自旋为1/2的奇数倍，称之为费米子；另一类自旋为整数，称之为玻色子。按其质量和其他特性可分为四族：①规范粒子族；②轻子族；③介子族；④重子族。介子族和重子族，又统称为强子族。重子族中质量超过中子的又称为超子。

在(1)中，划分的母项是“脊椎动物”，子项是“哺乳动物、鱼、鸟、爬行动物和两栖动物”；在(2)中，母项是“星体”，子项是“恒星、行星、卫星和彗星”。显然，为什么这样划分，划分者是有根据的，不过，这个根据没有明确说出来，而在划分者的头脑中存在着。但是，在(3)中，除了有划分的母项和子项外，还有划分的根据。由于它对基本粒子进行了两次划分，所以有两个不同的根据：一是“自旋”，二是“质量和其他特性”。如上所述，在一个划分中，划分的母项和子项是不可缺少的，必须明确说出来或写出来；但是，划分的根据却不一定说出来或写出来，而可以在划分者的意识中。

应该注意，划分不同于分解。所谓分解，是把一个整体分成不同的部分，它的对象一定是单独概念，分解出来的部分属于原来那个整体，但它不“是”原来那个整体，原来整体所具有的性质，其部分不一定具有。划分的对象一定是普遍词项，或者说是类词项，所分出的那些子项仍然“是”母项，它们是该母项底下的小类，原来母项所具有的性质它们仍然都具有。例如，把一棵树分解成树根、树干、树枝、树叶，把北京大学分成院、系、所，如数学学院、物理学院、化学学院、生命科学学院、医学院、中文系、历史系、哲学系等等,这是分解。分解出来的部分“属于”原来那个整体,但它们不是该整体下面的不同类别,树根、树干、树枝、树叶不一定具有树所具有的性质,北京大学底下的院、系、所不一定具有北京大学所具有的性质:北京大学很优秀,是世界知名的,但它底下的每一个院、系、所不一定都很优秀,都是世界知名的。但是,“树”底下有松树、柏树、桦树、枣树这样的类别,这些东西仍然都是“树”,树有什么性质,它们就有什么性质。

有以下一些进行划分的方法:

一次划分 依据一个标准将母项划分为若干个子项。例如:

> (1)生物分为微生物、植物和动物三大类。
>
> (2)根据动物形态和解剖学上的相似程度,可将动物分为以下19类:原生动物,海绵动物,腔肠动物,栉水母动物,扁形动物,纽形动物,假体动物,环节动物,星虫动物,软体动物,节肢动物,苔藓动物,腕足动物,帚虫动物,棘皮动物,毛颚动物,须腕动物,半索动物,脊索动物。

连续划分 先依据一个标准对母项进行一次划分,然后再依据新的标准,对划分出来的母项再进行新的划分,直到满足需要为止。以上的(1)和(2)各自是一次划分,如果把两者连在一起,则构成一个连续划分。下面是另一个连续划分:

> 现代自然科学分为基础科学、技术科学、应用科学三大类。基础科学是探索自然界事物的本质和规律的,如数学、天文学、地学、物理学、化学、生物学等。技术科学是技术理论性质的科学,如电子技术、激光技术、能源技术、空间技术等。应用科学是直接应用于生产的生活的技术和工艺性质的科学,如电子计算机工程、遗传工程等。这三类科学相互区别,相互联系,共同发挥自然科学的各种功能。

二分法 依据一个标准,将母项划分为两个互为矛盾关系的子项。例如,把“实数”分为“有理数”和“无理数”;把考试成绩分为“及格”和“不及格”;把“产品”分为“合格的”和“不合格的”;把“战争”分为“正义战争”和“非正义战争”;将“人”划分为“我党党员” 和“非我党党员”,如此等等。这样划分,通常是为了把注意力集中在其中某个特殊的类别上。例如,对于考试成绩,我们重点关注那些不及格的学生,他们需要补考或重修;对于某种产品,我们主要关注是否其合格，合格者可以投放市场，不合格者则要扣下，或者采取某种补救措施或者销毁；如果你是某个党的党务工作者，你当然重点关注那些是“我党党员”的人，对于那些不是贵党党员的人，一律简单地称之为“非我党党员”。所以，二分法还是很有用处的。

等级划分 依据某种价值标准，将母项分为属于不同等级的子项。例如，年终评比时，将“职工”分为“标兵”“优秀”“良好”“合格”和“不合格”几个等级，并给各个等级颁发不同数额的奖金，或者课以罚款。由于渗透价值判断和偏好因素，等级划分在客观性方面有所欠缺，容易引起争议，尽量少用，非得使用时，也尽量给出客观和明确的标准。

恰当的划分至少要遵守以下规则：

(1) 划分的各子项之和必须等于母项的外延。

违反这一规则，会犯“子项不全” 或“多出子项”的逻辑错误。例如，如果把“颜色”划分为红色、黄色、蓝色、白色、黑色，就犯了“子项不全”的错误，因为它遗漏了橙色、绿色、青色、紫色等。如果把“文学作品”分为小说、诗歌、戏剧、音乐、舞蹈、绘画、雕塑，就犯了“多出子项”的错误，因为音乐、舞蹈、绘画、雕塑不属于文学作品的范围。

(2)每次划分只能有一个标准。

违反这一规则，会犯“混淆标准”的错误。例如，仅仅根据三角形各条边长的情况，把“三角形”分为等边三角形、不等边三角形，这是正确的划分；相反，如果把“三角形”分为等边三角形、不等边三角形、等角三角形，这是不正确的划分，犯有“混淆标准”的错误，因为它在一次划分使用了两个不同的标准：一是边长的情况，一是内角的情况。

(3)划分的各子项必须互不相容。

违反这一规则，会犯“子项相容”的错误。例如，把“自然数”划分为正偶数、正奇数和素数，就犯了“子项相容”的错误，因为素数的绝大部分(除了 2)是正奇数的一部分，或者说，是一些特殊的奇数，是只能被 1 和自身整除的、再不能被任何其他的数整除的正奇数。“子项相容”常常是“混淆标准”的结果。

可以这样说，分类是系统的和稳定的划分，因而是一种特殊的划分。分类分为“自然分类”和“辅助分类”。

所谓“自然分类”，是根据某种深刻的理论根据所进行的分类，具有极大的稳定性。例如，生物学上的分类系统，如果按从小到大的次序排列，是

"种、属、科、目、纲、门、界",这里的分类根据基本上来源于物种进化过程。在这样的分类系统中,每一个生物有一个确定的位置,不会轻易改变。例如,下图显示了人在自然分类系统中的位置:

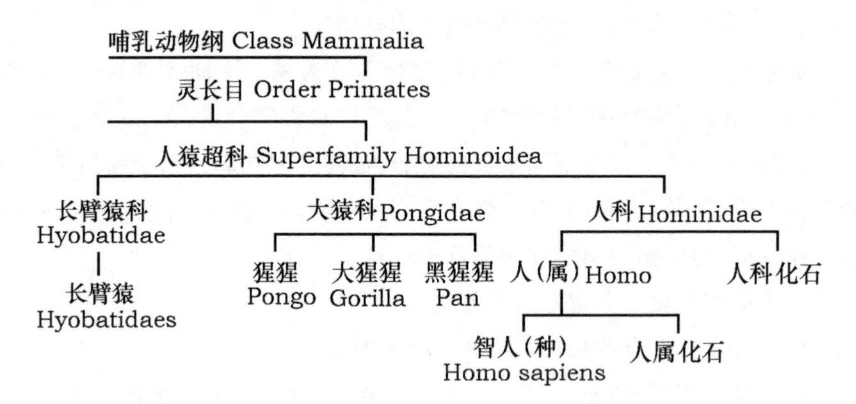

辅助分类的目的是为了方便和实用,它根据人为选定的对象的某个方面的特征,将对象分为不同的类别,最典型的是图书馆里的图书分类,其目的是方便读者尽可能快地找到所要的图书,并且尽量提供多种不同的检索方法。辅助分类之不同于一般的划分,还是在于它的系统性和稳定性,不会轻易改变;否则,就只是某次划分,而不是分类了。

显然,无论在科学理论中,还是在我们的日常生活中,划分和分类都发挥着重要的作用,它们使我们周围的世界在我们的思维中变得有次序和有条理。

第四讲

“假如生活欺骗了你……”

——复合命题及其推理

如果把单个的简单命题作为不再被分析的原子，用命题联结词“并非”“并且”“或者”“如果，则”“当且仅当”等等把它们连接起来，便形成复合命题。研究复合命题的逻辑性质及其相互之间的推理关系，由此建立的逻辑理论叫做“命题逻辑”。它在古希腊时期就由麦加拉—斯多亚派探讨过，并在现代数理逻辑的发展过程中趋于成熟且被系统化。本讲将要讲授命题逻辑的一些初步内容。

我们大家都很熟悉普希金的那首著名的诗：

> 假如生活欺骗了你，
> 不要忧郁，也不要愤慨！
> 不顺心的时候暂且容忍：
> 相信吧，快乐的日子就会到来。
>
> 我们的心永远向前憧憬，
> 尽管活在阴沉的现在：
> 一切都是暂时的，转瞬即逝，
> 而那逝去的将变得可爱。[①]

我这里当然不是要讲诗，而是要由诗引入逻辑：“假如……，便……”在逻辑上叫做“假言命题”，它是复合命题的一种。

---

① 《诗刊》社编：《世界抒情诗选》，春风文艺出版社，1983年，第65页。

一 简单命题和复合命题

简单命题就是不包含其他命题的命题,只能把它分析为不同的词项,不能再把它分析为其他命题,因此又叫做"原子命题"。例如:

(1)性格决定命运。

(2)关公败走华容道。

(3)掷骰子4点朝上的概率是1/6。

都是简单命题。

复合命题则是包含其他命题的命题,它是用一定的联结词连接其他命题而形成的。例如:

(1)李敖是一位特立独行的人,并且是一位小说家。

(2)足球队或者因其成功而受到欢呼,或者因其失败而受到指责。

(3)如果一个推理的前提真实并且推理形式有效,则结论必定真实。

(4)只有你把《天龙八部》还给我,我才把《射雕英雄传》借给你。

(5)x是偶数,当且仅当,x能够被2整除。

(6)并不是所有的天鹅都是白的。

组成复合命题的其他命题叫做该复合命题的支命题。支命题可以是一个简单命题,例如(1)中的"李敖是一位特立独行的人"和"李敖是一位小说家";也可以是一个复合命题,例如(3)中"如果"后面的语句"一个推理的前提真实并且推理形式有效"。支命题通过一定的联结词形成复合命题,联结词体现了支命题相互之间以及支命题与复合命题之间的逻辑关系。根据其中所含联结词的不同,复合命题可以分为联言命题、选言命题、假言命题和负命题四类。

二 联言命题和联言推理

联言命题是断定几种事物情况同时存在的复合命题,它的标准形式是"p并且q",其中p、q称为联言支。在日常语言中,联言命题有多种表述形式。例如:

(1)3 和 117 都是素数。

(2)韩娜结了婚,然后生了孩子。

(3)林纾是著名翻译家,但他不懂外语。

(4)林岗不但智力优秀,而且品德出众。

(5)即使他是一位穷人,他也努力保持自己的尊严。

这些分别表示并列、承接、转折、递进关系的复合命题,都是联言命题。在自然语言中,表示对偶、对比、排比关系的句子常常省略掉联结词。例如:

鸟宿池边树,僧敲月下门。

我们把"p 并且 q"看作联言命题的标准表达形式,其中 p、q 称为联言支。逻辑学研究命题是为了研究推理,从具体的推理抽象出一般的推理形式,其最重要的特性就是保真性:该推理形式本身能够确保从真前提推出真结论。因此,从推理的角度看命题,命题最重要的性质就是它的真值;就复合命题而言,则是一复合命题的支命题与该复合命题本身在真假方面的相互关系。就联言命题来说,只有它的各个支命题都是真的,它本身才是真的;如果有一个支命题为假,则联言命题为假。也就是说,一个联言命题是真的,当且仅当它的各个联言支都是真的。见下面的真值表:

p	q	p 并且 q
真	真	真
真	假	假
假	真	假
假	假	假

例如,联言命题"小张既高又胖",只有在"小张高"和"小张胖"都真的情况下才是真的,在其余情况下则是假的。

根据联言命题的这种性质,联言推理的有效式包括:

1. 合成式

若分别肯定两个联言支,则可以肯定由这两个联言支组成的联言命题。其形式是:

p

q

———————

所以,p 并且 q

例如:“孔子是伟大的教育家,孔子是伟大的思想家,所以,孔子既是伟大的教育家又是伟大的思想家。”

这种推理在我们的日常思维中是经常使用的。例如,我们先分别论述某些观点成立,然后在文章结尾处加上“综上所述”“概而言之”“总而言之”等等,就是把前面所说的各点意思概括、综合起来。这就是在运用合成式推理。毛泽东在《中国社会各阶级的分析》这篇名文中就是采用这样的写作方式,前面分别论述地主阶级和买办阶级、中产阶级、小资产阶级、半无产阶级和无产阶级等等对中国革命的立场和态度,文末对全文的观点作一总结:

> 综上所述,可知一切勾结帝国主义的军阀、官僚、买办阶级、大地主阶级以及附属于他们的一部分反动知识界,是我们的敌人。工业无产阶级是我们革命的领导力量。一切半无产阶级、小资产阶级,是我们最接近的朋友。那动摇不定的中产阶级,其右翼可能是我们的敌人,其左翼可能是我们的朋友——但我们要时常提防他们,不要让他们扰乱了我们的阵线。①

2. 分解式

若肯定一个联言命题,则可以分别肯定其中的每一个联言支。其形式是:

p 并且 q

———————

所以,p

或者

p 并且 q

———————

所以,q

① 《毛泽东选集》第一卷,第 9 页。

例如："胡适是五四新文化运动主将，并且曾任北京大学校长；所以，胡适曾任北京大学校长。"

这种推理形式看似简单，其实不可或缺。例如，有时候，在前面有许多合成条件，但在后面的推理中只需要用到其中的某一个条件，分解式告诉我们，从前面的合成条件中可以得到这一简单条件，该推理于是可以进行下去。顺便说一下，逻辑学实际上是把我们日常思维中的一连串复杂的推理，分解为每一步都很简单的推理，这些推理受明确的规则控制，可以操作，可以检验。

3. 否定式

若否定一个联言支，则否定包含这个联言支的联言命题。其形式是：

并非 p

———————————

所以，并非(p 且 q)

例如：从"并非李白是一位著名的小说家"，可以推出："并非李白既是伟大的诗人又是著名的小说家。"

三　选言命题和选言推理

选言命题分为相容选言命题和不相容选言命题两类，其中的支命题都叫做"选言支"。

(一) 相容选言命题及其推理

相容选言命题是断定几种事物情况至少有一种存在的复合命题。在日常语言中，它有多种表达方式，例如：

(1)小强发烧或者是由于感冒，或者是由于肺炎。

(2)那件事要么是王强干的，要么是赵勇干的。

(3)根据天气预报，明天不是下雨就是刮风。

(4)张欢的父亲或者是一位教授，或者是一位小说家。

我们把"p 或者 q"视为它的标准形式。相容选言命题的特点是：各个选言支可以同时为真。换句话说，只要有一个选言支为真，相容选言命题为真；如果所有选言支都假，则相容选言命题为假。这就是相容选言命题的逻辑性质。见下表：

p	q	p 或者 q
真	真	真
真	假	真
假	真	真
假	假	假

例如，选言命题“陈刚或者参观牛津大学或者参观剑桥大学”是相容的，它只有在“陈刚参观牛津大学”和“陈刚参观剑桥大学”都假的情况下才是假的，在其余情况下则是真的。

根据相容选言命题的上述性质，相容选言推理有下述有效式：

Ⅰ. **否定肯定式** 如果肯定一个相容选言命题并且否定其中的一个选言支，则必须肯定其中的另一个选言支。其形式是：

p 或者 q
非 p
————
所以，q

或者

p 或者 q
非 q
————
所以，p

例如：“或者张三去巴黎或者李四去纽约，李四没有去纽约，所以，张三去了巴黎。”

Ⅱ. **添加式** 如果肯定一个选言支，则必须肯定包含这个选言支的任一选言命题。其形式是：

p
————

所以，p 或者 q

例如，从“雪是白的”出发，既可以推出“雪是白的或者卷心菜是蔬菜”，也可以推出“雪是白的或者卷心菜不是蔬菜”。

但是，由于相容选言命题的各个选言支可以同时成立，所以相容选言推理的肯定否定式是错误的。其形式是：

p 或者 q

p

——————

所以，非 q

或者

p 或者 q

q

——————

所以，非 p

例如，从“2＋2＝4 或者 3＋3＝6”和“2＋2＝4”不能推出“3＋3≠6”，此推理的第一个前提是相容选言命题，不能由肯定它的一个选言支去否定它的另一个选言支，因为“2＋2＝4”和“3＋3＝6”可以同时成立。

(二)不相容选言命题及其推理

不相容选言命题是断定两种事物情况中有且只有一种情况成立的选言命题。在日常语言中，它有很多表述方式，例如：

(1)或为玉碎，或为瓦全。

(2)任一自然数或者是偶数，或者是奇数。

(3)物质形态要么是气体，要么是固体，要么是液体，要么是等离子体，要么是玻色—爱因斯坦冷凝体，要么是费密冷凝体。

(4)要么与我们站在一起去反对恐怖主义，那么你是我们的朋友；要么不与我们站在一起，那么你是我们的敌人。——美国在遭受 9·11 恐怖袭击后采取了这样的政策。

我们权且把“要么 p，要么 q，二者必居其一”当作不相容选言命题的标准形式，其特点是：各个选言支不能同时为真。因此，对于不相容选言命题来说，必有且只有一个选言支为真；若有多个选言支同时为真，或同时为假，则不相容选言命题亦为假。这就是不相容选言命题的逻辑性质。见下表：

p	q	要么 p 要么 q
真	真	假
真	假	真
假	真	真
假	假	假

例如，“小强所买的那本词典或者是中文词典或者是英文词典”是一个不相容选言命题，在“小强所买的那本词典是中文词典”和“小强所买的那本词典是英文词典”都假或都真的情况下，它是假的；在其余情况下，它都是真的。

根据不相容选言命题的真值表，不相容选言命题可以用否定词、相容选言联结词“或者”和联言联结词“并且”来定义：“要么 p 要么 q”等值于“‘或者 p 或者 q’并且‘并非 p 并且 q’”。因此，可以不把不相容的“要么，要么”当作初始的或基本的联结词。

根据不相容选言命题的上述性质，不相容选言推理包括下述有效式：

Ⅰ. **否定肯定式** 如果否定一个不相容选言命题的一个选言支，则必须肯定它的另一个选言支。其形式是：

要么 p，要么 q
非 p
————
所以，q

或者

要么 p，要么 q
非 q
————
所以，p

例如:“对于前进道路上的困难,或者战而胜之,或者被困难所吓倒。我们不能被前进道路上的困难所吓倒,所以,我们要战而胜之。”

Ⅱ.**肯定否定式** 如果肯定一个不相容选言命题的一个选言支,则必须否定它的另一个选言支。其形式是:

要么 p,要么 q
p
————————
所以,非 q

或者

要么 p,要么 q
q
————————
所以,非 p

例如:“或为玉碎,或为瓦全。宁为玉碎,所以,不为瓦全。”再如:“要么继续闭关锁国而落后挨打,要么实行改革开放而走向富强;我们必须实行改革开放而走向富强,所以,我们不能再继续闭关锁国而落后挨打。”

讲一个用选言推理解智力思考题的例子:

> 一个街道上有三户人家,各有祖孙三代在同一个工厂里做工,分别做车工、钳工、勤杂工。一户的祖孙三代之间工种各不相同,三户的同辈人之间工种各不相同。已知爷爷做车工的那家,其孙子不做勤杂工,请问这三家的祖孙三代各干什么?

根据题中给定的条件,我们实际上有这样的不相容选言命题:x 要么做车工,要么做钳工,要么做勤杂工;再由于一户的祖孙三代之间工种各不相同,爷爷做车工的那家,既然孙子不做勤杂工,也不能做车工,所以必做钳工,父亲不能做车工,也不能做钳工,只能做勤杂工;第二家的爷爷只能做钳工或者勤杂工,假设他做钳工,则父亲只能做车工或勤杂工,由于第一家的父亲做勤杂工,所以他必做车工,而孙子只能做勤杂工;于是,第三家的爷爷做勤杂工,父亲做钳工,孙子做车工。解这道题,所用的全部是不相容选言推理。

关于选言命题,应该注意以下两点:

第一,一个选言命题究竟是相容的还是不相容的,没有专用的形式识别标记,只能看其中的各个选言支是否能够同时为真:能够同时为真的,是相容选言命题;不能同时为真的,是不相容选言命题。这是因为:联结词"或者,或者"既可在相容意义上使用,也可在不相容意义上使用。"要么,要么"同样既可在相容意义上使用,也可在不相容意义上使用。因此,区分相容选言命题和不相容选言命题,不能只看联结词,而应重点看它们的真值情况。

第二,如果一个选言命题穷尽了所有的选言支,则该选言命题必真;假若选言支不穷尽,则选言命题有可能为假。例如,刑侦人员根据某一犯罪现场的证据,作出推测:"罪犯或者是甲或者是乙"。但后来的侦查证实这一推测是假的,真正的罪犯是丙,他伪造了现场证据。这里,刑侦人员开始的推测就过于武断,没有考虑到其他可能情况。不过,当遇到复杂情形时,穷尽所有的选言支既无必要也不可能,只能是依靠证据作出最有可能成立的推测。并且,一个真的选言命题不一定穷尽了所有的选言支,例如,根据小张的长相和口音,可以作出正确的推测:"小张或者是广东人,或者是广西人。"

四　假言命题和假言推理

假言命题是断定事物情况之间的条件关系的复合命题。条件关系分为三种:充分条件、必要条件和充分必要条件。相应地,假言命题也分为三种:充分条件假言命题,必要条件假言命题,充分必要条件假言命题。

(一) 充分条件假言命题及其推理

如果有 p 就有 q,则 p 是 q 的充分条件。充分条件假言命题是断定 p 是 q 充分条件的假言命题,它在自然语言中有多种表述方式。例如:

(1)只要勤奋耕耘,总会有所收获。

(2)如果身体过胖,就容易患上各种疾病。

(3)假如没有地心引力的话,树上的苹果就不会落地。

(4)如果所有的金子都是闪光的,则有些闪光的东西是金子。

(5)要是你能解决哥德巴赫猜想,我就能拔着自己的头发上天。

(6)如果你是个傻瓜,那么一言不发是最聪明的;如果你是个聪明人,那么一言不发是最愚蠢的。——一位哲学家在回答"在交际场合一言不发好不好”的问题时如是说。

有时候，表达充分条件关系的联结词还可以省略。例如：

(7)锲而不舍，金石可镂。

(8)人心齐，泰山移。

(9)招手即停。

我们把“如果p则q”当作充分条件假言命题的标准表达形式，其中p为前件，q为后件。只有在p真q假的情况下，“如果p则q”才是假的，在其他情况下都是真的。见下表：

p	q	如果p那么q
真	真	真
真	假	假
假	真	真
假	假	真

例如，充分条件假言命题“如果天下雨，那么会议延期”，只有在天下雨但会议未延期的情况下才是假的，在其他情况下都是真的。

根据这个真值表，一个充分条件假言命题，只要其前件是假的，或者其后件是真的，它本身就是真的，即：“如果p则q”等值于“或者非p或者q”。并且，如果p真并且q假，则“如果p那么q”就是假的，并且只有在这种情况下，“如果p那么q”才是假的，即：“如果p则q”等值于“并非(p并且非q)”。

请看下面的例证：

红星中学的四位老师在高考前对某理科毕业班学生的前景进行推测，他们特别关注班里的两个尖子生。

张老师说：“如果余涌能考上清华，那么方宁也能考上清华。”

李老师说：“依我看这个班没人能考上清华。”

王老师说：“不管方宁能否考上清华，余涌考不上清华。”

赵老师说：“我看方宁考不上清华，但余涌能考上清华。”

高考的结果证明，四位老师中只有一人的推测成立。

如果上述断定是真的，则以下哪项也一定是真的？

A. 李老师的推测成立。

B. 王老师的推测成立。

C. 赵老师的推测不成立。

D. 如果方宁考不上清华大学，则张老师的推测成立。

E. 如果方宁考上了清华大学，则张老师的推测成立。

解析：答案是E。题干中张老师和赵老师的判断形式分别为“如果p则q”和“p并且非q”，由前面的讨论可知，它们是互相矛盾的，根据矛盾律和排中律，其中必有一个推测成立且只有一个成立。又由给定条件，四人中只有一人的推测成立，因此李老师和王老师的推测均不成立，即有人考上了大学，且这个人就是余涌。因此，如果方宁也考上了清华，则只有张老师的推测成立。

根据充分条件假言命题的上述性质，充分条件假言推理的有效式包括：

Ⅰ. **肯定前件式** 如果肯定一个充分条件假言命题，并且肯定它的前件，那么，必须肯定它的后件。其形式是：

如果p，那么q

p

————

所以，q

例如：“如果官员甲拥有不受监控的权力，官员甲就很容易导致腐败；官员甲确实拥有不受监控的权力，所以，官员甲很容易腐败。”

再讲一个故事：有一次美术学院的入学考试是命题作画：“深山藏古寺”。最后交上来的一幅幅画面上，只见山峰叠着山峰，山丛连着山丛，但又在画面的不同角落露出寺庙的尖顶、房瓦等等。唯有一副画面上，根本见不到寺庙的踪影，但顺着画面从上往下看，只见山脚下有两个和尚正在往山上抬水。看到最后这一幅画，我们马上能够想到：山上必有寺庙。这是因为，我们头脑中进行了这样一个推理：

> 如果有和尚往山上抬水，山上必有寺庙；这幅画上有和尚往山上抬水。所以，这幅画上看不见的某处必有寺庙，只不过被山石和树木“藏”起来了。

显然，后一幅画的作者比其他作者更高明，因为他的画给读者留下了想象的空间、发展的余地，并且还能唤醒读者的审美经验和文化感受，例如中国人一看到这幅画，马上会想到这样的谚语：一个和尚挑水吃，两个和尚抬水吃，三个和尚没水吃，从而发出会心的一笑。

Ⅱ.否定后件式 如果肯定一个充分条件假言命题，并且否定它的后件，则必须否定它的前件。其形式是：

如果 p，那么 q
非 q
————————
所以，非 p

例如："如果小王患肺炎的话，则他的体温会不正常升高；但经检查，小王现在体温正常，所以，小王目前没有患肺炎。"

充分条件假言推理的否定前件式：

如果 p，那么 q
非 p
————————
所以，非 q

和肯定后件式：

如果 p，那么 q
q
————————
所以，p

是无效的。例如："如果长期躺在床上看书，就会患近视眼；我从不躺在床上看书，所以，我不会患近视眼。"显然，这个推理是无效的，因为近视眼还可能由遗传产生。再如："如果王浩是美国总统，他肯定也是人；王浩确实是人，所以，他肯定是美国总统。"这个推理的无效性也是显然的。

（二）必要条件假言命题及其推理

如果 p 是 q 的不可缺少的条件，即无 p 就无 q，则 p 是 q 的必要条件。必要条件假言命题是断定 p 是 q 的必要条件的假言命题。在自然语言中，其表述方式是多种多样的。例如：

(1)除非通过考试，否则不予录取。

(2)仅当明天天晴，我们才去郊游。

(3)不积跬步无以至千里，不积细流无以成江海。

(4)做学问是一门笨功夫，只有坚持不懈，才能有所成就。

(5)若要人不知，除非己莫为。(这相当于说：只有己莫为，才会人不知。)

在逻辑学中，必要条件假言命题的标准形式是“只有p，才q”，其中p为前件，q为后件。只有在前件假后件真的情况下，一个必要条件假言命题才是假的，在前件真后件真、前件真后件假、前件假后件假的情况下，它都是真的。这就是必要条件假言命题的逻辑性质。见下表：

p	q	只有p才q
真	真	真
真	假	真
假	真	假
假	假	真

例如，必要条件假言命题“除非考试及格，否则不予录取”，只有在“考试不及格却予以录取”的情况下才是假的，在其他情况下(例如“考试及格却未予录取”)都是真的。再如，如果有人坚持说“只有乡下人才长寿”，但经调查发现，城市里有不少人是百岁寿星，这一事实就证明那个人所说的话是假的；但如果发现有的乡下人不长寿，却不能证明该句话为假。

根据真值表可以看出，如果p是q的充分条件，则q是p的必要条件；如果p是q的必要条件，则q是p的充分条件。也就是说，“如果p，那么q”等值于“只有q，才p”；“只有p，才q”等值于“如果q，那么p”；“只有p，才q”等值于“如果非p，那么非q”。

这说明，必要条件假言命题可以用充分条件假言命题来刻画和定义，因此，可以不把“只有……才……”当作初始的或基本的联结词，而当作一个被定义的联结词。

根据必要条件假言命题的上述性质，必要条件假言推理的有效式包括：

Ⅰ.**否定前件式** 如果肯定一个必要条件假言命题,并且否定其前件,则要否定其后件。其形式是:

只有 p,才 q

非 p

————————

所以,非 q

例如:“只有陈梦溪年满 18 岁,他才有选举权和被选举权;陈梦溪年仅 16 岁,所以他没有选举权和被选举权。”

Ⅱ.**肯定后件式** 如果肯定一个必要条件假言命题,并且肯定其后件,则要肯定其前件。其形式是:

只有 p,才 q

q

————————

所以,p

例如,一个小女儿问妈妈:“妈妈,您头上为什么长出了白头发呀?”妈妈回答说:“因为女儿不听话,妈妈才长出白头发。”小女儿眨巴眨巴眼睛,想了一想,说:“我现在才知道,外婆的头发为什么全都白了。”显然,小女儿正在进行必要条件假言命题的肯定后件式推理:

只有女儿不听话,妈妈才长出白头发。

外婆的头发全都白了,

所以,外婆的女儿——妈妈不听话。

这个推理是有效的,妈妈不正确的教育方式被聪明的女儿钻了空子。

必要条件假言推理的无效式有肯定前件式:

只有 p,才 q

p

————————

所以,q

和否定后件式:

只有 p,才 q

非 q

所以,非 p

例如:“只有夏闯不循规蹈矩,他才能大有作为;夏闯不循规蹈矩,所以,夏闯一定大有作为。”这是必要条件假言推理的肯定前件式,明显是无效的。再如:“只有老王不畏劳苦,他才能有所成就;老王一生谈不上有什么成就,因此,老王必定是怕苦怕累之人。”这个推理的前提可能都真,而结论却可能假,因而是无效的。事实上,老王不但不怕苦怕累,反而非常能吃苦,数十年如一日,头悬梁,锥刺股,寒窗秉烛夜读书,却没有弄出什么成就来。我们不能因此轻视和鄙视老王,相反,鲁迅对此类人等给予了极大的赞扬:

> 所以中国一向就少有失败的英雄,少有韧性的反抗,少有单身鏖战的武人,少有敢抚哭叛徒的吊客。见胜兆则纷纷聚集,见败兆则纷纷逃亡。战具比我们精利的欧美人,战具未必比我们精利的匈奴蒙古满洲人,都如入无人之境,“土崩瓦解”这四个字,真是形容得有自知之明。
>
> 多有“不耻最后”的人的民族,无论什么事,怕总不会一下子就“土崩瓦解”的。我每看运动会时,常常这样想:优胜者固然可敬,但那虽然落后而仍非跑至终点不止的竞技者,和见了这样的竞技者而肃然不笑的看客,乃正是中国将来的脊梁。①

(三)充分必要条件假言推理

如果有 p 就有 q,无 p 就无 q,则 p 是 q 的充分必要条件。充分必要条件假言命题就是断定 p 是 q 的充分必要条件的假言命题,由“当且仅当”这类联结词连接两个支命题而形成。例如:

(1)一个三角形的三边相等,当且仅当,它的三内角都是 60°。

(2)$X \subseteq Y$,当且仅当,$(\forall x)(x \in A \rightarrow x \in B)$

(3)张猛是单身汉,当且仅当,他是未婚男子。

“当且仅当”这一联结词通常只在数学、逻辑及其他精确科学中出现,在

---

① 《鲁迅杂文、小说、散文全集》(一),中国致公出版社,2001 年,第 211 页。

社会科学和人们的日常交谈中很少使用。在日常语言中，人们要表述一个充分必要条件假言命题时，常常分成两句话，前一句话说前件是后件的充分条件，后一句话说前件是后件的必要条件。例如：

(1)人不犯我，我不犯人；人若犯我，我必犯人。

(2)如果公民年满18岁，则他有选举权和被选举权；只有公民年满18岁，他才有选举权和被选举权。

显然，当前件和后件同真或同假时，一个充分必要条件假言命题为真，在其他情况下都是假的。见下表：

p	q	p当且仅当q
真	真	真
真	假	假
假	真	假
假	假	真

充分必要条件假言推理的四个有效式列举如下：

p当且仅当q
p
————
所以，q

p当且仅当q
非p
————
所以，非q

p当且仅当q
q
————
所以，p

p当且仅当q
非q
————
所以，非p

仅举一例：

这个三角形全等，当且仅当，它的三条边相等。已经证明，这个三角形的三条边相等，所以，这个三角形全等。

其他请读者自己举例说明。

五　负命题及其等值命题

负命题是由否定一个命题而得到的命题,它是通过把“并非”这类否定词置于一个命题之前或之后而形成的,其标准形式是“并非 p”,“并不是 p”。例如:

(1)并非所有天鹅都是白色的。

(2)并非一刮风就下雨。

在自然语言中,负命题的表达形式是多种多样的,例如为了表达“并非所有闪光的东西都是金子”,我们也可以说:

(1)不是所有闪光的东西都是金子。

(2)说“所有闪光的东西都是金子”是假的。

(3)“所有闪光的东西都是金子”这一说法不成立。

(4)说“所有闪光的东西都是金子”不符合事实。

负命题所否定的可以是一简单命题,也可以是一复合命题。被否定的命题称为原命题,由否定得到的是一个新命题。所以,“并非”是由一个命题形成一个新命题的联结词。值得注意的是,负命题所否定的是整个原命题,而不是原命题的一部分。因此,负命题的真值与原命题恰恰相反:若原命题为真,则负命题为假;若原命题为假,则负命题为真。这就是负命题的逻辑性质。见下表:

p	并非 p
真	假
假	真

有必要强调指出:(1)负命题不同于前一章所说到的否定命题“S 不是 P”,在负命题中,否定词冠于整个句子之前,或置于整个句子之后;而在否定命题中,否定词插入句子的主、谓词之间;(2)负命题和它所否定的命题之间是矛盾关系,因而与原命题的矛盾命题是等值的。例如,“并非所有 S 是 P”并不等值于“所有 S 不是 P”,而是等值于“有些 S 不是 P”。

实际上，上面提到了几种负复合命题的等值命题，为明确起见，仍系统地重列如下：

(1)“并非(p并且q)”等值于“非p或者非q”。

例如，“并非价廉物美”，等值于“或者价不廉，或者物不美”。

(2)“并非(p或者q)”等值于“非p且非q”。

例如，“并非明天或者刮风或者下雨”，等值于“明天既不刮风也不下雨”。

(3)“并非如果p则q”等值于“p并且非q”。

例如，“并非一刮风就下雨”，等值于“即使刮风也不一定下雨”。

(4)“并非只有p才q”等值于“非p且q”。

例如，“并非只有大科学家才能有创造发明”，等值于“即使不是大科学家，也能有创造发明”。

(5)“并非(p当且仅当q)”等值于“p且非q，或者，非p且q”。

例如，否定上面提到的毛泽东的那句名言，就等于是说：“人犯我，我却不犯人；或者，人不犯我，我却要犯人。”这近乎是一个疯子的行为。

(6)“非非p”等值于“p”。

这是双重否定律：双重否定等于肯定。例如：“‘所有的大学生都是有文化的人’是假的，这一说法是假的”，等于是说：“所有大学生都是有文化的人。”

六　几种常用的复合命题推理

(一)假言易位推理

其内容是：如果一个充分条件假言命题的前件成立则后件成立，那么，如果其后件不成立则其前件不成立。其形式是：

如果p则q，

————————————

所以，如果非q则非p。

例如：

(1)如果你珍惜生命,那么请别浪费时间。所以,如果你浪费时间,那么,你并不珍惜生命。

(2)如果 x 是偶数,则 x 能够被 2 整除。所以,如果 x 不能被 2 整除,则 x 不是偶数。

实际上,这个推理的前提与结论是等值的,所以我们还有:

如果非 q 则非 p,

所以,如果 p 则 q

例如:“如果你不举行一个隆重的婚礼,你将来肯定会后悔的。所以,如果你不想将来后悔,那么,你就举行一个隆重的婚礼吧。”

(二)假言三段论

其内容是:如果一个前提推出一个结论,并且如果该结论又可推出新的结论,则原来的前提可以推出该新结论。其形式是:

如果 p 那么 q,

如果 q 那么 r,

所以,如果 p 那么 r。

例如:

(1)如果 x 能被 6 整除,则 x 能 3 整除;如果 x 能被 3 整除,则 x 能被 1 整除。所以,如果 x 能被 6 整除,则 x 能被 1 整除。

(2)如果王尧获得了诺贝尔奖,则他将成为国际名人;如果王尧成为国际名人,他将会更加繁忙。所以,如果王尧获得了诺贝尔奖,他将会更加繁忙。

实际上,假言三段论所显示的推理关系的传递性可以一直进行下去,直到满足需要为止。例如,一位父亲对他上中学的儿子说:“如果你现在不好好念书,你就不能考上大学;如果你不能考上大学,你今后就很难找到好的工作;如果你找不到好的工作,你就很难有一种体面而有尊严的生活;如果你没有体面而有尊严的生活,你就很难保持一个男人的尊严。所以,如果你现在不好好念书，你今后将很难保持一个男人的尊严。”

（三）反三段论

其内容是：如果两个前提能够推出一个结论，那么，如果结论不成立且其中的一个前提成立，则另一个前提不成立。其形式是：

如果 p 且 q 则 r

所以，如果非 r 且 p 则非 q

或者

如果 p 且 q 则 r，

所以，如果非 r 且 q 则非 p

例如：

逻辑学家金岳霖小时候很有逻辑头脑，听到“金钱如粪土”“朋友值千金”这两句话后，感到它们有问题，因为它们会推出“朋友如粪土”的荒唐结论。因此，既然“朋友如粪土”这个结论不成立，假如“朋友值千金”成立的话，那么，“金钱如粪土”肯定不成立。这里就运用了反三段论。

（四）归谬式推理

其内容是：如果从一个命题出发能够推出自相矛盾的结论，则这个命题肯定不成立。其形式是：

如果 p 则 q
如果 p 则非 q

所以，非 p

在实际思维中，归谬式推理主要用于反驳，但形式更为灵活，即先假设所要反驳的观点为真，由此推出明显为假的命题，或者是自相矛盾的命题，或者是与前提本身矛盾的命题，由此证明原假设为假，从而驳倒所要反驳的观点。这是一种以退为进的策略。例如：

(1)《墨经》中说："以言为尽悖，悖，说在其言。"(《经下》)"之人之言可，是不悖，则是有可也；之人之言不可，以当，必不当。"(《经说下》)这就是说，"所有的说法都是假的"这个说法必定是假的，因为假如这个说法是真的，则有说法不是假的，这与上述说法矛盾；假如上述说法也确实是假的，则意味着有的说法是真的，这又与该说法矛盾；因此，该说法必然导致矛盾，不可能是真的。

(2)亚里士多德的理论"物体的下落速度与物体的重量成正比"统治物理学领域近两千年。伽利略通过一个思想实验对它提出了质疑。他假设亚氏的理论成立，并设想有这样两个物体：A 重 B 轻，按照亚氏的理论，下落时 A 快 B 慢。再设想把 A、B 两个物体绑在一起形成 A＋B，A＋B 显然比 A 重，按照亚氏理论，A＋B 下落比 A 快；A＋B 中原来 A 快 B 慢，在下落时慢的 B 拖住了快的 A(即两物的合成速度小于等于其中最快的那个物的速度)，因此，A＋B 下落比 A 慢。而两个结论相互矛盾，因此，亚氏理论不成立。伽利略由此提出了他自己的理论：(在真空条件下)物体的下落速度与物体的重量没有关系，据说还进行了一次著名的实验，即比萨斜塔实验来验证他的理论。

(五) 反证式推理

其内容是：如果否定一个命题能够推出自相矛盾的结论，则这个命题肯定成立。其形式是：

如果非 p 则 q
如果非 p 则非 q

所以，p

在实际思维中，反证式推理主要用于证明，其形式与归谬法一样灵活：先假设所要证明的观点为假，由此推出明显为假的命题，或者是自相矛盾的命题，或者是与前提本身矛盾的命题，由此证明原假设为假，从而证明所要证明的观点是真的。这也是一种以退为进的策略。我们在第五讲中，证明三段论的一些规则时，将要多次使用反证法。例如：

定理　一个结论全称的正确三段论,其中项不能周延两次。

证明:用反证法。一个三段论如果结论全称,则结论的主项即小项在结论中周延,根据规则,则小项在前提中必须周延,再假设其中项周延两次,则前提中有三个周延的项,因此两个前提都必须全称,并且有一个前提还必须否定。根据规则,由于前提中有一个否定,结论必须否定,结论的谓项即大项在结论中周延;再根据规则,大项必须在前提中周延。于是,小项、大项和两个中项都必须在前提中周延,前提中四个词项都周延,两个前提必须全都是全称否定。而根据规则,两个否定前提不能得出结论。因此,一个结论全称的正确三段论,其中项不能周延两次。

归谬法和反证法在解某些逻辑智力思考题中特别有用,具体办法是:先假设某个前提或选项为真或者为假,看能否从中推出矛盾。如果能推出矛盾,则原来的假设不成立,该假设的否定成立;如果不能推出矛盾,则该假设可能成立也可能不成立。例如:

> 有甲、乙、丙、丁、戊五个人,每个人头上戴一顶白帽子或者黑帽子,每个人显然只能看见别人头上帽子的颜色,看不见自己头上帽子的颜色。并且,一个人戴白帽子当且仅当他说真话,戴黑帽子当且仅当他说假话。已知:
>
> 甲说:我看见三顶白帽子一顶黑帽子;
>
> 乙说:我看见四顶黑帽子;
>
> 丙说:我看见一顶白帽子三顶黑帽子;
>
> 戊说:我看见四顶白帽子。
>
> 根据上述题干,下列陈述都是假的,除了
>
> A. 甲和丙都戴白帽子;
>
> B. 乙和丙都戴黑帽子;
>
> C. 戊戴白帽子,但丁戴黑帽子;
>
> D. 丙戴黑帽子,但甲戴白帽子;
>
> E. 丙和丁都戴白帽子。

解析:答案是E。解这道题只能用假设法和归谬法。先假设甲的话为真,则甲戴白帽子,加起来共有四顶白帽子一顶黑帽子,于是乙和丙的话就是假的,于是乙和丙都戴黑帽子,这与甲的话为真的结果(一顶黑帽子)矛盾,因

此甲的话不可能为真,必定为假,甲戴黑帽子。再假设乙的话为真,则他自己戴白帽子,共有一顶白帽子四顶黑帽子;这样,由于丙看不见他自己所戴帽子的颜色,当他说"我看见一顶白帽子三顶黑帽子"时,他所说的就是真话,于是他戴白帽子,这样乙和丙都戴白帽子,有两顶白帽子,与乙原来的话矛盾。所以,乙所说的只能是假话,他戴黑帽子。既然已经确定甲、乙都戴黑帽子,则戊所说的"我看见四顶白帽子"就是假话,戊也戴黑帽子。现假设丙的话为假,则他实际看见的都是黑帽子,他自己也戴黑帽子,于是五个人都戴黑帽子,这样,乙的话就是真话;但我们已经证明乙的话不可能为真,因此丙的话也不可能为假,于是丙和未说话的丁戴白帽子。最后结果是:甲、乙、戊说假话,戴黑帽子;丙、丁说真话,戴白帽子。

(六) 二难推理

二难推理亦称"假言选言推理",有多种形式。下面用公式表示:

$$(1)(p\rightarrow r)\wedge(q\rightarrow r)\wedge(p\vee q)\rightarrow r$$

这叫做"二难推理简单构成式",第一章中谈到的普罗泰戈拉和他的弟子欧勒提士在进行"半费之讼"时,所用的都是这一推理形式。再看一个例证:欧洲中世纪曾被称为"黑暗的世纪"。当时,基督教神学占据绝对统治地位,它宣扬上帝创世说,认为上帝在七天之内创造了这个世界。第一天,创造了天和地,并创造了光,把时间分为昼与夜。第二天,创造了空气和水。第三天,用水区分了陆地和海洋,并让地上生长果木菜蔬。第四天,创造了太阳、月亮和星星,并由此区分昼、夜和时间节气。第五天,创造了水中的鱼和空中的鸟。第六天,创造了各种动物,并用泥土按自己的样子造出了人类始祖——亚当,并让他去管理地上的各种动植物。(后来,见亚当孤单,取他身上的一根肋骨造出了夏娃。)第七天,上帝歇息了,于是这一天成为万民的休息日。基督教认为,这位创世的上帝是圣父、圣灵、圣子三位一体,是全知、全善、全能的。但中世纪有人给神学家提出了这样一个问题:"您说上帝万能,那么我请问您:上帝能不能创造一块他自己举不起来的石头?"并进行了这样的推理:

如果上帝能够创造这样一块石头,那么他不是万能的,因为有一块石头他举不起来;

如果上帝不能创造这样一块石头,那么他不是万能的,因为有一块石头他不能创造；

上帝或者能够创造这样一块石头，或者不能创造这样一块石头，

所以，上帝不是万能的。

这是一个典型的简单构成式的二难推理。问题是：这个推理能够证明上帝不是万能的吗？我认为，大概不能，因为它的第一个假言前提的前件“上帝能够创造这样一块石头”意味着“有一件上帝不能做的事情”，这等于说“上帝不是万能的”；第二个假言前提的前件“上帝不能创造这样一块石头”也意味着“有一件上帝不能做的事情”，于是，上面的二难推理就变成了一个循环论证：

如果上帝不是万能的，则上帝不是万能的；

如果上帝不是万能的，则上帝不是万能的；

或者上帝不是万能的，或者上帝不是万能的，

所以，上帝不是万能的。

但是，上述论证却提出了一个有意思的问题，即信仰（如对全知、全善和全能的上帝的信仰）与理性的关系问题。有人指出：“每一种这样的特性能否都得到一种逻辑连贯的说明（对这个问题的研究完全符合西方宗教的传统），它们是否能够以一种逻辑连贯的形式结合在一起，对这样一些问题的研究一直是宗教哲学的中心课题，其目的在于说明上帝存在的宣称归根结底是可以理解的和逻辑连贯的。”[①]

既然说到上帝，请读者朋友也思考下面这个有关上帝的论证：它的前提都真实吗？推理过程合乎逻辑吗？

如果上帝存在，那么，他既是万能的也是仁慈的。

如果上帝愿意阻止邪恶，但没有能力这样做，那么他就不是万能的；

如果他能够阻止邪恶，但不愿意这样做，那么他就不是仁慈的。

只有当上帝或者能够但不愿意或者愿意但不能够阻止邪恶时，邪恶才能存在。

---

① 理查德·斯温伯恩：《宗教哲学》，见欧阳康主编《当代英美哲学地图》，人民出版社，2005年，第422页。

邪恶确实存在着。

所以，上帝并不存在。

(2) $(p \to q) \land (r \to s) \land (p \lor r) \to q \lor s$

这叫做“二难推理的复杂构成式”。据说，古希腊哲学家苏格拉底曾劝男人们都要结婚，他的规劝是这样进行的：

如果你娶到一个好老婆，你会获得人生的幸福；

如果你娶到一个坏老婆，你会成为一位哲学家；

你或者娶到好老婆，或者娶到坏老婆，

所以，你或者会获得人生的幸福，或者会成为一位哲学家。

这就是二难推理的复杂构成式。在苏格拉底看来，即使成为一位哲学家，也不是一件太坏的事情。他本人就是一位哲学家。尽管不能由此推出他的老婆就一定坏，但据说他的老婆确实也不太好，经常对他作河东狮吼。恐怕也难怪他的妻子，因为苏格拉底作为一位哲学家是杰出的，但他作为一名丈夫甚至可能是不合格的。据说他长相丑陋，没有什么财产，整天又热衷于与人辩论，由此证明别人的无知，并证明他自己除了知道自己无知外其实也一无所知。当苏格拉底的妻子也实在是不容易。

不过，古希腊的斯多亚派却构造了另一个推理，其形式与苏格拉底的完全相同，其结论却与其相反，旨在劝男人们不要结婚：

如果你与一位美人结婚，那么你将要与他人分享她；

如果你与一位丑人结婚，那么她对你就是一个惩罚；

你或者与一位美人结婚，或者与一位丑人结婚，

所以，你或者将与人分享她，或者将面对一个惩罚。

所以，你不要结婚。

二难推理还有另外两种形式，请读者自己找出有关例证：

(3) $(p \to q) \land (p \to r) \land (\neg q \lor \neg r) \to \neg p$ （二难推理简单破斥式）

(4) $(p \to q) \land (r \to s) \land (\neg q \lor \neg s) \to \neg p \lor \neg r$ （二难推理复杂破斥式）

第五讲

“所有的金子都是闪光的”

——直言命题及其推理

对一个简单命题进行内部拆分，把它分成主项、谓项、联项、量项等不同的部分，其中主项和谓项叫做“词项”，指称一些“范畴”(categories)或“类别”(classes)，因此这样的命题叫做“直言命题”(categorical propositions)。研究直言命题的逻辑性质及其相互之间的推理关系的逻辑理论，叫做“词项逻辑”，它早在古希腊时期就被“逻辑之父”亚里士多德所创立，迄今为止没有经过实质性修改，依然有效。本讲将要讲授词项逻辑的基本内容——直言命题及其推理。

一　直言命题

(一) 直言命题的结构和类型

直言命题是一个主谓式命题，它断定了某个数量的对象具有或者不具有某种性质，因此也叫做“性质命题”。例如：

(1)所有的玫瑰花都是带刺的。

(2)有的天鹅不是白的。

(3)秦始皇是最早统一中国的人。

(4)相对论的创立者是一位伟大的科学家。

都是逻辑学上所说的“直言命题”。

直言命题的基本结构是：

(量项)+主项+(联项)+谓项

主项是表示直言命题所述说的对象的那个词项,它可以是表示一般对象的普遍词项,例如(1)和(2)中的"玫瑰花"和"天鹅";也可以是表示特定对象的单独词项,如前所述,单独词项可以是专名,如(3)"秦始皇",也可以是限定摹状词,如(4)中的"相对论的创立者"。

谓项是表示直言命题所述说的对象所具有的性质的那个词项,它可以是形容词,如"带刺的"和"白色的";也可以是名词,如"最早统一中国的人"和"伟大的科学家";还可以是动词,例如"有些运动员练长跑"。有些直言命题的谓项很复杂,例如:

(1)廊坊是处于北京和天津之间的城市。

(2)曹操是杰出的政治家、军事家和诗人。

(3)荷马是著名的古希腊剧作家或诗人。

这里,(1)中的谓项是"处于北京和天津之间的城市",它不表示关系,而表示性质;只有"处于北京和天津之间"才是关系,当我们把它名词化为"处于北京和天津之间的城市"后,它已经是通过描述某个类的性质而确定无疑地指称这个类的谓词了。(2)和(3)的谓项中包含联结词结构,但在词项逻辑中我们并不处理这种结构,故一律把它们看作是表示性质的,只不过这个性质是由多个性质复合而成的复合性质罢了。

联项是连接直言命题的主项和谓项的词项,它决定直言命题的质。有两个不同的联项:"是"和"不是"。包含联项"是"的直言命题是肯定命题,包含联项"不是"的直言命题是否定命题。在自然语言中,表示肯定的联项有时可以省略,例如:"西藏,多么神奇的地方啊!""获,美人也。"但否定的联项不能省略。

量项是表示直言命题所刻画的对象的数量或范围的词项,一般位于主项之前或之后。量项分为全称量项、特称量项和单称量项,它们反映直言命题的"量"。相应地,包含全称量项的直言命题是全称命题,包含特称量项的直言命题是特称命题,包含单称量项的命题是单称命题。

全称量项表示直言命题刻画了所述说对象的全部,其标准表达形式是"所有",但在自然语言中,也常用"凡是""一切""全部""任何""每个"等等来表达,或者用在联项之前加"都"的办法来表达。并且,在很多时候,自然语言中的全称量项被省略,例如"人是理性的动物","毒蛇有毒,甚至能够置人于死地"。请看下面的例证:

(1)每一个人都会死。

(2)任何人都难免一死。

(3)人总有一死。

(4)凡人皆有死。

(5)人统统会死。

(6)没有人长生不死。

(7)难道有长生不死的人吗?!

这些命题都是在用不同的方式表达“所有的S都是P”,应整理成全称命题。

特称量项表示对直言命题所述说的对象有所陈述,但没有明确地对其全部对象作出陈述,其标准表达形式是“有”“有的”或“有些”。特称量项一般不能省略,因为省略后该命题会被误当作全称命题,例如“有些人是自私的”不能省略为“人是自私的”。在自然语言中,有时候也许把对象的数量或范围更加具体化一些,例如“很少”“几个”“一半”“许多”“大多数”“绝大多数”“几乎全部”“不都是”(等于“有些……不是”)等等。

需要强调的是,量词“有的”或“有些”仅仅表示“至少有些,至多全部”,而不像日常思维中那样,有时候也表示“仅仅有些”,后者的意思比前者强,因而只适用于某些特殊情况,缺乏普遍性。而逻辑应该是一种普遍适用的工具,因此在强的解释和弱的解释之间,它通常选取弱的解释,称为“从弱原则”。于是,特称量项“有些”的意思仅仅局限于“存在”或“有”,因此特称命题又被称为“存在命题”。所以,从特称命题“有些S是P”,不能推出“有些S不是P”;同样,从“有些S不是P”,也不能推出“有些S是P”。例如:

(1)有许多科学尚无法解释的奇异现象。

(2)美国人并不都是富人。

(3)中国仍有不少家庭在贫困线上挣扎。

(4)贪污腐败的官员是存在的。

都表达特称命题。(1)(3)和(4)表达“有些S是P”,(2)表达“有些S不是P”。

单称命题由充当主项的专名和摹状词来表达单称性。有时候,单称命题也会用到普遍词项,例如“杯子”“狗”,为了表达单称性,常常在这些普遍词项之前加指示代词“这个”“那个”。例如,下面都是单称命题:

(1)胡适是五四新文化运动的一位领袖人物。

(2)据说,《新工具》的作者在道德方面很成问题。

(3)这只杯子是一个很有价值的古董。

(4)那条狗简直发疯了,整天狂吠不已。

在分析直言命题的结构时,如果主项是普遍词项,通常用大写字母S表示;如果主项是单称词项,即专名和摹状词,则用小写字母a表示。谓项始终用大写字母P表示。根据所含的联项和量项的不同,可以把直言命题分为以下六种类型:

全称肯定命题:所有S都是P。

全称否定命题:所有S都不是P。

特称肯定命题:有的S是P。

特称否定命题:有的S不是P。

单称肯定命题:a是P。

单称否定命题:a不是P。

请看下面的例证:

A:所有的熊猫都是珍稀动物。

E:所有的英雄都不是懦夫。

I:有的哺乳动物是卵生的。

O:有的美国人不是基督徒。

单称肯定:曹雪芹是一位伟大的作家。

单称否定:刘阿斗不是一位合格的皇帝。

在词项逻辑中,当讨论直言命题推理时,单称命题常被当成全称命题的特例。这是因为,单称命题主项的外延只有一个事物,与全称命题一样,都是对主项外延的全体进行断定,所以单称命题在一定意义下也可以看成全称命题。(不过,后面会说到,也有例外的情形。)于是,词项逻辑所研究的直言命题就只剩下全称肯定、全称否定、特称肯定和特称否定这四种形式,它们被缩写为SAP、SEP、SIP、SOP,其中的A、E、I、O分别来自拉丁文AffIrms(肯定)和nEgO(否定)中的元音字母,相应的这四种直言命题亦被缩写为A、E、I、O。

在日常语言中，直言命题的表达可能很不规范，因此在进行逻辑分析时，遇到不规范的直言命题，应先将其整理成规范形式，然后进行其他步骤，以免出错。例如，“没有负数是大于1的”，等于说“所有负数都不是大于1的”，应整理为E命题。“天鹅不都是白的”，等于说“有的天鹅不是白的”，应整理成O命题。另外，像“只有S才P”“除S之外都不是P”这样的命题，例如“只有年满18岁的公民才有投票权”，“除了勇敢的人外都不值得公平对待”，第一句应被翻译为“所有有投票权的公民都是年满18岁的公民”，第二句应被翻译为“所有值得公平对待的人都是勇敢的人”。

(二) 直言命题间的对当关系

直言命题之间的对当关系，是指有相同素材(即有相同主项和谓项)的直言命题间的真假关系。如果没有相同的主谓项，则无法比较它们的真假。例如，我们可以比较“所有的天鹅都是白色的”与“有的天鹅不是白色的”之间的真假关系，但我们无法比较“所有的姑娘都是漂亮的”和“有些小伙子是聪明的”之间的真假关系。

一个直言命题不过是对于其主项和谓项之间的外延关系的一种断定，其真假也取决于这种外延关系，可列表表示如下：

命题类别 \ 词项关系	 S P（全同）	 S（P）（S真包含P）	 （S）P（S真包含于P）	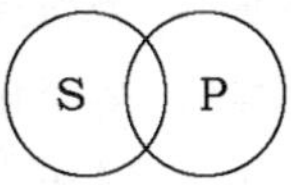 S P（交叉）	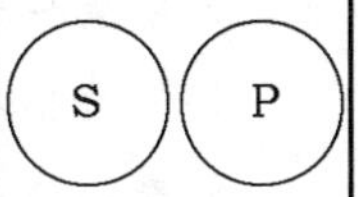 S P（全异）
SAP	真	假	真	假	假
SEP	假	假	假	假	真
SIP	真	真	真	真	假
SOP	假	真	假	真	真

可以把A、E、I、O之间的真假关系概括为四类，即反对关系、矛盾关系、差等关系和下反对关系。分述如下：

1. 反对关系

指A与E之间的关系，它们之间不能同真，但可以同假。于是，若一个为真，则另一个必为假；若一个为假，则另一个真假不定。例如，已知“所有的科学家都不是思想懒汉”为真，可以逻辑地推知“所有的科学家都是思想懒汉”为假；但从“所有奇数都能被3整除”为假，却不能逻辑地推知“所有的奇数都不能被3整除”究竟是真还是假。

2. 矛盾关系

指A与O、E与I的关系，它们之间既不能同真，也不能同假，因而必有一真，也必有一假。于是，由一个为真，就可以推出另一个为假；由一个为假，就可以推出另一个为真。例如，由“所有股票投资者都是百万富翁”为假，可以逻辑地推出“有些股票投资者不是百万富翁”为真；由“有的哺乳动物是卵生的”为真，可以逻辑地推出“所有哺乳动物都不是卵生的”为假。反之亦然。

有时我们也撇开真假概念，用否定词、等值把矛盾关系表述如下：

（1）$SAP \leftrightarrow \neg SOP$

（2）$SEP \leftrightarrow \neg SIP$

（3）$SIP \leftrightarrow \neg SEP$

（4）$SOP \leftrightarrow \neg SAP$

3. 差等关系

亦称“从属关系”，指A与I、E与O之间的关系。这种关系存在于同质（同为肯定或否定）的全称命题和特称命题之间，我们可以把它概括为：

如果全称命题真，则相应的特称命题真；
如果特称命题假，则相应的全称命题假；
如果全称命题假，则相应的特称命题真假不定；
如果特称命题真，则相应的全称命题真假不定。

例如，如果“所有的玫瑰花都是带刺的”为真，则可以逻辑地推知“有些玫瑰花是带刺的”为真；如果“有些大学生是地地道道的白痴”为假，则“所有的大学生都是地地道道的白痴”为假。但是，如果“所有的乌鸦都是黑的”为假，则从逻辑上不能确切地推知“有些乌鸦是黑的”的真假；同样，如果“有的股票投资者不是亿万富翁”为真，从逻辑上也不能确切地推知“所有股票投资者都不是亿万富翁”的真假。

4. 下反对关系

指I与O的关系，它们之间可以同真，但不能同假。于是，由一个为假，可以逻辑地推出另一个为真；从一个为真，不能确切地知道另一个的真假。

例如,已知"有些犀牛是爬行动物"为假,则可以逻辑地推知"有些犀牛不是爬行动物"为真;但从"有些教授是社会知名人士"为真,却不能逻辑地推知"有些教授不是社会知名人士"的真假。

可以用下述简图来刻画对当关系,这个图传统上被称为"对当方阵"或"逻辑方阵"。

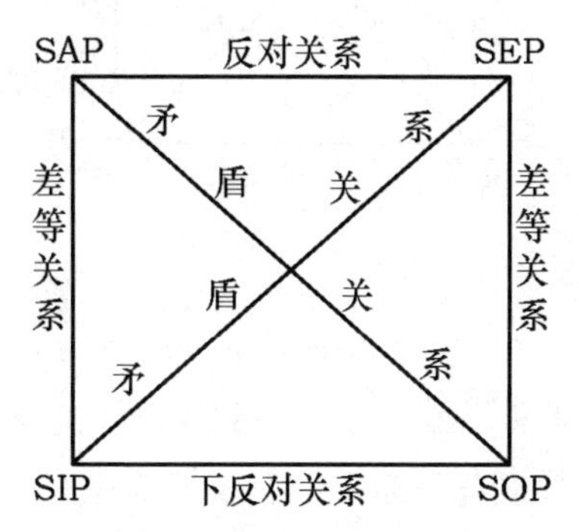

如果已经知道三个直言命题具有对当关系中的两种关系,其中必有一种是矛盾关系,那么可以推出它们之间所具有的另一种关系。例如,已知SAP与SEP是反对关系,SEP与SIP是矛盾关系,请推出SAP与SIP之间是差等关系。

证明:

当SAP真时,根据反对关系,SEP必假,再根据矛盾关系,SIP必真。

当SAP假,根据反对关系,SEP可真可假,再根据矛盾关系,SIP可假可真。

当SIP真时,根据矛盾关系,SEP必假;再根据反对关系,SAP真假不定。

当SIP假,根据矛盾关系,SEP必真;再根据反对关系,SAP必假。

显然,当SAP真时,SIP必真;当SIP假时,SAP必假;当SAP假,SIP可真可假;当SIP真时,SAP可真可假。所以,SAP与SIP之间是差等关系。

一般把单称命题作为全称命题的特例来处理。但是,在考虑对当关系(即真假关系)时,单称命题不能作为全称命题的特例。如果涉及含同一素材的单称命题,那么以上所述的对当关系要稍加扩展:单称肯定命题和单称否定命题是矛盾关系;全称命题与同质的单称命题是差等关系;单称命题与同质的特称命题也是差等关系,但与不同质的特称命题是下反对关系;单称命题与不同质的全称命题是反对关系。这种关系部分地可用下图刻画：

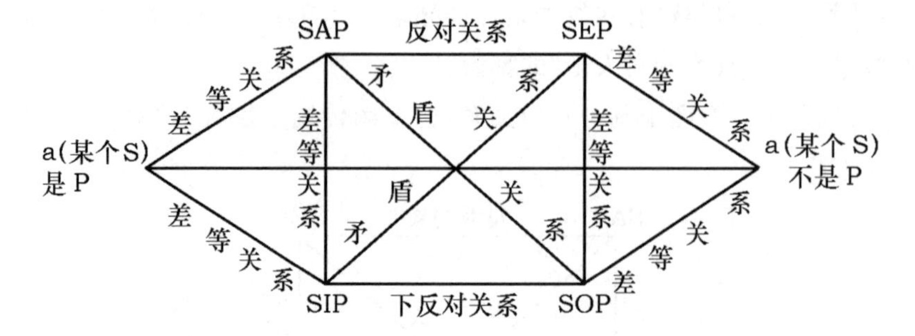

请看下面的例证：

桌子上有 4 个杯子，每个杯子上写着一句话。第一个杯子："所有的杯子中都有水果糖"；第二个杯子："本杯中有苹果"；第三个杯子："本杯中没有巧克力"；第四个杯子："有些杯子中没有水果糖"。

如果其中只有一句真话，那么以下哪项为真？

A. 所有的杯子中都有水果糖。

B. 所有的杯子中都没有水果糖。

C. 所有的杯子中都没有苹果。

D. 第三个杯子中有巧克力。

E. 第二个杯子中有苹果。

第一个杯子上的话是一个全称肯定命题，其形式是"所有的 S 都是 P"；第四个杯子上的话是一个特称否定命题，其形式是"有些 S 不是 P"，它们两者之间是矛盾关系：其中必有一真，也必有一假。既然在上面四句话中只有一句真话，真话必在这两者之间，其他两句都是假的，于是第二个杯子中没有苹果，第三个杯子中有巧克力，但我们仍然不能确定关于第一个杯子和第四个杯子的哪一句话是真的。所以，当关于四个杯子上的话只有一句为真时，在所给定的 5 个选项中，我们只能确定选项 D 是真，其他几个选项都不能确定。

(三) 直言命题中词项的周延性

在直言命题中，如果断定了一个词项的全部外延，则称它是周延的，否则就是不周延的。

根据这个定义，可知直言命题中词项的周延性有下述特点：

1. 只有直言命题的主项和谓项才有周延与否的问题，离开直言命题的一个单独词项，无所谓周延和不周延。例如，我们可以谈论在直言命题“有些士兵是懦夫”中，词项“士兵”和“懦夫”是否周延，但无法谈论独立存在的概念“笔记本电脑”“机器人”究竟是周延还是不周延。对于后一种情形来说，周延与否的问题根本不会出现。

2. 主、谓项的周延性是由直言命题的形式决定的，而不是相对于直言命题所断定的对象本身的实际情况而言的。例如，不论主项S具体代表什么，对于全称命题“所有S都是(或不是)P”来说，既然其中有“所有的S……”出现，那么，总是断定了S的全部外延，因此S在其中是周延的；对于特称命题“有些S是(或不是)P”来说，其中很明显只涉及S的一部分外延，因此S在其中是不周延的。不论谓项P具体代表什么，对于肯定命题“所有(或有些)S是P”来说，它只断定了某个数量的S“是P”，并没有具体说明究竟是全部的P还是一部分P，根据逻辑上通常采取的“从弱原则”，P在其中总是不周延的；对于否定命题“所有(或有些)S不是P”来说，该命题断定了某个数量的S“不是P”，那么P也一定不是这个数量的S，即把所有P都排除在有这些S之外，所以P是周延的。

以上说明，主项或谓项的周延性是由直言命题的形式决定的，是直言命题的形式性质，周延性是一个只与直言命题的形式有关、而与主项和谓项所反映的对象的实际情况无关的概念。因此，由于在“所有的美国篮球运动员都是亿万富翁”中，主项“美国篮球运动员”前面有量词“所有的”，因而被断定了全部外延，是周延的，即使实际情况并非如此；而在“所有等边三角形都是等角三角形”中，只断定了“等边三角形”都是“等角三角形”，但并没有明确断定“等角三角形”是否都是“等边三角形”，因此谓项“等角三角形”是不周延的，即使实际情况确实如此。

根据词项周延性的上述定义及其解释，我们有如下结论：

(1)全称命题的主项都是周延的。

(2)特称命题的主项都是不周延的。

(3)肯定命题的谓项都是不周延的。

(4)否定命题的谓项都是周延的。

把这四条结论应用于A、E、I、O四种命题之上，得到下表：

命题类型	主项	谓项
SAP	周延	不周延
SEP	周延	周延
SIP	不周延	不周延
SOP	不周延	周延

周延问题在处理整个直言命题推理时是非常重要的。演绎推理是一种必然性推理，它的结论是从前提中抽引出来的，结论的真要由前提的真来保证，因而结论所断定的就不能超出前提所断定的。这一点在直言命题推理中的表现，就是要求“在前提中不周延的词项在结论中不得周延”，否则推理的有效性得不到保证，会犯各种逻辑错误。例如，从“所有的人都是动物”就不能得出“所有的动物都是人”，因为在前一命题中，“动物”是肯定命题的谓项，不周延，而在结论中它是全称命题的主项，是周延的，所以不能从前一命题推出后一命题。

二　直接推理

直接推理是从一个直言命题出发推出另一个直言命题结论的推理，分为对当关系推理和命题变形推理。

（一）对当关系推理

根据直言命题之间的对当关系进行的推理，叫做“对当关系推理”。有以下几组有效的推理形式：

1. 反对关系推理

(1)SAP→¬SEP

例如，从“所有的人都享有基本人权”，可以推出“并非所有的人都不享有基本人权”。

(2)SEP→¬SAP

例如，从“任何人都不能两次踏进同一条河流”，可以推出“并非任何人都能够两次踏进同一条河流”。

2. 差等关系推理

(1)SAP→SIP

例如，从“所有偶数都是能够被 2 整除的”，可以推出“有些偶数是能够被 2 整除的”。

(2) SEP→SOP

例如，从“没有事物是常驻不变的”，可以推出“有些事物不是常驻不变的”。

(3) ¬SIP→¬SAP

例如，从“并非有些文盲是科学家”，可以推出“并非所有文盲是科学家”。

(4) ¬SOP→¬SEP

例如，从“并非有些花朵不是美丽的”，可以推出“并非所有花朵都不是美丽的”。

3. 矛盾关系推理

(1) SAP→¬SOP

例如，从“所有的人都有保护环境的义务”，可以推出“并非有些人没有保护环境的义务”。

(2) SEP→¬SIP

例如，从“所有运动员都不是素食主义者”，可以推出“并非有些运动员是素食主义者”。

(3) SIP→¬SEP

例如，从“有些官员是贪污腐败分子”，可以推出“并非所有的官员都不是贪污腐败分子”。

(4) SOP→¬SAP

例如，从“有的克里特岛人不说谎”，可以推出“并非所有克里特岛人都说谎”。

(5) ¬SAP→SOP

例如，从“并非所有的公民都是偷税漏税者”，可以推出“有些公民不是偷税漏税者”。

(6) ¬SEP→SIP

例如，从“并非所有国家都没有发生疯牛病”，可以推出“有些国家发生了疯牛病”。

(7) ¬SIP→SEP

例如，从“并非有的北大学生不是聪明人”，可以推出“所有北大学生都是聪明人”。

(8) ¬ SOP→SAP

例如,从"并非有些单身汉不是未结婚的男人",可以推出"所有单身汉都是未结婚的男人"。

4. 下反对关系

(1) ¬ SIP→SOP

例如,从"并非有些鱼是能够在陆地上奔跑的动物",可以推出"有些鱼不是能够在陆地上奔跑的动物"。

(2) ¬ SOP→SIP

例如,从"并非有些金属不是导电体",可以推出"有些金属是导电体"。

5. 关于单称命题与其他命题之间的推理

(1)SAP→a 是 P

例如,从"所有自然数都是整数",可以推出"1212 是整数"。这是从全称到个体的推理。

(2)a 是 P→SIP

例如,从"张海涛是亿万富翁",可以推出"有的中国人是亿万富翁"。这是从个体到存在的推理。

至于单称肯定命题和单称否定命题之间的推理,以及单称命题与 A、E、I、O 其他命题之间的推理,请读者根据前面的扩充对当关系图,自己去验证。

(二) 命题变形推理

命题变形推理是由一个直言命题出发,通过改变它的形状,得到一个新的直言命题的推理。主要包括换质法、换位法和换质位法,以及这些方法的连续运用。

1. 换质法

将一个直言命题由肯定变为否定,或者由否定变为肯定,并且将其谓项变成其矛盾概念,由此得到一个与原直言命题等值的直言命题,就是换质法。于是,换质法的程序和特点是:

(1) 改变原命题的质,即由肯定联项改变为否定联项,或者由否定联项变为肯定联项。

(2) 将原命题的谓项改变为它的矛盾概念或负概念。

(3) 仍然保持原命题的量项,并且主谓项的位置也保持不变。

(4) 所得到的新命题是与原命题等值的命题，其真假完全相同。

换质法有以下有效形式：

(1)$SAP \leftrightarrow SE\overline{P}$

例如，从“所有低科技产品都是没有高附加值的”，经过换质，可以得到“所有低科技产品都不是有高附加值的”。

(2)$SEP \leftrightarrow SA\overline{P}$

例如，从“所有杀人犯都不是有投票权的公民”，经过换质，可以得到“所有杀人犯都是没有投票权的公民”。

(3)$SIP \leftrightarrow SO\overline{P}$

例如，从“有些天鹅是黑色的”，经过换质，可以得到“有些天鹅不是非黑色的”。

(4)$SOP \leftrightarrow SI\overline{P}$

例如，从“有些政治家不是说谎者”，经过换质，可以得到“有些政治家是非说谎者”。

在我们的日常思维中，我们常常会遇到某个句子所表达的意思很重要，需要对它们予以强调，假如简单地重复该句子，例如将它连续说几遍或写几遍，当然不好，这时我们常常采用“换句话说”的说法。换质法就是在“换句话说”时用得着的方法。例如：

> 明天的会议很重要，所有员工都要出席会议，换句话说，所有员工都不能不出席，再换句话说，不准有的员工不出席。

2. 换位法

将一个直言命题的主项和谓项互换位置，但让它的质保持不变，原为肯定仍为肯定，原为否定仍为否定，并相应地改变量项，由此得到一个新的直言命题，这就是换位法。于是，换位法的程序或规则是：

(1) 调换原命题主谓项的位置，即将原命题的主项变成谓项，谓项变成主项。

(2) 不改变原命题的质，原为肯定仍为肯定，原为否定仍为否定。

(3) 在调换主谓项的位置时，在原命题中不周延的词项在结论中不得周延。

换位法有以下有效形式：

（1）SAP→PIS

例如，从“所有的植物都是需要阳光的”，可以推出“有些需要阳光的东西是植物”，但不能推出“所有需要阳光的东西都是植物”，因为在这后一个命题中，主项“需要阳光的东西”周延，而它在前提中是不周延的，违反换位规则，不正确。这叫做“限量换位”。

（2）SEP→PES

例如，从“所有的唯物论者都不是有神论者”，可以推出“所有有神论者都不是唯物论者”。这叫做“简单换位”。

（3）SIP→PIS

例如，从“有些高科技产品创造了巨大的经济效益”，可以推出“有些创造了巨大的经济效益的（产品）是高科技产品”。这也是“简单换位”。

（4）SOP 不能换位，因为 SOP 换位为 POS，S 就由特称命题的主项（不周延）变为否定命题的谓项（周延）了，违反换位规则，有可能由真命题得到假命题。例如，从真命题“有些人不是大学生”，若换位就会得到假命题“有些大学生不是人”。

经换位法得到的新命题，并不一定与原命题等值，在很多情况下是不等值的，例如限量换位。

3. 换质位法

对一个直言命题先换质，再换位，由此得到一个以原命题的谓项的矛盾概念为主项的新的直言命题，这就是换质位法。换质位法是换质法和换位法的相继运用，当然要分别遵守它们的程序和规则。有以下有效形式：

（1）$SAP \to SE\overline{P} \to \overline{P}ES$

例如，从“所有未经反省的人生都是没有价值的”，先换质，得到“所有未经反省的人生都不是有价值的”，再换位，得到“所有有价值的人生都不是未经反省的”。

（2）$SEP \to SA\overline{P} \to \overline{P}IS$

例如，从“不想当元帅的士兵不是好士兵”，先换质，得到“不想当元帅的士兵都是不好的士兵”，再换位，得到“有些不好的士兵是不想当元帅的士兵”。

（3）SIP 不能换质位，因为换质后得到 $SO\overline{P}$，而 $SO\overline{P}$ 不能换位。

（4）$SOP \to SI\overline{P} \to \overline{P}IS$

例如，从“有些科学家不是受过正规高等教育的”，先换质，得到“有些科学家是未受过正规高等教育的”，再换位，得到“有些未受过正规高等教育的人是科学家”。

实际上，换质法和换位法可以结合进行，只要在换质、换位时遵守相应的规则即可。可以先换质，再换位，再换质，再换位……从一个全称命题出发，经过连续的换质位，得到一个同质同量、以原命题谓项的矛盾概念为主项、以原命题主项的矛盾概念为谓项的直言命题，这种方法被称为“戾换法”。例如，从“有生者必有死”，经过连续的换质位，得到“凡无死者必无生”；从“凡有烟处必有火”，经过连续的换质位，得到“凡无火处必无烟”。也可以先换位，再换质，再换位，再换质……例如，从“所有的植物都是含叶绿素的”，先换位，得到“有些含有叶绿素的东西是植物”，再换质，得到“有些含有叶绿素的东西不是非植物”。

回答下面这个题，需要同时考虑对当关系推理和命题变形推理：

北京大学的学生都是严格选拔出来的。其中，有些学生是共产党员，但所有学生都不是民主党派的成员；有些学生学理科，有些学生学文科；很多学生爱好文学；有些学生今后将成为杰出人士。

以下命题都能够从前提推出，除了：

A. 并非所有北大学生都不是共产党员。

B. 有些非民主党派成员不是非北大学生。

C. 并非所有学文科的都是非北大学生。

D. 有些今后不会成为杰出人士的人不是北大学生。

E. 有些北大学生是非民主党派成员。

选项A可以根据对当关系推理，从“有些北大学生是共产党员”推出来；选项B可以通过连续的换质位，从“所有北大学生都不是民主党派的成员”推出来；从“有些北大学生学文科”出发，通过连续的换位质，可以推出“有些学文科的不是非北大学生”，再根据对当关系，可以推出选项C；从“所有北大学生都不是民主党派的成员”出发，先换质，再根据对当关系推理，可以推出选项E。从“有些北大学生今后将成为杰出人士”出发，经过换质，可以推出“有些北大学生不是今后不会成为杰出人士的人”，而后者不能再换位为选项D。所以，正确答案是D。

三　三段论

(一) 三段论的定义格与式

三段论是由一个共同词项把两个直言命题连接起来,得出一个新的直言命题作为结论的推理。例如:

所有成功人士都是专心工作者。
所有专心工作者都不是心猿意马者,

———————————————

所以,所有心猿意马者都不是成功人士。

就是一个三段论推理。

顾名思义,三段论由三个直言命题构成,其中两个是前提,一个是结论。结论的主项叫"小项"(用S表示),含有小项的前提叫"小前提";结论的谓项叫"大项"(用P表示),含有大项的前提叫"大前提";两个前提共有的词项叫"中项"(用M表示)。在上例中,"心猿意马者"是小项,"成功人士"是大项,"专心工作者"是中项。相应地,"所有成功人士都是专心工作者"是大前提,"所有专心工作者都不是心猿意马者"是小前提,"所有心猿意马者都不是成功人士"是结论。

根据中项在前提中的不同位置,三段论分为四个不同的格,可分别表示如下:

第一格	第二格	第三格	第四格
M—P	P—M	M—P	P—M
S—M	S—M	M—S	M—S
S—P	S—P	S—P	S—P

需要指出的是,日常思维中所表述的三段论常常是不那么标准的,往往需要做一些调整工作,其方法是:(1)区分结论和大、小前提;(2)按大前提、小前提、结论的顺序,调整三段论中三个直言命题的位置;(3)确定大、小前提和结论的命题类型,并写出它们的标准形式。例如:

在作案现场的不都是作案者。因为有些在作案现场的没有作案动机，而作案者都有作案动机。

这个三段论的结论是“在作案现场的不都是作案者”，化为标准形式，即“有些在作案现场的（人）不是作案者”，其中“在作案现场的（人）”是小项，“作案者”是大项，“有作案动机（的人）”是中项。相应地，“有些在作案现场的（人）没有作案动机”是小前提，“作案者都有作案动机”是大前提。经这样整理后，它的形式结构是：

所有 P 都是 M
有些 S 不是 M
————————
所以，有些 S 不是 P

因此，它是第二格的三段论。

根据组成三段论的三个直言命题的质与量，三段论有不同的式。在本节开头的那个三段论中，大前提是 A 命题，小前提是 E 命题，结论也是 E 命题，因此该三段论是 AEE 式。再如，“所有的人都是有死的，苏格拉底是人，所以，苏格拉底是有死的”，这个三段论是 AAA 式，因为在三段论中，单称命题可以作为同质的全称命题的特例来处理。

那么，三段论总共有多少可能的式呢？一个三段论，它的大前提可以是 A、E、I、O；当它的大前提是 A 时，它的小前提可以是 A、E、I、O；当它的大前提是 A、小前提是 A 时，它的结论可以是 A、E、I、O。这也就是说，三段论大、小前提以及结论的可能的排列组合可以是：4×4×4＝64 个可能的式。详列如下：

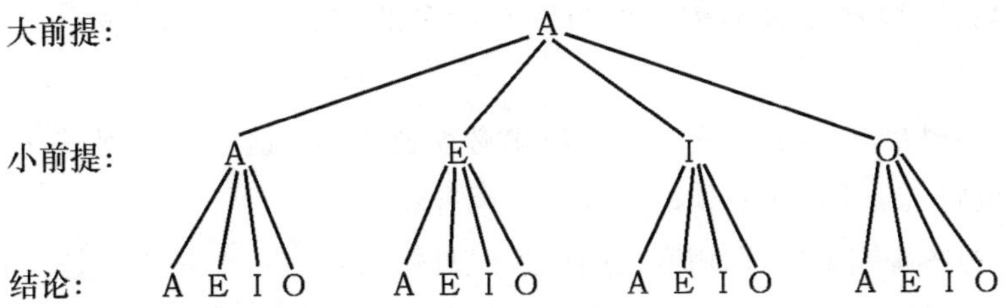

大前提: A

小前提: A E I O

结论: A E I O　A E I O　A E I O　A E I O

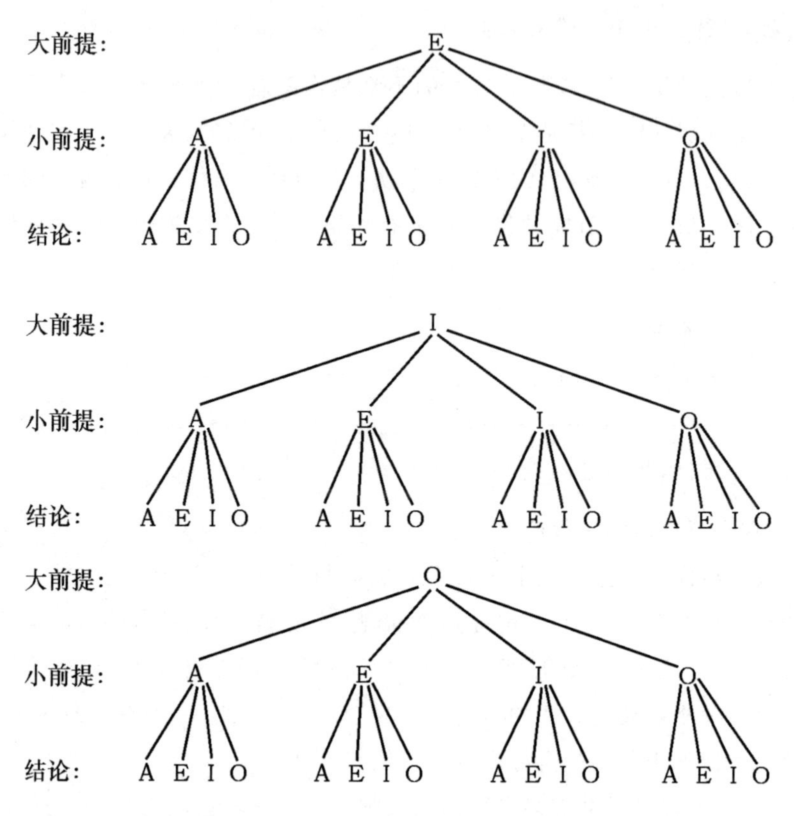

如前所述,三段论有四个不同的格,中项在这些格中的位置不同,也就是作为大前提和小前提的主谓项不同,因此这些前提就是由有不同的主谓项的 A、E、I、O 构成的。于是,一个格共有 64 个可能的式,而三段论共有四个不同的格,于是三段论总共有 64×4=256 个可能的式。

那么,究竟如何判定如此众多的三段论式是不是有效的呢?并且哪些是有效式,哪些不是有效式?当然有很多的方法,本书只讲解下面两种方法:

(1)规则判定法,即先给出三段论必须遵守的一些推理规则,然后根据这些规则去判定一个具体的三段论是否有效。

(2)图解判定法,即用欧拉图(或文恩图)去判定一个三段论是否有效。因为组成三段论的都是直言命题,于是可用欧拉图去表示这三个直言命题中词项的相互关系,实际上也就是大项、中项和小项之间的外延关系。如果使三段论的两个前提为真的欧拉图也一定使该三段论的结论为真,则这个三段论就是有效的；反之，如果使三段论的两个前提为真的欧拉图有可能使该三段论的结论为假，则它的结论就不是必然得出的，该三段论因此也是无效的。正是在这种意义上，可以说欧拉图为判定三段论是否有效提供了一种工具或方法。例如：

> 所有的绿叶植物(M)都是富含维生素的(P)，所有的菠菜(S)都是绿叶植物，所以，所有的菠菜都是富含维生素的。

这个三段论可以图解为：

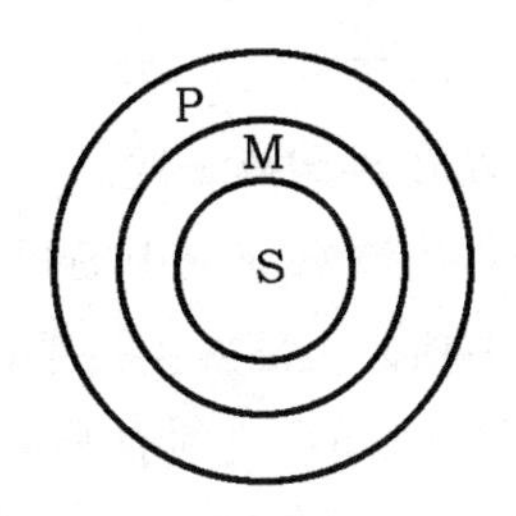

使得其前提为真的图解也使得其结论为真，所以，该三段论是有效的三段论。

(二) 三段论的一般规则

一个三段论要成为有效推理，就必须遵守一些推演规则。推演规则分为一般规则和特殊规则。一般规则是对于三段论的四个格都适用的规则，有以下几条：

规则 1　在一个三段论中，有且只能有三个不同的词项。

这条规则实际上是三段论定义中的应有之义。如前所述，三段论由三个直言命题组成，每个直言命题含有两个词项，即主项和谓项，因而共有六个词项。但由于结论的主项和小前提的一个词项相同，结论的谓项与大前提的一个词项相同，两个前提中还有一个共同的中项，因此不同的词项只能有三个。三段论实际上是通过中项分别与大项和小项发生的关系，从而推导出关于小项与大项之间关系的结论。若没有中项，就失去了连接大项和小项的桥梁或媒介，推不出任何确定的结论来。违反这条规则所犯的逻辑错误叫做“四词项错误”。

明显犯“四词项错误”的情形很少，例如，人们一般不会从“地球是圆的”和“教室是方的”这两个命题推出任何结论来。常见的违反这条规则的情形是：在大、小前提中作为中项的语词看起来是同一个，但却表达着两个不同的概念，因而这个三段论事实上含有四个不同的词项，也就没有连接大项和小项的中项，不能必然地得出结论。例如：

> 莎士比亚戏剧不是一天能读完的，《哈姆雷特》是莎士比亚戏剧，所以，《哈姆雷特》不是一天能读完的。

在这个三段论的前提中，作为中项的“莎士比亚戏剧”有不同的意义，在大前提中是指莎士比亚戏剧的全体，而在小前提中是指莎士比亚的一篇戏剧，实际上表达了两个不同的概念，因而不能起桥梁或媒介作用，不能必然地推导出结论。该三段论犯了“四词项错误”。

规则 2　中项在前提中至少要周延一次。

如前所述，三段论是凭借中项在前提中的桥梁、媒介作用得出结论的，即大项、小项至少有一个与中项的全部发生关系，另一个与中项的部分或者全部发生关系，如此才能保证大、小项之间有某种关系。否则，假如大、小项都只与中项的一部分发生关系，就有可能大项与中项的这个部分发生关系，而小项与中项的另一个部分发生关系，结果是大项和小项之间没有确定的关系，得不出必然的结论来。违反这条规则所犯的逻辑错误称为“中项不周延”。例如：

> 所有的艺术品都有审美价值，有些自然物品具有审美价值，因此，有些自然物品也是艺术品。

在这个三段论中，中项“具有审美价值（的东西）”两次都是作为肯定命题的谓项，因而都是不周延的，违反规则 2，不能必然地得出结论。用欧拉图来表示，使前提为真的欧拉图有可能使结论为假：

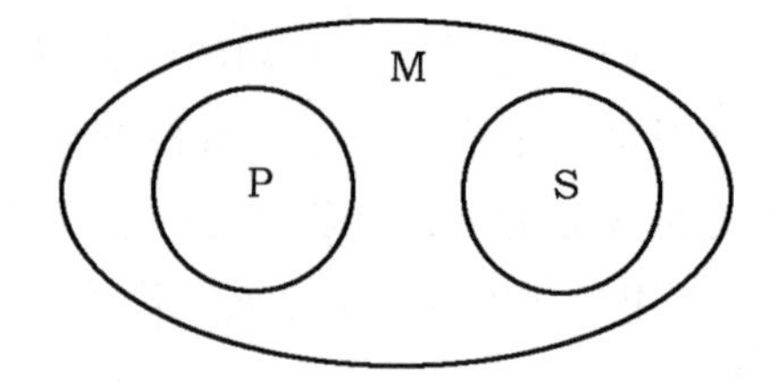

规则 3　在前提中不周延的词项，在结论中不得周延。

三段论是一种演绎推理，其前提的真要保证结论的真，因此结论所断定的就不能超出前提所断定的。具体就周延问题来说，如果一个词项在前提中不周延，但在结论中周延了，即结论所断定的超出了前提所断定的，结论真就不能由前提真来保证，就有可能出现前提真而结论假的情况，整个推理因此就不是有效的。因此，一个三段论要成为有效的，它的在前提中不周延的词项在结论就不能周延。违反这条规则所犯的逻辑错误叫做“周延不当”，具体有“小项周延不当”和“大项周延不当”两种形式。例如：

所有想出国留学的人都要学好外语，我又不想出国留学，所以，我不必学好外语。

在这个三段论推理中，大前提是一个肯定命题，因而大项“要学好外语”在大前提中不周延。但结论是一个否定命题，大项“要学好外语”在结论中周延。因此，这个三段论犯了“大项不当周延”的逻辑错误，无效。

应当注意的是，规则 3 只是说在前提中不周延的项在结论中不得周延，并没有说在前提中周延的项在结论中也必须周延。既然对前提中周延的项没有提出要求，这就意味着：在前提中周延的项，在结论中可以周延，也可以不周延。这两种情形在逻辑上都是允许的，不会导致任何逻辑错误。这是因为，演绎推理不允许结论断定得比前提多，但允许结论断定得比前提少。

规则 4　从两个否定前提推不出任何确定的结论。

如果两个前提都是否定的，这就意味着大项和小项都与中项发生否定性的联系，这样就不能保证大项和小项由于与中项的同一个部分发生关系而彼此之间发生关系，中项起不到连接大、小项的桥梁作用，大项和小项本身就可能处于各种各样的关系之中，从而得不出确定的结论。例如：

所有的基本粒子都不是肉眼能够看见的，
所有的昆虫都不是基本粒子，

所有的昆虫？

这个三段论得不出任何确定的结论。

规则 5

(1)如果两个前提中有一个是否定的，那么结论是否定的；

(2)如果结论是否定的，那么必有一个前提是否定的。

关于(1),如果两个前提中有一个是否定的,根据规则4,另一个前提必须是肯定的,这就意味着:大项和小项中有一个与中项发生肯定性的联系,另一个与中项发生否定性的联系。于是,与中项发生肯定性联系的那一部分和与中项发生否定性联系的那一部分之间的联系,必定是否定性的,所以结论必须是否定的。

关于(2),既然结论是否定的,大项和小项之间发生否定性联系,并且这种联系是通过中项的媒介作用建立起来的,因此这两个词项中必定有一个与中项发生肯定性关联,另一个与中项发生否定性关联。所以,前提必有一个是否定的。

以上五条三段论规则是基本的,并且是足够的,用它们就足以把有效的三段论与无效的三段论区分开来。但为了明确和方便起见,有时还从它们证明、推导出一些规则,例如:

规则6　两个特称前提不能得结论。

证明:我们用反证法,即假设两个特称前提能够得结论,看能否从中推出矛盾或荒谬的结论。若能推出,说明该假设不成立。

设两个特称前提能够得结论,根据规则2,中项在前提中至少周延一次,由于特称命题的主项不周延,肯定命题的谓项不周延,只有否定命题的谓项周延,因此前提中必有一个是否定的。又根据规则5,前提有一个否定结论必否定,因此结论是否定的,结论的谓项即大项周延。再根据规则3,在前提中不周延的项在结论中不得周延,因此大项必须在前提中周延,另一个前提也必须是否定的。而根据规则4,两个否定前提不能得结论。这说明“两个特称前提能够得结论”这个假设不成立,所以,两个特称前提不能得结论。

规则7　如果两个前提中有一个特称,结论必然特称。

证明:我们用分情况证明法。两个前提中有一个特称,另一个必为全称。由于没有告诉我们这两个前提究竟是肯定的还是否定的,这说明它们分别有可能是肯定的,也有可能是否定的。于是,这两个前提有四种可能的组合:AI、AO、EI、EO。我们证明,在这四种情况下,如果能够得结论,只能得出特称的结论。

AI:这两个前提中只有一个周延的项,根据规则2,中项在前提中至少周延一次,因此这个周延的项只能做中项,余下大项和小项在前提中不周延。又根据规则3，它们在结论中必须不周延，小项是结论的主项，只有特称命题的主项不周延，因此，结论必须是特称的。

AO：这两个前提中有两个周延的项，即全称命题的主项和否定命题的谓项，根据规则4，前提有一个否定，结论必否定，因此，大项在结论中周延。又根据规则3，大项在前提中必须周延。再根据规则2，中项在前提中至少周延一次。于是，原来两个周延的项一个做大项，一个做中项，余下小项在前提中不周延，因此，小项在结论中必须不周延，结论只能是特称的。

EI：其情形与AO相同，留给读者。

EO：两个否定前提不能得结论。

（三）三段论的特殊规则

一般规则适用于三段论的各个格，用这些规则就足以把4个格的有效三段论和无效三段论区别开来。但是，在把这些应用于各个格时，由于各个格有自己的特殊情况，就会推演、派生出只适用于本格的特殊规则。由于这些特殊规则的指令更加具体，因此更容易被执行；并且，从一般规则推演出这些特殊规则，也是一项有益的逻辑训练。

第一格规则：

（1）小前提必须肯定。

（2）大前提必须全称。

在证明这些规则之前，有必要先重申一下第一格的形式：中项是大前提的主项，小前提的谓项，即：

```
M ——— P
S ——— M
―――――――――
S ——— P
```

证明：

（1）假设小前提不是肯定，而是否定的，因此结论必须否定，大项在结论中周延；因为大项必须在大前提中周延，因此大前提必须否定；加上原假设小前提否定，有两个否定前提，不能得结论。因此，如果要得结论，小前提不能否定，必须肯定。

（2）既然已经证明小前提必须肯定，于是中项在小前提中不周延，因此它必须在大前提中周延，大前提必须全称。

第二格规则:

(1)两个前提必须有一个否定。

(2)大前提必须全称。

在证明之前,同样有必要先重申一下第二格的形式:中项是大、小前提的谓项,即:

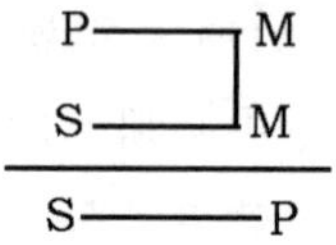

```
P———M
    |
S———M
─────────
S———P
```

证明:

(1)在第二格中,中项是大、小前提的谓项,而中项至少要周延一次,并且只有否定命题的谓项周延,因此两个前提中必须有一个否定。

(2)已经证明两个前提中有一个否定,因此结论必须否定,大项在结论中周延,因此大项必须在前提中周延;而大项是大前提的主项,只有全称命题的主项才周延,因此大前提必须全称。

第三格规则:

(1)小前提必须肯定。

(2)结论必须特称。

根据第三格的形式,中项是大、小前提的主项,即:

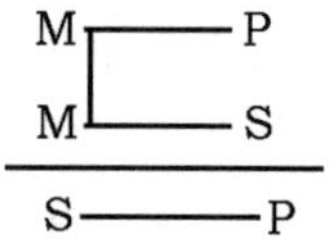

```
M———P
|
M———S
─────────
S———P
```

证明:

(1)在第三格中,中项是大、小前提的主项。假设小前提否定,则结论否定,大项在结论中周延,因此它必须在前提中周延。大项是大前提的谓项,因此大前提必须否定。而两个否定前提不能得结论,因此,小前提不能否定,必须肯定。

(2)既然已经证明小前提必须肯定,小项在前提中就不周延,因此它在结论中就不能周延,而它是结论的主项,所以结论必须是特称的。

第四格规则:

(1)如果大前提肯定,则小前提必须全称。

(2)如果小前提肯定,则结论必须特称。

(3)如果有一个前提否定,则大前提必须全称。

(4)如果大前提特称,则两个前提都必须肯定。

(5)如果小前提特称,则大前提必须否定。

在证明这些规则之前,有必要先重申一下第四格的形式:中项是大前提的谓项,小前提的主项,即:

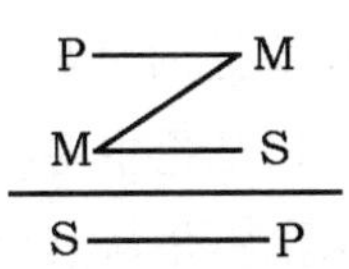

第四格规则(1)—(5)的证明是很容易的事情,我们把它们作为习题留给读者。

前面说过,三段论共有 256 个可能的式,根据如上给出的三段论规则,我们可以把大部分可能的三段论式作为无效式排除掉,例如,当前提的组合是 EE,EO 或 OE 等时,根据"两个否定前提不能得结论"的规则,所有带这种前提的三段论式如 EEA,EEI,EEO,EEE,EOA,EOI,EOO,EOE 等等都不可能是有效的,都应该被排除掉。类似地,当前提的组合为 II,IO 或 OI 时,根据"两个特称前提不能得结论"的规则,所有带这种前提的三段论式如 IIA,IIE,III,IIO,IOA,IOE,IOI,IOO 等等都不是有效的,都应该被排除掉。当然,根据三段论的其他规则,还可以排除掉许多无效的三段论式,最后所剩下的三段论有效式只有 24 个,列表如下:

第一格	AAA,AAI*,AII,EAE,EAO*,EIO
第二格	AEE,AEO*,AOO,EAE,EAO*,EIO
第三格	AAI,AII,EAO,EIO,IAI,OAO
第四格	AAI,AEE,AEO*,EAO,EIO,IAI

其中带星号的叫做"差等式",意思是:在两个前提都是全称的情形下,本来可以得全称结论,却根据差等关系得出了特称结论。不过,差等式也属于 256 个可能的式之列。

(四)用欧拉图判定三段论的有效性

前面说过,欧拉图可以表示任意两个概念之间的外延关系,而直言命题只不过是对两个概念(主项或谓项)之间外延关系的一种断定,因此,可以用欧拉图去表示任一直言命题中主项和谓项之间的外延关系。而组成三段论的三个命题都是直言命题,因此,也可以用欧拉图去表示三段论中各个词项之间的外延关系。由于正确的三段论是一种必然性推理,前提的真足以保证结论的真,这一点表现在三段论图解中,就是:当已经图解两个前提中各词项之间的关系时,若结论中主项和谓项的关系已经被图解出来,那么,这个三段论就是一个有效推理,其前提的真足以保证结论的真;反之,当已经图解作为前提中各词项的关系时,结论中主项和谓项的关系还不确定,有多种不同的可能性,这就表明该结论不是从其前提逻辑地推导出来的,该三段论不是一个有效推理。例如:

以下两题基于下述共同的题干:

所有安徽来京打工人员,都办理了暂住证;所有办理了暂住证的人员,都获得了就业许可证;有些安徽来京打工人员当上了门卫;有些业余武术学校的学员也当上了门卫;所有的业余武术学校的学员都未获得就业许可证。

(1)如果上述断定都是真的,则除了以下哪项,其余的断定也必定是真的?

A. 所有安徽来京打工人员都获得了就业许可证。

B. 没有一个业余武术学校的学员办理了暂住证。

C. 有些安徽来京打工人员是业余武术学校的学员。

D. 有些门卫没有就业许可证。

E. 有些门卫有就业许可证。

(2)以下哪个人的身份,不可能符合上述题干所作的断定?

A. 一个获得了就业许可证的人,但并非是业余武术学校的学员。

B. 一个获得了就业许可证的人,但没有办理暂住证。

C. 一个办理了暂住证的人,但并非是安徽来京打工人员。

D. 一个办理了暂住证的业余武术学校的学员。

E. 一个门卫,他既没有办理暂住证,又不是业余武术学校的学员。

可以用欧拉图把题干中各个词项之间的关系图示如下:

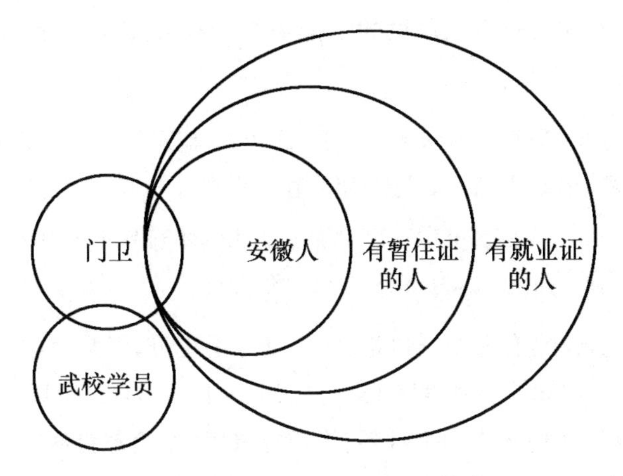

据此可以判定,问题(1)的答案是C,问题(2)的答案是D。又如:

所有杰出的舞蹈演员都是艺术家,有些杰出的画家是艺术家。因此,有些杰出的画家也是杰出的舞蹈演员。

从结构上说,这个三段论的形式是:有些S是M,所有P都是M,所以,有些S也是P。为了判定它是否有效,我们来看其欧拉图的画法,至少有4种不同的画法:

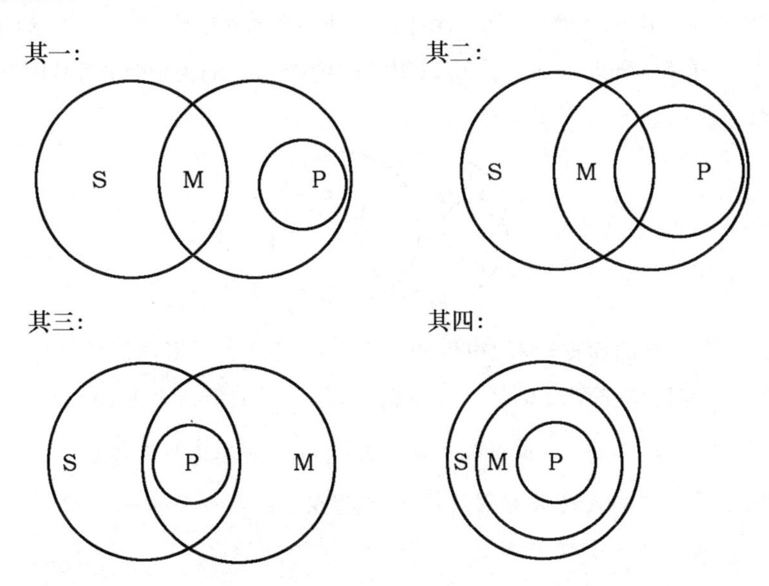

这就说明:当两个前提为真时,结论中的主项S和谓项P可以处于各种不同的关系之中:没有S是P,或者,有些S是P,因此得不出任何确定的结

论,把任一命题作为这个三段论的结论都不具有必然性:当前提真时,该结论却可能为假。再如:

> 鲁迅在《论辩的魂灵》一文中,这样揭露了顽固派的诡辩手法:"你说甲生疮,甲是中国人,就是说中国人生疮了。既然中国人生疮,你是中国人,就是你也生疮了。你既然也生疮,你就和甲一样。而你只说甲生疮,不说你自己,你的话还有什么价值?!"

在诡辩派的论辩中,有两个三段论,一个是:"甲生疮,甲是中国人,所以,(所有)中国人生疮。"这个三段论的形式是:M 是 P,M 是 S,所以,所有 S 都是 P。可以用欧拉图揭示它的无效性:当前提真时,结论却为假。

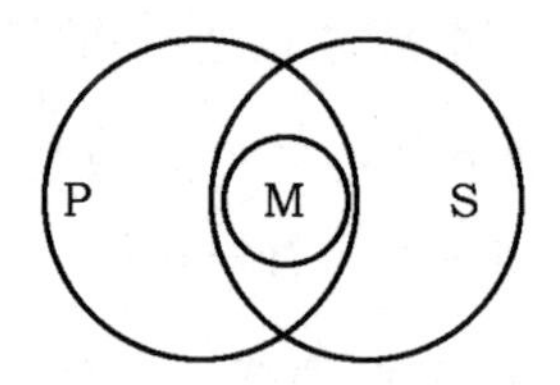

如果诡辩派继续狡辩说:我并没有说"所有中国人生疮",那么他所说的是"有些中国人生疮",上面这个三段论就是正确的。但我们接着看第二个三段论:"(有些)中国人生疮,你是中国人,所以,你也生疮。"其形式是:有些 M 是 P,S 是 M,所以,S 是 P。可以用欧拉图揭示它的无效性:当前提真时,结论可以为假。

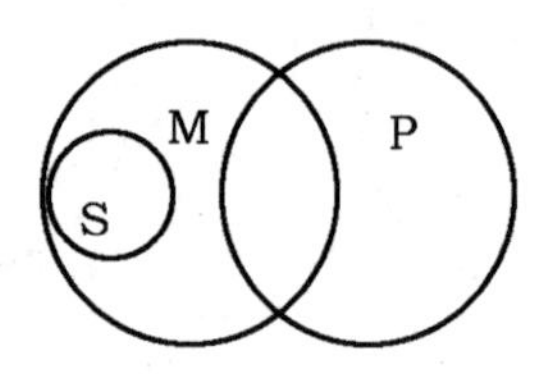

总之,从诡辩派的前提"你说甲生疮",无论如何也推不出他们的结论"你也生疮"来。他们的整个推论是不合逻辑的,是十足的诡辩。又如:

> 有人论证说:凡属中华人民共和国政府管辖的都是中国人,台湾人现在不受中华人民共和国政府管辖,所以,台湾人不是中国人。
>
> 以下哪一个推理凸显了上述推理的荒谬性?
>
> A. 所有技术骨干都刻苦学习,小张是技术骨干,所以,小张是刻苦学习的人。

B. 商品都有使用价值，空气当然有使用价值，所以，空气当然是商品。

C. 所有成功人士都要穿衣吃饭，我现在不是成功人士，所以，我现在不必穿衣吃饭。

D. 犯罪行为都是违法行为，违法行为都应受到社会的谴责，所以，所有犯罪行为都应受到社会谴责。

E. 所有的克里特岛人都说谎，约翰是克里特岛人，所以，约翰说谎。

题干中的论证是一个有如下结构的三段论：

所有的 M 都是 P
所有的 S 都不是 M
所以，所有的 S 都不是 P。

可以用欧拉图验证，这是一个无效的三段论。选项 C 与题干中的推理具有相同的形式，但其前提真而结论假，所以凸显出题干中推理的荒谬性。其他各选项都与题干中的推理结构不同。答案是 C。

（五）三段论的非标准形式

1. 三段论的省略式

在日常思维中，由于某些命题属于交流双方共同的背景知识，故被省略，于是三段论表现为省略形式，常有下述三种省略形式：

(1)省略大前提。例如有人在谈到美国总统克林顿的绯闻时说："克林顿也是人，他也有七情六欲嘛。"他说的这两句话之间实际上有推理关系，而这种推理关系的建立需要补充另外一个大前提："凡是人都有七情六欲。"

(2)省略小前提。例如："大学生的主要任务是学习而不是赚钱，所以你目前的主要任务也是如此，不要本末倒置啊！"这里一眼就可看出，省略的前提是"你是一名大学生"。

(3)省略结论。例如毛泽东说："我们的事业是正义的，而正义的事业是不可战胜的。"显然，省略的是结论："我们的事业是不可战胜的。"从修辞上说，把这个结论省略之后，使那两句话听起来余音缭绕，很有韵味。

但三段论的省略形式可能会出现问题，如被省略的前提实际上是不成立的,或者所使用的推理形式是无效的。在这两种情形下,结论都没有得到强有力的支持。因此,有时需要把省略三段论补充为完整的三段论,然后看其前提真不真,推理过程是否有效。在作这种补充时,往往存在多种选择,这时应该坚持"仁慈原则",即尽可能地把推理者设想为一个正常的、有理性的人,除非故意,他一般不会使用虚假的前提,一般不会进行无效的推理。作这种补充的具体程序和方法是:

(1)查看究竟省略的是什么,是前提还是结论?通过考虑两个命题之间是并列关系还是推出关系,可以弄清楚这一点。

(2)如果省略的是前提,确定省略的是大前提还是小前提:含结论主项的是小前提,含结论谓项的是大前提。

(3)如果省略的是大前提,把结论的谓项(大项)与中项相连接,得到大前提;如果省略的是小前提,则把结论的主项(小项)与中项相连接,得到小前提。

(4)如果省略的是结论,把小项与大项相连接,得到结论。

做了所有这些工作之后,再来看被省略的前提是否真实,推理过程是否正确。

> 有些导演留大胡子,因此,有些留大胡子的人是大嗓门。
>
> 为使上述推理成立,必须补充以下哪项作为前提?
>
> A. 有些导演是大嗓门。
>
> B. 所有大嗓门的人都是导演。
>
> C. 所有导演都是大嗓门。
>
> D. 有些大嗓门的不是导演。
>
> E. 有些导演不是大嗓门。

如果补充A或D或E到题干,所构成的三段论的两个前提都是特称的,根据规则6,都推不出结论;如果补充B到题干,所构成的三段论犯了"中项两次不周延"的错误。而如果补充C到题干,得到的三段论是:

> 所有导演都是大嗓门,
>
> 有些导演留大胡子,
>
> 所以,有些留大胡子的是大嗓门。

这是有效三段论。所以,正确的答案是 C。

2. 带证式三段论

在一个三段论中,其两个前提或其中之一可能本身还带有一个省略的三段论,该前提是该省略三段论的结论。例如:

所有哲学系的学生都必须学习逻辑学,因为思维严格、清晰对于搞哲学来说是十分重要的;所有哲学系的学生都是文科学生,所以,有些文科学生必须学习逻辑学。

这里,大前提本身带有一个证明,即一个省略的三段论,大前提就是这个省略三段论的结论,并且后者不太标准。经过整理和补充,这个省略三段论的完整形式是:

所有特别有助于训练严格与清晰思维的课程都是哲学系学生必须学习的,

逻辑学是特别有助于训练思维的严格与清晰的课程,

所以,逻辑学是哲学系学生必须学习的课程。

3. 复合式三段论

一连串三段论的复合,其中前一个三段论的结论构成后一个三段论的前提。例如:

所有音乐家都是演艺人员,

所有低音歌手都是音乐家,

所以,所有低音歌手都是演艺人员。

有些主唱是低音歌手,

所以,有些主唱是演艺人员。

没有火箭科学家是演艺人员,

所以,有些主唱不是火箭科学家。

4. 连锁三段论

把复合三段论的一系列中间结论都省略掉,只保留最后一个总结论,则构成连锁三段论。例如:

所有动物都是生物,

所有昆虫都是动物，

所有蜜蜂都是昆虫，

所以，所有蜜蜂都是生物。

据称，德国哲学家和逻辑学家莱布尼茨论证“人类灵魂不灭”时，就运用了包含下述 10 个前提的连锁三段论：

(1)人类灵魂是其活动是思维的东西；

(2)其活动是思维的东西是其活动被直接领悟而不需要关于其部分的任何表象的东西；

(3)其活动被直接领悟而不需要关于其部分的任何表象的东西是其活动不包含任何部分的东西；

(4)其活动不包含任何部分的东西是其活动不是运动的东西；

(5)其活动不是运动的东西就不是肉体；

(6)不是肉体的东西就不占空间；

(7)不占空间的东西就不受运动的影响；

(8)不受运动影响的东西就不分解，因为分解就是部分的运动；

(9)不分解的东西就不朽腐；

(10)不朽腐的东西就永恒不灭。

所以，人类灵魂永恒不灭。

这个推理带有 10 个前提，并且其中一个前提还带有省略的证明。不过，从形式上看，应该承认这个连锁推理是有效的，问题在于这 10 个前提是否都真实？如果有些前提不真实，究竟是哪些前提不真实？为什么？回答这些问题，是一项相当艰巨的任务，还是留给读者自己去思考吧。

第六讲

“有的投票人赞成所有的候选人”

——量化命题及其推理

命题逻辑只处理复合命题之间的推理关系，词项逻辑只处理直言命题（即性质命题）之间的推理关系，它们都不能处理如下的关系命题及其相互之间的推理关系：

(1) 就年龄而言，郭勇大于王勇，王勇大于齐勇，所以，郭勇大于齐勇。

(2) 有的自然数小于等于所有的自然数，所以，所有的自然数都有自然数小于等于它。

也不能处理如下的量词内部含联结词结构的命题及其推理：

任何人要么是男人要么是女人，齐燕是一位女人，所以，齐燕不是一位男人。

因此，我们需要另外的分析命题和推理的方法，即把命题或推理分析为包含个体词、谓词、量词和联结词等成分，以便能够刻画关系命题及其推理，以及量词里面含联结词结构的命题及其推理。这就是谓词逻辑所要做的事情。本讲将要讲授谓词逻辑的最基本的内容。

一　个体词、谓词、量词和公式

与词项逻辑一样，谓词逻辑也要深入到一个简单命题的内部，把该命题拆分为不同的部分；但它不是像词项逻辑那样，对一个简单命题作主谓式分析，即将其拆分为主项、谓项、联项、量项，而是把该命题拆分为个体词、谓词、量词，当然还要加上联结词。

个体词包括个体变项和个体常项。个体变项使用小写字母 x，y，z 等等，它们表示某个特定的范围内的某个不确定的对象。个体常项使用小写字母 a，b，c 等等，它们表示某个特定范围内的某个确定的对象。这里所说的“某个特定的范围”，用更专门的术语来说，叫做“论域”或“个体域”，即由一定对象所组成的类或者集合，论域规定了个体变项的取值范围，因此也叫做个体变项的“值域”。论域一般是“全域”，即由世界上所有现实事物所组成的集合。在有特殊需要时，论域也可以不是全域，而是满足一定条件的事物构成的集合，例如“人的集合”“自然数的集合”。在给定论域之后，个体常项指称论域中某个特定的对象，随论域的不同，这些对象可以是 2、3、黄山、黄河、蒋介石；个体变项 x，y，z 则表示论域中某个不确定的个体，随论域的不同，它们的值也有所不同。例如，如果论域是全域，个体变项 x 就表示某个事物；如果论域是“人的集合”，则个体变项 x 就表示某个人；如果论域是“自然数的集合”，则个体变项 x 就表示某个自然数。

谓词符号使用大写字母 F，G，R，S 等等，经过解释之后，它们表示论域中个体的性质和个体之间的关系。一个谓词符号后面跟有写在一对括号内、用逗号隔开的、适当数目的个体词，就形成最基本的公式，叫做“原子公式”，例如 F(x)，R(x，y)，S(x，a，y)。一个谓词符号后面跟有一个个体词，则它是一个一元谓词符号。一元谓词符号经过解释之后，表示论域中个体的性质。如果一个谓词符号后面跟有两个个体词，则它是一个二元谓词符号。依此类推，后面跟有 n 个个体词的谓词符号，就是 n 元谓词符号。二元以上的谓词符号，经过解释之后，表示论域中个体之间的关系。例如，若以自然数集为论域，令 a 为自然数 5，R 表示“小于”，S 表示“…－…＝…”，那么，R(x，y)是说“x 小于 y”，S(x，a，y)是说“x－1＝y”。

量词包括全称量词∀和存在量词∃，它们可以加在如上所述的原子公式前面，形成所谓的“量化公式”，例如：

∀xF(x)，读作“对于所有 x，x 是 F”。

∃xF(x)，读作“存在 x，x 是 F”。

原子公式和量化公式还可以用命题联结词连接起来，形成更复杂的公式，例如：

$\forall x(F(x)\to G(x))$

$\exists x\forall y(F(x)\land R(x,y))$

$S(x,a,y)\to\forall x(\neg F(x)\leftrightarrow S(x,a,y))$。

至此,我们可以把上面所说的东西正式陈述如下:

(Ⅰ)谓词逻辑的符号

(i)个体变项:x,y,z……

(ii)个体常项:a,b,c……

(iii)谓词符号:F,G,R,S……

(iv)量词:$\forall$(全称量词),$\exists$(存在量词)

(v)联结词:$\neg$,$\land$,$\lor$,$\to$,$\leftrightarrow$

(vi)辅助性符号:逗号“,”,左括号“(”,右括号“)”。

(Ⅱ)谓词逻辑的公式

(i)一个谓词符号F,后面跟有写在一对括号内、用逗号隔开的、适当数目的个体变项x,y,z或个体常项a,b,c等,是原子公式。

(ii)如果A是公式,则$\neg A$是公式。

(iii)如果A和B都是公式,则$A\land B$,$A\lor B$,$A\to B$,$A\leftrightarrow B$是公式。

(iv)如果A是公式,则$\forall xA$,$\exists xA$是公式。

(v)只有按以上方式形成的符号串是公式。

量词有其管辖的范围,称为“辖域”。如果量词后面无括号,则该量词后面最短的公式,就是该量词的辖域;如果量词后面有括号,则处于括号内的公式构成该量词的辖域。例如,在$\forall x(F(x)\to G(x))$中,全称量词$\forall x$的辖域是$(F(x)\to G(x))$;在$\exists x\forall y(F(x)\land R(x,y))$中,存在量词$\exists x$的辖域是$\forall y(F(x)\land R(x,y))$,全称量词$\forall y$的辖域是$(F(x)\land R(x,y))$;在$S(x,a,y)\to\forall x(\neg F(x)\leftrightarrow S(x,a,y))$中,全称量词$\forall x$的辖域是$(\neg F(x)\leftrightarrow S(x,a,y))$,$S(x,a,y)$不在它的辖域之内。

有必要区分“一个公式中所出现的变项”和“一个变项在一个公式中的出现”。例如在$\exists x(T(x)\land\forall y(H(y)\to Z(x,y)))$中,总共出现了两个不同的个体变项x和y,但x出现了三次,y也出现了三次。一个变项的某一次出现,如果处于量词$\forall x$或$\exists x$的辖域之内,则称该变项的这一次出现是

"约束出现",否则叫做"自由出现"。例如,在$\forall x(F(x)\rightarrow G(x))$中,x 的出现都是约束出现;在$\exists x\forall y(F(x)\wedge R(x,y))$中,x 和 y 的出现也都是约束变项;但在$S(x,a,y)\rightarrow\forall x(\neg F(x)\leftrightarrow S(x,a,y))$中,x 和 y 在$S(x,a,y)$中的出现不被任何量词所约束,是自由出现;在$\forall x(\neg F(x)\leftrightarrow S(x,a,y))$中,x 是约束出现,y 是自由出现。一个变项,如果在一个公式中有约束出现,则称它是"约束变项";如果在一个公式中有自由出现,则称它是"自由变项"。显然,在一个公式中,一个个体变项可以既是约束变项又是自由变项。

一个含有至少一个自由变项的公式,叫做"开公式",例如$F(x)$,$\exists xR(x,y)$。开公式的意义不确定,因而没有确定的真假。一个不含任何自由变项的公式,叫做"闭公式",例如$G(a)$,$\exists x\forall yR(x,y)$。在给定论域之后,闭公式有确定的意义,因而也有确定的真假。

二 自然语言中量化命题的符号化

有了上面的符号工具之后,我们可以把自然语言中任意复杂度的性质命题和关系命题符号化,变成谓词逻辑中的公式。

(一) 直言命题的符号化

与词项逻辑对直言命题作主谓式分析不同,谓词逻辑把直言命题形式上的主词和谓词都变成谓词,另外找出了逻辑主词,即个体变项 x,y,z 等。下面讨论六种直言命题的符号化,不限定论域,即论域为全域——由世界上所有现实事物所构成的集合。

1. 全称的直言命题应符号化为一个全称蕴涵式。

例如,SAP 应该符号化为:

$$\forall x(S(x)\rightarrow P(x))$$

读作:"对于任一 x 而言,如果 x 是 S,则 x 是 P。"例如,令 SAP 为"所有北大学生都是聪明的",并用 S 表示"北大学生",用 P 表示"聪明的",则该句子符号化为相应的公式后,其意思是:"对于任一 x 而言,如果 x 是北大学生,则 x 是聪明的。"这正是"所有北大学生都是聪明的"的原意。

类似地,SEP 应符号化为:

$$\forall x(S(x)\rightarrow \neg P(x))$$

读作:“对于任一 x 而言,如果 x 是 S,则 x 不是 P。”例如,当把“所有的负数都不是自然数”符号化为相应的公式后,其意思是:“对于任一 x 而言,如果 x 是负数,则 x 不是自然数。”

注意,不能把 SAP 符号化为 $\forall x(S(x)\wedge P(x))$,因为当论域为全域时,此公式表示全域内的所有事物都是 S 并且都是 P。若把 S 和 P 分别理解为“北大学生”和“聪明的”,则此公式表示论域中所有的东西都是北大学生,并且都是聪明的。这是一个明显为假的命题,因为桌子、椅子都在论域之内,但它们既不是北大学生,也不是聪明的。同样的道理,也不能把 SEP 符号化为 $\forall x(S(x)\wedge \neg P(x))$。

2. 特称的直言命题应符号化为存在合取式。

例如,SIP 应该符号化为:

$$\exists x(S(x)\wedge P(x))$$

读作:“存在着这样的 x,使得 x 是 S 并且 x 是 P。”例如,当“有的天鹅是白色的”变成相应的公式后,其意思是:“存在着这样的 x,使得 x 是天鹅并且 x 是白色的。”这正是“有的天鹅是白色的”的原意。

类似地,SOP 应该符号化为:

$$\exists x(S(x)\wedge \neg P(x))$$

读作:“存在着这样的 x,使得 x 是 S 但 x 不是 P。”例如,当把“有些哺乳动物不是胎生的”变成相应的公式后,它的意思是:“存在着这样的 x, x 是哺乳动物,但 x 不是胎生的。”

注意,特称命题不能符号化为存在蕴涵式。例如,SIP 不能符号化为:

$$\exists x(S(x)\rightarrow P(x))$$

因为若可以这样符号化的话,有可能使明显为假的句子成为真的。令 SIP 为“有些长 8 个脑袋的人是聪明的”,这是一个明显为假的命题。若令 S 表示“长 8 个脑袋的人”,P 表示“聪明的”,假设该命题的谓词逻辑公式是 $\exists x(S(x)\rightarrow P(x))$,后者逻辑等值于 $\exists x(\neg S(x)\vee P(x))$,而这个公式是说:“存在着这样的 x,或者 x 没有长 8 个脑袋的人,或者 x 是聪明的。”这是一个真公式！因为全域中显然有个体是没有长8个脑袋的人，例如马，也有个体是聪明的，例如爱因斯坦。

3. 单称的直言命题应符号化为原子公式。

例如，“《红楼梦》是一部中国文学经典”可以符号化为：

$$F(a)$$

读作“a是F”，这里“a”代表《红楼梦》，“F”代表“一部中国文学经典”。

又如，“克林顿不是美国历史上最伟大的总统”可以符号化为：

$$\neg G(b)$$

读作“b不是G”，这里“b”代表克林顿，“G”代表“美国历史上最伟大的总统”。

有时候，我们也在一个特定的范围内讨论问题，例如数学家在建构自然数算术理论时，他所谈论的都是自然数，这时他就没有必要把论域设定为全域，而只需要把它设定为“自然数的集合”。人类学家在建构关于人的理论时，他所谈论的都是人，这时也只需要把论域设定为“人的集合”。在这种情况下，个体变项就自动表示该特定论域中的某个不确定的对象，个体常项则表示该特定论域中的某个特定的对象，这样，相应的符号公式就可以简化。例如，当论域为“自然数集”时：

> “所有的自然数都是整数”应符号化为$\forall xS(x)$，这里S代表“整数”；
>
> “所有的自然数都不是负数”应符号化为$\forall x\neg P(x)$，这里P代表“负数”；
>
> “有些自然数是奇数”应符号化为$\exists xF(x)$，这里F代表“奇数”；
>
> “有些自然数不是偶数”应符号化为$\exists x\neg G(x)$，这里G代表“偶数”；
>
> “3是一个素数”应符号化为$H(a)$，这里a表示自然数3，H代表“素数”；
>
> “133不是一个能被3整除的数”应符号化为$\neg H(b)$，这里b表示自然数133，H代表“能被3整除的数”。

当论域限定为某个特定论域时，有关命题的谓词逻辑公式要简单得多。不过，这种情况不具有一般性，除非特别说明，我们一般不限定论域，一律取全域为论域。

(二) 关系命题的符号化

关系命题是断定对象之间具有某种关系的命题。例如：

(1)关公战秦琼。

(2)$(x+y)^2=x^2+y^2+2xy$

(3)约翰把一朵漂亮的玫瑰花献给了玛丽。

都是关系命题。

关系命题至少包括两个要素：个体词、关系谓词。个体词是表示具有某种关系的对象的语词，如上面例子中的“关公”“秦琼”“x”“y”“约翰”“玛丽”“玫瑰花”等。关系谓词是表示对象之间所具有的关系的语词，如“战”“=”“把……献给……”等。发生在两个对象之间的关系叫做“二元关系”，依此类推，发生在 n 个对象之间的关系叫做“n 元关系”。例如，在上面的例子中，“战”和“=”都是二元关系，“把……献给”是三元关系。上述三个命题可以分别符号化为：

(1)$F(a,b)$

(2)$I(x,y)$

(3)$G(a,x,b)$

显然，个体变项和个体常项的次序在这里是十分重要的，$R(a,b)$表示 a 与 b 有 R 关系，而 $R(b,a)$则表示 b 与 a 有 R 关系，这两者的不同常常就像“$2<3$”和“$3<2$”的不同一样。

有些关系命题带有量词，量词表示具有某种关系的对象的数量和范围，如“有些”和“所有”等。例如：

(1)牛郎不爱有些爱织女的男人。

(2)织女爱每一个爱牛郎的人。

(3)有的投票人赞成所有的候选人。

它们可以分别符号化为：

(1)$\exists x(M(x)\wedge L(x,a)\wedge\neg L(b,x))$

(2)$\forall x(P(x)\wedge L(x,b)\rightarrow L(a,x))$

(3)$\exists x(T(x)\wedge\forall y(H(y)\rightarrow Z(x,y)))$

(1)读作:“存在这样的 x,使得 x 是男人,并且 x 爱 a(织女),但 b(牛郎)不爱 x。”(2)读作:“对于任一 x 而言,如果 x 是人并且 x 爱 b(牛郎),则 a(织女)爱 x。”(3)读作:“存在这样的 x,使得 x 是投票人,并且对于任一 y,若 y 是候选人,则 x 赞成 y。”

(三) 关系推理的符号化

把一个推理符号化,也就是分别把推理的前提和结论符号化。例如:

> 所有的人都是有理性的,有些美国人是人,所以,有些美国人是有理性的。

使用谓词逻辑的工具,可以把这个推理符号化为:

$$\forall x(M(x)\rightarrow R(x))\cdot \exists x(A(x)\wedge M(x))/\therefore \exists x(A(x)\wedge R(x))$$

所谓关系推理,就是以关系命题作前提和结论的推理。例如:

> (1)有的投票人赞成所有的候选人,所以,所有的候选人都有人赞成。
>
> (2)如果任何一条鱼都比任何一条比它小的鱼游得快,那么,有一条最大的鱼就有一条游得最快的鱼。

使用谓词逻辑的工具,可以把这两个推理符号化为:

(1) $\exists x(T(x)\wedge \forall y(H(y)\rightarrow Z(x,y)))/\therefore \forall y(H(y)\rightarrow \exists x(T(x)\wedge Z(x,y)))$

(2) $\forall x\forall y(F(x)\wedge F(y)\wedge D(x,y)\rightarrow K(x,y))/\therefore$

$(\exists x(F(x)\wedge \forall y(F(y)\rightarrow D(x,y)))\rightarrow \exists x(F(x)\wedge \forall y(F(y)\rightarrow K(x,y))))$

由此可见,谓词逻辑的符号表达能力是足够强的,它不仅能够表达所有的性质命题,而且能够表达所有的关系命题,以及性质命题与关系命题相结合的推理。再如:

> 没有一个华盛顿的追随者喜爱任何独裁者,任何华盛顿的追随者喜爱至少一个林肯的追随者,并且华盛顿确实有追随者,所以,有的林肯的追随者不是独裁者。

其符号化形式是：

$$\forall x(H(x)\to\forall y(D(y)\to\neg L(x,y))),\ \forall x(H(x)\to\exists y(K(y)\wedge L(x,y))),\ \exists xH(x)/\therefore\exists x(K(x)\wedge\neg D(x))$$

为了验证一个推理是否有效，也可以把该推理转化为一个蕴涵式，只要把该推理的前提合取起来作为蕴涵式的前件，把结论作为蕴涵式的后件，得到一个前提蕴涵结论的蕴涵式。该推理是有效的，当且仅当，该蕴涵式是一个永远为真的公式。

(四) 二元关系的逻辑性质和排序问题

不同的关系有不同的逻辑性质。这里主要考虑二元关系的逻辑性质，即关系的自返性、对称性和传递性：

一关系 R 是自返的，当且仅当，对任一 x 而言，x 与它自身有 R 关系，即：

$$\forall xR(x,x)$$

为简便起见，我们这里把所有不满足这一条件的关系都叫做“非自返关系”。例如，“等于”“与……同一”是自返关系，而“大于”“小于”“欣赏”“战胜”“知道”是非自返关系。

一关系 R 是对称的，当且仅当，对任一 x 和 y 而言，如果 R(x,y)，则 R(y,x)。即：

$$\forall x\forall y(R(x,y)\to R(y,x))$$

也就是说，R 关系是对称的，当且仅当，如果第一个对象与第二个对象有 R 关系，则第二个对象与第一个对象也有 R 关系。这里把所有不满足这一条件的叫做“非对称关系”。例如，“等于”“同学”“相邻”“接壤”是对称关系，而“爱”“认识”“相信”“尊敬”“大于”“小于”是非对称关系。从“红霞爱阳光”绝对推不出“阳光爱红霞”，因为“爱”是不对称关系。也正因为如此，才演绎出那么多悲欢离合的故事，才产生出像《罗密欧与朱丽叶》《红楼梦》这样的文学经典，也使得“爱”是一件值得去追求和值得去珍惜的事情。在这个意义上，也许我们应该感谢“爱”的不对称性。

一关系 R 是传递的，当且仅当，对任一 x、y 和 z 而言，如果 R(x,y)并且

R(y,z),则 R(x,z),即:

$$\forall x \forall y \forall z(R(x,y) \land R(y,z) \rightarrow R(x,z))$$

也就是说,关系 R 是传递的,当且仅当,如果第一个对象与第二个对象有 R 关系,并且第二个对象与第三个对象也有 R 关系,则第一个对象与第三个对象也具有 R 关系。例如,“大于”“小于”“在……之前”“在……之后”是传递关系。我们把所有不满足这一条件的关系都叫做“非传递关系”,例如“朋友”“认识”“爱”“战胜”“父子”。

如果根据一个关系,能够在对象之间排出某种次序来,每个对象在这种次序中有一个唯一确定的位置,这样的关系叫做“偏序关系”,它必定满足非自返性、非对称性和传递性。例如,“大于”“小于”“快于”“在……之前”“在……之后”“在……北边”等等,都是偏序关系。

甲和乙任何一人都比丙、丁高。

如果上述为真,再加上以下哪项,则可得出“戊比丁高”的结论?

A. 戊比甲矮。

B. 乙比甲高。

C. 乙比甲矮。

D. 戊比丙高。

E. 戊比乙高。

解析:“比……高”是一传递关系,要得到“戊比丁高”的结论,就需要戊比某个人高,而这个人又比丁高,符合条件的只有选项 E“戊比乙高”,由题干知道,乙比丁高,最后得到戊比丁高。因此,正确的选项是 E。

有四个外表看起来没有分别的小球,它们的重量可能有所不同。取一个天平,将甲、乙归为一组,丙、丁归为另一组,分别放在天平两边,天平是基本平衡的。将乙、丁对调一下,甲、丁一边明显要比乙、丙一边重得多。可奇怪的是,我们在天平一边放上甲、丙,而另一边刚放上乙,还没有来得及放上丁时,天平就压向了乙一边。

请你判断,这四个球由重到轻的顺序是什么?

A. 丁、乙、甲、丙。

B. 丁、乙、丙、甲。

C. 乙、丙、丁、甲。

D. 乙、甲、丁、丙。

E. 乙、丁、甲、丙。

解析:从题干可以得到三个关系命题:甲乙=丙丁,甲丁>丙乙,乙>甲丙。由“甲乙=丙丁”和“甲丁>丙乙”,可以得到“丁>乙”;由“甲乙=丙丁”和新推出的“丁>乙”,又可以得到“甲>丙”;再加上“乙>甲丙”,就可排出它们四者之间由重到轻的顺序:丁、乙、甲、丙。因此,正确答案是A。

某学术会议正举行分组会议。某一组有8个人出席。分组会议主席问大家原来各自认识与否。结果是全组中仅有一个人认识小组中的三个人,有三个人认识小组中的两个人,有四个人认识小组中的一个人。

若以上统计属实,则最能得出以下哪项结论?

A. 会议主席认识小组中的人最多,其他的人相互认识的少。

B. 此类学术会议是第一次举行,大家都是生面孔。

C. 有些成员所说的认识可能仅是电视上或报告会上见过而已。

D. 虽然会议成员原来的熟人不多,但原来认识的都是至交。

E. 通过这次会议,小组成员都相互认识了,以后见面就能直呼其名了。

解析:从题干中的统计数字可以知道:统计中所说的“认识”是不对称的,至少有些人不是相互认识,而只是单向认识,即一个人认识另一个人,后者却不认识前者。最容易造成这种情况的是选项C。从题干中得不出选项A、B、D;选项E也不一定成立,因为假设会议只有一两天,有人又不爱发言,以后见面仍可能不能直呼其名。因此,正确答案是C。

三　模型和赋值普遍有效式

前面给出了谓词逻辑的符号和公式,下面对这些符号和公式进行解释,赋予它们以意义和真假。这是通过模型和赋值来实现的。

谓词逻辑语言的一个模型U(亦称“解释”)包括下列因素:

(Ⅰ)个体域D,即由具有一定性质的个体所构成的集合。当给定个体域之后，全称量词 ∀x 表示个体域中的所有个体，存在量词 ∃x 表示个体域中的有些个体。这就是说，全称量词、存在量词和约束个体变项的意义都确定了。

（Ⅱ）个体常项在个体域 D 中的值，即个体常项表示个体域中的某个特定个体。

（Ⅲ）谓词符号在个体域 D 上的解释，即表示个体域中个体的性质或个体之间的关系。

如前所述，谓词逻辑的一个闭公式只含有这样一些成分，因此，当给定模型 U 后，闭公式的意义就确定了，因而其真假也就确定了。例如，令个体域为自然数集合{1,2,3……}，个体常项 a 表示自然数“1”，F 表示“偶数”，R 表示自然数集上的“小于关系”，S 表示自然数集上的复合关系“…×…=…”。于是：

F(a)表示“1 是一个偶数”，是一个假命题；

∀x∃yR(x,y)表示“对于任一自然数，都可以找到另一个自然数，前者比后者小”，也就是说，没有最大的自然数，这是一个真命题；

∀xS(x,a,x)表示“任一自然数与 1 相乘都等于该自然数本身”，这是一个真命题。

但是，当一个公式中含有自由变项，即该公式本身是一个开公式时，它的意义尚不确定，因而其真假也不确定。例如，∃yR(y,x)表示有的自然数小于某个自然数。究竟小于哪个自然数呢？这一点尚不确定。为了确定该公式的真值，必须先确定该自由变项究竟指哪个自然数。这是通过指派（记为 ρ）来确定的。ρ 一次给谓词逻辑语言中的所有自由变项指派个体域中的个体，但在一个具体的公式中只用到该指派的一部分，令自由变项 x,z 的指派值（记为 ρ(x),ρ(z)）分别是 1 和 5，则：

∃yR(y,x)是说：有的自然数小于 1，这是一个假命题；

∃yR(y,z)是说：有的自然数小于 5，这是一个真命题。

当给定指派之后，含自由变项的开公式也有了确定的意义，因而也有了确定的真假。于是，在模型 U 和指派 ρ 之下，谓词逻辑的所有公式都有了确定的意义，也有了确定的真假。也就是说，谓词逻辑的语言得到了确定的解释。通常把一个模型 U 和模型 U 上的一个指派合称为一个赋值，记为 $\sigma=\langle U,\rho\rangle$。

一次指派要给谓词逻辑语言中的所有自由变项同时做指派，即使变动其中一个自由变项的指派，也会得到一个新的指派。显然，对于自由变项 x，y，z……的指派不止一种，例如 ρ_1 给 x 指派自然数 1，给 y 指派自然数 2，给 z 指派自然数 3；而 ρ_2 给 x 指派自然数 5，给 y 指派自然数 6，给 z 指派自然数 7，如此等等。不同指派的数目甚至可以无穷多。由于赋值 $\sigma=\langle U,\rho\rangle$，因而有多少个不同的指派 ρ，就会派生出多少个不同的赋值 σ。

> 如果一个谓词逻辑的公式，对于任何一个赋值它都为真，则称该公式为普遍有效式。普遍有效式是谓词逻辑的规律，谓词逻辑就是要找出所有的普遍有效式。
>
> 如果一个谓词逻辑的公式，对于任何一个赋值它都为假，则称该公式是一个不可满足式。不可满足式是谓词逻辑中的逻辑矛盾，是谓词逻辑力图排除的东西。
>
> 如果一个谓词逻辑的公式，对于有些赋值为真，对于有些赋值为假，则称该公式是可满足式，但非普遍有效式。

例如，下述公式都是谓词逻辑的普遍有效式，都是谓词逻辑的规律，可以用作有效推理的根据：

(1) $\forall xF(x)\rightarrow F(y)$

这是从一般到个别的推理：论域中所有个体是 F，蕴涵着论域中某个个体是 F。

(2) $F(y)\rightarrow\exists xF(x)$

这是从个别到存在的推理：论域中某个个体是 F，蕴涵着论域中有的个体是 F。

(3) $\forall x(F(x)\vee\neg F(x))$

这是排中律在谓词逻辑中的表现形式：论域中的任一个体或者是 F 或者不是 F。

(4) $\neg\exists x(F(x)\wedge\neg F(x))$

这是矛盾律在谓词逻辑中的表现形式：论域中不存在个体既是 F 又不是 F。

(5) $\forall xF(x)\leftrightarrow\neg\exists x\neg F(x)$

这表明全称量词可以用存在量词来定义：所有 x 是 F，可以定义为并非有些 x 不是 F。

(6) $\exists xF(x)\leftrightarrow\neg\forall x\neg F(x)$

这表明存在量词可以用全称量词来定义：有些 x 是 F，等于说，并非所有 x 都不是 F。

(7) $\forall x(F(x)\rightarrow G(x))\rightarrow(\forall xF(x)\rightarrow\forall xG(x))$

这是全称量词对于蕴涵的分配律：如果对任一的 x 而言，F(x)蕴涵着 G(x)，则可以推知：$\forall xF(x)$蕴涵着$\forall xG(x)$。

(8) $\forall x(F(x)\wedge G(x))\leftrightarrow(\forall xF(x)\wedge\forall xG(x))$

这是全称量词对于合取的分配律：如果对任一的 x 而言，F(x)并且 G(x)，则可以推知：$\forall xF(x)$并且$\forall xG(x)$。

(9) $\exists x(F(x)\vee G(x))\leftrightarrow(\exists xF(x)\vee\exists xG(x))$

这是存在量词对于析取的分配律：如果对任一的 x 而言，F(x)或者 G(x)，则可以推知：$\exists xF(x)$或者$\exists xG(x)$。

(10) $\exists x\forall yR(x,y)\rightarrow\forall y\exists xR(x,y)$

这是存在量词与全称量词的交换律：如果有的 x 与所有的 y 有 R 关系，那么，所有的 y 与有的 x 有 R 关系。例如，如果有的自然数小于等于所有的自然数(即有最小的自然数)，那么，所有的自然数都大于等于它。但(10)的逆公式不成立：例如，如果所有的自然数都有它比其小的自然数的话(即没有最大的自然数，真命题)，推不出：至少有一个自然数，所有的自然数都小于它(即有最大的自然数，假命题)。前件真后件假，所以(10)的逆公式为假。

四　非普遍有效性的解释方法

一般性地去判定任一谓词逻辑公式是否普遍有效，这是非常困难的。但是，要证明这样一个公式是不普遍有效的，或者不是不可满足的，即可满足的，相比之下却要简单得多。这与谓词逻辑公式的解释相关，亦称“解释方法”或“模型方法”。

例 1　证明$\forall x\exists yR(x,y)\rightarrow\exists y\forall xR(x,y)$不是普遍有效的。

实际上，这是要求为该公式找一个反模型，在该模型中此公式为假。由于它是一个蕴涵式，这就要求它的前件真而后件假。满足这一要求的模型是：

个体域：自然数集合。

谓词 R 的解释：自然数集合上的小于关系。

在这一模型中，$\forall x \exists y R(x, y)$说的是“对于任一自然数，都可以找到大于它的另外一个自然数”，这等于说“没有最大的自然数”，是一个真命题；而$\exists y \forall x R(x, y)$说的是“存在一个自然数，它大于任意一个自然数”，这等于说“有一个最大的自然数”，是一个假命题。前件真而结论假，所以整个公式是无效的。

例 2　证明$\exists x(B(x) \wedge \neg C(x)) \wedge \forall x(D(x) \rightarrow \neg C(x)) \rightarrow \forall x(D(x) \rightarrow B(x))$不是普遍有效的。

满足要求的模型是：

个体域：人的集合。

$B(x)$表示：x 是富人；

$C(x)$表示：x 是亿万富翁；

相应地，$\neg C(x)$表示：x 不是亿万富翁；

$D(x)$表示：x 是穷人。

根据这一模型，$\exists x(B(x) \wedge \neg C(x))$说的是“有的富人不是亿万富翁”，是真命题；$\forall x(D(x) \rightarrow \neg C(x))$说的是“所有穷人都不是亿万富翁”，是真命题；于是，$\exists x(B(x) \wedge \neg C(x)) \wedge \forall x(D(x) \rightarrow \neg C(x))$也是真命题；而$\forall x(D(x) \rightarrow B(x))$说的是“所有穷人都是富人”，是一个假命题。前件真而结论假，所以，整个公式为假，不是普遍有效的。

证明某个公式不可满足，实际上相当于证明该公式的否定普遍有效。如前所述，证明某一个谓词逻辑公式的普遍有效性是很困难的事情，同理，证明某个谓词逻辑公式不可满足也是很困难的。不过，正像可以用解释方法证明某个公式不普遍有效一样，也可以用解释方法证明某个公式并非不可满足，即是可满足的。我们仍用上面的两个例子。

例 3　证明$\forall x \exists y R(x,y) \rightarrow \exists y \forall x R(x,y)$是可满足的。

满足这一要求的模型是：

个体域:自然数集合。

谓词 R 的解释:自然数集上的≥关系。

在这一模型中,$\forall x \exists y R(x, y)$说的是“对于所有自然数来说,都可以找到某个自然数,前者≥后者”,是一个真命题;$\exists y \forall x R(x, y)$说的是“有一个自然数,所有的自然数都≥它”,这等于说“有一个最小的自然数”,是一个真命题,并且这个自然数就是 1。于是,前件真后件也真,整个公式为真,因此它是可满足的,可以为真。

例 4 证明$\exists x(B(x) \wedge \neg C(x)) \wedge \forall x(D(x) \rightarrow \neg C(x)) \rightarrow \forall x(D(x) \rightarrow B(x))$是可满足的。

满足要求的模型是:

个体域:桌子的集合。

B(x)表示:x 是木桌;

C(x)表示:x 是圆桌;

相应地,¬C(x)表示:x 不是圆桌;

D(x)表示:x 是方木桌。

根据这一模型,$\exists x(B(x) \wedge \neg C(x))$说的是“有的木桌不是圆桌”,是真命题;$\forall x(D(x) \rightarrow \neg C(x))$说的是“所有方木桌都不是圆桌”,是真命题;于是,$\exists x(B(x) \wedge \neg C(x)) \wedge \forall x(D(x) \rightarrow \neg C(x))$也是真命题;而$\forall x(D(x) \rightarrow B(x))$说的是“所有方木桌都是木桌”,也是一个真命题。前件真后件也真,所以,整个公式为真,是可满足的。

第七讲

“太阳明天仍将从东方升起”

——归纳推理和归纳方法

前三章所讲的都是演绎推理，即假若所给定的前提是真实的，按照给定的规则进行推理，所推出的结论一定是真实的。问题是，那些真实的前提如何给定？或者说，那些真实的前提来自哪里？我们的回答只能是：归根结底，它们只能来自于人对这个世界的接触、观察和实验，来自于人从这种接触、观察、实验中所积累的感觉经验材料，以及在这些材料基础上所进行的归纳概括。因此，我们不仅需要有研究演绎推理的演绎逻辑，而且需要有研究归纳推理的归纳逻辑，这两者结合才构成对人的实际认知过程和思维过程的相对完整的研究。本讲将讲授归纳逻辑的一些基本的内容。

一　什么是归纳推理？

关于演绎推理和归纳推理的严格定义实际上是存在争议的，我们不去理会那些争议，而在这两者的比较和对照中，厘清“什么是归纳推理”这个问题。

第一，从思维方向上看，演绎推理是指从一般性原理到个别性论断，或者是从一般性原理到另一个一般性原理的推理。例如：

(1)所有的植物都需要阳光，向日葵是一种植物。所以，向日葵也需要阳光。

(2)如果谁想活得明白一点，谁就必须拥有足够的资讯；谁都想活得明白一点。所以，谁都必须拥有足够的资讯。

这里,(1)是从一般怎么样推出个别怎么样,(2)却是从一般怎么样推出一般怎么样。

而归纳推理则是指从个别性例证到一般性原理的推理,或者是从个别性论断到另外的个别性论断的推理。例如:

> (1)我们都是瞎子。吝啬的人是瞎子,他只看见金子看不见财富。挥霍的人是瞎子,他只看见开端看不见结局。卖弄风情的女人是瞎子,她看不见自己脸上的皱纹。有学问的人是瞎子,他看不见自己的无知。诚实的人是瞎子,他看不见坏蛋。坏蛋是瞎子,他看不见上帝。上帝也是瞎子,他在创造世界的时候,没有看到魔鬼也跟着混进来了。我也是瞎子,我只知道说啊说啊,没有看到你们全都是聋子。
>
> (2)从我记事的第一天起,太阳从东方升起,第二天,太阳从东方升起,第三天,太阳从东方升起……一直到今天,太阳从东方升起。所以,太阳明天仍将从东方升起。

这里,(1)从个别性论断推出了一个全称命题;(2)从一些个别性论断推出了另一个个别性论断。

不管怎样,演绎推理不会从个别推出一般,归纳推理不会从一般推出个别。

第二,从前提和结论的关系来看,演绎推理的结论所断定的隐含在前提之中,所以,结论所断定的没有超出前提所断定的范围,前提的真足以保证结论的真。例如,演绎推理例(1)中,既然大前提断定"所有植物都需要阳光",小前提断定"向日葵是一种植物",当然可以推出"向日葵也需要阳光"的结论了。这里有一个传统问题:演绎推理能不能产生新知识?我认为,问题在于如何定义"新知识":如果是指逻辑上的"新知识",即前提中所没有直接或潜在地包含的知识,那么,演绎推理不能提供这样的知识,它的结论都是至少隐含在前提中的;如果是指心理上的"新知识",即指原来不知道或应该知道但实际上不知道的知识,那么,演绎推理能够提供这样的知识。比如说,从A通过一个漫长的逻辑推理链条能够推出B,但由于原来不知道这个推理链条,因此,也就不知道B。于是,某个数学家作出了这样一个推理或证明,他就作出了一个新的发现,给人类的知识宝库增添了新的知识。我认为,"新知识"常常是在第二种意义上使用的,所以,演绎推理能够提供新知识。

而归纳推理的结论超出了前提所断定的范围，其前提的真不能保证结论的真。例如，归纳推理例(1)中第一句话是结论，相当于“所有的人都有认知上的盲点”。这个结论是从对各种各样的人的考察中得出的，由于前提并没有穷尽地考察全部的人，而结论却涉及所有的人，因此，结论所断定的超出了前提。同样，在例(2)中，从 a、b、c 等等怎么样，不能逻辑地推出 e 怎么样，因为 e 可能与 a、b、c 等等不同。并且，在例(2)中，实际上隐含地利用了一般性原理：“太阳总是从东方升起。”它是前提所不能保证的。当然，无论从逻辑意义上还是从心理意义上说，归纳推理都能够产生新知识，形成对人类知识的扩展。

第三，从推理的性质上看，演绎推理是必然性推理，前提的真能够保证结论的真；归纳推理是或然性推理，前提的真不能保证结论的真，而只对后者提供一定程度的支持。

综上所述，可以得出一个对归纳推理的大致可接受的描述：归纳推理是从个别到一般或者从个别到个别的推理，其结论所断定的超出了前提所断定的范围，因此，前提的真不能保证结论的真，归纳推理是一种或然性推理。

二　简单枚举法

(一) 什么是简单枚举法？

简单枚举法的内容是：在一类事物中，根据已观察到的那部分对象都具有某种属性，并且没有遇到任何反例，从而推出该类所有对象都具有该种属性的结论。它是由枚举属于某个类的一部分对象如何，推出该类的所有对象都如何。其一般形式是：

S_1是 P，

S_2是 P，

⋮

S_n是 P，

S_1，S_2…S_n是 S 类的部分对象，并且其中没有 $S_i(1\leqslant i\leqslant n)$不是 P，

所以，所有的 S 都是 P。

也可以这样来表述：

迄今为止观察到的所有S都是P,

所以,所有S,不论其是否已经被观察到,都是P。

如前所述,素数是只能被1和自身整除的自然数。下面是关于素数的简单枚举推理：

6＝3＋3；

8＝3＋5；

10＝3＋7＝5＋5；

12＝5＋7；

14＝3＋11＝7＋7；

⋮

6、8、10、12、14是大于4的偶数。

所以,所有大于4的偶数都可以写成两个素数之和。

在这个推理中,前提中考察了一部分大于4的偶数都具有可写成两个素数之和的性质,没有遇到相反的情况,由此推出了“所有大于4的偶数都可以写成两个素数之和”这个一般性结论,该结论就是著名的“哥德巴赫猜想”。

> 树木有年轮,从它的年轮可以知道树木生长的年数。动物也有年轮,易于引人注意的是乌龟的年轮,从龟甲上的环数多少就可以知道它的年龄。牛马也有年轮,它们的年轮在牙齿上,从它们的牙齿可以知道它们的岁数。最近,日本科学家发现人的年轮在脑中。这些事实说明,所有生物都有年轮。

简单枚举法是或然的,因为它的结论超出了前提的范围,前提的真不能保证结论的真。数学家华罗庚在《数学归纳法》一书中,对简单枚举法的或然性作了很好的说明:“从一个袋子里摸出来的第一个是红玻璃球,第二个是红玻璃球,甚至第三个、第四个、第五个都是红玻璃球时,我们立刻就会猜想:‘是不是袋子里所有的球都是红玻璃球?’但是,当我们有一次摸出一个白玻璃球时,这个猜想失败了。这时,我们会出现另一个猜想:‘是不是袋里的东西全都是玻璃球?'当有一次摸出一个木球时,这个猜想又失败了。那时,我们又会出现第三个猜想:'是不是袋里的东西都是球?'这个猜想对不对,还必须继续加以检验,要把袋里的东西全部摸出来,才能见个分晓。"[①]

简单枚举法结论的可靠性程度完全建立在枚举事例的数量及其分布的范围上。因此,要提高它的结论的可靠性,必须至少遵循以下要求:在一类事物中,(1)被考察对象的数量要足够多;(2)被考察对象的范围要足够广;(3)被考察对象之间的差异要足够大。通常把样本过少、结论明显为假的简单枚举法称之为"以偏概全""轻率概括",例如下面两个推论:有人论证说,"儿子都比老子伟大,例如世界上几乎人人都知道爱因斯坦,但有几个人知道爱因斯坦的爸爸呢?!"有人则针锋相对地反驳说:"老子都比儿子伟大,例如世界上几乎人人都知道爱因斯坦,但有几个人知道爱因斯坦的儿子呢?!"

(二) 变化形式:科学归纳法

简单枚举法依靠的是观察,它的结论依赖于观察例证的数量、分布范围和有没有反例,只要有一个反例,全称结论就被推翻。这实际上是笨人的办法、懒人的办法,它笨在重复,懒于思考,只知道积聚数量,扩大范围,从实际操作的角度看既不经济,浪费人力物力,有时候还会丧失大好机遇。例如,当在科学研究过程中遇到某种反常或特例时,我们如果严格按简单枚举法来行事,那反常或特例早就消失得无影无踪。例证的数量和范围真的如此重要吗?为了知道麻雀的内部结构,要解剖多少麻雀才够呢?为了知道人体的结构,需要解剖多少人体才够呢?正如恩格斯所言,十万部蒸汽机并不比一部蒸汽机更能说明热能转化为机械能。也如常言所说,一叶知秋;麻雀虽小,五脏俱全。

因此,我们需要跳出观察的藩篱。当我们观察到一些S具有性质P后,就开始思考,为什么这些S会有性质P呢,并从田野进入实验室和研究室,根据当时的科学原理和知识状况,去弄清楚S和P究竟具有什么样的联系,是偶然联系还是必然联系。如果我们通过科学研究得出结论说,S和P之间必然相互联系着,就像生物不可能长生不死一样,这时尽管也许只研究了一个个例,仍然可以有把握地说"所有的S都是P"。于是,观察加上科

---

① 华罗庚:《数学归纳法》,上海教育出版社,1963年,第3—4页。

学研究，就派生出简单枚举法的一种变化形式——所谓的“科学归纳法”，其形式如下：

S_1是 P，
S_2是 P，
⋮
S_n是 P，
S_1，S_2…S_n是 S 类的部分对象，其中没有 S_i($1\leqslant i\leqslant n$)不是 P；
并且科学研究表明，S 和 P 之间有必然联系，

所以，所有的 S 都是 P。

也可以这样来表述：

迄今为止观察到的所有 S 都是 P，并且科学研究表明：
S 和 P 之间有必然联系，

所以，所有 S，不论其是否已经被观察到，都是 P。

例如：

(1)人们观察了大量向日葵，发现它们的花总是朝着太阳。经过研究发现，向日葵茎部含有一种植物生长素，它可以刺激生长，又具有背光的特性。生长素常常在背着太阳的一面，使得茎部背光的一面生长快于向阳的一面，于是开在顶端的花就总是朝着太阳。所以，所有向日葵的花都朝着太阳。

(2)气象工作者经过长期观察发现，清晨有露水，这天就是晴天。为什么有露水时就是晴天呢？他们研究了露水形成与天气之间的关系。在晴天少云的夜间，地面热量散失很快，田野上的气温迅速下降。温度一降低，空气含水汽的能力也减小了，大地低层的水汽就纷纷附着在草上、树叶上，凝成细小的水珠即露水。露水的形成需要一定的天气条件，那就是大气比较稳定，风小，天空晴朗少云。如果夜间满天是云，云层好像暖房的顶盖，具有保温的作用使地面的气温不容易下降，露水很难出现。此外，夜间有了风的吹动，能使上下空气交流，增加地面空

气的湿度，又能使水汽扩散，露水也难以形成。在这种认识的基础上，他们作出归纳概括：有露水时是晴天。

科学归纳法的特点是观察加科学研究，其前提对结论的支持度有多高，结论有多可靠，取决于科学归纳法有多“科学”。由于极其复杂的原因，打着“科学研究”旗号的许多研究也有不科学或不尽科学的时候，因此“科学研究”的结论也是可错的，可以修正的。我们回想一下，各种媒体上经常给我们传播一些多么自相矛盾的“科学知识”，例如有时候说，隔夜茶不能喝，喝了有害健康；有时候又说，研究表明，隔夜茶可以喝，与喝非隔夜茶一样；有时候说，吃肥肉会得与心脏、血管、血压有关的疾病，不能吃；有时候又说，不吃肥肉不利于健康；如此等等。一个人要是完全照着他从媒体上获得的“科学知识”去办，唯一的结果就是——手足无措。之所以如此，是因为事物之间的联系是非常复杂的，如果简单地把一两个因素孤立起来加以研究，匆匆得出一些结论，常常会被另外的一些研究所推翻。因此，我们对一切知识和结论，还是抱着一种健康的怀疑主义态度为好。

（三）极限形式：完全归纳法

完全归纳法是从对一类对象的穷尽考察，得出关于该类对象的一般性结论的推理。从思维方向上说，它是从个别推出一般；在这一点上，它类似于归纳推理。但是，它的结论所断定的却没有超出前提的范围，因此，其前提的真能够保证结论的真；在这一点上，它类似于演绎推理。但这里还是按照“完全归纳法”这一名字所显示的，将其归入“归纳推理”的范畴。

完全归纳法的形式是：

S_1是 P，
S_2是 P，
⋮
S_n是 P，
S_1，S_2…S_n是 S 类的全部对象，并且其中没有 S 不是 P，

所以，所有的 S 都是 P。

也可以这样来表述：

依次考察了S类的每一个对象,发现它们都是P,

所以,所有S都是P。

据说,数学家高斯(C. F. Gauss)小时候就很聪明,他10岁读小学时,数学老师出了一道题,1+2+3+……+97+98+99+100=?即从1到100连加等于多少?高斯想了一想,发现从数列的开头和末尾依次分别取一个数相加等于101,即:

$$\left.\begin{array}{l}1+100=101\\2+99=101\\3+98=101\\\vdots\\\vdots\\50+51=101\end{array}\right\}50\text{ 个 }101\text{,即 }101\times50=5050$$

高斯一会儿就把这道题给解决了,并且结论正确。

原则上,高斯能够依次考察这50对数分别相加的结果,即对它们作穷尽的考察,尽管他肯定没有这样做。但如果他这样做了,他就是在使用完全归纳法。

显然,完全归纳法的适用范围很小。它只适用于那些对象数目很小的类别,例如某个班组、年级、学校、乡镇的所有人口。对它们作穷尽的考察,用完全归纳法得出一个全称结论,比较容易。例如,我很容易就能知道,所有本学期选修逻辑导论课的学生的期末逻辑考试成绩如何;由于考试成绩是网络登录,学校教务部门也很容易知道,这个学期全校学生的期末考试成绩如何。但是,假如所考察的那个类仍然是一个有穷类,但对象的数目很大,例如由所有中国人所组成的类,其成员就有13亿之多,尽管在理论上我们还是可以对这个类作穷尽的考察,例如作一次全国人口普查,但实际操作起来很困难,社会成本太大。更进一步,假如所要考察的对象类是一个无穷类,例如自然数类,原则上就不可能穷尽地检查这个类,因为不管我们检查到哪一步,总有无穷多的对象仍在那里等待我们。对于这类对象,完全归纳法根本不适用。

三　排除归纳法

所谓排除归纳法，就是通常所谓的"寻求因果联系的逻辑方法"。它们是根据因果关系的一些特点而设计的，通过排除一些不相干的现象，从而得出剩下的现象之间有因果关系的结论。因此，我们需要先从因果关系说起。

(一) 因果关系的特点

因果联系是世界万物之间普遍联系的一个方面，也许是其中最重要的方面。一个(或一些)现象的产生会引起或影响到另一个(或一些)现象的产生。前者是后者的原因，后者就是前者的结果。科学的一个重要任务就是把握事物之间的因果联系，以便掌握事物发生、发展的规律。

一般说来，因果关系的特点是：(1)恒常伴随，指任何现象都有它产生的原因，也有它所产生的结果，原因和结果总是如影随形、恒常伴随的。没有无因之果，也没有无果之因。并且，相同的原因永远产生相同的结果，但相同的结果却可以产生于不同的原因，等等。(2)共存性，指原因和结果总是在时空上相互接近的，并且总是共同变化的：原因的变化将引起结果的相应变化，结果的改变总是由原因的改变所引起。但因果之间的共存性也容易使人们倒因为果，或倒果为因，犯"倒置因果"的错误。例如，微生物入侵是造成有机物腐败的原因，而有人误认为有机物腐败才导致微生物入侵，这是"倒因为果"。又如，发胖的人一般运动量很小，有人匆忙作出结论：由于发胖导致运动量减少，即发胖是运动量减少的原因。这是"倒果为因"。(3)先后性：一般说来，原因总是在先，结果总是在后。但是，也要注意"'在此之后'并非就是'因此之故'"，也就是说先后关系不等于因果关系。例如，电闪和雷鸣先后相继，但电闪并不是雷鸣的原因，两者有一个共同的原因：带电云块之间的相互碰撞。如果把先后关系当作因果关系，就犯了"以先后为因果"的错误，这是许多迷信、错误信念的根源。(4)复杂多样性，指因果联系是多种多样的，固然有"一因一果"，但更多的时候是"多因一果"，单独来看，其中每一个原因都只是结果的必要条件，而不是充分条件。

因果关系的上述特点为我们寻找因果关系提供了向导和依据，也增加了它的难度。例如，因果关系具有先后性，一般总是先因后果。因此，我们在寻找一个现象的原因时,就应该到它的先行现象中去寻找,而不应该在它的后续现象中去寻找。再如,由于因果总是共存并且共变的,如果两个现象之间没有共变关系,就可以得出“它们之间没有因果关系”的结论。排除归纳法实际上就是根据因果关系的这样一些特点而设计的,其基本思路是:考察被研究现象出现的一些场合,在它的先行现象或恒常伴随的现象中去寻找它的可能的原因,然后有选择地安排一些事例或实验,根据因果关系的上述特点,排除一些不相干的现象或假设,最后得到比较可靠的结论。具体包括由培根先行提出、密尔后来系统总结的“求因果五法”:求同法、求异法、求同求异并用法、共变法和剩余法。

(二) 求同法

求同法亦称契合法,是指这样一组操作:考察被研究现象出现的若干场合,找出此现象的先行现象;其中有些现象时而出现时而不出现,由于因果是恒常伴随的,因此这些现象肯定不是被研究现象的原因;在这些场合中保持不变的、总与被研究现象共同出现的那个先行现象,就有可能与被研究现象有因果关系。用公式表示如下:

场合1:有先行现象A、B、C,有被研究现象a;
场合2:有先行现象A、B、D,有被研究现象a;
场合3:有先行现象A、C、E,有被研究现象a;

所以,A(可能)是a的原因。

例如,下面的研究人员得出结论时使用了求同法:

> 来自于美国国家癌症研究所的研究人员宣布,他们发现了同性恋兄弟所共有的大量基因标记,这表明同性恋具有基因根源。研究人员将他们的报告刊载于《科学》(1993年7月16日)上。他们发现,他们研究的40对同性恋兄弟中,其中33对兄弟在他们的X染色体上共有某种DNA序列(男性只能从母亲那里遗传X染色体)。该报告所暗含的推理是,如果具有某种共同的DNA序列的兄弟都是同性恋者,那么这些序列就可以被认为是同性恋的基因标记。

对求同法的挑战是:先行现象中表面的“同”可能掩盖着本质的“异”,表面的“异”可能掩盖本质的“同”，并且相同的先行现象可能不止一个，而有好多个，等等。这些情况的出现都会对求同法的结论构成质疑。例如，一天晚上某人看了两小时书，并且喝了几杯浓茶，结果整夜没睡好觉；第二天晚上，他又看了两小时书，抽了许多烟，结果又失眠了；第三天晚上，他又读了两小时书，喝了大量咖啡，结果是再次失眠。按求同法，连着三个晚上失眠的原因似乎应该是“看两小时书”。这个结论显然是不对的。事实上，茶、烟、咖啡中的兴奋性成分才是真正的原因。

(三) 求异法

求异法亦称差异法，是指这样一组操作：考察被研究现象出现和不出现的两种场合，在这两种场合都出现的那些先行现象肯定不是被研究现象的原因，而在被研究现象出现时出现、在被研究现象不出现时不出现的那个先行现象，则(可能)与被研究现象有因果联系。用公式表示为：

场合 1：有先行现象 A、B、C，有被研究现象 a；
场合 2：有先行现象 B、C，没有被研究现象 a；

所以，A(可能)是 a 的原因。

例如，秋末冬初街道两旁的响杨开始落叶，但在高压水银灯下面的响杨树叶却迟迟不落，即使在同一棵树上也有这样的情况。这是为什么呢？人们很快想到这与高压水银灯照射有关。这个思维过程就使用了求异法。

求异法结论成立的条件是：在被比较的两种不同场合之间，只有一个先行情况或伴随情况不同。这在实际生活中很难碰到，但在科学实验中却可以做到。因此，求异法在科学研究中常被采用，对比实验所根据的就是求异法。例如：

> 许多物种的睾丸在一年的大多数时间里是封存不用的，只在一个特定交配的季节期间里，精确地说是在雄性与雄性之间打斗增加的那段时间里，它们才启动并产生睾丸激素。尽管它们表现明显，这些数据仅仅是相关的：打斗发生的时候经常发现睾丸激素。
>
> 可以用刀来证明，委婉的说法是进行摘除实验。将物种中的睾丸激素之源去除，好斗程度便下降。注入合成睾丸激素使睾丸激素回到

正常水平之后，好斗便得以恢复。

这个摘除和恢复方法给出了荷尔蒙与好斗之间存在关联的证明。当然，这个证明方法在伦理学上可能受到谴责。

（四）求同求异并用法

求同求异并用法亦称契合差异并用法，是指这样一组操作：先在正面场合求同，在被研究现象出现的几个场合中，只有一个共同的先行情况；再在反面场合求同，在被研究现象不出现的几个场合中，都没有这个先行情况；最后，在正反场合之间求异，得出结论：这个先行情况与被研究现象之间有因果联系。用公式表示如下：

正事例组：有先行现象 A、B、C，有被研究现象 a；
有先行现象 A、D、E，有被研究现象 a；
负事例组：有先行现象 F、G，没有被研究现象 a；
有先行现象 H、K，没有被研究现象 a；

所以，A（可能）是 a 的原因。

例如，达尔文研究生物与环境的关系时，就是运用这种方法得出了生物的形态构造与其生活环境有因果联系的结论。他观察到不同类的生物生活在相同的环境中，常常具有相似的形态构造。鲨鱼属于鱼类，鱼龙属于爬行类，海豚属于哺乳类，它们是很不相同的动物，但是由于长期生活在水中，环境相同，所以外貌相似，身体都是梭形，都有胸鳍、背鳍和尾鳍。他又观察到同类生物生活在不同的环境中常常呈现不同的形态构造。鼹鼠、狼、鲸和蝙蝠同属于哺乳类动物，但由于生活条件不同，其形态构造也很不相同，鼹鼠形态构造适合于地下生活，狼适合于奔跑，鲸适合于游水，蝙蝠适合于飞翔。他在前两类观察的基础上，进行比较，提出生物的形态构造与其生活环境有因果关系，即生活环境的相同或不同，是其形态构造相同或不同的原因。

再看下面这个真实的例证：

甲型肝炎折磨着成千上万的美国人；它在儿童中广泛传播，主要通过受污染的食物和水进行传播；它有时是致命的。预防它的理想方法是注射有效疫苗。但是一个巨大困难是,给何人注射甲肝疫苗?要避免因测试对象的选择而影响测试结果的可靠性,还要避免因测试而爆发甲肝感染。研究人员通过下述方法克服了这个困难:他们选择在纽约州某县某镇的一个犹太人社区中进行测试。该镇几乎无人能够逃过甲肝的感染,该社区每年都流行甲肝,近70%的人在19岁前就感染上甲肝了。研究人员在该社区中招募了年龄2—16岁的1037名儿童,这些儿童没有受到甲肝感染——他们血液中没有该病毒的抗体。一半儿童(519人)注射了一种新的疫苗,这些注射了疫苗的儿童中没有发现一例甲肝。没有注射疫苗的518个儿童中25个儿童不久被甲肝病毒感染。人们由此找到了甲肝疫苗。该项研究被称为是"一个重大突破",是"医学上重要的进展"。

在此例中,研究人员所使用的就是求同求异并用法。先正面求同:在该社区能够对甲肝病毒免疫的年轻人中,只有一个条件是共同的:所有免疫者都接受了新的疫苗。再反面求同:在该社区未能够对甲肝病毒免疫的年轻人中,有一个条件是共同的:他们都没有接受新的疫苗。最后再应用求异法:免疫者的事态和不免疫者的事态在每个方面均类似,只在一个方面不同:免疫居民被注射了疫苗。由此可得出结论:该疫苗确实是导致免疫的原因。

求同求异并用法不是求同法和求异法的相继运用,它是吸收了求同法和求异法的某些特点而形成的一种独立的方法,其可靠性要比单独运用求同法或单独运用求异法高。应用这一方法时,应该注意以下两点:(1)正事例组与负事例组的组成场合越多,越能排除偶然的巧合的情形,结论的可靠性越高。(2)应选择与正事例场合较为相似的负事例场合来进行比较。

(五) 共变法

根据因果关系的特点,原因和结果总是共存和共变的。因此,两个现象之间如果没有共变关系,则可以肯定它们之间没有因果关系;相反,如果两个现象之间有共变关系,则它们之间就可能有因果关系。这就是共变法的思路,即每当某一现象发生一定程度的变化时,另一现象也随之发生一定程度的变化,则这两个现象之间(可能)有因果联系。用公式表示为:

有先行现象 A_1,有被研究现象 a_1;

有先行现象 A_2,有被研究现象 a_2;
有先行现象 A_3,有被研究现象 a_3;

A(可能)是 a 的原因。

例如,科学家在研究低温下某些导体的性质时发现,在其他条件不变的情况下,这些导体的电阻随导体温度的下降而减小,当温度降低到某一特殊值时,导体的电阻突然消失,这就是超导现象。由此可以得出结论:导体温度降低与导体电阻减小之间有因果联系。

在日常生活和生产实践中,共变法被人们广泛地使用着。许多仪表如体温表、气压表、水表以及电表等都是根据共变法的道理制成的。例如,物理学中的物体遇热膨胀规律,就是应用共变法得来的。我们对一个物体加热,在其他条件不变的情况下,当物体的温度不断升高时,物体的体积就不断膨胀。因此可以得出结论:物体受热与物体体积膨胀有因果联系。

应用共变法时至少要注意两点:(1)只有在其他因素保持不变时,才能说明两种共变现象有因果联系;(2)两种现象的共变是有一定限度的,超过这个限度,就不再有共变关系。

(六) 剩余法

剩余法是指这样一组操作:如果已知某一复杂现象是另一复杂现象的原因,同时又知前一现象中的某一部分是后一现象中的某一部分的原因,那么,前一现象的其余部分与后一现象的其余部分有因果联系。可用公式表示为:

A、B、C、D 是 a、b、c、d 的原因,
A 是 a 的原因,
B 是 b 的原因,
C 是 c 的原因,

D 与 d 之间有因果联系。

应用剩余法的一个成功例子是居里夫人对镭的发现。她已知纯铀发出的放射线强度,并且已知一定量的沥青矿石所含的纯铀数量。她观察到一

定量的沥青矿石所发出的放射线要比它所含的纯铀所发出的放射线强许多倍。由此，她推测在沥青矿石中一定还含有别的放射性极强的元素，并通过多年的艰苦实验，从几吨沥青矿石中提炼出几克这种新的放射性元素——镭，并因此获得诺贝尔化学奖。

应用剩余法的另一个成功例子是海王星的发现：

> 1821 年，巴黎的波瓦尔德(Bouvard)发表了行星包括天王星的运动数据表。在准备天王星数据的时候，他遇到了巨大的困难：根据 1800 年以后得到的位置数据而计算出来的轨道，与根据该行星刚刚被发现之后所观察到的数据所计算出来的轨道不协调。他的图表建立在新近观察的数据之上，其数据应该是可靠的。然而，在后来的几年里，根据该表而计算出来的位置与该行星观察的数据存在不一致；到 1844 年差值总计达 2 分钟弧度。由于所有其他已知行星的运动位置与计算出来的位置一致，天王星中出现的差值引发了大讨论。
>
> 1845 年，当时还是年轻人的勒维烈(Leverier)着手解决该问题。他检查了波瓦尔德的计算，发现计算是正确的。他感到，对该问题的唯一令人满意的解释是，在天王星周围的某个地方存在一个干扰它运动的行星。到 1946 年中期，他完成了他的计算，9 月他写信给柏林的迦勒(Galle)，请求他在天空一特定位置寻找一颗新的行星。因为在德国已经绘制出了包含新的恒星的图表，而勒维烈当时还没有获得这些图表。在 9 月 23 日，迦勒开始寻找，在不到一小时的时间里就找到了一个物体，而这个物体是新图表中所没有的。到第二晚，该物体发生略微的移动，这颗新行星在预测位置的 1 度内被发现，它后来被命名为“海王星”。该发现被认为是数理天文学中一个巨大的成就。①

剩余法一般被用来判明事物的复杂的因果联系，而且必须在判明了被研究对象的全部原因中的一部分原因基础上才能使用。因此，要在运用其他几种求因果联系方法的基础上使用。

---

① See Iring M. Copi and Carl Cohen, *Introduction to Logic*, 10th edition, Prentice Hall, pp. 518-519.

四　类比推理

（一）类比推理

类比推理是根据两个或两类事物在一系列属性上相似，从而推出它们在另一个或另一些属性上也相似的推理。其一般形式是：

A（类）对象具有属性 a、b、c、d，
B（类）对象也具有属性 a、b、c，

B（类）对象（可能）也具有属性 d。

例如，17 世纪的荷兰物理学家惠更斯通过把光和声进行比较，发现两者在一系列属性上都相似，如两者都有直线传播、反射、折射等属性，而已知声在本质上呈现一种波动，因而推出光也应是一种波动。惠更斯由此提出了光的波动理论。

再如，我国著名的地质学家李四光，在对我国的地质结构进行了长期、深入的调查研究后发现，我国东北松辽平原的地质结构与中亚细亚的地质结构极其相似。他推断，既然中亚细亚蕴藏大量的石油，那么，我国的松辽平原也很可能蕴藏着大量的石油。后来，大庆油田的开发证明了李四光的推断是正确的。

并且，在下面的论证中也使用了类比推理：

> 我们应该看到，我们所居住的地球与其他行星，如木星、土星、火星、水星、金星，都很相似。尽管这些行星跟太阳的距离都不相同，但它们与地球一样，都是围绕太阳运行，从太阳取光；其中数个行星与地球一样，绕轴心自转，这等于说，它们也有日夜之分。此外，其中有些行星有卫星，这些卫星与月亮一样，都在没有阳光的时候给这些行星光线。这些行星都与地球一样，其活动受万有引力支配。鉴于这种种相似，我们有理由相信，这些星球上也有各式各样的生物存在，尽管我们暂时无法确证这一点。

类比推理能够使人们举一反三，触类旁通，获得创造性的启发或灵感，从而找到解决难题之道。但它是一种或然性推理,其前提的真不足以确保结论真,即使前提真,结论也可能为假。因为事物之间固然有相似之处,但也有差别存在。于是,从两个或两类事物在某些地方相似,就不能必然地推出它们在另外的地方仍相似。类比结论的可靠性程度取决于许多因素,例如两个或两类事物之间相似属性的数量,它们之间相似方面的相关性,它们之间不相似方面的相关性,其中最重要的是它们的已知相同属性与推出属性之间的相关程度:其相关程度越高,类比结论的可靠性越大;其相关程度越低,类比结论的可靠性越小。两者之间成正比。

人们通常把违背常识、结论明显为假的类比称为"不当类比""机械类比"或"荒唐类比"。例如:"外科医生在给病人做手术时可以看 x 光片,律师在为被告辩护时可以查看辩护书,建筑师在盖房子时可以对照设计图,教师备课可以看各种参考书,为什么独独不允许学生在考试时看教科书及其相关的材料?""婚前性行为可以说势在必行。无论如何,在买鞋之前,你总不能不让人先试一下鞋。"再如,欧洲中世纪有神学家论证说,宇宙是由许多部分构成的一个和谐整体,正如钟表是由许多部分构成的一个和谐整体一样,而钟表有一个制造者——钟表匠,所以宇宙也有一个创造者,这就是上帝。

需要指出的是,类比推理可以用来反驳一个无效的推理论证形式,办法是以其治人之道还治其人之身,即用与他类似的推理论证形式去推出他本人不愿接受的结论,从而说明该形式的荒谬与无效。例如,假如有人推理说:"如果所有商品都是有价值的,那么,所有有价值的东西都是商品。"你可以这样去反驳他:"按照你的逻辑,如果所有的人都是动物,那么,所有的动物都是人吗?"如果有人这样给自己找理由:"所有想出国的人都要学好外语,我又不想出国,所以,我不必学好外语。"你可以这样来反驳他:"按你的逻辑,所有想出国的人都要吃饭,你又不想出国,所以你也不必吃饭。那么,你靠什么活下去呢? 难道想饿死不成?!"

(二)比喻论证

类比有时候不在推理意义上使用,而是在比喻(明喻或隐喻)意义上使用。有人这样把 26 个英文字母都诠释为"青春符号",仅选四例:"A 是一座金字塔,是进取。青春永远要争第一,不做第二。只有锐意进取,青春才能焕发出巨大的能量,推动历史车轮前进。""H 是单杠,是运动。青春的第一标志就是健康,而健康来自于不懈的运动。青春与运动是紧密联系的。”“N是闪电,是激情。没有激情的青春是乏味的,有激情才有创造力,激情像一道闪电,它使青春之光更加灿烂。”“S是曲线,是优美。青春少年无论外表还是内心都是美的。运动是美,安静是美,欢乐是美,忧伤是美,希望是美,失望也是一种美,因为你还年轻,一切都可以重新来过。”

比喻也可以用于论证中,叫做“比喻论证”,简称“喻证法”,即用比喻者之理去论证被比喻者(论点)之理。比喻者可以是真实的事物,也可以是虚拟、夸张的事物;在比喻者和被比喻者之间,理相同,类相异。类相异,才能作比喻;理相同,才能进行推理,才能起论证的作用。比喻论证的一般形式是:

> 比喻者A隐含事理P并且P是可信的,
> 被比喻者隐含事理Q并且Q与P类似,
> ———————————————
> 所以,被比喻者的潜在事理Q是可信的。

例如,毛泽东在下面的话语中就使用了比喻论证:

> 若说:何以对付敌人的庞大机构呢?那就有孙行者对付铁扇公主为例。铁扇公主虽然是一个厉害的妖精,孙行者却化为一个小虫钻进铁扇公主的心脏里去把她战败了。柳宗元曾经描写过的“黔驴之技”,也是一个很好的教训。一个庞然大物的驴子跑进贵州去了,贵州的小老虎见了很有些害怕。但到后来,大驴子还是被小老虎吃掉了。我们八路军新四军是孙行者和小老虎,是很有办法对付这个日本妖精或日本驴子的。目前我们须得变一变,把我们的身体变得小些,但是变得更加扎实些,我们就会变成无敌的了。①

其中,用了两个比喻:孙行者和铁扇公主、小老虎和黔之驴,其隐含事理是:小而有力者可以战败大而表面厉害者。以此类推,只要我们把身体变得小些、变得更扎实些,我们就能战胜大而表面厉害的日本侵略者。

(三)模拟方法

在现代科学中,类比推理的重要应用就是模拟方法,即在实验室中模拟

---

① 《毛泽东选集》第三卷,人民出版社,1953年。

自然界中出现的某些现象或过程，构造出相应的模型，从模型中探讨其规律，然后再把经反复实验检验的模型加以放大，成为真实的自然现象或人造物。其一般形式是：

实验模型具有性质 a、b、c、d、e，

研制原型具有性质 a、b、c、d，

所以，研制原型也（可能）具有性质 e。

例如，我们要建三峡工程，一为制服几乎年年泛滥的洪水，二为利用水能发电，根本解决能源供应的紧张与不足。所以，“高峡出平湖”曾经是几代中国伟人的梦想，包括孙中山、毛泽东、邓小平，他们渴望达到“神女应无恙，当惊世界殊”的惊人效果。这样一个耗资巨大的超级工程不可能不事先进行可靠性研究和论证。怎么研究和论证？主要是运用模拟或模型方法，即尽可能地把所有相关因素都考虑进来，然后在实验室中在模拟的三峡地区建一座微型三峡大坝，用各种方法对其实验，积累实验数据，用计算机进行数据分析，最后得出总的实验结论，再把该实验结论推至未来的实际的三峡大坝。

由模拟方法推出的结论不一定可靠。因为无论人是多么的小心谨慎，即使考虑得再事无巨细，大自然的鬼斧神工、造化神奇仍有可能超出人的认识能力甚至想象能力之外，她有可能仍在某个地方隐藏了她的秘密，从而在某个神不知、鬼不觉的时候，对胆大妄为的人类实施惩罚和报复。人类在运用模型方法于三峡大坝这样的巨大工程时，有可能在如下方面犯错误：一是仍然遗漏了某些特别关键的变量；二是对各个变量的作用模式和作用程度作了错误的估计；如此等等。

仿生学的出现更是有意识地系统应用模拟方法的结果。仿生学是力图大规模地向自然学习，从自然界获取技术发明和技术创造的灵感，研究如何通过模仿生物的构造及其功能来建造先进技术装置的科学。人类历史上最著名的仿生创作就是飞机。人们看见鸟在天空自由自在地飞翔，特别羡慕那种境界和那种能力，也想飞翔，于是也给自己安上各种各样的翅膀，虽然开始没有成功，但最终还是在莱特兄弟手里成为现实。这里所运用的一般形式是：

自然原型具有性质 a、b、c、d、e，
技术模型具有性质 a、b、c、d，

所以，技术模型也(可能)具有性质 e。

显然，这里的结论也是或然的，有可能为假，其道理与前面说过的一样。

五 统计归纳法

在统计学中，某一被研究领域的全部对象，叫做总体；从总体中抽选出来加以考察的那一部分对象，叫做样本。统计推理是由样本具有某种属性推出总体也具有某种属性的推理，即从 S 类事物经考察的对象中有 n%(0＜n＜100)具有性质 P，推出在 S 类的所有对象中 n%具有性质 P。其一般形式是：

S_1是 P，
S_2是 P，
S_3不是 P，
S4 是 P，
S5 不是 P，
⋮
Sn 是 P，
S_1，S_2，S_3…Sn 是从 S 类抽取的样本，
其中有 n%的对象具有属性 P，

所以，S 类的所有对象中(可能)有 n%具有属性 P。

请看下面的例证：

尽管城市居民也并非事事如意，但他们还是比农村同胞更少心理健康方面的问题。……该项调查征询了 6700 名成年人，他们分别居住在六个社区之中，这些社区大至 300 万人口的城市，小到不足 2500 人的城镇。其结果以被征询者的口述为基础，包括失眠、现在和过去的神

经崩溃等症状。居住在人口超过5万的城市中的居民，其所提及的症状要比人口不足5万的城镇中的居民低几乎20%。

在这个例子中，对象总体是某个国家的城市和农村的居民；样本是从六个社区中选取出来的6700名居民；要考察的特征是心理健康与居住环境的关联。所要论证的结论是："城市居民比农村同胞更少心理健康方面的问题。"所使用的论据是："一项调查显示，居住在人口超过五万的城市中的居民，其所提及的症状要比人口不足五万的城镇中的居民低几乎20%。"这里利用了抽样统计得来的数据去证实该结论。

抽样统计是一种推理方法，它根据样本具有什么性质，推出样本所从属的总体具有什么性质，这是一种从部分到全体的推理，其结论所断定的超出了前提所断定的范围，前提的真不足以保证结论的真，推理只具有或然性。在这个意义上，抽样统计是一种归纳推理。

统计结论的可靠性主要取决于样本的代表性。只有从能够代表总体的样本出发，才能得到关于总体的可靠结论。一般从抽样的规模、抽样的广度和抽样的随机性三个方面去保证样本的代表性。更具体地说，(1)要加大样本的数量，以便消除误差；(2)要尽可能地确保样本的代表性；(3)要不带任何偏见地随机抽样。为了满足这些要求，通常采用如下的抽样方法：

1. 纯随机抽样：在总数为M个个体的总体中抽选出m个样本，其中每一个体均有同等的被抽选的机会，并且每一个体都是被单独抽选出来的，不受先前或以后的抽选的影响。这就是纯随机抽样。例如，要调查某超市内所售商品的质量，在品种总数为1万个的货物中，随意抽取100种货物进行检查，发现合格率为98.7%，由此得出结论：该超市的商品合格率为98.7%。

2. 机械抽样：把总体内的个体排成一定的顺序，然后按固定间隔抽取样本加以考察。这就是机械抽样，亦称等距抽样或系统抽样。例如，如果我们想查清楚某校在校学生的考试成绩状况，按学号顺序抽取样本，每隔10个号码抽取一名学生，查看他的考试成绩，然后汇总样本状况，进行统计计算，得出抽样结论。

3. 分层抽样：如果总体内的个体之间差别较大，我们就需要把总体分为若干性质近似的组或层，并根据各个组或群在总体中所占的比例分配抽样配额，实施抽样。这就是分层抽样。例如，如果我们要调查北京市民家庭收入在近5年内的变化情况，至少要把调查对象分成这样几个组或层——超高收入家庭、高收入家庭、中等收入家庭、低收入家庭、超低收入家庭，并且估算出各自所占的比例，分配抽样配额，具体实施抽样，并根据相应的权重，计算出最终的统计结论。

4. 整群抽样：将调查总体分为若干群，以群为单位从总体中随意抽取一些群作为样本，并在样本群中实施逐一考察。这就是整群抽样。例如，我们要调查某出版社某年内出版的图书质量，在12个月内随意抽取4个月，例如3、6、9、12月，对每个月出版的图书质量逐一检查，然后得出抽样统计结论：该出版社的图书存在严重的质量问题，差错率达到1.5‰。骇人听闻！

抽样统计最容易出差错的地方在于样本不具有代表性。最典型的例子是1936年美国《文学文摘》就总统竞选所作的民意调查。当时，罗斯福与兰登竞选总统。他们根据全国各地的电话簿，寄出了一千万份样品选票，对其中收回的200万份选票进行统计，其结果表明：兰登占有明显优势。他们由此作出兰登将当选的预测。而最终选举结果却是：罗斯福获得60%的选票而胜出。《文学文摘》被迫宣布在1937年停刊。经过后来的分析，他们抽取的样本数量不可谓不大，但问题是这些样本不具有代表性。因为当时美国正处于经济萧条期，家里有电话的都是较为富裕的家庭，占选民多数的较为贫困的家庭都没有电话，而这些选民大多支持罗斯福。与《文学文摘》构成鲜明对照的是，当时初出茅庐的盖洛普仅仅作了5万人的调查，却作出了准确的预测，由此奠定了盖洛普民意测验的声望，延续至今。

请看下面的MBA考题：

> 为了估计当前人们对管理基本知识掌握的水平，《管理者》杂志在读者中开展了一次管理知识有奖问答活动。答卷评分后发现，60%的参加者对于管理基本知识掌握的水平很高，30%左右的参加者也表现出了一定的水平。《管理者》杂志因此得出结论，目前社会群众对于管理基本知识的掌握还是不错的。
>
> 以下哪项如果为真，则最能削弱以上结论？

A. 管理基本知识的范围很广，仅凭一次答卷就得出结论未免过于草率。

B. 掌握了管理基本知识与管理水平的真正提高还有相当的距离。

C. 并非所有《管理者》的读者都参加了此次答卷活动，其信度值得商榷。

D. 从发行渠道看，《管理者》的读者主要是高学历者和实际的经营管理者。

E. 并不是所有人都那么认真。有少数人照抄了别人的答卷，还获了奖。

解析：选项B与题干结论无关，选项A、C、E对题干结论构成轻度质疑，C、E在质疑抽样数据的可靠性和可信性，但比较而言，D项的质疑最根本：因为题干结论涉及“目前社会群众”，而样本是《管理者》杂志的读者，选项D指出，《管理者》的读者主要是高学历者和实际的经营管理者。由此可以看出，这些样本相对于目前社会群众来说，不具有代表性。因此，无论这次抽样的统计结果是什么，都不能直接推广到总体上去。假如题干结论不是涉及“目前的社会群众”，而是只涉及《管理者》的读者，抽样结果是能够支持结论的。

在当代社会中，各种数字、数据、报表满天飞，频频出现在电视广告、新闻报道、报刊通讯、杂志文章和专门著作之中，例如国民经济增长速度，某个城市居民的收入水平，消费物价指数，空气污染指数，某电视节目的收视率，书店的畅销书排行榜，某一商品的客户满意率，某一偏方对某一疾病的治愈率，全国烟民人数及其在总人口中所占的百分比，吸食毒品、卖淫的人数及其增长速度，同性恋者在总人口中所占比例，艾滋病的流行趋势，夫妻中在家里对配偶施暴的人数以及男女各占的比例，如此等等。我们确确实实生活在一个“数字化”的社会或时代中。我们当然不能对这些数字、数据、报表进行无端的怀疑，但也实在应该对它们保持必要的警惕：人们是如何得到这些数字和数据的？关于那些看起来不太可能弄得太清楚、太准确的问题，他们为什么会有那么清楚、准确的数字或数据？他们获得这些数字、数据的方法和途径是什么？这些方法和途径可靠吗？这些数字、数据的可信度高吗？这是每一个有正常理性的人都必须经常问自己的问题。正如“谎言重复千百遍就会被误以为是真理”一样，一个人长期处于各种错误信息的包围之中,处在不可靠的数字、数据、报表的包围之中,久而久之也会有意无意地把它们当作真实的东西加以接受,从而作出错误的判断和决策。因此,对"精确"数字保持必要的怀疑,这是一种明智的、理性的态度。

六 归纳的证成

英国哲学家伯特兰·罗素(Bertrand Russell)曾谈到一个关于火鸡的故事。在火鸡饲养场里,有一只火鸡发现:第一天,主人一打铃后就给它喂食。然而,作为一个卓越的归纳主义者,它并不马上作出结论,它继续搜集有关主人打铃与给它喂食之间的联系的大量观察事实;而且,它是在多种情况下进行这些观察的:雨天和晴天,热天和冷天,星期三和星期四……它每天都在自己的记录表中加进新的观察陈述。最后,它的归纳主义良心感到满意,通过归纳推理得出了下述结论:"主人打铃后就会给我喂食。"可是,事情并不像它所想象的那样简单和乐观。在圣诞节前夕,当主人打铃后它跑出去觅食时,主人却把它抓起来并且宰杀、烹调之后,送上了餐桌。于是,火鸡通过归纳概括而得到的结论就被无情地推翻了。那么,爱作归纳的火鸡最终被送上了餐桌,究竟怪谁呢?或者说,火鸡究竟错在哪里呢?

这实际上是有关归纳的合理性问题。关于归纳,可以区分出三类问题:(1)心理学问题,着重探讨归纳推理的起源,发现或得到归纳结论的心理过程和心理机制,以及对某个归纳结论所持的相信或拒斥的心理态度及其理由等。(2)逻辑问题,着重探讨归纳结论与观察证据之间的逻辑联系,或者说归纳过程的推理机制。(3)哲学问题,主要探讨归纳推理是否能得必然性结论,如果不能得必然性结论,那么它的合理性何在?如何为它的合理性辩护?这叫做"归纳合理性及其证成问题",它是由休谟在《人性论》第一卷(1739)及其改写本《人类理解研究》(1748)中提出来的,因此亦称"休谟问题"。这个问题迄今为止仍没有得到解决,以致有这种说法:"归纳法是自然科学的胜利,却是哲学的耻辱。"①

休谟从经验论立场出发,对因果关系的客观性提出了根本性质疑,其中隐含着对归纳合理性的根本性质疑。这里把他的论证概要地重构如下:(1)

① 洪谦主编:《逻辑经验主义》,商务印书馆,1989年,第257页。

归纳推理不能得到演绎主义的证成。因为在归纳推理中,存在着两个逻辑的跳跃:一是从实际观察到的有限事例跳到了涉及潜无穷对象的全称结论;二是从过去、现在的经验跳到了对未来的预测。而这两者都没有演绎逻辑的保证,因为适用于有限的不一定适用于无限,并且将来可能与过去和现在不同。(2)归纳推理的有效性也不能归纳地证明,例如根据归纳法在实践中的成功去证明归纳,这就要用到归纳推理,因此导致无穷倒退或循环论证。(3)归纳推理要以自然齐一律和普遍因果律为基础,而这两者并不具有客观真理性。因为感官最多告诉我们过去一直如此,并没有告诉我们将来仍然如此;并且,感官告诉我们的只是现象间的先后关系,而不是因果关系;因果律和自然齐一律没有经验的证据,只不过出于人们的习惯性心理联想。因此,休谟说:"习惯是人生的最大指导。"[①]

关于归纳问题,我所持的观点包括否定的方面和肯定的方面。其否定的方面是:归纳问题在逻辑上无解,即对于"是否存在既具有保真性又能够扩展知识的归纳推理"这个问题,逻辑既不能提供绝对肯定的答案,也不能提供绝对否定的答案。在这个意义上,"休谟的困境就是人类的困境"[②]。这是因为该问题是建立在如下三个虚假的预设之上的:存在着不可修正的普遍必然的知识;把合法的推理局限于具有保真性的演绎推理,即对演绎必然性的崇拜;只能在感觉经验的范围内去证明因果关系的客观性和经验知识的普遍真理性。其肯定的方面包括:(1)归纳是在茫茫宇宙中生存的人类必须采取、也只能采取的认知策略,因此归纳对于人类来说具有实践的必然性。(2)人类有理由从经验的重复中建立某种确实性和规律性。(3)人类有可能建立起局部合理的归纳逻辑和归纳方法论,并且已部分地成为现实。(4)归纳结论永远只是可能真,而不是必然真。并且,本书作者还提出了一个全面的归纳逻辑研究纲领,包括发现的逻辑、(客观)辩护的逻辑、(主观)接受的逻辑、修改或进化的逻辑。[③]

除了传统的归纳问题之外,还有所谓的"归纳悖论",它们是休谟问题在

---

① 休谟:《人类理解研究》,关文运译,商务印书馆,1957年,第43页。

② W. V. Quine, *Ontological Relativity and Other Essays*, New York: Columbia University Press, 1969, p. 72.

③ 参见陈波:《休谟问题和金岳霖的回答——兼论归纳的实践必然性和归纳逻辑的重建》,《中国社会科学》2001年第3期。

现代归纳概率逻辑中的变形,也涉及归纳合理性及其辩护问题,一般与对某个全称假说的确证、否证、相信、接受等等相关,指运用看似合理的归纳原则或归纳推理,得出了违反直觉的结论,或作出了互相矛盾的预测。主要的归纳悖论有以下三个:古德曼悖论、亨佩尔悖论和凯伯格悖论。关于这些悖论的详述和讨论,请有兴趣的读者参阅陈波的《逻辑哲学》中的有关章节,以及陈晓平的《归纳逻辑与归纳悖论》一书,具体见本书末尾的"参考书目和推荐读物"。

现在回答本节开头提出的那个问题:爱作归纳的火鸡最终被送上了餐桌,怪谁?我的回答是:谁也不能怪。因为归纳在本质上就是一种冒险,并且人类和其他动物在面对自然界时,除了在一定程度上冒险以外,没有任何别的有效生存策略。英国哲学家波普尔(Karl Popper)说得好,按逻辑上的重言式去说话,例如关于明天的天气,说"明天或者下雨或者不下雨",永远不会错,永远不会被证伪,但与此同时它也没有传达任何新信息。一旦负载了哪怕一点新信息,它就有可能被证伪;并且传达的新信息越多,被证伪的机会就越大;但是,假如它一旦被证实,产生的效果也最大,甚至有可能引起科学革命。波普尔指出,爱因斯坦与阿米巴菌的区别不在于一个犯错误另一个不犯错误,而是在于:爱因斯坦能够会从错误中学习,并且从克服错误中不断前进,而阿米巴菌却往往与错误一起死亡。因此,我们不要怕证伪,不要怕犯错误,而是要善于从错误中学习。我认为,在归纳问题上,我们可以合理地期待:人类有比火鸡更好的命运。这是因为世界本身存在着结构、秩序、规律,而不是毫无章法可言;由于人类具有火鸡并不具有的理性能力,人类通过对这种结构、秩序、规律的把握,就能够作出比火鸡更好的归纳和预测,从而避免完全由自然来决定自己的命运。

第八讲

以严格性、精确性、系统性为目标

——逻辑系统和元逻辑

现代逻辑都是用人工语言和公理化方法所构造的形式系统，在这样的系统中可以区分出一些不同层次的概念与问题，例如对象语言和元语言，逻辑语法和逻辑语义，内定理和元定理，系统内的证明和关于系统的证明，对象理论和元理论，逻辑和元逻辑。这些区分不仅对于正确理解和掌握现代逻辑是关键性的，而且具有某种普遍的方法论意义，在数学、计算机科学、语言学和哲学等领域获得了重要的应用。在这一讲中，我们就来讨论这些概念和问题。

一　什么是逻辑系统?

什么是逻辑系统？这是一个真正的问题，并且很重要，有人专门编著了一部书[①]去系统地讨论它，不同的人会有不同的态度和不同的立场。我这里只给出一个粗略的回答：逻辑系统是某种特殊形式的形式系统，其特殊性在于：逻辑通常被认为是纯粹形式的、题材中立的、普遍适用的；作为逻辑系统的形式系统，通常被认为具有某些特殊的性质，诸如可靠性和完全性。

关于逻辑、逻辑常项和逻辑真理，传统上提出了许多不同的识别标准，首先是哲学性的标准，例如说逻辑真理是纯粹形式的，它不涉及任何内容，因而是题材中立的；逻辑真理是自明的，其真理性来自于直觉和直观，毋庸置疑；逻辑真理是必然的、先验的、分析的；等等。逻辑则是逻辑真理的一种

① Dov M. Gabbay ed., *What is a Logical System?*, Oxford: Clarendon Press, 1994.

有结构、有次序的集合。美国哲学家和逻辑学家蒯因曾谈到逻辑真理的三个显著特征：(1)行为意义上的清楚明白性或潜在的清楚明白性，后者是说能够通过一系列单独看起来清楚明白的步骤，使其从清楚明白的逻辑真理中推演出来。(2)题材中立性：逻辑并不偏向于词典的哪一个特殊部分，也不对变元值的某一个领域更感兴趣。(3)普遍性：逻辑是普遍适用的，它是包括数学在内的一切科学的工具。[①] 其中得到比较广泛认同的是题材中立性和普遍适用性。

题材中立性是关于逻辑或逻辑真理的一个古老说法。通常认为，逻辑撇开思维的具体内容，而专注于思维的形式结构，即为各种具体思维内容所共同具有的联系方式。因此，逻辑是纯粹形式的，或者说是题材中立的，它撇开各种具体推理的具体内容，而抽象出带有某种普遍意义的形式结构，着重研究由这种形式结构所决定的命题之间的推理关系，因此没有对这个世界作出任何实质性断言。当然，若严格追究起来，纯粹形式性或题材中立性这个标准也具有相当的模糊性。不过，我认为，还是应该把它当作逻辑和非逻辑的一个划界标准。

一旦承认了逻辑的题材中立性，逻辑的普遍适用性就是其自然结论。当我们讨论某组概念之间的形式关系的某个逻辑普遍适用时，是说它适用于处理含该组概念的一切命题和推理，而不管这些命题和推理所涉及的具体内容是什么，无论它们涉及经济学、社会学抑或是生物学、电子学。例如，在三段论第二格 EAE 式——

所有的 P 都不是 M，
所有的 S 都是 M，
所以，所有的 S 都不是 P。

中，不论我们用什么样的具体词项去代替 S、P、M，只要这些代入使得前提真，其结论一定为真。在这种意义上，这个三段论式是普遍适用的。同样的道理，命题逻辑普遍适用于一切含命题联结词的推理，一阶逻辑普遍适用于一切含个体词、谓词、量词和联结词的推理，模态逻辑也普遍适用于一切含

① 参见涂纪亮、陈波主编：《蒯因著作集》第三卷，中国人民大学出版社，2007 年，第 423—435 页。

模态词的命题和推理。因此，无论是传统逻辑还是现代逻辑，在普遍适用性上没有差别。

“什么是逻辑”与“什么是逻辑常项”几乎是同一个问题的不同说法。有人认为，逻辑可以定义为完全根据真命题所含词项的意义而研究真命题的一门学科。[①] 即是说，逻辑真命题是根据被称为逻辑常项的逻辑词的意义和性质确立的。因此，如果我们先列出一个逻辑常项的清单，据此就可以划分逻辑与非逻辑。如果要继续追问选择逻辑常项的依据与标准，那又是一个极有争议的问题，在这本“十五讲”里，我们不去管它，只采用通常认定的观点和做法。一般认为，逻辑常项有狭义和广义之分。

狭义的逻辑常项包括：(1)命题联结词。基本的有五个：否定词、合取词、析取词、蕴涵词和等值词。在汉语中，它们分别由“并非”“并且”“或者”“如果，则”“当且仅当”这些词表达；在逻辑中，分别用符号“$\neg$”“$\wedge$”“$\vee$”“$\rightarrow$”“$\leftrightarrow$”表示。(2)量词，包括全称量词和存在量词。在汉语中，通常用“所有”“一切”表示全称量词，“有”“有的”表示存在量词；在逻辑中，分别用符号“$\forall x$”和“$\exists x$”表示，其中的$\forall$称为全称量词符号，$\exists$称为存在量词符号，x称为个体变元，它的值是某个确定的事物类的分子，这个类称为个体域。(3)等词，即表示同一的概念，在逻辑中用符号$=$表示。只含(1)类常项的形式系统称为“命题逻辑”，含有(1)(2)两类常项以及谓词的系统称为“一阶逻辑”，亦称“谓词逻辑”“量化理论”“初等逻辑”等等。含有(1)(2)(3)类常项的形式系统称为“带等词的一阶逻辑”，相应地，只含(1)(2)，不含(3)类常项的形式系统称为“不带等词的一阶逻辑”。

除包括所有的狭义逻辑常项之外，广义逻辑常项还包括：(1)高阶量词，意味着量词不像在一阶逻辑中那样，只作用于给定论域中的个体，而是可以作用于个体的谓词，即个体的集合和个体的n元组的集合，或者作用于谓词的谓词，也就是作用于个体的集合的集合，等等。由此得到的逻辑系统叫做“二阶逻辑”“三阶逻辑”等。把所有有穷阶逻辑汇集在一起的系统叫做“类型论”。与一阶逻辑相对照，这些系统被叫做“高阶逻辑”。(2)由符号$\in$表示的属于关系。一阶逻辑加上$\in$构成的系统就是集合论。(3)必然、可能等模态词。在一阶逻辑基础上加进“必然”和“可能”这两个模态词，就构成一

① 亨迪卡：《逻辑哲学》，《哲学译丛》1982年第6期，第66页。

阶模态逻辑；在高阶逻辑中加进这两个模态词，就构成高阶模态逻辑；如此等等。

人们也常把逻辑系统说成是具有某种特殊性质（例如可靠性和完全性）的形式系统。一个形式系统是可靠的，当且仅当，它的所有定理都是真命题。由于相互矛盾的命题不可能都是真的，因此，一个可靠的系统中不包含逻辑矛盾。一个形式系统是完全的，当且仅当，在某个范围内为真的命题都是它的定理。有人主张，凡是完全的形式系统是逻辑，不完全的形式系统则不是逻辑。英国逻辑学家涅尔（William Kneale）论证说：一个形式理论是不完全的，就表明它的基本概念不能完全形式化，而根据逻辑的纯粹形式特性，就应该把它从逻辑的王国中排除出去。他实际上把完全性作为检验一个系统是否是“纯粹形式的”标准，是把完全性这个精确概念与题材中立性这个模糊概念连接起来了。根据完全性标准，一阶谓词演算是逻辑，而集合论或高阶谓词演算不是逻辑而是数学，因为它们是不完全的，并且是不可完全的。

在“什么是逻辑”“什么样的形式系统是逻辑系统”这个问题上，我比较赞同英国逻辑学家普赖尔（Arthur N. Prior）的下述看法：

> 我倾向于认为，“逻辑”一词有严格的意义和宽松的意义。在严格的意义上，逻辑研究蕴涵和全称的性质；在宽松的意义上，它关注所有领域内的一般推理原则。但是这种说法有一个困难。如我先前提到过的，甚至“所有有羽毛的动物都呼吸空气”这个真命题也可以用作推理的原则，或者说我们不仅应该谈论时间逻辑、义务逻辑、知识逻辑以及诸如此类的东西，甚至还应谈论有机生命的逻辑？在原则上，我看不出为什么不能这样谈论……
>
> 虽然我并不要求能够说，这些东西有某种等级之分，例如，谈论时间和时态的逻辑比谈论有机生命的逻辑，在某种程度上更有意义。如果有鹦鹉那么将永远有鹦鹉，这个命题即使不能还原为量化理论中的特例（我本人认为不能如此还原），也仍然比“所有有羽毛的动物都呼吸空气”这个真命题更像一个逻辑真理（或者甚至更是一个逻辑真理）。但是我并不认为，这里有比下述说法更好的说法：某些题材比其他题材有更多的次序、更多的结构、更多的形式，即某些题材比其他题材更能

凭借形式符号演算来处理，并且在这些情形下比在其他情形下谈论该事物的“逻辑”更为恰当。……无论如何，重要之点在于：发现一给定领域是否能处理为逻辑，即把它作为一个演算的题材，并且发现它在多大程度上能作如此处理，唯一的途径是试一试，并看结果如何。你不可能先验地解决这个问题。[①]

二　逻辑系统的构成

(一) 形式化方法

形式化是构造形式系统的程序，具体包括以下步骤：

1. 给出初始符号。这些符号预先不具有任何意义，任何其他符号要在形式系统内出现，必须通过初始符号来定义。

2. 给出形成规则。由初始符号可以形成无穷多的符号串，形成规则规定：什么样的符号串在该形式系统内是可以接受的，什么样的不是。

3. 给出公理，即在该形式系统中不加证明就被断定或接受的公式集。

4. 给出变形规则。这些规则规定，如何从该系统内的公理得到其他的可被断定或接受的公式，后面这些公式叫做“定理”。因此，变形规则又是从公理推出定理的规则，叫做“推导规则”。由公理根据变形规则得到定理的公式变换过程叫做“证明”。

经过以上4个步骤，我们就得到了一个形式系统。可以说，初始符号和形成规则构成了形式系统的语言，叫做“形式语言”；公理和变形规则构成了形式系统的演绎结构。所以，一个形式系统至少包括两部分——形式语言和演绎结构，缺一不可。

值得特别加以强调的是以下两点：

第一，形式化包括符号化，但不等于符号化。

符号化的第一种情形是：以使用自然语言为主，同时也使用某些特制的人工符号去表示所讨论的理论中的特定概念、命题甚至定理。这可以叫做“初步的符号化”，在亚里士多德那里就已经做到了这一点。例如，亚里士多

① A. Prior, *Papers in Logic and Ethics*, London: Duckworth, 1976, pp. 128-129.

德是这样表述其三段论的：

如果A属于所有的B，并且B属于所有的C，则A属于所有的C。

这里，A、B、C是变项符号，它们可以被日常语言中的任何具体词项来代替。波兰逻辑学家乌卡谢维奇(Jan Lukasiewicz)正确地指出："把变项引入逻辑是亚里士多德最伟大的发明之一。"[①]之所以如此，是因为使用符号有诸多好处：(1)把原先用具体例子表示的推理改用符号表示之后，能够把人们的注意力从具体例子所表示的具体内容转移到由符号所表示的一般的结构关系上，由此就把思维的普遍性和一般性带进了思维过程。(2)原先用自然语言要说半天、写半天的句子，一旦用符号以及由符号组成的公式来表示，其结构紧凑，书写方便，大大加快了阅读和思考的速度，提高了思维的效率。(3)由于自然语言中的词项常常多义且歧义，其结构关系也比较松散，给思考造成了很大的干扰和麻烦；而符号的含义单一，其结构关系确定，于是，符号化思维提高了思维的严格性和精确性。由于这些好处的叠加和累计，使用符号还给我们的思维带来了新的契机和新的可能性：原来用日常语言不能表述、也无法思考的问题，随着新的符号工具的使用，成为可以表述和思考的。例如，用古汉语来表述和思考现代数学问题，几乎是不可能的。中国古代数学没有找到一套合适的符号体系，被认为是它后来停滞乃至落后的重要原因之一。

符号化的第二种情形是：将所讨论的理论中的概念、命题、推理分别全部转换为人工符号、符号序列、符号序列的变换，并且这些符号及其序列还必须保持严格的结构关系。这可以叫做"严格意义的符号化"，即构造形式语言。

显然，符号化特别是严格意义的符号化是形式化的前提，但是前者并不等于后者。初步的符号化距离形式化还十分遥远，即使是严格意义的符号化，也只是形式化过程的一个步骤、一个环节，只是形式系统的一个构成要素，形式系统是由形式语言和演绎结构这两部分构成的。因此，形式化包含符号化，但不等同于符号化。

第二，形式化包含公理化，但不等于公理化。

所谓公理化，是指把一个科学理论构造为公理系统的演绎方法。它至

---

① 乌卡谢维奇：《亚里士多德三段论》，李先昆、李真译，商务印书馆，1981年，第16页。

少包含以下步骤:(1)从该理论的诸多概念中挑选出一组初始概念,该理论的其他概念都由初始概念通过定义引入,称为导出概念;(2)从它的一系列命题中挑选出一组公理,而其余的命题都应用逻辑规则从公理推演出来,称为定理。应用逻辑规则从公理推出定理的过程称为证明,每一个定理都须经由证明而肯定。由初始概念、定义、导出概念、公理、证明和定理构成的演绎体系,称为公理系统。

很显然,形式化的前提是公理化,但又不等同于公理化。这是因为:有些公理系统的抽象域是先于对象而给定的,并且基本上是用自然语言加上特定的符号语言陈述的;而形式系统事先不假定任何论域,事后容许多种不同的解释,并且全部是用人工构造的形式语言陈述的。所以,就其抽象化和符号化的程度而言,形式化比一般的公理化要高得多。可以这样说,形式化是严格的符号化与公理化相结合的产物,是公理化发展的高级阶段。

下面我们以命题演算和谓词演算为例,进一步说明什么是形式系统,以及什么是逻辑系统。

(二) 命题演算 P

1. P 的形式语言 L_1

任何一个语言至少包含两个构成要素:一是字母表,它规定了本语言中所包含的全部字母,例如英语共有 26 个字母(汉语中没有字母表,类似于字母的是一个个汉字);一是一套语法规则,它规定如何由字母生成词、由词生成句子。一个形式语言恰好包含了这两个构成要素:字母表和形成规则。字母表规定了一形式系统的初始符号,若要使用这些符号之外的符号,则要通过定义引进。由字母表内的初始符号可以形成各种符号序列(串),形成规则规定:哪些符号序列是合式的,哪些是不合式的。合式的符号串称为合式公式,简称公式。

L_1 包含下列要素:

(Ⅰ)初始符号

(1) $p, q, r, s, p_1, q_1, \cdots\cdots$

(2) $\neg, \wedge, \vee, \rightarrow$

(3) 辅助性符号:(,)。

这里，(1)类符号叫做命题变项，是一个无穷序列。(2)类叫做命题联结词，简称联结词。(3)类是辅助性符号，分别是左括号、右括号和逗号，用来给符号分组或把符号隔开。由(1)—(3)类符号可以形成任意长度的符号串，如 p，qp，p(q)¬，p∧¬q 等。

在陈述 P 的形式规则前，需要先引入几种元语言符号：

(1) 用 π 表示 P 的任一命题变项，需要时也可用 π_1，π_2…表示；

(2) 大写的 X，Y，Z…表示 P 的任一符号串；

(3) 大写的 A，B，C…表示 P 的任一公式。

（Ⅱ）形成规则

(1)任一命题变项 π 是公式；

(2)若 A 是公式，则 ¬A 是公式；

(3)若 A 和 B 是公式，则(A∧B)、(A∨B)和(A→B)是公式。

(4)只有根据以上规则形成的 P 符号串，才是 P 的公式。

初始符号中没有“↔”，下面通过定义将其引入，定义实际上起着缩写的作用。

（Ⅲ）定义

$(A\leftrightarrow B)=_{df}(A\rightarrow B)\wedge(B\rightarrow A)$

为了避免结构歧义，上面使用了括号。像算术中在没有括号的情况下规定先乘除后加减一样，我们现在也规定：公式最外层的括号可以省略；并且，联结词的结合力随下述次序而递减：

¬，∧，∨，→，↔

这就是说，在没有括号的情况下，我们先看¬，再看∧，再看∨，再看→，最后看↔。据此可以省略掉一些括号。

2. P 的演绎结构

P 的演绎结构包括两部分：一是作为演绎出发点的公理，一是指导演绎如何进行的变形规则。

（Ⅰ）公理

A_1　$A\rightarrow(B\rightarrow A)$

A_2　$(A\to(B\to C))\to((A\to B)\to(A\to C))$

A_3　$A\land B\to A$

A_4　$A\land B\to B$

A_5　$A\to(B\to A\land B)$

A_6　$A\to A\lor B$

A_7　$B\to A\lor B$

A_8　$(A\to C)\to((B\to C)\to(A\lor B\to C))$

A_9　$(A\to B)\to((A\to\neg B)\to\neg A)$

A_{10}　$\neg\neg A\to A$

这10条公理实际上都是公理模式，每条公理模式相当于无穷多条公理：凡是具有上述形状之一的 L_1 公式都是公理。例如：

$p\to(q\to p)$

$(p\to q)\to((r\to s)\to(p\to q))$

$\neg p\to((q\land r)\to\neg p)$

都是公理 A_1。

（Ⅱ）变形规则

MP：从A和 $A\to B$ 推出B

MP是“充分条件假言推理的肯定前件式”(*modus ponens*)的缩写，又叫做“分离规则”。

3.P定理及其证明

P中的一个证明是 L_1 的一个有穷非空的公式序列 $A_1,A_2\cdots A_n$，使得对于每一 $i(1\leqslant i\leqslant n)$，$A_i$ 或者是P的公理，或者是由序列前面的公式经使用P的变形规则而得到。如果公式A是P中构成证明的某个序列的最后公式，则称A是P中的定理，记作 $\vdash_P A$，该序列则是P中关于A的一个证明。当总是在P中讨论问题时，“$\vdash$”标记中的P可以省略；有时为了书写简便，也把“$\vdash$”省略。

列举P的如下一些定理：

[1]$A\to A$

[2]$(B\to C)\to((A\to B)\to(A\to C))$

[3] $(A \to B) \to ((B \to C) \to (A \to C))$

[4] $(A \to (B \to C)) \to (B \to (A \to C))$

[5] $(A \wedge \neg A) \to B$

下面严格证明定理[1]和[2]，以此说明证明的一般形式。

证[1]：

(1) $(A \to ((A \to A) \to A)) \to ((A \to (A \to A)) \to (A \to A))$ A_2

(2) $A \to ((A \to A) \to A)$ A_1

(3) $(A \to (A \to A)) \to (A \to A)$ (1)(2)MP

(4) $A \to (A \to A)$ A_1

(5) $A \to A$ (3)(4)MP

公式序列(1)—(5)构成P中的一个证明，因为其中的(1)为公理 A_2，(2)为公理 A_1，(3)由(1)(2)经使用分离规则得到，(4)为公理 A_1，(5)由(3)(4)经使用分离规则得到。每一步都符合P中关于证明的要求，因此，$A \to A$ 就是P中的定理。

证[2]：

(1) $(A \to (B \to C)) \to ((A \to B) \to (A \to C))$ A_2

(2) $((A \to (B \to C)) \to ((A \to B) \to (A \to C))) \to$
$((B \to C) \to ((A \to (B \to C)) \to ((A \to B) \to (A \to C))))$ A_1

(3) $(B \to C) \to ((A \to (B \to C)) \to ((A \to B) \to (A \to C)))$ (1)(2)MP

(4) $((B \to C) \to ((A \to (B \to C)) \to ((A \to B) \to (A \to C)))) \to$
$(((B \to C) \to (A \to (B \to C))) \to ((B \to C) \to ((A \to B) \to (A \to C))))$
A_2

(5) $((B \to C) \to (A \to (B \to C))) \to ((B \to C) \to ((A \to B) \to (A \to C)))$
(3)(4)MP

(6) $(B \to C) \to (A \to (B \to C))$ A_1

(7) $(B \to C) \to ((A \to B) \to (A \to C))$ (5)(6)MP

由此可以看出，P中的证明完全变成了符号公式之间的变换，变换只涉及符号的形状，而丝毫不涉及这些符号的意义。这实际上体现了形式化方法的实质：完全撇开所使用的符号的意义，撇开该符号系统所适用的对象范围，只凭借明确给出的与符号的字形（结构）相关的语法规则构造形式系统，然后对如此构造的系统进行解释。在如此构造的系统中，符号与符号的关系得到了最严格、最精确、最充分的刻画。

(三)谓词演算Q

谓词演算Q是命题演算P的扩充,这就是说,Q的形式语言(又叫做"一阶语言")L_2是P的形式语言L_1的扩充,L_1的所有要素都包含在L_2之中,并且L_2中还包含一些L_1中没有的要素;Q的演绎结构是P的演绎结构的扩充,P的所有公理和变形规则都包含在Q之中,并且Q还包含着P中所没有的公理和推理规则。下面完整地给出Q的形式语言L_2及其演绎结构。

1. 一阶语言L_2

(Ⅰ)初始符号

(1)个体变项:$x_1, x_2, x_3 \cdots\cdots$

(2)个体常项(可能空):$a_1, a_2, a_3 \cdots\cdots$

(3)谓词符号:$F, G, R, S, F_1, G_1 \cdots\cdots$

(4)函数符号(可能空):$f, g, f_1, g_1 \cdots\cdots$

(5)联结词:$\neg, \wedge, \vee, \rightarrow$

(6)量词:$\forall$

(7)辅助性符号:(,)。

这里,联结词和量词构成L_2的逻辑符号,而个体变项、个体常项、谓词符号、函数符号一起构成L_2的非逻辑符号。

(Ⅱ)形成规则

1. 项的形成规则

(1)任一个体变项和个体常项是L_2的项;

(2)如果f是L_2的函数符号,并且$t_1, t_2 \cdots t_n$是L_2项,则$f(t_1, t_2 \cdots t_n)$也是项。

(3)项仅由(1)和(2)生成。

2. 公式的形成规则

(1)如果F是L_2的谓词符号,并且$t_1, t_2 \cdots t_n$是L_2项,则$F(t_1, t_2 \cdots t_n)$是L_2公式。

(2)如果A是公式,则$\neg A$和$(\forall x)A$也是公式,$(\forall x)A$中的x是任意的个体变项。

(3)如果 A 和 B 是公式,则$(A \wedge B)$,$(A \vee B)$,$(A \to B)$也是公式。

(4)公式仅由(1)(2)(3)生成。

项相当于一个语言中的词,公式相当于一个语言中的句子,前面带量词的叫量化公式。在量化公式中,量词后面的最短公式或写在量词后面的一对括号内的公式叫做该量词的辖域。处在量词辖域内的一切与量词里的变项相同的变项都被此量词所约束,叫做约束变项;而不在任何量词的辖域内,或虽在某量词的辖域内但与该量词内的变项不同的变项,则不为该量词所约束,叫做自由变项。含有一个或多个自由变项的量化公式叫做开公式,不含任何自由变项的量化公式叫做闭公式。

如果通过定义在 L_2 中引入联结词↔以及量词∃将更为方便。

(Ⅲ)定义

(1) $(A \leftrightarrow B) =_{df} (A \to B) \wedge (B \to A)$

(2) $(\exists x)A =_{df} \neg(\forall x)\neg A$

2. Q 的演绎结构

(Ⅰ)公理

A_1　$A \to (B \to A)$

A_2　$(A \to (B \to C)) \to ((A \to B) \to (A \to C))$

A_3　$A \wedge B \to A$

A_4　$A \wedge B \to B$

A_5　$A \to (B \to A \wedge B)$

A_6　$A \to A \vee B$

A_7　$B \to A \vee B$

A_8　$(A \to C) \to ((B \to C) \to (A \vee B \to C))$

A_9　$(A \to B) \to ((A \to \neg B) \to \neg A)$

A_{10}　$\neg\neg A \to A$

A_{11}　$(\forall x)A \to A(x/t)$,如果 t 在 A 中对 x 是代入自由的

A_{12}　$(\forall x)(A \to B) \to (A \to (\forall x)B)$,如果 x 不在 A 中自由出现

(Ⅱ)变形规则

MP:从 A 和 $A \to B$ 推出 B

UG：从 A 推出$(\forall x)A$，其中 x 是任意的个体变项

Q 中的一个证明是 L_2 的一个有穷非空的公式序列 $A_1, A_2 \cdots A_n$，使得对于每一 $i(1 \leqslant i \leqslant n)$，$A_i$ 或者是 Q 的公理，或者是由序列前面的公式经使用 Q 的变形规则而得到。如果公式 A 是 Q 中构成证明的某个序列的最后公式，则称 A 是 Q 中的定理，记作 $\vdash_Q A$，该序列则是 Q 中关于 A 的一个证明。

余下的工作就是从 Q 公理和 Q 变形规则推出 Q 定理，在此从略。

三　元逻辑研究

形式系统一经构造完成之后，本身立刻就成为研究的对象，成为对象理论。以形式系统为对象的理论称为元理论。如果元理论的对象是逻辑形式系统，特别是一阶逻辑形式系统，则称这种元理论为元逻辑。

形式系统内所使用的人工符号语言称为对象语言，这种语言无法刻画形式系统的性质，而且也不能说明自身的性质。为了完成这种说明和刻画，就需要一种区别于对象语言的语言，称为元语言。元语言往往是自然语言加上特定的符号语言，在元理论研究中就要使用这种语言。

元理论是从语法和语义两个角度研究形式系统的性质的。语法处理形式系统内符号与符号之间的关系。逻辑语法包括两部分：基本语法和理论语法。前者涉及形式系统的构造，它实际上规定了用形式化方法构造形式系统的程序：首先，给出该系统的字母表，其次是给出形成规则，再次是给出公理，最后是给出变形规则，剩下的工作就是根据变形规则从公理推出定理。理论语法则把构造好的形式系统本身作为研究对象，研究后者的一系列语法特性，诸如语法意义上的一致性、完全性、独立性、可判定性等等。语法研究要使用语法元语言，例如我们前面陈述一阶语言 L_2 的形成规则、公理、变形规则时，谈到 L_2 的合式公式，使用了大写字母 A、B、C 等，这些就是语法语言，通常所谓“矛盾式”“合式公式”“证明”“可证”“定理”“演绎”等是典型的语法概念，用语法语言陈述的定理叫语法定理。语义处理形式系统中符号和它所指称、所刻画的对象之间的关系。我们构造形式系统通常是有某种直观背景和预定目的的，而此目的之实现必须凭借形式系统的解释。

解释把形式系统与一定的对象域连接起来，从而赋予形式系统内的初始符号和公式以一定的意义。至此为止，原本没有任何意义的形式系统就成为反映一定的对象领域的一个有内容的形式理论，形式化的目的在这时就算最后达到了。一旦进入意义领域，就开始了对于形式系统的语义学研究。这是关于形式系统的元理论研究的一个重要方面，它研究一形式系统是否具有语义的一致性(即可靠性)、完全性、范畴性等问题。语义研究要使用语义语言，例如，“真”“假”“重言式”“满足”“普遍有效”“解释”“模型”等是典型的语义概念，用语义语言陈述的定理叫语义元定理。

在对形式系统作出解释时，通常分两步进行：首先，为该系统的形式语言指定论域，并给出形式语言内个体常项、函数符号、谓词符号在该论域中所分别代表的特指个体、函数运算以及性质或关系，这些结合在一起组成一个结构。然后，在此结构的基础上再指定个体变项所代表的个体，这称为指派。一个结构加上结构上的一个指派构成一个完整的语义解释(亦称赋值)。下面以一阶语言 L_2 的解释为例，一般地说明结构、指派、满足、解释(赋值)、模型、真、假、逻辑有效等重要的语义学概念。

> L_2 的一个结构是一个有序对 $U = \langle D, \tau \rangle$，其中
>
> (1) D 是非空集合，称为结构 U 的个体域，记为 $|U|$；
>
> (2) τ 是定义在 L_2 的非逻辑符号集上的一个映射，使得：
>
> (i) 对于 L_2 中的个体常项 c，τ 指派 D 中的某个特定个体；
>
> (ii) 对于 L_2 中的任一 n 元函数符号 f，τ 指派 D 中的 n 元运算；
>
> (iii) 对于 L_2 中的任一 n 元谓词符号 F，τ 指派 D 中个体的性质(当 $n=1$ 时)或个体间的 n 元关系(当 $n>1$ 时)。

L_2 的结构确定之后，L_2 的任何一个闭公式就有了确定的意义，并有了确定的真假。但是，对于 L_2 的开公式，还需要对其中的自由个体变项作出解释。于是，我们有：

> 结构 U 上的一个指派是指这样一个映射
>
> $\rho: \{x_1, x_2, x_3 \cdots\cdots\} \rightarrow |U|$

即是说，对 L_2 中的每一个个体变项 $x_i (i \geq 1)$，ρ 指派 D 中的某个个体。

然后，把结构 U 和指派 ρ 组合起来，就得到 L_2 的一个完整的语义解释：

一个 L_2 赋值(亦称解释)是指这样一个有序对 $\sigma=<U,\rho>$,其中 U 是一个 L_2 结构,ρ 是 U 上的一个指派。

在赋值 σ 下,任一 L_2 项 t 或公式 A 都获得了确定的值,我们用 $\sigma(t)$ 和 $\sigma(A)$ 表示 t 或 A 在赋值 σ 下的值。若用 $u\sigma$ 表示非逻辑符号 u 在 $\sigma=<U,\rho>$ 下的值,也就是由 U 中的 τ 指定给 u 的值,则任一 L_2 项 t 在赋值 σ 下的值 $\sigma(t)$ 可递归定义如下:

(i)对于 L_2 的任一个体变项 x_i,$\sigma(x_i)=\rho(x_i)$,$i\geqslant 1$。

(ii)对于 L_2 的任一个体常项 a_i,$\sigma(a_i)=(a_i)\sigma$,$i\geqslant 0$。

(iii)对于 L_2 中的 $f(t_1,t_2\cdots t_n)$,$\sigma(f(t_1,t_2\cdots t_n))=(f)\sigma(\sigma(t_1),\sigma(t_2)\cdots\sigma(t_n))$,其中 f 是 L_2 中的 n 元函数运算,$t_1,t_2\cdots t_n$ 是 L_2 的任一项,$n\geqslant 0$。

由于公式的值是真值,我们用{1,0}代表真值集,其中 1 代表真,0 代表假。于是,任一 L_2 公式 A 在赋值 σ 下的值 $\sigma(A)$ 可递归定义如下:

(i)$\sigma(F(t_1,t_2\cdots t_n))=T$ 当且仅当 $<\sigma(t_1),\sigma(t_2)\cdots\sigma(t_n)>\in(F)^\sigma$,即是说,在 D 中 $\sigma(t_1),\sigma(t_2)\cdots\sigma(t_n)$ 具有 $(F)^\sigma$ 关系。

(ii)$\sigma(\neg A)=1$ 当且仅当 $\sigma(A)=0$。

(iii)$\sigma(A\wedge B)=1$ 当且仅当 $\sigma(A)=\sigma(B)=1$。

(vi)$\sigma(A\vee B)=1$ 当且仅当或者 $\sigma(A)=1$ 或者 $\sigma(B)=1$。

(v)$\sigma(A\rightarrow B)=1$ 当且仅当 $\sigma(A)=0$ 或者 $\sigma(B)=1$。

(iv)$\sigma((\forall x)A)=1$ 当且仅当每一个与之 i 等价的赋值 σ',$\sigma'(A)=1$。

这里,两个赋值 σ 和 σ' 是 i 等价的,是指对于每个 $j\neq i$,都有 $\sigma(x_j)=\sigma'(x_j)$。也就是说,赋值 σ 和 σ' 除可以对个体变元 x_i 指派不同的值(即 $\sigma(x_i)$ 和 $\sigma'(x_i)$ 可以不同)以外,对其他任何个体变项,σ 和 σ' 都指派相同的值。

在这样的赋值 σ 之下,L_2 的每一公式都具有了确切的含义,并且具有了确定的真值。如果有赋值使一个公式为真,我们称该公式为可满足的;如果一公式对于任意结构中的任意指派(即任意赋值)都是真的,我们称此公式为常真公式,或普遍有效式,或永真式。反之,如果一公式对于任意结构中的任意指派都是假的,即没有任何赋值使其为真,则称它为矛盾式,或不可满足式，或永假式。显然，常真公式总是可满足的，而矛盾式则总是不可满足的。

于是，一个形式系统内的公式相对于某些确定的或任意的解释（赋值），就被区分为（1）可满足的，（2）不可满足的，（3）逻辑有效的（逻辑有效的公式都可满足）。通常把使某一公式为真的那个（或那些）解释称为该公式的模型，因此，凡可满足的公式至少有一个模型；凡不可满足的公式没有任何模型；凡逻辑有效的公式有不止一个模型。同理，相对于某些或任意的解释来说，公式集也可以区分为（1）可满足的，（2）不可满足的，（3）逻辑有效的。一公式集是可满足的，当且仅当，至少有一个特定的解释使得此公式集中的所有公式同时为真；一公式集是不可满足的，当且仅当，没有任何解释使得该公式集的所有公式同时为真；一公式集是逻辑有效的，当且仅当，任意的解释都使得该集内的所有公式同时为真。同理，使得一公式集为真的解释被称为该公式集的模型，因此可满足的公式集有模型，不可满足的公式集无模型，逻辑有效的公式集有不止一个模型。

对于一个形式系统，我们通常要问下面这些问题：

1. 形式系统是否具有一致性（或相容性）？

一致性有语法和语义两种含义。语法一致性是指：并非任一合式公式都在这一系统内可证；对于其语言中含有否定号“¬”的系统来说，这种说法等价于：不存在这样的合式公式 A，A 和 ¬A 都在这一系统内可证。语义一致性是指：一切在这一形式系统内可证的公式都是真的。或者说，该形式系统至少有一个模型。语义一致性又叫做可靠性（soundness）。因此，一致性（无论它是语法的还是语义的）不仅是指一形式系统中没有逻辑矛盾，而且是指它不可能产生矛盾。附带指出，从语义一致性可推出语法一致性。

2. 形式系统是否具有完全性？

完全性也有语法和语义两种含义。语法完全性又有强的和弱的两种意义。强完全性是指属于一形式系统的每一公式或者是可证的，或者是不可证的；弱完全性是指，如果把一形式系统中不可证的公式加到公理之中，该系统必将导致矛盾。语义完全性则是指：一形式系统内所有与真命题相应的公式都在这一系统内可证。

3. 形式系统是否具有可判定性？

可判定性是与能行方法的概念分不开的。所谓能行的方法，就是每一步都由某种事先给定的规则规定了的并且在有穷步内结束的方法。所谓能行可判定,是指对一类问题有一能行方法,对任给该类中的问题,能在有穷步内确定它是否有某个性质,或者任给一对象能在有穷步内确定它是否属于该类。例如,对于形式系统,下述问题一般都是能行可判定的:任一符号是不是系统内的初始符号;任一符号的有穷序列是不是系统内的公式;任一公式是不是公理;任一公式是不是从给定公式根据变形规则得到;任一公式的有穷序列是不是一个证明。但是下述问题,如任一公式是否可证、是否为一定理,任一公式是否常真、是否普遍有效,任一公式是否可满足,却不是对每一个形式系统都是能行可判定的。

4.形式系统的公理集是否具有独立性?

独立性就是相对于给定的变形规则的可推演性。一公式集合 M 是独立的,如果 M 中的任一公式 A 都不能根据给定的推演规则从 M 中其他公式推演出来。

5.形式系统是否具有范畴性?

范畴性只是相对于有模型并且有两个以上模型的形式系统而言的。具体来说,它是指一个形式系统的所有模型都是同构的。而两个模型同构则是指:两个模型的论域中的元素及其关系能够保持一一对应。

在形式系统的上述元逻辑特性中,一致性是最重要的特性,它涉及一个形式系统是否能够成立的问题:因为不一致的形式系统包含逻辑矛盾,而按照逻辑定律,从逻辑矛盾可以推出任一命题,这就意味着在该系统内可接受的(真)语句和不可接受的(假)语句之间没有任何区别,而这会毁掉一切科学,因此这样的系统是没有价值的。一致性之外的其他元逻辑特性是次一级的:完全性涉及一个系统的推演能力,独立性涉及一形式系统选择公理时是否经济,它们都带有某种审美的意味。不过,完全性具有特别的意义,能够把某一范围内的真命题全部推演出来的(即完全的)系统当然是最适用、最理想的。因此,既一致又完全的系统一直是逻辑学家追求的目标。

已经证明,命题演算和谓词演算就是这样的系统,它们都是既可靠又完全的。

四　形式化方法的意义

第一,形式化方法为科学研究提供了一种新的视角和新的思考方式。

把语言、定理、理论区分为不同的层次,并要求在较高的层次(n+1)上去讨论、叙说或断定较低层次(n层)的一般性质,这是形式化研究的一个极其重要的成果。这一成果的方法论意义就在于,要求我们大力开展元理论研究,这里的"元"(meta-)是指"在……之后""次一层的"或"超越"的意思。元研究就是以某一理论自身作为研究对象的次一层的研究,关于对象理论的各种研究及其结果构成元理论,还可以对元理论本身进行研究,构成元元理论……这种元研究与对象理论内部的研究相比,意义更为重大,因为后者只是在对象理论之内解难题、补漏洞,以使对象理论更趋成熟和完善,它并不对对象理论本身、对这些难题本身的价值提出怀疑,这就很难导致对象理论研究在根本性前提上实现重大层次跃迁。而元研究则把锋芒对准对象理论本身,它使我们能在更广阔的视野中,重新审查对象理论的对象、性质、根基及其正当性、有效性等等,从而不断地调整或修正对象理论的研究,使对象理论研究减少盲目性,以便更为成功和有效。因此,由形式化派生出的这种元研究方式,为包括自然科学和哲学社会科学在内的其他学科提供了一种新的视野和新的路径。许多学科领域已经明显受到了这种研究方式的影响,数学领域有元数学,哲学领域内元研究方兴未艾,例如元哲学、元伦理学、元美学等,其中元伦理学最为完善,几乎成为当代伦理学研究中最主要的倾向和派别。

第二,形式化方法有助于提高一个理论的严格性和精确性。

非形式化的理论常常是用自然语言或者自然语言再加上某种特定的符号语言表述的,而自然语言本身具有一些缺陷,例如不精确、语义模糊、充满歧义、语法关系很不严格,这就使得用它表述的概念和命题很可能被误解和误用;并且,用自然语言表达的推理常常是结合内容和意义的,在形式上很不严格,有可能发生这样的情况:在推理过程中暗中假定或使用了另外一些其正确性有待证实的前提或规则,而后者往往成为思维谬误的一个源泉。上述现象在形式化系统中是不可能出现的,这是因为:(1)形式系统的语言排除了任何模糊性和歧义性。形式系统一开始就陈述它的字母(初始符号),这种字母是特制的符号语言,除了用自己的形状表达结构信息外,不再具有任何意义,因而是单义的;并且,它明确规定了由字母生成词(项)、由词生成句(公式)的句法规则,这些规则是递归定义的,明确规定了在做了一步之后下一步如何做。(2)形式系统内的证明或推导是极其严格的,以Q的

“证明”概念为例：“Q 中的一个证明是一个公式的有穷序列 A_1，A_2…An，其中每一 Ai(1≤i≤n)或者是一公理，或者是一已证的定理，或者是由先前的公式经使用变形规则得到。”因此，这就排除了使用任何暗含前提或未明确陈述的规则的可能性。(3)形式系统一般能在有穷步内判定：一个符号是否为初始符号，一个符号序列是否为公式，一个公式是否为公理，一个公式是否能从给定公式利用变形规则得到，一个有穷长的公式序列是否为一证明。即使形式系统使用了非初始符号、非公式、非公理、非系统的变形规则，利用判定程序也很容易查明并立即排除。因此，模糊和歧义(不精确)，使用暗含的前提和未明确陈述的规则(不严格)的错误，在形式系统中是不会出现的。形式系统在精确性和严格性方面堪称典范，把一个成熟的科学理论表述为这样的形式系统，当然是极有好处的。

第三，形式化有助于揭示一个理论的概念、范畴、命题的潜在逻辑含义以及相互之间的潜在逻辑关系，从而促使理论研究走向深入。

在非形式化理论中，通常也要分析相关概念、范畴的潜在逻辑含义，也要进行推理，理清相应命题之间的逻辑关系，以把这些概念、范畴、命题构成有机的理论体系。但是，这种分析和推理的链条常常是很短的，最多也就是三四个层次或三四步。而在形式化系统中，推理的链条在原则上可以无限延伸，因而可以得出无数条新定理，这就可能造成下述结果：原先没有意识到或模糊地意识到的逻辑涵义和逻辑关系现在被明确地、充分地揭示出来了；原先以为没有逻辑关系的，现在被证明是有关系的；或者，原先认为逻辑上一致、相容的，现在可能揭示出其潜在的逻辑矛盾；如此等等。这样一来，科学研究无疑就被大大向前推进了。例如，义务、允许、禁止、承诺、应该等概念是伦理学所要研究的，新兴的道义逻辑就是以包含这些概念的语句的逻辑特性和推理关系为对象的，它导出了许许多多有关这些概念的新定理，这些定理有助于对模糊的伦理学概念精确地加以规定，并且把它们潜在的含义和关系阐发清楚。并且，道义逻辑还触及一些深刻的伦理学问题，例如义务、允许、禁止与必然、可能、不可能的关系，义务的相对性和条件性，义务和伦理规则的关系，伦理规则集的层次性，义务冲突及其克服，等等。所以，道义逻辑一方面为伦理学研究提供了工具，另一方面又深化了伦理学研究。

第四，形式化有助于不同观点的比较和辨识，为不同观点之间的交流、讨论、批判提供了前提和基础。

当一种观点以一种大而统之、简而化之的方式提出时，几乎不能与其他观点比较，因为它不具有确定的形式，弹性较大，就像一条满身黏液的泥鳅一样把捉不住。但一旦利用形式化方法使其精确化和严格化之后，就可以进行相互比较和相互批判，弄清楚它们之间的真实关系。例如，哲学家们对于时间有各种各样的看法和观点。例如，认为时间是有始有终的，或有始无终的，或无始有终的，或无始无终的，又认为时间是不可分的，或无限可分的，连续的或离散的，还认为时间是一维决定的，或多维非决定的，等等。作为哲学逻辑一支的现代时态逻辑，就从上述各种不同的哲学观点出发，构造了各种不同的时态逻辑，例如线性时态逻辑、枝形时态逻辑、无端点线性(或者枝形)时态逻辑、稠密无端点线性(或者枝形)时态逻辑、离散无端点线性(或者枝形)时态逻辑，这些不同的时态逻辑分别刻画着不同的时间观，但由于这些逻辑是严格构造的形式系统，因而它们之间的关系是十分清楚的，而这在直观、朴素的观点中是根本做不到的。

实际上，形式化方法代表着一种极度精确的思维，在需要精确的地方我们要尽量精确，这时候形式化方法就有其用武之地。但是，我们并非时时、处处都需要如此程度的精确性，也不是时时、处处都能够达到如此程度的精确性。因此，形式化方法也是一种有很大局限性的方法，具体表现在：

其一，适用范围的狭窄性。

这主要是指：(1)并不是一切理论都能够被形式化。只有那些发展得比较成熟、逻辑关系比较清晰的理论才可能形式化，而那些发展得很不成熟、逻辑关系十分混乱的理论是没法形式化的。(2)并不是一个理论的一切方面都能够形式化。形式化只适于考察一个理论中概念或命题的形式方面和以严格意义上的逻辑方面为内容的那些问题，具体来说，它只能在下述三点上起作用：(i)更严格、更精确地限定概念、命题的涵义，(ii)更清晰地展示概念、命题之间的逻辑关系，(iii)尽可能多地展开它们的逻辑推论，以揭示概念、命题的潜在逻辑涵义。形式化对除此之外的其他方面是无能为力的。

其二，研究结果的尝试性。

这是指，应用形式化方法所得到的形式理论，只是一种暂时性和尝试性的理论。雷谢尔(N. Rescher)指出："这是毫无疑义的，科学理论从来不具有最终的和绝对的确定性，总是受到新的事实材料的反驳或修正；科学理论总是由新的和反驳性的观察所左右。同样，运用形式化方法所建立的任何系统，如果与新发现的事实不相符合，即导致了迄今为止未预见到而直观上又是不可接受的结果，就会被推翻。的确，无论这种理论同我们对所研究领域的非形式理解多么一致，不一致的可能性永远不会完全被排除。我们的逻辑的和概念的预见力从来不会如此敏锐，以致概念的系统化理论可能导致不可接受的结果，这样一种偶然性会从可能性的领域中消失。”①马里奥·邦格(Mario Bunge)也指出，形式化确实使哲学理论增加了严格性和精确性，但精确性并不能保证正确性，而是使我们易于发现错误并改正它；精确性也不能保证深度和重要性，而是使我们有可能对哲学理论进行合理的检查，以诊断问题和困难的确切来源，同时也为它们的解决提供方法。②

其三，作用程度的有限性。

这是指，形式化方法并不是法力无边的，它对于某些问题是无能为力的。具体来说，对于足够复杂的形式系统 S 而言，(1)如果 S 是逻辑上无矛盾的，则 S 必然是不完全的，即并非所有的真命题都在 S 中可证；(2)必然是不可判定的，即不存在可以用来判定其中的任一命题是否可证的算法；(3)它的真概念在本系统中是不可定义的。哥德尔不完全性定理、丘奇—图林的不可判定性定理和塔斯基的真概念不可定义性定理，分别表达了形式系统上述三个方面的局限性。这三大定理以严格的数学证明的形式，充分揭示了由形式化方法得到的形式系统的局限性，因此被称为局限性定理。

---

① N. Rescher, *Topics in Philosophical Logic*, Dordrecht: Reidel, 1968, pp. 332-341.

② 参见马里奥·邦格:《科学的唯物主义》，张相轮译，上海译文出版社，1989 年，第 4 页。

第九讲

换一个角度来思考……

——变异逻辑:一些另类系统

一　什么是变异逻辑?

在前面第八讲中谈到了命题演算和谓词演算,它们共同构成所谓的"一阶逻辑",这种逻辑是所有其他逻辑的基础,在当代逻辑学科体系中取得了"经典"的地位,亦称"经典逻辑"。与后来出现的各种逻辑系统相比,经典逻辑至少含有下述假定或预设:

1. 外延原则,即它在处理语词、语句时,只考虑它们的外延,并认为语词的外延是它所指称的对象,语句的外延是它所具有的真值;如果在某一复合语句中用具有同样指称但有不同涵义的语词或语句去替换另一语词或子语句,该复合语句的真值保持不变。这就是著名的"外延论题"。与此相联系,一阶逻辑是建立在实质蕴涵之上的逻辑。所谓实质蕴涵,就是把一条件句的真假看作其各个构成句的真值函项。具体来说,条件句"如果 p,则 q"为真,当且仅当并非 p 真而 q 假,这就是说,除开 p 真 q 假的情况下该条件句为假之外,在其他情况——p 真 q 真、p 假 q 假、p 假 q 真——之下,它都是真的。

2. 二值原则,即任一命题或真或假,非真即假,非假即真;没有任何命题不具有真假值,也没有任何命题具有除真假之外的其他值。这就是说,在一阶逻辑中不存在真值空缺或真值间隙。顺便指出,二值原则是古典的矛盾律和排中律的结合,后两者一起刻画了传统的真概念。二值原则、矛盾律、排中律是所有二值逻辑系统所依据的元规则,而不仅仅是这些系统的一个内定理。例如,"$p \vee \neg p$"本身并不就是排中律,它仅仅是排中律在命题演算中的一个表现形式。排中律在其他二值逻辑中还有另外的表现形式，例如在谓词演算中是“$(\forall x)(Fx \vee \neg Fx)$”，在模态逻辑中是“$\Box p \vee \neg \Box p$”。所以，我们不能把作为所有二值系统的元规则的二值原则、矛盾律、排中律与作为二值系统内定理的矛盾律、排中律相混淆，后面这些称呼纯粹是出于方便。塔斯基早已指出这一点：“从我们的定义（指形式化语言中的真定义——引者）中可以推演出各种普遍性的定律。尤其可以借助于定义证明矛盾律和排中律——它们完全足以表达亚里士多德真理概念的特征，即我们能够证明在两个互相矛盾的语句中有一个且仅有一个是真的。不要将这些语义学定律与那些与其相关的逻辑规律即矛盾律和排中律看作是同一的。后者属于语句演算，也就是逻辑的最基本部分，其中根本不包含‘真的’这个词项。”[1]

3. 由假得全原则，指经典逻辑中这样的定理：$A \wedge \neg A \rightarrow B$，意思是从逻辑矛盾推出任一命题。这个原则有时也被称为“扩展律”：不一致性可以扩展到一个理论中的每一个句子。通常，我们把一个句子集的逻辑封闭集(logical closure)定义为从这个句子集逻辑地推出的所有句子的集合，并且称任何一个逻辑封闭的句子集为一个理论。因此，一个理论包含它的所有逻辑后承。如果一个理论不同时包含一个句子和该句子的否定，我们就说该理论是一致的；如果一个理论包含每一个句子，我们就说它是不足道的(trivial)。从由假得全原则可知：任何一个不一致的理论都是不足道的。

4. 采用实无穷抽象法，即把无穷当作已经完成的一个整体，而不只是一个潜在的无穷延伸的过程，于是在经典逻辑中就可以研究本质上是非构造性的对象。

5. 存在假定，即它的个体域非空，量词毫无例外地具有存在含义，并且单称词项总是指称个体域中的某个个体。如果语句和论证中出现了无所指的空词项，则人为地给它们指定外延：空集合。这是为了确保经典逻辑中的语句有且仅有一个真值：或者真或者假。

从不同的侧面考察，还可以概括出经典逻辑的一些不同的特征。“变异逻辑”就是通过修改经典逻辑的某个或某些假定或预设所得到的逻辑系统，

---

① 塔斯基：《真理的语义学概念和语义学的基础》，见涂纪亮主编《语言哲学名著选辑：英美部分》，三联书店，1988 年，第 262 页。

与标准的逻辑系统（即一些命题逻辑和谓词逻辑的系统）相比，它们是一些供选择的另类的逻辑系统（alternative systems）。这些系统至少在某些定理上与经典逻辑不一致：经典逻辑的某些定理不再是它们的定理，它们的某些定理也不是经典逻辑的定理。例如，某些多值逻辑去掉了经典逻辑所预设的二值原则，允许语句取真、假之外的其他值，从而使得经典逻辑中的矛盾律和排中律不再成立；相干逻辑挑战了经典逻辑的实质蕴涵及其逻辑后承概念；直觉主义逻辑挑战了经典逻辑的实无穷假定、二值原则和逻辑观；自由逻辑挑战了经典逻辑的存在假定和二值原则。下面，我们简单地介绍这样一些逻辑系统，包括多值逻辑、相干逻辑、直觉主义逻辑、次协调逻辑。

二　多值逻辑

可以这样说，多值逻辑是由波兰逻辑学家乌卡谢维奇开创的。他在研究亚里士多德逻辑时，碰到了“明天将要发生海战”这样的涉及未来偶然性的句子。他认为，在说这句话的时候，它既不是真的也不是假的，只是可能的或不定的。在1920年发表的一篇论文中，他这样写道：

> 我可以无矛盾地推测，明年的某个时刻，例如12月21日中午，我将现身华沙，它目前既不能被肯定地确定，也不能被否定地确定。所以，我将在那个给定的时间现身华沙，是可能的，但不是必然的。按照这一假定，“明年12月21日中午我将现身华沙”目前既不能是真的，也不能是假的。因为如果它现在就是真的，我未来现身华沙就成了必然的，而这与那个推测相矛盾。另一方面，如果它现在是假的，我未来现身华沙就成了不可能的，这也与那个推测相矛盾。所以，所考虑的这个命题目前既不真也不假，必定具有不同于“0”或“假”和“1”或“真”的第三值。我们可以用“1/2”表示这个值。它代表“可能的”，作为第三个值与“真”“假”并列。这就是导出三值命题逻辑系统的思想源头。①

于是，在乌卡谢维奇看来，一个命题可以取三个值：T（真）、F（假）、I（不定）。按照下述原则，他建立了三值逻辑系统：

① 转引自 N. Rescher, *Many-valued Logic*, McGraw-Hill Book Company, 1969, pp. 22-23。

(1)三个真值按照真性减小次序排列为 T、I、F。

(2)如果一个命题的值已知,则其否定式的值是该命题的值的“对立面”:

(3)合取式的值是它的各变项中真值最小的一个。

(4)析取式的值是它的各变项中真值最大的一个。

(5)“p→q”的值与“¬p∨q”的值接近但不相同:当 p 和 q 的值都为 I 时,“p→q”为 T,但“¬p∨q”的值为 I。这也许是为了确保“p→p”的值恒为 T。

(6)“p↔q”的值与“(p→q)∧(q→p)”的值相同。

关于五个基本真值联结词¬、∧、∨、→、↔,我们有如下的真值表:

p	¬p
T	F
I	I
F	T

p \ q	T I F	T I F	T I F	T I F
	p∧q	p∨q	p→q	p↔q
T	T I F	T T T	T I F	T I F
I	I I F	T I I	T T I	I T I
F	F F F	T I F	T T T	F I T

我们把乌卡谢维奇的三值逻辑记为 L_3,把经典逻辑记为 CL。L_3 有下列特点:

(1)¬(A∧B)↔(¬A∨¬B)和¬(A∨B)↔(¬A∧¬B)这两个德摩根律仍然成立。这表明,其中∧可由¬和∨定义,∨也可由¬和∧定义。

(2)A∨B 并不等值于¬A→B,而等值于(A→B)→B。于是,由¬和→,就可以定义出另外三个联结词:

$$A \lor B =_{df} (A \to B) \to B$$

$$A \land B =_{df} \neg(\neg A \lor \neg B)$$

$$A \leftrightarrow B =_{df} (A \to B) \land (B \to A)$$

(3)若把重言式定义为永真式,则 L_3 重言式必为 CL 重言式。这是显然的。设 A 为 L_3 重言式,我们只需在 L_3 关于 A 的真值表中删去中间值 I 的输入及相应的真值输出,就得到 CL 关于 A 的真值表。因为前者是重言式,后者必为重言式。

(4)CL 重言式在 L_3 中不会为假,却可以取中间值 I。所以,CL 重言式

在 L_3 中并不一般地成立。这是因为,不论其中变项代表什么命题,一个重言式都必须为真。特别地,二值逻辑的排中律 $A\vee\neg A$ 在 L_3 中不成立。若按语义表述,经典排中律意味着:任一命题要么真要么假,不存在第三种可能。它有如下推论:

推论 1　A 和 ¬A 两者中至少有一真。

推论 2　A 为真当且仅当 ¬A 为假。

在 L_3 中,排中律及其推论 1 肯定不成立,因为当 A 取 I 值时,$A\vee\neg A$ 也取 I 值。但推论 2 却可以成立,这从"¬p"的真值表也可以看出。

(5)L_3 中分别仅含联结词 ¬,∧,∨ 的公式,当其所有变项都取值 I 时也必取 I。这表明,这类公式不可能是矛盾式,也就是说,不论其中变项取什么值,该公式不可能恒取值为假。特别地,二值逻辑中的矛盾律 $\neg(A\wedge\neg A)$ 在 L_3 中不成立。经典矛盾律是指下列要求:应把"$A\wedge\neg A$"作为逻辑矛盾加以排除;或者,应把"$\neg(A\wedge\neg A)$"作为逻辑真理加以接受。它有如下推论:

推论 1　A 和 ¬A 两者必有一假。

推论 2　A 和 ¬A 不能同时为真。

推论 3　有关某命题同时既采取某个真值又采取另一个不同真值的说法为假。

在 L_3 中,经典矛盾律及其推论 1 和推论 3 不成立,但推论 2 却可以成立。这也可以从"¬p"的真值表中看出来。

沃依斯伯格(Mordchaj Wajsberg)在 1931 年的一篇论文中证明,乌卡谢维奇的三值逻辑 L_3 可以用如下方式公理化[①]:

公理:

A_1 $A\to(B\to A)$

A_2 $(A\to B)\to((B\to C)\to(A\to C))$

A_3 $(\neg B\to\neg A)\to(A\to B)$

A_4 $((A\to\neg A)\to A)\to A$

变形规则:

---

① 转引自 N. Rescher, *Many-valued Logic*, McGraw-Hill Book Company, 1969, p. 8。

MP：从 A 和 $A \rightarrow B$ 推出 B

既然命题可以取真、假之外的第三个值，为什么不能取第四个、第五个、甚至无穷多个值呢？乌卡谢维奇循此思路，把他的三值逻辑推广到三值以上，甚至是无穷多值的情况。现在约定：把一个公式写在两个斜杠之间表示这个公式的真值，例如，/p/表示 p 的真值；并且，这些真值用 0 和 1 之间的实数表示。乌卡谢维奇根据下述算术规则给出联结词的真值表：

$$/\neg p/=1-/p/$$

$$/p \wedge q/=\min[/p/,/q/]$$

$$/p \vee q/=\max[/p/,/q/]$$

$$/p \rightarrow q/=\begin{cases}1, \text{当} /p/ \leqslant /q/ \\ 1-(/p/+/q/), \text{当} /p/>/q/\end{cases}$$

这就是说，$\neg p$ 等于 1 减去 p 的真值；$p \wedge q$ 的真值取 p 和 q 的真值中数目较小的那个；$p \vee q$ 的真值取 p 和 q 的真值中数目较大的那个；如果 p 的真值小于等于 q 的真值，则 $p \rightarrow q$ 的真值等于 1；如果 p 的真值大于 q 的真值，则 $p \rightarrow q$ 的真值等于 1 减去 p 和 q 的真值之和。至于 $p \leftrightarrow q$ 的真值，则根据定义 $(p \leftrightarrow q)=_{df}(p \rightarrow q) \wedge (q \rightarrow p)$ 间接得出。

乌卡谢维奇的无穷值逻辑可用如下方式公理化：

公理：

A_1 $A \rightarrow (B \rightarrow A)$

A_2 $(A \rightarrow B) \rightarrow ((B \rightarrow C) \rightarrow (A \rightarrow C))$

A_3 $((A \rightarrow B) \rightarrow B) \rightarrow ((B \rightarrow A) \rightarrow A)$

A_4 $(\neg B \rightarrow \neg A) \rightarrow (A \rightarrow B)$

变形规则：

MP：从 A 和 $A \rightarrow B$ 推出 B

三值逻辑和其他多于三值的逻辑系统，完全可以对真值联结词有不同于上面的 L_3 的定义方式，于是就会出现不同于 L_3 的其他三值逻辑系统，以及其他更多值的逻辑系统。这些系统出于不同的考虑，服务于不同的目的。例如，德国逻辑学家赖欣巴赫(H. Reichenbach)选取具有下表所示性质的完全否定～和蕴涵⇝作为基本联结词：

p	~p
T	I
I	T
F	T

p→q (p \ q)	T	I	F
T	T	I	F
I	I	I	I
F	I	I	I

并且取下述唯一一条推理规则：

MP：从 A 和 A→B 可推出 B

构成了三值系统 $R_{\rightarrow}$。

如果把重言式重新定义为不取值 F 的公式，则 CL 重言式集不会有任何改变，因为在 CL 中一公式不取值 F，它必取值 T。但在 $R_{\rightarrow}$ 中，其重言式集却大大扩充，虽然 CL 重言式还是 $R_{\rightarrow}$ 重言式，但有些 $R_{\rightarrow}$ 重言式却可能不是 CL 重言式。

例如，在 $R_{\rightarrow}$ 中，考虑排中律的否定 $\sim(p \vee \sim p)$，我们有

$$|\sim(p \vee \sim p)| = \begin{cases} T \text{ 当 } |p \vee \sim p| = \begin{cases} I \\ F \end{cases} \\ I \text{ 当 } |p \vee \sim p| = T \end{cases}$$

即 $\sim(p \vee \sim p)$ 不取值 F，故按新的重言式定义，此公式为重言式，但它显然不是 CL 重言式。有论者指出，“这一结论表明：多值逻辑不仅有与经典逻辑不同的解释，它还可以有经典二值逻辑不具备的推理作用。例如，对于 $R_{\rightarrow}$，由于它的公理可以取值 T 或 I，它就可以保证，当作为推理前提的命题取中间值时，推理能够无矛盾地进行。这样，$R_{\rightarrow}$ 就可以用来作量子力学的推理工具。”①

综上所述，多值逻辑是由抛弃经典逻辑的二值原则而创立的，它允许命题取真、假之外的其他值如“不定”等，甚至允许命题在[0，1]区间内任取有穷多值甚至无穷多值。若其中命题可取值的数目为 n，则称相应的逻辑为 n 值逻辑。显然，经典逻辑是 n=2 的逻辑。到目前为止，多值逻辑已经在语言学、哲学、硬件设计、人工智能和数学中获得广泛而又重要的应用。

---

① 蔡曙山：《多值逻辑的哲学意义》，《贵州社会科学》1991 年第 12 期，第 21 页。

三　相干逻辑

构造相干逻辑的哲学动机来自对实质蕴涵和严格蕴涵的哲学批评。有的逻辑学家认为,下列公式作为推理规律是不可接受的:

(1)A→(B→A)

(2)¬A→(A→B)

(3)□A→(B⥽A)

(4)¬◇A→(A⥽B)

其中(1)和(2)叫做“实质蕴涵怪论”,是经典逻辑中的重言式或者定理,其意思分别是:真命题被任何命题蕴涵;假命题蕴涵任何命题。例如,由于“2+2=4”是真命题,因此,“如果雪是白的,则2+2=4”和“如果雪是黑的,则2+2=4”也是真命题;由于“1+1=3”是假命题,因此,“如果1+1=3,则太阳每天从西边升起”和“如果1+1=3,则太阳每天从东边升起”也是真命题。(3)和(4)叫做“严格蕴涵怪论”,却是某些模态逻辑系统中的定理,其意思分别是:必然命题被任何命题所严格蕴涵;不可能命题严格蕴涵任何命题。如果把实质蕴涵与推出关系视为同一,实质蕴涵怪论表明:语句之间的推出关系仅仅根据语句的真值就能成立;如果把严格蕴涵与推理关系视为同一,严格蕴涵怪论表明:语句之间的推出关系仅仅根据相应语句的模态性质如必然性、可能性、不可能性等就能成立。

有些逻辑学家批评说,通常我们进行推理时,不仅要求前提和结论之间有真值上的联系,而且要求前提和结论之间有某种共同的意义或内容,正是这种共同的意义内容潜在地引导、控制着从前提到结论的思想流程,使得我们可以由前提想到或推出结论。除非一个人思维混乱或精神不正常,他通常不会从“2+2=4”推出“雪是白的”,也不会从“2+2=5”推出“雪是黑的”,因为这里前提和结论在内容、意义上完全不相干。有些逻辑学家试图去刻画推理的前提和结论之间的这种共同的意义内容。显然,各种不同推理的意义内容是千差万别的,逻辑学家不是百科全书,不可能什么都懂,他们实际上无法顾及这些差异悬殊的具体内容,最多只能去寻找、刻画这种内容相关性的形式表现。相干逻辑学家认为,命题之间的内容共同性是由变元的共同出现来保证的，由此提出了著名的相干原理：如果 A 相干蕴涵 B，则 A 和 B 至少有一个共同的命题变元；或者说，A 与 B 相干之必要条件是，A 和 B 具有共同的命题变元。

相干性必然派生出独立性，即两个语句之间是否存在推理关系，与这两个语句单独所具有的任何性质如真、假以及模态性质如必然性、可能性、不可能性等等无关。这是因为，推理是两个(或两组)语句之间的一种关系，这种关系是否成立，不单单取决于这两个(或两组)语句独自具有的性质，而是取决于这两个(或两组)语句之间共有的某种意义内容或形式上的联系。因此，我们可以不知道 A、B 本身的真假，也可以不知道 A、B 本身的模态性质，却仍有可能知道 A 是否能推出 B。这就是说，A 与 B 之间的推出关系独立于 A、B 单独所具有的任何逻辑性质。这种看法是符合我们的日常直观的，因为真语句之间可能具有推出关系，也可能没有；假语句之间可能具有推出关系，也可能没有；假语句(作为前提)与真语句(作为结论)之间可能具有推出关系，也可能没有；必然语句之间、可能语句之间、不可能语句之间以及它们相互之间可能具有推出关系，也可能没有。我们不能因为某个(某组)语句是不是真的、假的、必然的或可能的，就断定由它能否推出另外某个(或某组)语句。

1956 年，阿克曼(R. M. Ackermann)构造了两个基于相干蕴涵的相干逻辑系统 π' 和 ε'。1959 年，安德森(A. R. Anderson)和贝尔纳普提出了相干逻辑的 R 系统，它是由相干蕴涵(用“A→B”表示)和真值联结词构造而成的，其构造如下：

公理：

A_1 $A\to A$

A_2 $(A\to B)\to((B\to C)\to(A\to C))$

A_3 $(A\to(A\to B))\to(A\to B)$

A_4 $A\to((A\to B)\to B)$

A_5 $A\wedge B\to A$

A_6 $A\wedge B\to B$

A_7 $(A\to B)\wedge(A\to C)\to(A\to B\wedge C)$

A_8 $A\to A\vee B$

A_9　$B \to A \lor B$

A_{10}　$(A \to C) \to ((B \to C) \to (A \lor B \to C))$

A_{11}　$A \land (B \lor C) \to (A \land B) \lor C$

A_{12}　$(A \to \neg A) \to \neg A$

A_{13}　$(A \to \neg B) \to (B \to \neg A)$

A_{14}　$A \to \neg\neg A$

变形规则：

MP：从 A 和 $A \to B$ 推出 B

$\land +$：从 A 和 B 推出 $A \land B$

在 R 中，如上所述的相干原理成立，并且是 R 系统的根本特征。这就是说，如果 $A \to B$ 是 R 的定理，则 A 和 B 至少有一个共同的命题变元，或者说，在推导出 B 的过程中，真正使用了而不仅仅是经过了 A。为了更清楚地说明相干原理，有必要提到 R 中一个元定理的推论：如果 A 是 R 的定理，则公式 A 中的每一个命题变元不可能只出现一次。根据这个推论，下述“实质蕴涵怪论”的相干蕴涵变形都不是 R 的定理：

$A \to (B \to A)$

$A \to (B \to B)$

$(A \to B) \to (B \to B)$

$(A \to B) \to (A \to A)$

$\neg A \to (A \to B)$

$A \to (\neg A \to B)$

$(A \leftrightarrow \neg A) \to B$

$B \to (A \lor \neg A)$

$A \lor (A \to B)$

由于 R 系统引入了相干蕴涵，$A \to B$ 当且仅当 A 与 B 存在着意义上的相互关联，因而在 R 系统中就排除了像“真语句被任一语句所蕴涵”等蕴涵怪论，排除了“不相干谬误”。所谓不相干谬误，就是由一个语句推出另一个意义上毫不相关的语句，也就是说导出了违反 R 之相干原理的定理。R 认为，“$\neg A, A \lor B \vdash B$”（析取三段论）作为推演规则是不可接受的，因为一旦接受它为推演规则，在 R 中就可推出蕴涵怪论“$(A \land \neg A) \to B$”（逻辑矛盾相干蕴涵任一语句），即在 R 中导致不相干谬误。

但是，相干蕴涵仍然是有缺陷的，它虽然试图反映语句之间意义、内容上的联系，却没有反映语句之间的必然联系。因而，相干逻辑系统 R 虽免除了不相干谬误，却无法避免模态谬误。如果一个必然语句由一些实然语句推演出来，则推演过程就犯了模态谬误。R 有下列定理：

$$A\to((A\to B)\to B)$$

$$(A\to(B\to C))\to(B\to(A\to C))$$

$$A\to((A\to A)\to A)$$

最后一个公式是说：如果 A 为实然真语句，则由一逻辑真理“A→A”得到的结论 A 是实然真的。但在一般模态逻辑中，常要求一必然语句的推论是必然真的，R 不能满足此要求。

安德森和贝尔纳普于 1958 年和 1962 年提出了另一个相干逻辑系统——衍推逻辑系统 E，它是由修改阿克曼 1956 年提出的 π' 得到的。将如上所述的 R 系统的公理 A_3 换成如下公式：

$$(A\to((D\to E)\to C))\to((D\to E)\to(A\to C))$$

就得到系统 E。在 E 中，一个重要的概念是衍推（entailment），这里用“⇒”表示。衍推是一个语句与另一个语句之间的二元关系，它是可演绎关系的逆。具体来说，衍推关系有如下两个特点：(1)衍推关系试图反映语句之间的必然关系。如果 A⇒B，则这种衍推关系独立于语句 A 与语句 B 之实际情况，与语句 A 之假和语句 B 之真无关。在 E 中下述推演是可靠的：如果 A 真，则可安全地衍推 A；假设 B 与 A 毫无关系，设 A 真，这并不表示 A 可由 B 导出，也不表示在任何蕴涵的意义上，B 蕴涵 A，或者 B 衍推 A。如果 A⇒B，则 A→B 必然为真。这是衍推逻辑的一个基本观点。(2)衍推关系试图反映语句之间在内容、意义上的相互关联。如果 A⇒B ，则 A 与 B 相干，也就是说，A 与 B 存在着共同的意义内容，或者说，A 与 B 具有共同的语句变元。因此，衍推关系试图结合严格蕴涵与相干蕴涵，既反映语句之间的必然联系，又反映语句之间在内容上的联系，也就是说反映语句之间在内容、意义上的必然联系，这种联系是独立于语句之真假与模态的。内尔森

(E. J. Nelson)指出:“蕴涵(即衍推)是意义之间的必然联系。”[1]

由于衍推既要求相干又要求必然,所以衍推系统 E 就是一个相干的严格蕴涵系统,这是 E 不同于 R 的主要之处。一方面,E 是相干逻辑,相干原理在 E 中成立,即是说,若 $A \Rightarrow B$ 是 E 之定理,则 A 和 B 之间至少具有一个共同的语句变元。并且,与 R 一样,析取三段论(即 $\neg A, A \vee B \vdash B$)不在 E 中成立。另一方面,E 是模态逻辑,若 $A \Rightarrow B$ 是 E 的定理,则 $A \rightarrow B$ 必然为真;若从一逻辑规律可导出结论 C,则 C 必然为真。在 E 中有这样一个基本定理:

$$(B \Rightarrow C) \Rightarrow (((B \Rightarrow C) \Rightarrow A) \Rightarrow ((A \Rightarrow A) \Rightarrow A))$$

$A \Rightarrow A$ 是一逻辑真理。定理说,如果我们由一真语句$(B \Rightarrow C)$可衍推 A,则由 $A \Rightarrow A$ 可衍推 A;这就是说,A 必然为真,当且仅当,A 是一个逻辑真理的后承。因此,当在 E 中把$\Box A$ 定义为$(A \Rightarrow A) \Rightarrow A$ 时,E 就具有类似于模态逻辑系统 S4 的模态结构。E 的定理可以分为两种类型:一类是不含模态词“□”(必然)、“◇”(可能)的,另一类含有模态词。可以证明,E 既免除了不相干谬误,又免除了模态谬误。

现在的问题是:如何评价相干逻辑?相干逻辑和衍推逻辑是否充分反映和刻画了它们声称要刻画的命题之间在内容或意义方面的相关性呢?本书把这样的问题留给有兴趣的读者。

四　直觉主义逻辑

直觉主义是一套关于数学基础的哲学理论,其主要代表人物是布劳维尔(L. E. J. Brouwer)。他创造性地继承了康德的先验直观理论,把对时间的先验直觉作为数学的基础。在他看来,数学是独立于经验的人类心灵的自由创造,它独立于逻辑和语言;先验的、原始的二·一性(two-oneness)直觉构成了数学的基础。这种初始直觉把每一个生活瞬间分解为质上不同的部分,仅当其余的一切被时间分隔开时才重新结合起来。这种直觉使人认识到作为知觉单位的“一”,然后通过不断的“并置”(juxtaposition),创造了自然数、有穷序数和最小的无穷序数。任何逻辑结构都不可能独立于这

① E. J. Nelson, “Intentional relations”, *Mind* , n. s. 39, 1930, pp. 440-453.

种数学直觉。他还持有如下的基本观点：

1. 不承认实无穷，只承认潜无穷。所谓实无穷，是把无穷视为现实的、完成了的总体，例如由所有自然数所构成的集合(自然数集)，一线段上所有点的集合(实数集)。所谓潜无穷，只是把无穷看作是一种无休止扩展或延伸的可能性或过程，而不是一种实际得到的总体，例如作为极限概念的无穷大和无穷小。由此，布劳维尔及其追随者把从潜无穷引申出来的自然数论作为其他数学理论的基础。

2. 排中律不普遍有效。在布劳维尔看来，这至少是出于两个原因：一是对于有穷论域来说，原则上可以通过逐个考察论域内的个体来验证它是否满足 A 或者非 A，因此排中律有效；但对于无穷论域来说，这样的考察是不可能进行和完成的，故排中律无效。二是他对“真”“假”等概念的特殊理解：一命题为真，是指能够找到一个在有穷步内结束的证明，后者证明它为真；一命题为假，是指能够在有穷步内证明它为假，即假设它为真在有穷步内将导致荒谬或矛盾。按这样的理解，排中律在数学中等于说：每一个数学命题或者是可被证明的，或者假设为真将导致矛盾(即可被否证)。但是，数学中不仅有未被证明为真或为假的命题，而且有不可证明的命题，因此排中律失效。

3. 存在等于被构造，数学对象的存在以可构造出该对象为前提。布劳维尔及其追随者不赞成使用反证法，即为了证明某个东西存在或某个命题成立，先假设它不存在或不成立，由此导致荒谬或矛盾，这就等于证明了它存在或成立。他们要求，要证明某个数学对象存在，只有两个办法，或者具体给出该数学对象，或者给出找到该数学对象的程序或算法；证明某个命题，要具体给出该命题如何成立的证明。因此，他们不赞成使用间接的存在证明，也不承认不能具体给出的纯存在定理。

布劳维尔及其追随者建构了体现其构造性观点的逻辑——直觉主义逻辑，其中逻辑联结词和量词的意义如下：

(1) $A \wedge B$ 的证明 p 是一对证明 p_1 和 p_2，使得 p_1 是 A 的证明，p_2 是 B 的证明。

(2) $A \vee B$ 的证明是一个构造，它选择 A 和 B 中的一个公式，并给出所选公式的证明。

(3) $A \rightarrow B$ 的证明 p 是一个构造，对于 A 的任何一个证明 q，它都指出一个 B 的证明 p(q)，并能验证 p(q)是 B 的一个证明。

(4) ¬A 的证明就是关于 A→(0=1)的证明，即可以由任意一个关于 A 的证明得到矛盾的构造。

(5)(∃x)A(x)的证明是一个构造，它可从所讨论的论域中选出一个对象 a 并得到 A(a′)的一个证明，这里 a′是 a 的一个名称。

(6)(∀x)A(x)的证明是一个构造，对于所讨论的论域中的任意对象 a，有一个 A(a′)的证明 p(a)，这里 a′是 a 的一个名称。

这里，对于“A→B”的直觉主义理解，要求 A 与 B 之间有一个过程，当把这个过程与证明 A 的过程配合起来之后，可以证明 B 真。安德森和贝尔纳普在把“A→B”翻译到相干逻辑系统 R 和 E 中去时，引入了命题量词，把“A→B”定义为：

$$(\exists p)(p \wedge ((A \wedge p) \rightarrow B))$$

意思是说，A 直觉蕴涵 B，当且仅当，A 与某些真命题一起相干蕴涵 B。梅耶尔(R. K. Meyer)发展并简化了上述思想，他使用命题常项 t(真)代替命题量化，把“A→B”定义为“A∧t→B”(A 和真命题相干蕴涵 B)。

直觉主义逻辑的命题演算部分构造如下：

公理：

A_1　$A \rightarrow (B \rightarrow A)$

A_2　$(A \rightarrow (B \rightarrow C)) \rightarrow ((A \rightarrow B) \rightarrow (A \rightarrow C))$

A_3　$A \wedge B \rightarrow A$

A_4　$A \wedge B \rightarrow B$

A_5　$A \rightarrow (B \rightarrow A \wedge B)$

A_6　$A \rightarrow A \vee B$

A_7　$B \rightarrow A \vee B$

A_8　$(A \rightarrow C) \rightarrow ((B \rightarrow C) \rightarrow (A \vee B \rightarrow C))$

A_9　$(A \rightarrow B) \rightarrow ((A \rightarrow \neg B) \rightarrow \neg A)$

A_{10}　$\neg A \rightarrow (A \rightarrow B)$

变形规则：

MP　从 A 和 A→B 推出 B

在直觉主义逻辑中,经典逻辑的下述定理不成立:

(1) $A \lor \neg A$

(2) $\neg \neg A \to A$

(3) $(\neg A \to \neg B) \to (B \to A)$

(4) $(\neg A \to B) \to (\neg B \to A)$

(5) $(\neg A \to B) \to ((\neg A \to \neg B) \to A)$

(6) $\neg (A \land B) \to (\neg A \lor \neg B)$

这里,(1)是排中律。直觉主义者认为,排中律只在有穷个体域中成立,在无穷个体域中不成立。(5)是反证律:如果假设某个命题不成立,将导致荒谬或矛盾,这就证明此命题成立。由于直觉主义者不允许间接证明,因此不接受反证法。由于(2)(3)(4)与反证律有关,也不被接受。(6)是一个德摩根律的一半,因此该德摩根律在直觉主义逻辑中不成立。

不过,在直觉主义逻辑中,经典逻辑的下述定理仍然成立:

(7) $\neg (A \land \neg A)$

(8) $A \to \neg \neg A$

(9) $\neg \neg \neg A \to \neg A$

(10) $(A \to B) \to (\neg B \to \neg A)$

(11) $(A \to \neg B) \to (B \to \neg A)$

(12) $\neg \neg (A \lor \neg A)$

(13) $\neg (A \lor B) \leftrightarrow (\neg A \land \neg B)$

(14) $(\neg A \lor \neg B) \to \neg (A \land B)$

这里,(7)是矛盾律,(12)是排中律的否定的否定。直觉主义者从构造性观点出发,认为排中律虽然没有被证明为真,但也没有被证明导致荒谬;它是一个不导致荒谬的命题。相反,谁要是说排中律荒谬,他便陷入荒谬。这就是布劳维尔所说的“排中律荒谬的荒谬”。

由于直觉主义逻辑具有构造性特点,加上一些经典逻辑的规律如(1)—(5)在其中不成立,因此它是一种不同于经典逻辑的变异逻辑。但由于所有直觉主义逻辑的定理都是经典逻辑的定理,因此,直觉主义逻辑又是经典逻辑的一个真部分,它是比经典逻辑要求更多、因而推演能力更弱的一种逻辑。尽管对直觉主义逻辑有种种批评，但它几乎是唯一被一部分数学家所使用并导致实际的数学成果的一种变异逻辑。

五　次协调逻辑

次协调逻辑(Paraconsistent Logic)是在研究悖论的过程中提出来的。已有的各种解决悖论的方案在总体上不太成功，在学术圈内逐渐滋长了另一种倾向，即转而对悖论持肯定的态度，认为悖论也许是我们的思维甚至是外在世界中固有的，是永远摆脱不掉的。因此，对于悖论的正确态度，也许不是拒斥它，而是学会与它相处；当出现矛盾或悖论时，更合理的办法也许是仍然让它们留在理论体系，但把它们“圈禁”起来，不让它们任意扩散，危害我们所创立或研究的理论整体，使它们成为“不足道”的。这种观点显然与认为矛盾律至高无上的经典逻辑不相容，与传统的真理观也不相容。于是，有些研究者如普里斯特(G. Priest)就选择了下述途径：修改传统的真理论，修改不允许任何矛盾、主张从矛盾可以推出任意命题的经典逻辑，去建立所谓的“次协调逻辑”，在其中能够容纳有意义、有价值的“真矛盾”，但这些矛盾并不能使系统推出一切，导致自毁。于是，这些新逻辑具有一种次于经典逻辑但又远远高于完全不协调系统的协调性。①

次协调逻辑家们认为，如果在一理论 T 中，一语句 A 及其否定 $\neg$A 都是定理，则 T 是不协调的；否则，称 T 是协调的。如果 T 所使用的逻辑包含前面提到的“由假得全”原则，即从互相否定的两公式可推出一切公式，则不协调的 T 一定是不足道的(trivial)。因此，通常以经典逻辑为基础的理论，如果它是不协调的，则它一定是不足道的。这一现象表明，经典逻辑虽可用于研究协调的理论，但不适用于研究不协调但又足道的理论。巴西逻辑学家达・科斯塔(N. C. A. da Costa)在 20 世纪 60 年代创立了次协调逻辑，构造了一系列次协调逻辑 $C_n(1\leqslant n\leqslant w)$，以用作不协调而又足道的理论的逻辑工具。对次协调逻辑系统 C_n 的特征性描述包括下述命题：

---

① G. Priest, “Paraconsisitent Logics”, in Dov M. Gabbay, F. Guenthner eds., *Handbook of Philosophical Logic*, Second Edition, vol. 6, 2002; *In Contradiction, A Study of the Transconsistent*, Martinus Nijhoff Publishers, 1989.

（1）矛盾律$\neg(A\wedge\neg A)$不普遍有效。

（2）从两个相互否定的公式A和$\neg A$推不出任意公式，即是说，矛盾不该在系统中任意扩散，矛盾不等于灾难。也就是说，应该让经典逻辑的定理$A\wedge\neg A\to B$在次协调逻辑中失效。

（3）应当容纳与（1）和（2）相容的大多数经典逻辑的推理模式和规则。

上述（1）和（2）表明了对矛盾的一种相对宽容的态度，（3）则表明次协调逻辑对于经典逻辑仍有一定的继承性。

达·科斯塔的次协调逻辑$C_n(1\leqslant n\leqslant w)$系列具体构造如下：

公理：

A_1　$A\to(B\to A)$

A_2　$(A\to B)\to((A\to(B\to C))\to(A\to C))$

A_3　$((A\to B)\to A)\to A$

A_4　$A\wedge B\to A$

A_5　$A\wedge B\to B$

A_6　$A\to(B\to A\wedge B)$

A_7　$A\to A\vee B$

A_8　$B\to A\vee B$

A_9　$(A\to C)\to((B\to C)\to(A\vee B\to C))$

A_{10}　$B^{(n)}\to((A\to B)\to((A\to\neg B)\to\neg A))$

A_{11}　$A^{(n)}\wedge B^{(n)}\to(A\to B)^{(n)}\wedge(A\wedge B)^{(n)}\wedge(A\vee B)^{(n)}$

A_{12}　$A\vee\neg A$

A_{13}　$\neg\neg A\to A$

变形规则：

MP：从A和$A\to B$推出B

这里，对任意公式A，A的定义如下：

$A^1=A^0=\neg(A\wedge\neg A)$

$A^{k+1}=(A^k)^0$，即$\neg(A^k\wedge\neg A^k)$

$A^{(n)}=A^1\wedge A^2\wedge A^3\wedge\cdots\wedge A^n$

在任一个次协调逻辑系统$C_n(1\leqslant n\leqslant w)$中，下述经典逻辑的定理或推理模式不成立：

(1) $\neg(A \wedge \neg A)$

(2) $A \wedge \neg A \rightarrow B$

(3) $A \rightarrow (\neg A \rightarrow B)$

(4) $(A \leftrightarrow \neg A) \rightarrow B$

(5) $(A \leftrightarrow \neg A) \rightarrow \neg B$

(6) $A \rightarrow \neg \neg A$

(7) $(\neg A \wedge (A \vee B)) \rightarrow B$

(8) $(A \rightarrow B) \rightarrow (\neg B \rightarrow \neg A)$

若以 C_0 为经典逻辑，则系列 C_0，C_1，C_2，… C_n，… C_w 使得对任正整数 i，有 C_i 弱于 C_{i-1}，C_w 是这一系列中最弱的演算。已经为 C_n 设计出了合适的语义学，证明 C_n 相对于此种语义是可靠的和完全的，并且命题逻辑系统 C_n 还是可判定的。

我认为，可以基于某些实用的理由去为次协调逻辑辩护。在科学史上，我们并不会因为在某一理论或假说中发现矛盾，就说这个理论崩溃了，将它加以抛弃，而是采取如下两种策略：一是立即设法去解决这个矛盾，从而发展和完善该理论；如果暂时无法解决这个矛盾，则把它搁置起来，继续去发展该理论，也许该理论发展到某一阶段时，该矛盾就被消化和解决掉了。另外，在我们的法律体系中，也不会因为发现了某些法律条文的相互冲突和矛盾，就宣布整套法律体系作废。相反，法律的颁布、修改等等都要经过一定的程序。在该套法律没有被修改之前，它依然有效，仍要被实施，如果遇到特殊情形则作特殊处理。这就意味着，我们应该以某种方式限制矛盾律的作用，并且不能允许从逻辑矛盾推出一切命题，从而使相关理论崩溃。在把允许矛盾当作一种暂时性的实用策略的意义上，我认为，次协调逻辑有其合理性。不过，不能由此认为，矛盾律不是普遍有效的，我们的思维中应该允许逻辑矛盾合法存在。相反，我强烈地认为，逻辑矛盾终归是要被消除的东西。

第十讲

“你不可能在所有时刻欺骗所有的人”
——广义模态逻辑

一 冯·赖特的广义模态逻辑构想

既然是“十五讲”,我们就不必那么拘谨,在讲冯·赖特(G. H. von Wright)的有关思想之前,先说说他这个人吧。

冯·赖特是20世纪著名的逻辑学家和哲学家,已于2003年6月4日去世。从1996年开始,我与这位重要人物发生了密切交往,甚至建立了某种私人友谊。1997年9月至1998年9月,我在芬兰赫尔辛基大学跟从他做访问学者一年;我接到他的最后一封信是2003年2月20日,距他去世仅132天。我在论著中曾这样描述他:

> 冯·赖特,1916年6月14日出生于芬兰赫尔辛基一个说瑞典语的贵族家庭。1934年入赫尔辛基大学,1937年大学毕业后攻读博士学位。1941年获哲学博士学位。1946年任赫尔辛基大学教授。在1939年和1947年两度赴英国剑桥大学,前一次是作为研究生访学,后一次是应邀作学术讲演,在此期间与在剑桥任教的维特根斯坦发生密切交往,并深获他的信任。1947年,当维特根斯坦辞去剑桥教授职位时,他推荐冯·赖特继任,并获得批准。当时冯·赖特年仅31岁。在任职三年多之后,冯·赖特辞职返回芬兰,任赫尔辛基大学哲学系教授。1951年,维特根斯坦去世,指定冯·赖特为他的三位遗嘱执行人之一。此后,冯·赖特先后担任过美国康奈尔大学教授,芬兰科学院研究教授、

院长等职。其研究领域涉及归纳逻辑、哲学逻辑、伦理学、一般价值和规范的理论、行动理论、人文科学方法论、文化哲学、心灵哲学、维特根斯坦研究等。先后用英语、德语、芬兰语、瑞典语等语种出版专著、论文集近30种,其中有些著作又被译为法语、俄语、意大利语、西班牙语、日语、汉语等语种出版,其学术研究的特点是融通分析哲学和欧洲大陆哲学。他是哲学逻辑和维特根斯坦研究方面公认的国际权威,但其思想却具有浓厚的人文主义意味,特别是中晚期更是明显偏向人文主义研究。正如哈贝马斯所评价的,他是一位"处于分析传统和诠释学传统之间的人物"。他的研究成果产生了广泛的国际性影响,并给他带来很高的国际性声誉:先后被授予近20个博士或名誉博士学位,是15个国家、地区或跨国科学院的院士,并曾任国际哲学学院主席,国际科学史和科学哲学联合会逻辑、方法论和科学哲学分会会长。1989年,美国《在世哲学家文库》出版了《冯·赖特哲学》卷,此书编者指出:"本丛书的冯·赖特哲学卷不需要任何辩护。在过去几十年中,冯·赖特已经成为世界范围内哲学家关注的中心。"

通过研读他的著述,我也逐渐理清了冯·赖特的学术理路和思想进程:早年受其博士学位导师、当时的芬兰哲学领袖埃洛·凯拉(Eino Kaila)的影响,信奉逻辑经验主义,研究归纳概率逻辑。他用充分条件和必要条件等术语重新阐释了培根、密尔等人提出的排除归纳法,这种新表述已经进入当代的许多逻辑教科书。在50年代前后研究逻辑真理时,偶然发现量词、模态词、道义词、时态词、认知态度词之间的类似,由此提出广义模态逻辑的系统构想,并创立了道义逻辑、优先逻辑这样一些新的逻辑分支。在研究道义逻辑的过程中,认识到义务、允许、禁止等一方面与道德规范和法律规范相关,另一方面与人的行动和行为相关,由此导致他对伦理学、一般价值和规范理论和行动理论的研究。对后面这些理论研究的结果,又进一步导致他研究人文社会科学方法论与自然科学方法论的联系与区别,提出了因果论解释模式和意向论解释模式之间的二元对立,并重点研究了意向论解释模式。晚年,他又研究心灵哲学和文化哲学,作为公共知识分子向社会发言,对工业技术文明总体上持批评态度,倡导一种人文主义的生活方式。此外,作为维特根斯坦的遗嘱执行人,他在维氏遗著的搜寻、整理、编辑、出版等方面做了大量工作,并对其思想做了一些研究,为他在国际哲学界赢得了广泛声誉和重要地位。

从阅读他的著作和与他的个人接触中,我对冯·赖特教授获得了这样的个人印象:整个说来,冯·赖特不是像尼采和叔本华那样在学术领域内锋芒毕露、横冲直撞的斗士,不是那种给人以情感的冲击和心灵的震撼的思想家,而是一位稳健、儒雅、勤勉的学者,一位分析型技术型的哲学家,一位学术圈里的绅士,其睿智、深邃、平和犹如晚年的歌德。在评述他人观点时,他相当周详和平实,很少做惊人之论;对自己的思想则给予全面、细致、常常是技术化的论证。感觉起来,他的写作风格就像一道山涧小溪,流淌得非常自然、平静、舒缓,沁人心脾,启人深思。读他的书也许不会激活你的血液,却会给你"润物细无声"的春雨般的滋润。——这就是我所获得的关于冯·赖特的真实感受。①

顺便说一下,我对冯·赖特的人格特质和学术工作的评价,得到冯·赖特本人的极大认可,他在其自传中引用了上述某些文字。

还有必要预先澄清一些概念。在逻辑学中,像"必然""可能""不可能"这样的词叫做"模态词",分别用符号"□""◇""¬◇"来表示;含有模态词的命题叫做"模态命题"。像"应该""允许""禁止"这样的词叫做"道义词",分别用大写字母"O""P""F"表示,含道义模态词的命题叫做"道义命题"。英语中的句子都有时态因素,如"过去""将来"以及"过去一直"和"将要永远",通常用大写字母"P""F""H""G"表示,含上述时态因素的命题叫做"时态命题"。至于像"知道""相信"这样的认知动词,用大写字母"K"(英文词 know 的首字母)、"B"(英文词 believe 的首字母)表示,含有认知动词的命题叫做"认知命题"。由于道义词、时态词和认知动词等等在一些重要特性上与模态词相类似,它们一起被叫做"广义模态词"。

我们现在可以谈一谈冯·赖特关于广义模态逻辑的构想。1949 年初的某一天,当时任剑桥大学哲学教授的冯·赖特在散步时,忽然想到:模态

① 参见陈波:《冯·赖特》,台湾东大图书公司,1998 年。

词“可能”“不可能”和“必然”之间的关系，完全类似于量词“有些”“无一”“所有”之间的关系。例如：

(1) $\forall xA(x) \leftrightarrow \neg \exists x \neg A(x)$

(2) $\exists xA(x) \leftrightarrow \neg \forall x \neg A(x)$

(3) $\forall x \neg A(x) \leftrightarrow \neg \exists xA(x)$

(4) $\neg \forall xA(x) \leftrightarrow \exists x \neg A(x)$

(5) $\forall xA(x) \rightarrow A(x/t)$，若 t 对于 x 代入自由

(6) $A(x/t) \rightarrow \exists xA(x)$，若 t 对于 x 代入自由

(7) $\forall xA(x) \rightarrow \exists xA(x)$

这里，(1)和(2)表明，全称量词和存在量词可以相互定义：“所有 x 满足公式 A”等值于“并非有些 x 不满足公式 A”，“有些 x 满足公式 A”等值于“并非有些 x 不满足公式 A”。如果在(1)—(7)中，把“$\forall x$”换成“□”，把“$\exists x$”换成“◇”，并且把“A(x)”或“A(x/t)”换成“p”，新得到的(1)—(7)的变体仍然成立。例如，“□p”等值于“¬◇¬p”，“◇p”等值于“¬□¬p”，如此等等。

稍后，冯·赖特还发现，不仅量词和模态词之间存在类似，而且在它们与道义概念“应该”“允许”“禁止”之间，以及与认知概念“证实”“不确定”“证伪”之间，也存在着相应的类似。于是，至少应该有四个独立的逻辑学分支：存在逻辑即量词逻辑、真势逻辑(alethic logic)、道义逻辑(deontic logic)和认知逻辑(epistemic logic)。他于 1951 年出版《模态逻辑》一书。这本仅 90 页的小册子包含以下四个基本观点：(1)在模态词和量词之间存在着完全的类似；(2)利用这种类似，可以把适用于部分量词理论的判定程序推广到各种模态逻辑系统中；(3)可以利用分配范式定义模态逻辑中的逻辑真理；(4)探讨模态概念的不同解释，以便建立包括道义、认知、价值论概念在内的一般模态理论。上述观点或做法一再重复出现于冯·赖特的哲学逻辑研究中，成为他的哲学逻辑工作的一大特色。

因此，冯·赖特给出了下表中除时间论之外的部分：

模态词的理论 \ 模态词的解释	□	◇
存在论	所有	有些
真理论	必然	可能
道义论	应该	允许
认识论	知道	不知道其否定
时间论	将要永远	将要
	过去一直	过去

在这一思想的激励下，道义逻辑、认知逻辑（知道逻辑、相信逻辑、问题逻辑、断定逻辑等）、时态逻辑等广义模态逻辑分支后来得到迅速发展，模态逻辑本身则被叫做（真性）模态逻辑。所有这些逻辑都是在经典逻辑的基础上，加入新的逻辑常项，加入新的公式，以及与这些常项相关的新的公理和推理规则而构成的系统，所有的经典逻辑定理都是这些系统的定理，此外还包含许多与新常项有关的定理。因此，相对于经典逻辑而言，这些逻辑被叫做“扩充逻辑”(extended logics)，相应的逻辑系统被叫做经典逻辑系统的“扩充系统”(extended systems)。

不过，应该强调指出，广义模态逻辑并非自冯·赖特才开始。实际上，早在亚里士多德那里，就开始了对模态逻辑的系统研究。在《解释篇》中，亚氏研究了模态命题及其相互之间的真值关系；在《前分析篇》中，用于研究模态三段论的篇幅远远大于研究直言三段论的篇幅。在欧洲中世纪，对广义模态逻辑也有比较系统的研究。冯·赖特只是在现代逻辑的语境中，系统地阐发了广义模态逻辑的构想，并身体力行，做出了一些实际的工作，例如创立了道义逻辑，产生了较大的影响。

二　模态词和模态逻辑

模态词“必然”(□)、“可能”(◇)、“不可能”(¬◇)可以附着在一个完整命题（简单命题或复合命题）之前，修饰、限制该命题，这时叫做“从言模态”(*de dicto* modality)。例如：

(1)必然地（如果物体受到摩擦，物体就会生热）。

(2)可能地(明天既刮风又下雨)。

(3)不可能(人拔着自己的头发上天)。

分别可以符号化为:

(1)$\Box(p\rightarrow q)$

(2)$\Diamond(r\wedge s)$

(3)$\neg\Diamond t$

模态词也可以插入句子成分之间,修饰主词和谓词之间的联系方式,这时叫做“从物模态”(*de re* modality)。例如:

(4)所有的人都必然是有理性的。

(5)有些北大学生可能成为国家栋梁。

(6)所有生物都不可能长生不死。

分别可以符号化为:

(4)$\forall x(P(x)\rightarrow\Box R(x))$

(5)$\exists x(B(x)\wedge\Diamond D(x))$

(6)$\forall(S(x)\rightarrow\neg\Diamond M(x))$

从言模态属于模态命题逻辑的研究范围,从物模态则属于词项逻辑和谓词逻辑的研究范围。无论是模态命题逻辑还是模态谓词逻辑,都是在经典逻辑的基础上,用模态词$\Box$和$\Diamond$对后者的语言作必要的扩充,并引入与$\Box$和$\Diamond$相关的公理和变形规则而构成的,因而都是经典逻辑的扩充系统。本书只简单讲解模态命题逻辑,下面给出它的一个一般性定义,其中“$\in$”表示某个元素属于某个集合:

D1 一个模态命题逻辑S是经典命题逻辑重言式集的扩集,扩集满足以下条件:

(1)$\Box(\alpha\rightarrow\beta)\rightarrow(\Box\alpha\rightarrow\Box\beta)\in S$;

(2)S在分离规则下封闭:若$\alpha\in S$,$\alpha\rightarrow\beta\in S$,则$\beta\in S$;

(3)S在弱必然化规则下封闭:若α是重言式,则$\Box\alpha\in S$;

(4)S在必然化规则下封闭:若$\alpha\in S$,则$\Box\alpha\in S$。

若一个模态系统满足(1)—(3),则称它是古典模态逻辑;若一个模态系统满足(1)(2)和(4),则称它为正规模态逻辑。是否具有必然化规则(记为N),是正规系统区别于非正规系统的主要标志。N是说:如果一个公式是某系统内可证公式,则它是逻辑必然的。只满足上面(1)(2)和(4)的模态系统是正规的,并且是极小正规的,其他正规系统都是在极小正规系统上做某种添加得到的。

下面给出的模态系统都以分离规则(MP)和必然化规则作推理规则,并以下面的某些公式作公理:

$\mathbf{A}_0$　所有命题逻辑的重言式

$\mathbf{A}_1$　$\Diamond\alpha\leftrightarrow\neg\Box\neg\alpha$

K　$\Box(\alpha\rightarrow\beta)\rightarrow(\Box\alpha\rightarrow\Box\beta)$

D　$\Box\alpha\rightarrow\Diamond\alpha$

T　$\Box\alpha\rightarrow\alpha$

4　$\Box\alpha\rightarrow\Box\Box\alpha$

E　$\Diamond\alpha\rightarrow\Box\Diamond\alpha$

B　$\alpha\rightarrow\Box\Diamond\alpha$

Tr　$\Box\alpha\leftrightarrow\alpha$

这里,$\mathbf{A}_1$ 表示"可能 α"等值于"并非必然非 α";**K** 表示"必然"对"蕴涵"的分配律:如果必然地 α 蕴涵 β,那么,必然 α 蕴涵必然 β;**D** 表示凡是必然的都是可能的;**T** 表示凡是必然的都是现实的。**4**、**E**、**B** 涉及模态词的重叠。**4** 表示如果必然 α,则必然必然 α;**E** 表示如果可能 α,则必然可能 α;**B** 表示如果 α 是真的,则必然可能 α。**Tr** 表示必然 α 等值于 α。加入 Tr 的系统含有模态词,但其模态词实际上是多余的,因为含模态词的命题实质上等于不含模态词的命题,这样的模态系统"坍塌"(collapse)为非模态系统。

由此可以定义一批模态逻辑系统如下(其中粗体字母表示某个公式的名称,非粗体字母表示相应系统的名称):

A_0+A_1+**K**$+MP+N=K=$极小正规模态逻辑系统

K$+$**D**$=D$

K$+$**T**$=T=$哥德尔/费斯/冯·赖特系统

K$+$**T**$+$**4**$=S_4$

K$+$**T**$+$**B**$=B=$布劳维尔系统

$K+T+4+B=K+T+4+E=S_5$

K+**Tr**=不足道系统

在这些系统中,常见的正规模态命题逻辑系统是K、D、T、B、S_4和S_5。

在如上构造的模态逻辑系统T以及比T强的系统中,可以证明如下的模态对当方阵所示的各种关系:

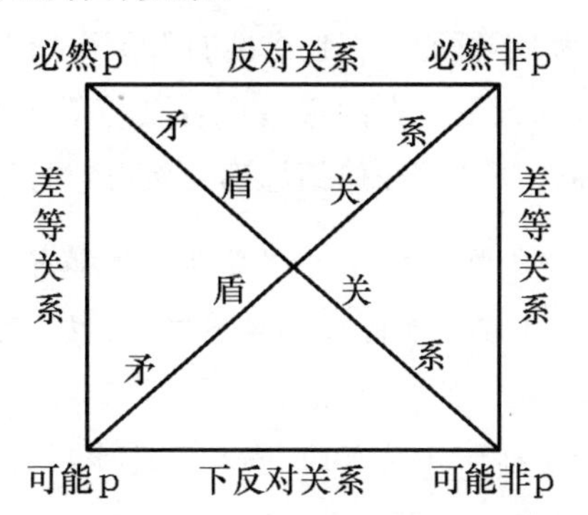

根据这个对当方阵,各种模态命题之间有以下推理关系:

(1)"必然p"推出"并非必然非p";

(2)"必然非p"推出"并非必然p";

(3)"必然p"推出"可能p";

(4)"并非可能p"推出"并非必然p";

(5)"必然非p"推出"可能非p";

(6)"并非可能非p"推出"并非必然非p"

(7)"必然p"等值于"并非可能非p";

(8)"必然非p"等值于"并非可能p";

(9)"可能p"等值于"并非必然非p";

(10)"可能非p"等值于"并非必然p"。

(11)"不可能p"等值于"必然非p"。

请看下面的例题:

例1 一把钥匙能打开天下所有的锁。这样的万能钥匙是不可能存在的。

以下哪项最符合题干的断定?

A. 任何钥匙都必然有它打不开的锁。

B. 至少有一把钥匙必然打不开天下所有的锁。

C. 至少有一把锁天下所有的钥匙都必然打不开。

D. 任何钥匙都可能有它打不开的锁。

E. 至少有一把钥匙可能打不开天下所有的锁。

解析:答案是A。因为"不可能一把钥匙能打开天下所有的锁"等值于"必然地并非一把钥匙能打开天下所有的锁",后者又等值于"必然地任何钥匙都有它打不开的锁",即选项A:"任何钥匙都必然有它打不开的锁。"

例2 美国先总统林肯说过:"最高明的骗子,可能在某个时刻欺骗所有的人,也可能在所有时刻欺骗某些人,但不可能在所有时刻欺骗所有的人。"

如果林肯的上述断定是真的,那么下述哪项断定是假的?

A. 林肯可能在某个时刻受骗。

B. 林肯可能在任何时候都不受骗。

C. 骗子也可能在某个时刻受骗。

D. 不存在某个时刻所有的人都必然不受骗。

E. 不存在某一时刻有人可能不受骗。

解析:答案是E。选项A和C都可以从"骗子可能在某个时刻欺骗所有的人,也可能在所有时刻欺骗某些人"推出;D等于是说"在所有时刻有些人可能受骗",显然也可从题干中推出;B可以从"不可能在所有时刻欺骗所有的人"推出;E等于是说"在所有时刻所有人都必然受骗",这与题干所说的"不可能在所有时刻欺骗所有的人"相矛盾,因此E是假的。

例3 依次取n个(n>1)自然数组成一有穷数列,其中的奇数数列和偶数数列显然都比该自然数数列短。但是,假如让该自然数数列无限延长,则其中的奇数数列和偶数数列就会与自然数数列本身一样长。由此我们可以作出结论:在有穷的世界里,部分必定小于整体;在无穷的世界里,部分可能等于整体。

下面哪一项不可能是上面结论的逻辑推论?

A. 在有穷的世界里,部分可能小于整体。

B. 在无穷的世界里，部分必然不等于整体。

C. 在无穷的世界里，整体可能等于部分。

D. 在有穷的世界里，整体必定大于部分。

E. 在无穷的世界里，并非部分不可能等于整体。

解析：答案是 B。既然在有穷的世界里，部分必定小于整体，根据从“必然”推“可能”的规则，显然可以推出“部分可能小于整体”；根据“小于”“大于”关系的性质，显然也可推出“整体必定大于部分”。既然在无穷的世界里，部分可能等于整体，显然可以推出“整体可能等于部分”；根据“必然”和“不可能”的关系，也可以推出“并非部分不可能等于整体”；但无论如何，不可能推出其矛盾命题“部分必然不等于整体”。所以，从题干不可能得到的逻辑结论是选项 B。

构造模态谓词逻辑有两种方法：一是以谓词演算作基础，加入模态词□和◇以及上面列举的某个或某些模态公式，得到模态谓词逻辑系统，这叫做量化逻辑的模态扩充。前面已经把谓词演算记为 Q，则 Q + **K**，Q+ **K** + **D**，Q + **K** + **T**，Q+ **K** + **T** + **B**，Q + **K + T + 4**，Q **+ K + T + 4 + B** 就分别是相应于模态命题逻辑系统 K、D、T、B、S_4 和 S_5 的模态谓词逻辑系统。二是以模态命题逻辑系统作基础，用谓词演算的语言和公理对它们作扩充，得到模态谓词逻辑系统，这叫做模态命题逻辑的量化扩充。这两种办法得到的最终结果是等价的。有些正规模态谓词逻辑系统中包含著名的巴坎(Bacan Marcus)公式：

BF　$(\forall x)\Box F(x) \rightarrow \Box(\forall x)F(x)$

通常把这些系统记法中的 Q 省略掉，简记为 K + **BF**，D + **BF**，T + **BF**，S_4 + **BF**，S_5 + **BF** 等。

三　可能世界语义学

莱布尼茨最先提出了“可能世界”概念，并基于这一概念阐发了一些重要思想。他认为，一个事态 α 是可能的，当且仅当 α 不包含逻辑矛盾。一个由事态 α_1，α_2，α_3…形成的组合是可能的，当且仅当 α_1，α_2，α_3…推不出逻辑矛盾。由无穷多的具有各种性质的事物所形成的可能的事物的组合，就是一个可能世界。有许许多多的可能世界,例如现实世界就是一个可能世界,它是由上帝选择的一个最丰富、最完美的可能世界。

莱布尼茨进而利用可能世界去讨论必然性、可能性、偶然性等问题,他认为:

L_1 一命题是必然的,当且仅当它在所有可能世界中都是真的;

L_2 一命题是可能的,当且仅当它在有些可能世界中是真的。

他还把真理分为两大类:推理的真理和事实的真理,推理的真理就是在所有的可能世界中都真的真理,因而是必然的;事实的真理是只在现实世界中为真的真理,因而是偶然的。

20 世纪 50—60 年代,鉴于模态逻辑发展的迫切需要,以克里普克为代表的一批逻辑学家从莱布尼茨的上述思想出发,发展了一种模态语义理论即可能世界语义学。

什么是可能世界? 主要有两种定义或说明方式:一种是:"可能世界包括我们能想象的任何世界,也就是我们能想象的任何一个世界都是可能世界。我们的现实世界只是可能世界中的一个。"例如,《西游记》所描写的那个世界就是一个可能世界,其中写了孙悟空、猪八戒、沙和尚这三位弟子护卫唐僧师父到西天取经的故事;神话、小说、科幻作品、童话等等所描写的世界都是可能世界。另一种是:可能世界是逻辑上一致的世界,即任何不包含逻辑矛盾的世界都是可能世界。这是逻辑学所要求的可能世界,不满足这一要求的可能世界是不可理喻的,不能作为刻画其他逻辑概念的基础。现实世界则是我们构想其他可能世界的根据和基础,给出不同于现实世界的其他可能世界通常有以下几种方法:在某个可能世界中,(1)某一现实事物不存在,或者某一非现实事物存在;或者(2)某物所具有的性质不同于此物在现实世界中具有的性质;或者(3)某些事物之间的关系不同于这些事物在现实世界中的关系;或者(4)某些现实发生的事件在其中不发生,或者某些现实不发生的事件在其中发生;如此等等。

相对于经典语义学和莱布尼茨的思想而言,可能世界语义学作了几个重大的改进,具体来说:

第一,它使命题的真假相对化。由于经典语义学(隐含地)是相对于现实世界而言的,因此其公式的真假只是在现实世界中的真假,它就没有必要特别指明此公式在现实世界中真，彼公式在现实世界中假，而可以抽象地、一般地谈论公式的真假。而在模态逻辑中，我们所面对的是各种各样的可能世界，它们之间是有某种差异的：一个体可以在一可能世界中存在，但并不在另一可能世界中存在；一事件可以在一个可能世界中发生，但不在另一个可能世界中发生。于是，描述或反映该个体或事件的命题就有可能在一个可能世界中真，但在另一个可能世界中假。这样，我们不再能够抽象地一般地谈论一个命题的真假，命题的真假是相对于特定的可能世界而言的，给一个命题赋值必须注明是在哪个可能世界之中。

第二，它使必然性、可能性概念相对化。由于必然性、可能性概念是由命题的真假定义的，既然后者是相对于特定的可能世界而言的，前者因此也就是相对于特定的可能世界而言的。我们不能再抽象地、一般地谈论必然性、可能性，而只能谈论在某一特定的可能世界中的必然性和可能性；我们不能再一般地说某一命题是必然的或可能的，而只能说，某一命题在某一特定的可能世界中是必然的或可能的。

第三，它使可能世界之间具有一定的关系，叫做“可通达关系”(accessibility relation)。命题 α 在一可能世界中是必然的，不再要求它无限制地在所有的可能世界中真，而只要求它在该可能世界可通达的所有可能世界中是真的。如果某些可能世界与该世界没有可通达关系，即使 α 在那些可能世界中假，α 在那个世界中仍然可以是必然的；但是，假如 α 在该世界可通达的有的可能世界中假，则 α 在该世界中就不再是必然的。世界 w_i 可以通达到世界 w_j，记为 w_iRw_j，其直观意思是：w_i 可以演变为 w_j，w_j 相对于 w_i 来说是可能的，如目前有核武器的世界可以演变为没有核武器的世界，也可以演变为使地球毁灭的世界。在可能世界语义学中，R 实际上是 w 的元素之间的一种真值关系，用可能世界语义学的专门术语来说，它满足下面两个条件：

$V(\Box\alpha, w_i)=1$，当且仅当，$\forall w_j(w_iRw_j \rightarrow V(\alpha, w_j)=1)$；

$V(\Diamond\alpha, w_i)=1$，当且仅当，$\exists w_j(w_iRw_j \wedge V(\alpha, w_j)=1)$。

这两个定义已经把如上所述的莱布尼茨对必然性和可能性的说明弱化了，用更通俗的话来说，其意思是：

L_1' $\Box\alpha$ 在可能世界 w_i 上是真的，当且仅当，在 w_i 可通达的所有可能世界 w_j 上，α 是真的；

L_2' $\Diamond\alpha$ 在可能世界 w_i 上是真的，当且仅当，在 w_i 可通达的有些可能世界 w_j 上，α 是真的。

可能世界语义学通过模型方法将上述思想形式地刻画出来，在此从略。

可能世界语义学为模态逻辑提供了十分适用的语义工具，它可以合理地刻画各种模态命题如“必然 α”“可能 α”“不可能 α”等等的真值条件，从而也就能够刻画这些命题之间的推理关系，并且也能够讨论模态逻辑系统的各种元逻辑特性，如可靠性和完全性等，这样就把模态逻辑奠定在一个合理且坚实的基础上，它的发展由此进入到一个新的阶段。在当代逻辑学体系中，模态逻辑已经获得了“新经典逻辑”的地位。

可能世界语义学还在哲学逻辑的广大领域，例如在道义逻辑、时态逻辑、认识论逻辑、反事实条件句逻辑、一般内涵逻辑等等中获得了成功的应用，当然要作一些必要的改变。它甚至还适用于经典逻辑，也可以把经典逻辑语义学作为特例包含在其自身之中。这恰好符合我们对于可能世界的直观理解：可能世界就是不包含逻辑矛盾的世界，也就是经典逻辑规律在其中成立的世界。

可能世界语义学的意义甚至远远超出了逻辑领域，而在当代哲学中获得广泛应用。可以这样说，在分析和探讨意义和指称问题、真理问题以及某些认识论问题，例如先验命题与后验命题、分析命题与综合命题、必然命题与偶然命题的传统区分时，不接触到可能世界语义学的概念和思想，在当代哲学中几乎是不可能的。

四　道义逻辑

如前所述，在逻辑学中，把“义务”“允许”“禁止”这样的词叫做“道义模态词”，含道义模态词的命题叫做“道义命题”。所谓“道义逻辑”，就是研究道义命题的逻辑特性及其推理关系的逻辑学分支。

在日常语言中，道义模态词的表述形式是多种多样的，例如：

(1)义务：应该，必须，一定要，不得不，有……的义务，等等；

(2)允许：可以，准予，有权，等等；

(3)禁止：不准，不得，不许，无权，等等。

与模态词“必然”“可能”“不可能”等等一样，道义词既可以加在简单命题上面，也可以加在复合命题上面，修饰一个完整的命题，这时它们是“从言模态”；也可以插入量化命题的主谓词之间，修饰主词和谓词之间的联系方式，这时它们是“从物模态”。于是，道义命题有多种多样的表述方式。例如：

(1)公民应该依法纳税。

(2)允许大学生在校期间结婚。

(3)禁止在公共场所大声喧哗。

(4)允许人犯错误，但不允许人犯法。

(5)如果故意伤人，则应该负刑事责任。

(6)一个人应该做到：富贵不能淫，贫贱不能移，威武不能屈。

我们用大写字母“O”(obligate)表示“义务”一类的道义词，用“P”(permit)表示“允许”一类的道义词，用“F”(forbid)表示“禁止”一类的道义词，则上述命题可以符号化为：

(1)Op

(2)Pq

(3)Fr

(4)$Pp \wedge \neg Pq$

(5)$p \rightarrow Oq$

(6)$O(p \wedge q \wedge r)$

我们还可以用“Op”或“Pp”去定义“Fp”：

$D_1 \quad Fp =_{df} O\neg p$

$D_2 \quad Fp =_{df} \neg Pp$

它们分别是说：“禁止 p”等于说“应该非 p”；“禁止 p”等于说“不允许 p”。

道义命题与模态命题有一个重要的差别。对于模态命题，下面两个蕴涵式成立：

(1)$\Box p \rightarrow p$

(2)$p \rightarrow \Diamond p$

它们分别是说：从“必然 p”可以推出 p，从 p 可以推出“可能 p”。这相当于说：

凡是必然的都是现实的，凡是现实的都是可能的。这显然符合我们的直觉。

但是，如果把(1)中“□”置换为“O”，把(2)“◇”置换为“P”，则下面两个蕴涵式不成立：

(3) $Op \rightarrow p$

(4) $p \rightarrow Pp$

它们分别是说：凡是应该做的事情都做了，凡是做了的事情都是允许做的。它们所刻画的是道德理想世界中的情形，而我们的现实世界肯定不是在道德上理想的：我们并没有做或没有能力去做许多应该做的事情；我们却做了一些在道德或法律上不允许做的事情。因此，有必要把上面两个公式弱化：

(5) $O(Op \rightarrow p)$

(6) $O(p \rightarrow Pp)$

它们分别是说：应该做的事情都做了，这是应该的；做的事情都是允许做的，这也是应该的。显然，这样的说法符合我们的直觉，是可以接受的。

在经典命题逻辑的基础上，用“O”“P”对其语言进行扩充，并增加与“O”“P”相关的公理和推理规则，则可构成各种道义命题逻辑的系统。

公理：

A_0　所有经典命题逻辑的重言式

A_1　$P\alpha \leftrightarrow \neg O \neg \alpha$

A_2　$O(\alpha \rightarrow \beta) \rightarrow (O\alpha \rightarrow O\beta)$

A_3　$O\alpha \rightarrow P\alpha$

A_4　$O\alpha \rightarrow OO\alpha$

A_5　$PO\alpha \rightarrow O\alpha$

A_6　$O(O\alpha \rightarrow \alpha)$

A_7　$O(PO\alpha \rightarrow \alpha)$

变形规则：

MP：从 α 和 $\alpha \rightarrow \beta$ 推出 β

O-必然化规则：从 α 推出 $O\alpha$

这里，A_1 说：“允许 α”等值于“并非应该非 α”；A_2 说：如果“$\alpha \rightarrow \beta$”是应该的，那么，“应该 α”蕴涵“应该 β”；A_3 说：“应该 α”蕴涵“允许 α”；A_4 说，“应该 α”

蕴涵"'应该 α'是应该的"；A_5 说："允许'应该 α'"蕴涵"应该 α"；A_6 说："'应该做的事情都做了'是应该的"；A_7 说："'允许做应该做的事情都做了'是应该的"。O-必然化规则是说，若 α 是系统内的定理，则 α 是应该的。

选取以上两个变形规则，并选取上面的某些公理，可以构造出不同的道义逻辑系统，分别定义如下：

$OK = A_0 + A_1 + A_2$

$OT = A_0 + A_1 + A_2 + A_6$

$OS_4 = A_0 + A_1 + A_2 + A_4 + A_6$

$OB = A_0 + A_1 + A_2 + A_6 + A_7$

$OS_5 = A_0 + A_1 + A_2 + A_4 + A_5$（对于 OS_5，A_6、A_7 是定理）

令 S 是上述任一个系统，S_+ 可以定义如下：

$S_+ = S + A_3$

在 OT 以及比 OT 更强的道义逻辑系统中，下列道义命题对当方阵成立：

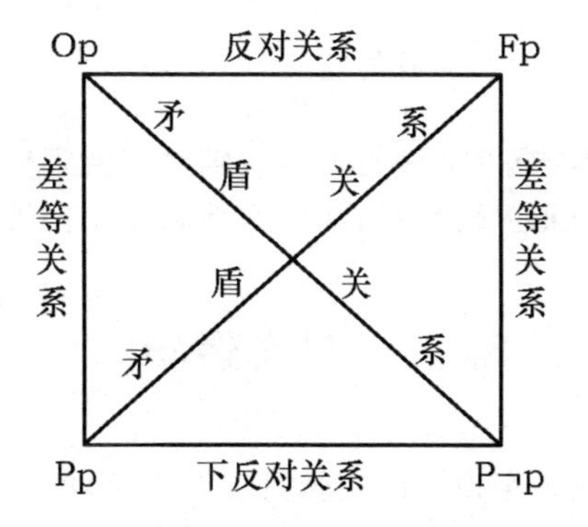

根据这个对当方阵，各种道义命题之间有以下推理关系：

(1)"应该 p"推出"不禁止 p"；

(2)"禁止 p"推出"不应该 p"；

(3)"应该 p"推出"允许 p"；

(4)"不允许 p"推出"不应该 p"；

(5)"禁止 p"推出"允许非 p"；

(6)"不允许非 p"推出"不禁止 p"

(7)“应该 p”等值于“不允许非 p”；

(8)“禁止 p”等值于“不允许 p”；

(9)“允许 p”等值于“不禁止 p”；

(10)“允许非 p”等值于“不应该 p”；

(11)“禁止 p”等值于“应该非 p”。

仅举例说明(3)(6)(9)：从“子女应该赡养父母”推出“允许子女赡养父母”；从“不允许大学生不遵守法律”推出“不禁止大学生遵守法律”；“允许一部分人先富起来”与“不禁止一部分人先富起来”可以互推。

道义逻辑的语义学仍然是可能世界语义学，只不过其中的可能世界是道德上可能的世界，道义命题的真值条件可以定义如下：

Oα 在道德可能世界 w_i 上是真的，当且仅当，α 在所有比 w_i 在道德更为理想的世界 w_j 上是真的。

Pα 在道德可能世界 w_i 上是真的，当且仅当，α 在有些比 w_i 在道德更为理想的世界 w_j 上是真的。

Fα 在道德可能世界 w_i 上是真的，当且仅当，α 在所有比 w_i 在道德更为理想的世界 w_j 上是假的。

根据这些语义定义，可以刻画道义命题之间的推理关系，也可以讨论相应的道义逻辑系统的元逻辑特性，如可靠性和完全性等。

五　时态逻辑

时态逻辑是研究时态命题的逻辑特性及其推理关系的逻辑分支。它试图把涉及时间因素的命题之间的推理系统化，从而为涉及时间命题的精确讨论和严格推理提供工具。

时态命题就是含有时态词的命题，其特点是：它们的真值依赖于说出它们的时间，随说出时间的不同而变化。例如：

(1)香港过去是英国的殖民地。

(2)中国正在崛起为世界大国。

(3)吴为将去英国牛津大学做访问学者。

如果我们用大写字母“P”（past）表示“过去”，用“F”（future）表示“将来”，“现在p”则直接写成p，则上面三个命题可以符号化为：

（1）Pp

（2）q

（3）Fr

利用P和F的组合，我们可以把其他时态命题符号化。例如：

（4）余涌已经是中国著名大学的教授。

可以表示为PPp，在英文中是现在完成时态。

（5）焦国威那时将已经获得博士学位。

可以表示为：FPp，在英文中是将来完成时态。

在此基础上，再加上真值联结词¬、∧、∨、→、↔，我们就能表示其他的包含时态因素的命题。例如：

（6）小李今年下半年将结婚，但现在还没有房子。

（7）印度在2008年奥运会上或者将获得金牌，或者将获得银牌，或者将获得铜牌。

（8）如果你将来想做政治家，那么你现在要多参加社会活动。

可以分别符号化为：

（6）$Fp \land q$

（7）$Fp \lor Fq \lor Fr$

（8）$Fp \rightarrow q$

在时态逻辑中，我们还可以通过定义，引入两个新的时态词：

D_1　$Gp =_{df} \neg F \neg p$

D_2　$Hp =_{df} \neg P \neg p$

它们的意思是：“将要永远p”等于说“并非将要非p”，“过去一直p”等于说“并非过去非p”。于是，以下两个命题：

（9）地球将要永远围绕太阳转。

（10）太阳过去一直是从东方升起。

可以分别符号化为：

(9) Gp

(10) Hq

如果一个命题是永远为真的，则可以用“$Hp \wedge p \wedge Gp$”（即过去一直 p，并且现在 p，并且将要永远 p）来表示。逻辑真理和数学真理大概是永恒的，于是我们有：“$H(2+2=4) \wedge (2+2=4) \wedge G(2+2=4)$”，“$H(p \vee \neg p) \wedge (p \vee \neg p) \wedge G(p \vee \neg p)$”。

在经典命题逻辑的基础上，加入新的初始符号，如 G、H、F、P，加入新的常项 1（真）和 0（假），加入新的公式，例如若 α 是公式，则 Gα、Hα、Fα、Pα 是公式，加入新的公理和变形规则，就可以得到不同的时态逻辑系统，它们刻画了时间关系的不同特性。下面给出一组时态逻辑系统的公理和推理规则，由它们可以构造不同的时态逻辑系统：

公理：

A_0　所有古典命题逻辑的重言式

A_1　(a) $G(\alpha \rightarrow \beta) \rightarrow (G\alpha \rightarrow G\beta)$

(b) $H(\alpha \rightarrow \beta) \rightarrow (H\alpha \rightarrow H\beta)$

(c) $\alpha \rightarrow GP\alpha$

(d) $\alpha \rightarrow HF\alpha$

A_2　(a) $G\alpha \rightarrow GG\alpha$

(b) $H\alpha \rightarrow HH\alpha$

A_3　(a) $(F\alpha \wedge F\beta) \rightarrow (\alpha \wedge F\beta) \vee F(\alpha \wedge \beta) \vee (\beta \wedge F\alpha)$

(b) $(P\alpha \wedge P\beta) \rightarrow (\alpha \wedge P\beta) \vee P(\alpha \wedge \beta) \vee (\beta \wedge P\alpha)$

A_4　(a) $G0 \vee FG0$

(b) $H0 \vee PH0$

A_5　(a) $G\alpha \rightarrow F\alpha$

(b) $H\alpha \rightarrow P\alpha$

A_6　(a) $F\alpha \rightarrow FF\alpha$

(b) $P\alpha \rightarrow PP\alpha$

A_7　(a) $\alpha \wedge H\alpha \rightarrow FH\alpha$

(b) $\alpha \wedge G\alpha \rightarrow PG\alpha$

A_8 (a)$F\alpha \wedge FG\neg\alpha \to F(HF\alpha \wedge G\neg\alpha)$

(b)$P\alpha \wedge PH\neg\alpha \to P(GP\alpha \wedge H\neg\alpha)$

A_9 $H(H\alpha \to \alpha) \to H\alpha$

A_{10} (a)$FG\alpha \to GF\alpha$

(b)$PH\alpha \to HP\alpha$

变形规则：

MP：从 α 和 $\alpha \to \beta$ 推出 β

TG：从 α 推出 $G\alpha$ 和 $H\alpha$

这里，不同的时态逻辑公理刻画了时间的不同性质。由这些公理和推理规则可以定义出一批时态逻辑系统 L_n：

$A_0 + A_1(a—d) + MP + TG = K_t = L_0$

$L_0 + A_2(a) = L_1$

$L_1 + A_3(a, b) = L_2$

$L_1 + A_3(b) = L_{树}$

$L_2 + A_4(a, b) = L_3$

$L_2 + A_5(a, b) = L_4$

$L_0 + A_6(a)$或 $A_6(b) = L_5$

$L_2 + A_5(a, b) + A_6(a) = L_Q$

$L_2 + A_7(a, b) = L_6$

$L_2 + A_8(a, b) = L_7$

$L_2 + A_5(a, b) + A_6(a) + A_8(a, b) = L_R$

$L_2 + A_9 = L_8$

$L_2 + A_9 + (\alpha \wedge G\alpha \to H0 \vee PG\alpha) = L_w$

$L_1 + A_5(a, b) + A_{10}(a, b) = L_9$

时间逻辑的语义学也是可能世界的语义学，其中的可能世界是时间点的集合，时态命题的真值条件可以定义如下：

$P\alpha$ 在某个时间点 t_i 上是真的，当且仅当，α 在有些比 t_i 早的时间点 t_j 上是真的。

$F\alpha$ 在某个时间点 t_i 上是真的，当且仅当，α 在有些比 t_i 晚的时间

点 t_j 上是真的。

$H\alpha$ 在某个时间点 t_i 上是真的，当且仅当，α 在所有比 t_i 早的时间点 t_j 上是真的。

$G\alpha$ 在某个时间点 t_i 上是真的，当且仅当，α 在所有比 t_i 晚的时间点 t_j 上是真的。

根据这些语义定义，可以刻画时态命题之间的推理关系，也可以讨论相应的时态逻辑系统的元逻辑特性，如可靠性和完全性等。

六 认知逻辑

在当代逻辑学和哲学中，还开展了对认知动词和所谓的“命题态度词”的系统研究。认知动词有“知道”(know)、“看见”(see)、“闻起来”(smell)、“觉得”(feel)等，而命题态度词有“认为”(think)、“希望”(hope)、“担忧”(fear)、“要求”(want)、“但愿”(wish)、“相信”(belief)、“猜测”(guess)、“考虑”(consider)等等。这两类动词都需要语法宾格，但它们之间有一个重要区别：前者要求跟在后面的东西是真的或现实存在的，跟在后者后面的东西却可能是假的或虚幻的。例如，由“知道 p”可推出“p 是真的”，但由“相信 p”不能确定 p 的真假；由“看见 x”可推知“x 是存在的”，但由“要求 x”却不能推知“x 是存在的”。但有时也将这两类词之间的区别模糊化，例如把“知道”“相信”等都叫做认知动词，或者把这两类词都叫做命题态度词。

对含认知动词的命题的逻辑特性和推理关系进行研究的逻辑叫做“认知逻辑”，早期的著作有亨迪卡(Jaakko Hintikka)的《知识和信念——两个概念的逻辑导论》(1960)，齐硕姆(R. M. Chisholm)的《知道的逻辑》(1963)和雷歇尔(N. Rescher)的《哲学逻辑论集》(1968)，它们基本上都只考虑单个的认知主体。但是，真正的认知过程必然牵涉到多个认知主体的互动，牵涉到“群体知识”“公共知识”“默认知识”和“明显知识”等等在认知过程中的作用，非常复杂。关于多主体认知逻辑，可以参看费金(R. Fagin)等人合著的《关于知识的推理》(1995)一书。由于与计算机科学和人工智能密切相关，认知逻辑特别是多主体认知逻辑目前是逻辑学研究的热点之一。

(一) 知道逻辑

“知道”是一个多义词,至少有下述含义:(1)表示人们对命题的认知态度,而不直接涉及该命题是否实际上为真。在这种含义下,从“知道 p”到“p 真”的推理不成立。(2)表示认知主体意识到某些事情是真的。在这种含义下,从“知道 p”到“p 真”的推理成立。这反映了柏拉图的观点“知识即真理”。(3)并不总是包含意识到知道什么。(4)意指可靠的知道和理性的知道。在这种含义下,从“知道 p”和“知道 p→q”可推出“知道 q”。知道逻辑所处理的是(1)和(4)意义上的“知道”。

知道逻辑在经典命题逻辑的基础上引入一个二元联结词 K(英文词 know 的首字母),K(x,p)表示“认知主体 x 知道命题 p”。下面给出一个只涉及单个认知主体的知道逻辑系统 KL:

公理:

A_0 所有经典命题逻辑的重言式

A_1 $K(x,\alpha)\wedge K(x,\alpha\rightarrow\beta)\rightarrow K(x,\beta)$

A_2 $K(x,\alpha)\rightarrow\alpha$

A_3 $K(x,\alpha)\rightarrow K(x,K(x,\alpha))$

A_4 $\neg K(x,\alpha)\rightarrow K(x,\neg K(x,\alpha))$

变形规则:

MP:从 α 和 α→β 推出 β

K-必然化规则:从 α 推出 K(x,α)

这里,A_1 表示一个认知主体的知识在逻辑蕴涵下封闭,其直观解释是:“如果你知道 α,并且知道 α→β,则你知道 β”。这是一个很强的条件。A_2 表示一个认知主体所知道的命题都是真的,因为它反映了柏拉图的观点“知识即真理”,也可以叫做“柏拉图公理”。A_3 和 A_4 是关于知识的“内省公理”:A_3 表示一个认知主体知道他知道什么;A_4 表示一个认知主体知道他不知道什么。可以说,这样的认知主体非常有“自知之明”:知道其所知,也知道其所不知。

在 KL 中,可用下面的定义引入一个新符号 C:

D_1 $C(x,\alpha)=_{df}\neg K(x,\neg\alpha)$

可以把 $C(x,\alpha)$ 直观地解释为：据 x 所知，α 是可能的；或者，x 了解 α，这是可信的。KL 系统中有关于 C 的一些定理，例如：

$$K(x,\alpha\to\beta)\to(C(x,\alpha)\to C(x,\beta))$$

$$K(x,\alpha)\wedge C(x,\beta)\to C(x,\alpha\wedge\beta)$$

KL 是一个很强的知道逻辑系统，它相当于模态逻辑系统 S_5，因此，其语义学可以用可能世界语义学形式来表达，当然要作某种变通。

(二) 相信逻辑

“相信”也是一个多义词，“x 相信 p”至少有以下含义：(1) x 像他所相信的命题 p 那样去行动，即如果 x 像 p 所表达的那样去做，则表明 x 相信 p。这是行为主义的解释。(2) x 倾向于 p 或明确赞成 p：如果他被适当地提问，他会表明他同意或认可 p。(3) x 承担义务地接受或认可 p：若从 x 同意的一些命题可推出 p，即使 x 未能认识到这种推出关系，甚至他不承认这种关系，x 也有义务去相信 p。这叫做“暗中承担义务的信念”。相信逻辑所处理的“相信”是介于(1)和(3)之间的。

为了建立一个合理的相信逻辑系统，雷歇尔提出了如下的合理性标准：

B_1 一个认知主体永远不会相信一个自相矛盾的命题，用符号表示：

$$\Box\neg p\vdash\neg B(x,p)$$

B_2 如果命题 p 是两个命题 q 和 r 在下述意义上的“明显后承”，即从 q 和 r 出发，只通过 n 个推理步骤(n=1,2,3，或某个其他的小数目)可推出 p，那么，由 $B(x,q)$ 和 $B(x,r)$ 可推出 $B(x,p)$。用符号表示：

如果 $q,r\models p$，那么 $B(x,q),B(x,r)\vdash B(x,p)$

B_3 除非 q 是 p 的明显后承，我们永远不能从 $B(x,p)$ 推出 $B(x,q)$。用符号表示：

除非 $p\models q$，对所有的 x，绝不会有 $B(x,p)\vdash B(x,q)$

以上的合理性标准，借助于“明显后承”($\models$)这一关键概念，揭示了普通的逻辑推理关系与信念命题之间的推理关系的区别和联系，规定了相信逻辑中的根本性指导原则：什么样的推理关系是允许的，什么样的推理关系是不允许的。雷歇尔以这些合理性标准为依据，构造了一个在经典命题逻辑中引入一致性原则、合取的构成和分解原则、极小推理能力原则的相信逻辑系统。[①]

与知道逻辑类似，相信逻辑通常在经典命题逻辑的基础上，引入一个二元联结词 B（英文词 belief 的首字母），B（x，p）表示"认知主体 x 相信命题 p"。下面给出一个只涉及单个认知主体的相信逻辑系统 BL：

公理：

A_0　所有经典命题逻辑的重言式

A_1　$B(x,\alpha)\land B(x,\alpha\to\beta)\to B(x,\beta)$

A_2　$\neg B(x,\bot)$

A_3　$B(x,\alpha)\to B(x,B(x,\alpha))$

A_4　$\neg B(x,\alpha)\to B(x,\neg B(x,\alpha))$

变形规则：

MP：从 α 和 $\alpha\to\beta$ 推出 β

B-必然化规则：从 α 推出 $B(x,\alpha)$

这里，A_1 表示一个认知主体的信念在逻辑蕴涵下封闭，其直观解释是："如果你相信 α，并且相信 $\alpha\to\beta$，则你相信 β"。A_2 表示一个认知主体不会相信逻辑上完全假的东西（$\bot$ 为常项，表示假）。A_3 和 A_4 是关于信念的"内省公理"：A_3 表示若一个认知主体 x 相信 α，则他相信"他相信 α"这回事；A_4 表示若一个认知主体 x 不相信 α，则他相信"他不相信 α"这回事。可以说，这样的认知主体在信念问题上非常有"自知之明"：他十分明白，什么是他所相信的，什么是他所不相信的。

BL 也是一个很强的相信逻辑系统，它相当于模态逻辑系统 S_5，可以在可能世界语义学上作某种变通来表达其语义学。

---

① See Nicholas Rescher, *Topics in Philosophical Logic*, D. Reidel Publishing Company, 1968, pp. 46-48.

第十一讲

意会:“说话听声,锣鼓听音”

——自然语言逻辑

所谓“自然语言逻辑”,简称“语言逻辑”,是指透过自然语言的指谓性和交际性来研究自然语言中的推理的逻辑学科。自然语言的每一语言单位都要指称或谓述一定的对象。这里,“指称”是说某个语言单位和某个特定的对象存在一种对应关系,以至前者是后者的名称;“谓述”是说某个语言单位对某个或某些对象的性质、状态、特征等有所描述。自然语言还是人类所专有的并且是最重要的交际工具,人们运用它去互通信息,交流思想,协调工作,组织社会生活,维持社会的存在和发展。因此,自然语言具有表达和交际两种职能,其中交际职能是自然语言最重要的职能,也是自然语言的生命力之所在。

研究自然语言逻辑的动力来自两个方面:

一是语言哲学对于意义理论的研究。研究者在最初的观念论、指称论、真值条件论、证实论等等理论之外,逐渐发展出一种使用论。例如,弗雷格早就指出,不要孤立地询问一个词的意义,而要在语句的上下文中去追寻一个词的意义。后期维特根斯坦指出,语言的意义在于它的使用。研究表明,要弄清楚语言表达式的真实意义,我们就要弄清楚该语言表达式是由谁说的,对谁说的,在什么情景下说的,说听双方所共有的背景知识,说听双方的交际意图,等等。按照这样的思路,发展出了言语行为理论、会话含义学说、自然语言的语用学等等理论。这些理论哲学味比较浓,与人们的日常语言直觉比较接近。

二是来自于计算机科学和人工智能的发展需要。要实现人机对话,使计算机至少能够部分地替代人的工作,就要求它能够运用自然语言与人进行顺畅的交流，能够理解自然语言信息，并且对这些信息进行逻辑处理。这就提出了下述任务：要对自然语言信息进行逻辑分析，以便计算机也能够识别和处理，这就出现“自然语言理解”和“知识表示”等问题；并且，在知晓交际者的背景及其交际意图的情况下，计算机还要能够进行适当的推理或计算，做出适当的交际应对策略，等等。由于要交给计算机去处理和完成，由此发展的理论，其符号化、形式化程度比较高，技术性比较强。这种特色的理论有蒙太格语法、广义量词理论、话语表现理论、情景语义学、动态语义学、类型—逻辑语法、自然语言理解的加标演绎系统，等等。

本讲只粗略讨论第一种类型的自然语言逻辑，关于那些与计算机科学和人工智能关系密切的自然语言逻辑理论，请读者阅读有关文献[①]。

一　语言的意义在于它的使用

前面各讲所讨论的各种逻辑，至少有这样两个特点或者说缺陷：

1. 范畴性，即它们所处理的逻辑对象都属于确定的类型或范畴，所设计的逻辑运算都有非常清晰的意义，不允许丝毫的不确定和模糊。但现实的对象却有模糊的边界，其逻辑运算很少截然分明，常常有很多居间者，例如“否定”有“并非”(not)、“罕见”(rarely)、“很少”(seldom)等差别，量词有“全部”“任一”“每一个”“绝大多数”“大多数”“少数”“很少几个”等不同。

2. 无内容性，即它们都只考虑语言表达式的结构关系，而很少考虑它们之间的意义内容及其差别，由此造成两个结果：在它们看来类似的东西，在实际的语言中却是有差别的；在它们看来有差别的东西，在实际的语言中却是类似的。其结果就是它们严重偏离日常使用的自然语言。有的逻辑学家指出：“我们早就深信，来源于弗雷格、罗素、塔斯基以及通常数理逻辑著作中的标准逻辑观，完全没有起到哲学家、语言学家和计算机科学家及其他人所期望的作用。许多想法只适用于数学(甚至这一点我们也有所怀疑)，但

① See Johan Van Benthem and Alice ter Meulen eds., *Handbook of Logic and Language*, Amsterdam: Elsevier, 1997. 邹崇理：《自然语言逻辑研究》，北京大学出版社，2000 年；《逻辑、语言和信息——逻辑语法研究》，人民出版社，2002 年。蒋严、潘海华：《形式语义学引论》，中国社会科学出版社，1998 年。

不适用于日常所使用的语言。"[①]

之所以如此,是因为以上逻辑都只考虑语言表达式的抽象意义,而不考虑使用语言的环境(简称语境)、使用语言的人以及人的意向对语言意义的影响。一旦把后面这些因素纳入考虑的范围之内,我们就从语言的抽象意义进入到它们在一定的语境中所表现出的具体意义和社会意义。后期维特根斯坦所提倡的使用论,奥斯汀(J. L. Austin)、塞尔(J. Searle)等人所发展的言语行为理论,斯特劳森(P. F. Strawson)所倡导的日常语言逻辑,格赖斯(H. P. Grice)所主张的会话含义学说,以及巴威斯(Jon Barwise)等人所发展的情景语义学,都是这种考虑语言表达式的具体意义和社会意义的意义理论。

后期维特根斯坦提出一个重要观点:"一个词的意义就是它在语言中的使用。"他还提出了著名的语言游戏说:"我也将把语言和行动(指与语言交织在一起的那些行动)组成的整体叫做'语言游戏'","'语言游戏'一词的用意在于突出下面这个事实,语言的述说乃是一种活动,或是一种生活形式的一个部分"。[②] 维特根斯坦的"意义使用论"和"语言游戏说"的主旨是:强调语言及其意义的社会性、约定性、合乎规则性,以及意义的丰富性和多变性,拒斥作为抽象实体或心理实体的"意义"概念。这是一个非常深刻的洞见。

奥斯汀、塞尔等人所发展的言语行为理论的核心主张是:说话就是做事。他们认为,言语行为是意义和人类交际的最小单位,从本质上说,它是一种社会行为,人们使用语言的目的不仅仅限于述事说理、描情状物,更重要的是意图改变或影响对方的信念、态度和行为。因此,说话、作文也是在从事一种行为,目的在于取得特定的效果。言语行为理论有一个发展过程,已经建立了相应的逻辑系统,例如"语力逻辑"(illocutionary logic)。

斯特劳森在《论指谓》(1950)一文中,区分了语词和语句本身、对它们的使用和对它们的表达这三者,明确地把语境、说话者的意向、预设以及各种社会历史文化因素等等引进到对于语词和语句的意义分析中。在《逻辑理论导论》(1952)一书中,更明确地提出,在研究形式逻辑的同时,也要研究日常语言的逻辑,因为形式逻辑中的逻辑常项和它们的日常语言类似物有很

---

① J. Barwise and J. Perry, *Situation and Attitudes*, Cambridge: The MIT Press, 1983, p. x.

② 维特根斯坦:《哲学研究》,李步楼译,商务印书馆,1996年,第31、7、17页。

大的差异，形式逻辑的推理形式与日常语言中的推理也有很大的差异，后者值得专门地加以研究。

常言说，"说话听声，锣鼓听音"。美国语言学家格赖斯所发展的会话含义学说，旨在把握人们说话时的言外之意和弦外之音，后者不仅与话语的一般的意义相关，更重要的是与人们说话时的语境和说话者的意图相关，也就是与人们的话语的具体意义或语用意义相关。后人对格赖斯的理论提出了各种修正、补充、发展和完善的方案。在这些方案的基础上，正在发展以准确把握会话含义为目的的关于语用推理的逻辑理论。

在所有这些理论的基础上发展出的各种形式的或非形式的逻辑理论，再加上由计算机科学和人工智能所导致的对自然语言的逻辑分析方案，我们统统归之于"自然语言逻辑"名下。

二　语境、预设与蕴涵

(一) 语境

语境(context)指言语交际所发生的具体环境，有广义和狭义之分。

狭义的语境仅指一个符号、一个语句或一段话语出现的上下文，即与所要分析的符号、语句、话语前后毗连的符号、语句或话语。例如，"五一长假，小张夫妇俩玩起了自驾游，他们已经到了拉萨了。真令人羡慕啊！"根据上下文，话中的"他们"就是指小张夫妇。

广义的语境则有不同的理解，有的很宽，有的很窄。一般包括言语交际的参与者(即说话者和听话者)，言语交际的主题，言语交际的时间、地点及其相关情景，说话者和听话者之间共有的背景知识，等等。一般来说，语境中包括语言因素和非语言因素。前者是指书面语的上下文，或口头表达的前言后语；后者包括说话者和听话者，话语的"情景"和"背景"。其中"话语情景"包括：交际的主题和参与者，交际的时间和地点，交际的正式程度，等等。而"话语背景"可以包括：交谈双方的身份、相互关系及熟悉程度；交际双方共有的常识或知识；特定文化的社会规范，特定文化的会话规则；等等。

据我所知，下面的示意图所给出的几乎是对语境的最广义的理解[①]：

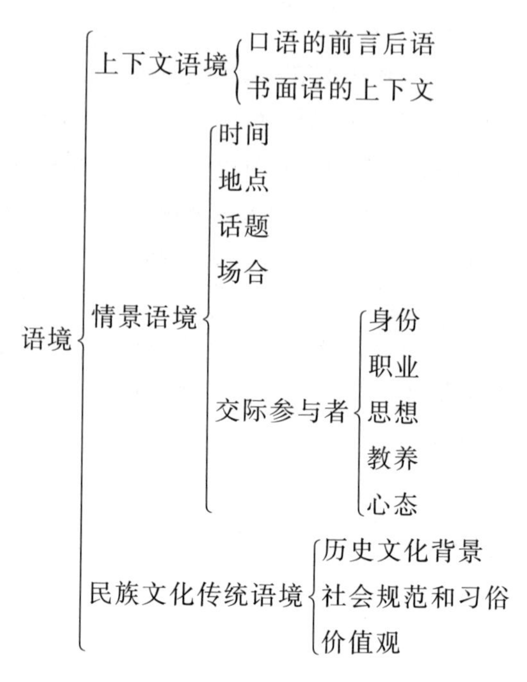

这些语境因素对于自然语言的表达式（语词、语句）的意义有着极其重要的影响，具体表现在：

1. 自然语言的词语常常是多义的、歧义的、模糊的，但我们日常所进行语言交际活动大致都能成功进行，很少发生误解或曲解现象，这就是因为语境因素在起作用，它们补充了字面信息的不足，消除了词语的多义性、歧义性和模糊性，甚至会使词语发生转义乃至反义，由此严格规定了言语的意义。例如，“小店关门了”，可以表示“小店打烊了”，也可以表示“小店歇业了”，这两者意思很不一样，语境会告诉我们究竟是哪一种意思。“他连我也不认识”，可以隐含地表示“我是一位重要角色，他居然不认识我”，也可以隐含地表示“我认识很多人，他是谁，连我都不认识，别人就更不认识了”。究竟是哪一种意思？语境因素会告诉我们，从而有利于我们作出准确的理解。

2. 自然语言的句子常常是依赖语境的，这就是说，一个句子表达什么意义，不仅取决于其中所使用的词语的一般意义，而且还取决于说出这句话的

① 索振羽：《语用学教程》，北京大学出版社，2000年，第23页。

语境，这在包含指示代词、人称代词、时间副词的句子中特别明显。要弄清楚这些句子的意义和内容，就要弄清楚这句话是谁说的、对谁说的、什么时候说的、什么地点说的、针对什么说的，等等。例如，“他昨天去英国牛津大学讲学去了”，其中“他”指谁，“昨天”指哪一天，我们只能求助于话语语境。

3.语言表达式的意义在语境中会出现一些重要的变化，以至偏离它通常所具有的意义（抽象意义），而产生一种新的意义即语用意义，也就是通常所谓“言外之意”“弦外之音”。例如，在臧克家的一首名诗《有的人》的开头，有这样的句子：“有的人活着/他已经死了/有的人死了/他还活着”。在这首诗中，语词“死”“活”已经偏离它本来的生物学意义，而获得了一种新的象征意义。再如，“你真坏!”这句话在不同的语境中意义很不相同：假如是女士对男士说，则含打情骂俏、嗔怪之意；也可以在正式场合用来斥责干了坏事的成年人。

（二）预设

预设（presupposition）分为语义预设和语用预设。

1.语义预设

语义预设是一个命题及其否定都要假定的东西，是一个命题能够为真或为假的前提条件。如果我们用S代表一个特定的语句，非S表示它的否定形式，T表示它的预设，则可以这样定义预设：S预设T，当且仅当，若S真则T真，并且，若非S真T也真。也就是说，句子S在语义上预设句子T，当且仅当，句子T真是句子S有真假的先决条件。

语义预设包括：

(1)存在预设，例如：

(1_1)中国的第一位诺贝尔奖获得者是女性。

(1_2)发现行星轨道椭圆性的那个人悲惨地死去。

(1_1)预设了“中国有第一位诺贝尔奖获得者”，(1_2)预先“有人发现了行星轨道的椭圆性”。预设为真，是上面两个句子有真假的先决条件。否则，这两个语句没有认知方面的意义。

(2)事实预设，例如：

(2_1)包公铁面无私使贪官污吏心惊胆战。

(2_2)在从北京大学获得硕士学位之后,刘晓光放弃了去美国哈佛大学读博士学位的机会,直接去了一家跨国公司就职。

(2_1)预设了一个事实:“包公铁面无私”,(2_2)预设了另一个事实:“刘晓光从北京大学获得了硕士学位”。以叙事性动词如“遗憾”“认识到”“知道”“对……感到惊奇”等作谓词的命题,常常含有事实预设,例如:“我对某些科学家英年早逝感到痛心”,该句预设“某些科学家英年早逝”。

(3)种类预设。一个形如“x 是 F”的命题,预设个体 x 在谓词 F 的值域之内,这种预设称为“种类预设”。谓词的值域就是对断定这个谓词具有意义的所有那些个体的集合,例如,“是聪明的”的值域就是由可以思想(或具有心灵)的所有对象组成的集合。

语义预设有这样一些特点:第一,预设决定于人们通常接受的逻辑规律,例如“刘伟昨天参观了北京世界公园”预设“北京有一个世界公园”。第二,如果一命题的预设为假,则该命题本身无意义,或者说无真值。例如,“所有的鬼都是青面獠牙的”和“有些鬼不是青面獠牙的”,这两个互相否定的句子都预设了“有鬼”。如果无鬼,则关于鬼的任何谈论都没有真假方面的意义,也就是说,没有认知方面的意义。第三,对一命题加以否定或提出疑问都不会否定其预设,换句话说,如果一命题为假,或怀疑一命题的真假,反而更说明其预设为真。第四,预设会受到命题焦点(即一命题中被强调的部分)的影响,命题焦点不同,预设就会发生变化。若以着重点表示强调,则“约翰勾引玛丽”预设“有人勾引玛丽”;而“约翰勾引玛丽”预设“约翰对玛丽作了某事”;“约翰勾引玛丽”则预设“约翰勾引某人”。第五,预设会受命题中某些词语影响而“触发”出来,这些触发预设的词语叫做预设触发语。国外有人收集了 31 种预设触发语。[①]

语义预设实际上是对预设作真值分析,存在着许多缺陷:第一,从真值角度看,无论一命题是真是假,其预设总为真。但语言事实是:这种预设关系在一定语境里可被取消。例如,“我知道玛丽来过”预设“玛丽来过”,但“我不知道玛丽来过”却无此预设。预设在某些特定语境中可被取消,这说明预设是一种语用关系。第二,真值预设关系在复合命题中难以准确表现。

① 参见何自然:《语用学概论》,湖南教育出版社,1988 年,第 117—119 页。

有人假设复句的预设就是各分句预设的总和,即由 n 个分句组成的复句的预设=分句 1 的预设+分句 2 的预设+……+分句 n 的预设。但这个假设是不正确的,因为有时由于上下文的关系,分句与分句的预设不仅无法相加,反而相互抵消了。例如,说“小张的妻子很漂亮”预设“小张有妻子”,但如果再加上一句“只可惜前不久她跟他离婚了”,原先的预设就被取消。这说明预设对语境因素十分敏感,归根到底是一个语用问题,需要应用语用分析。

2.语用预设

语用预设是关于言语行为的预设或命题态度的预设。恰当的语用预设至少要满足两个条件:合适性和共知性。

为了实现语用预设,需要满足一定的语境条件,如参与者的年龄、性别、身份,他们之间的亲缘、地位关系,相关者的状况以及其他客观情景等等。只有满足这些条件,才能指望一定语境中的言语行为是适当的。例如,母亲对女儿说:“玛丽,请清扫那个房间!”母亲的请求(或者说命令)是以一系列语用预设为先决条件的:比如,请求清扫的房间是母亲和女儿都明白的房间;这个房间已经脏了或者乱了,需要清扫;母亲知道女儿能够做这件事……如果实际的语境不具备这些条件,母亲的请求就是不适当的。

此外,语用预设必须是交际双方所共知的,预设的这种共知性是更为重要的。如果其预设不共知,则一方的意思就可能不被另一方所理解,交际就无法进行,就像一位宇宙科学家无法与一位农民讨论“黑洞”现象一样。如果话语 A 只有当命题 B 为交谈双方所共知时才是恰当的,则 A 在语用上预设 B。请看下面的谈话:

A:来了没有?

B:还没有呢！我也等得急死了。

A:快两个月了,不会出什么事吧?

B:不会,不会,以前也有过这种情况。

A:但愿如此。

A 和 B 在谈论什么?仅从字面无法得知,必须诉诸语境因素:A、B 是什么身份,他们在谈论什么话题,有一些什么样的背景信息,等等。这些因素为谈话双方 A 和 B 所共知的,所以他们之间能够流畅地交流;我们不知道这些语境信息，故我们不知道他们在谈些什么。

预设除在命题、话语中出现外，也出现在问句中。例如，“你已经停止打你的老婆了吗？”就预设了一个事实：听话人过去经常打自己的老婆。

（三）蕴涵

逻辑上的“蕴涵”概念可以用来分析词语之间的语义关系，有时候把这种应用叫做“语义蕴涵”。一个句子的意义相当于一组命题的集合，其中有些命题是离开语境从该语句推出来的命题，叫做该语句的语义蕴涵命题：句子 A 语义蕴涵句子 B，当且仅当，根据句子成分之间的意义关系，从 A 能够逻辑地推出 B，即不会 A 真而 B 假。例如，设语句 S 是“约翰拥有三头牛”，则：

S_1 约翰拥有某些牛。

S_2 约翰拥有某些动物。

S_3 约翰拥有某些东西。

S_4 某人拥有三头牛。

S_5 某人拥有某些牛。

S_6 某人拥有某些动物。

S_7 某人拥有某些东西。

都是 S 的蕴涵命题。一个语句的所有这些蕴涵命题的集合，就表达了该语句的意义。

并且，下面的各对句子之间有蕴涵关系：

(3_1) 我父亲是劳动模范。

(3_2) 我爸爸是劳动模范。

(4_1) 约翰买了三匹马。

(4_2) 约翰买了三只动物。

(5_1) 张三是一位单身汉。

(5_2) 张三是一个未结婚的男人。

利用蕴涵概念，还可以定义句子之间的许多语义关系，如同义关系、对立关系、分析性、矛盾性，等等。

两个句子是同义的，当且仅当，它们具有完全相同的一组蕴涵命题；或者说，它们两者相互蕴涵，即一个为真，另一个必真。例如：

(6_1)爱因斯坦和罗素是同时代人。

(6_2)罗素和爱因斯坦是同时代人。

在任何时候，都不可能(6_1)真而(6_2)假，或者(6_2)真而(6_1)假，它们两者相互蕴涵，因而是同义句。

两个句子是对立的，当且仅当，其中一个句子蕴涵着另一句子的否定。例如，我国战国时期的思想家韩非曾谈到，有一位既卖矛又卖盾的楚人，誉其盾曰："吾盾之坚，物莫能陷也。"又誉其矛曰："吾矛之利，于物无不陷也。"这位楚人所说的这两句话就是互相对立的，因为"不可陷之盾，与无不陷之矛，不可同世而立"，它们相互蕴涵着对方的否定。

如果一个句子的否定句是矛盾式，或者说是自相矛盾的，则它本身就是分析性的，或者说是同义反复。例如，"单身汉是男人"的否定句是"单身汉不是男人"，从后者加上"单身汉"这个词的义素，既可以推出"未婚成年男子是男人"，又可以推出"未婚成年男子不是男人"，矛盾，因此该语句本身就是分析性的。

三　言语行为理论

（一）言语行为理论的要旨

言语行为理论的要旨可用一句话来概括："说话就是做事。"话语不仅是说话者说出的有意义的表达，而且是他做出的有目的的行为。了解一个人所说的话语，不仅要知道他说了些什么，而且要知道他想用所说的话语做些什么，以及实际上做了些什么，这就牵涉到交际意图。奥斯汀和塞尔都明确表达了这一观点。例如，奥斯汀指出："我们要更一般地考虑下述意义，在这些意义上，说什么可能就是做什么，或者在说什么的时候我们在做什么（并且还可能考虑到那种不同的情况，在这种情况下，我们是通过说什么而做什么）。"[①]塞尔也指出："我认为在任何语言交际中都必须包含有

---

① J. L. Austin, *How to Do Things with Words*, Harvard University Press, 1962, p. 91. 此书的摘译见陈启伟主编：《现代西方哲学论著选读》，北京大学出版社，1992 年，第 618—640 页。

一个言语行为。"[①]为了弄清楚通过说话而做的事情，我们不得不考虑说话者的意向、说话者和听话者共有的背景知识，以及相关的规则、社会惯例和社会建制。

言语行为理论认为，人类交际和意义的基本单位（或最小单位）是言语行为。人们使用语言的目的并不仅仅限于述事说理、描情状物，更重要的是意图改变或影响对方的信念、态度和行为等等。从这个角度看，人类交际的基本单位并不是如过去一般所认为的那样，是符号、词句或其他表达手段，而是完成一定的行为，例如陈述、请求、提问、命令、感谢、道歉、祝贺等等。言语行为的特点是说话人通过说一句话或若干句话来执行一个或若干个言语行为，目的在于取得特定的效果。因此，言语行为不仅"言有所述"，而且"言有所为"，意欲"收言后之果"。我们要理解和把握一个说话者在特定的言语环境中说出一句话语的真实意图，就不能停留在对其进行逻辑—语义的分析上，而要把它看作是一个言语行为，只有这样，我们才能对该话语的意义有全面和准确的把握。因此，言语行为不仅是人类交际的基本单位，而且是意义的基本单位。

我认为，言语行为理论家的一个最大贡献是：把一个长久被忽视的语言现象突显出来：说话就是做事，做事意在取效。他们由此明确区分了语句的字面用意与"言外之意"（语力），并且凸显了各种语境因素和社会性因素如意向、规则、社会惯例在确定句子意义时的作用。他们所论及的现象在我们的日常语言交际中是如此司空见惯，以致先前被研究者们完全忽视，从未纳入其研究视野之中。特立独行者的艰辛探索，别具慧眼者的当头棒喝，对于历史进程和学术发展的意义，在这里表现得特别明显。

（二）奥斯汀论关于言语行为的三分法

奥斯汀于1930—1940年代开始思考言语行为问题。他认为，记述或描述只是语言的一种功能，即描述性功能；完成行为则是语言的另一种功能，即施为性（performative）功能，并且是一种更为重要的功能，它在语言实践中得到更加广泛的应用。而语言功能又表现在说话方式上，因此，研究语言

---

① 塞尔：《什么是言语行为?》，见马蒂尼奇编《语言哲学》，牟博等译，商务印书馆，1998年，第230页。

功能必须从说话方式的分类开始。正是从这一思想出发，奥斯汀提出了行为性话语（施为句）与记述性话语（记述句）的区分。不过，到1955年奥斯汀放弃这种二分法，而提出了言语行为的三分法：以言表意行为（locutionary act）；以言行事行为（illocutionary act）；以言取效行为（perlocutionary act）。[①] 下面，我们只概要式考察三分法。

1. 以言表意行为

在日常言语交际中，联词造句、串字成音以表达一定思想的行为，就是以言表意行为。按照言语行为理论，“说什么就是做什么”，这里“说什么”的活动就属于以言表意的活动。例如，假如我说“天在下雨”，“请打开窗户”，这种说话行为都是以言表意。奥斯汀进一步把以言表意行为看成是三种行为的复合，即发音行为（phonetic act）、措辞行为（phatic act）和表意行为（rhetic act）。说话要发出声音，这就是发音行为，发出的声音叫做“音素”（phone）。说话时说出的词要属于某种语言，词与词之间的联系应符合一定的语法规则，这些词被说出时还有一定的语调。如此发出这些词的声音的行为就是措辞行为，所发出的声音叫做语素（pheme）。此外，说出的词还要有一定的意义，指称一定的对象，即是说，说话时要把语素、意义和指称结合在一起，这种行为就是表意行为，所说出来的东西叫做“意素”（rheme）。

奥斯汀认为，发音行为不一定是措辞行为。例如，猴子能发出类似于“go”的声音，但不能说它会说英语的“go”。鹦鹉能够学舌，但它并不懂得它所学说的这些声音本身所负载的含义。此外，当一个人模仿、重复另一个人的话语时，该话语也就降格为发音行为，这时只有模仿准不准的问题，而不存在所说的意思对不对的问题。还有，一医生为检查一病人的喉咙，要他发“啊——”音，该病人遵嘱发出“啊——”音，病人所完成的只是发音行为，而不是措辞行为。但是，要说出一定的话语，一定要发声，因此，措辞行为包括发音行为。奥斯汀还认为，用直接引语说出某个人的话语就是说出他的措辞行为，而用间接引语说出某个人的话语就是说出他的表意行为。发音

---

① 关于“locutionary act”“illocutionary act”“perlocutionary act”这三个术语，许国璋先生译为“以言表意行为”“以言行事行为”和“以言取效行为”，周礼全先生译为“语谓行为”“语力行为”和“语效行为”，索振羽在《语用学教程》中译为“叙事行为”“施事行为”和“成事行为”，还有其他众多的不同译法，如“言内行为”“言外行为”和“言后行为”，迄今仍无定论。踌躇再三，我还是选用了许国璋先生的译法。

行为、措辞行为和表意行为三者合在一起,就构成以言表意行为。或者说,一个人同时完成了这三种行为,他也就完成了以言表意行为。用奥斯汀的话来说,以言表意行为就是"说出某些声音,说出某些具有一定结构关系的词语,而这些词语又都具有某种'意义',在'意义'一词的那种受欢迎的哲学含义上,即具有某种涵义和指称"[①]。即是说,一个人说出一个具有确定意思和指称的句子,就是完成一件以言表意行为。他在《如何以言行事》一书中,曾毫不含糊地把以言表意行为与说出一个陈述句看作是一回事。

2. 以言行事行为

以言行事行为是奥斯汀言语行为理论的核心,他在《如何以言行事》一书中花了大量篇幅对之进行讨论。"我们可以说,实施一个以言表意行为,一般地是,而且本身也是,实施一个(我所谓的)以言行事行为。为了确定在实施什么样的以言行事行为,我们必须确定我们在以什么方式使用下列表达方式:

提出或回答一个问题,

给出某些信息、一个保证或警告,

公布一个判决或意图,

发布判决,

作出一项任命、申诉或批评,

作出一种辨认或给出一个描述,

以及其他各种类似的行为。"[②]

这种言语行为是指,说话人说出某句话的同时就完成了一定的行为。例如,当说话人说"我允诺……"时,就完成了一个允诺行为;当说"……是真的吗?"时,就完成了一个询问行为。并且,说话人在说出某句话时还带有一定的用意或意图,奥斯汀将其称为"illocutionary force"(译为"语力")。[③]

只有充分考虑到说话人说某句话的用意或意图,考虑到说出该话语时所带有的某种力量,我们才能对所说出的话语的意思有真正的理解和把握,

---

① J. L. Austin, *How to Do Things with Words*, Harvard University Press, 1962, p. 94.

② Ibid., pp. 98-99.

③ 英语词"force"兼有"力量"和"用意"的意思,在汉语中很难找到一个词与之对译。因此,本书在涉及这个词的地方,根据文意需要,二者择一使用。

反之则不然。奥斯汀提出了确定以言行事行为的标准：

(1)它是在言语中完成的，而不是言语的结果。在谈到以言表意行为和以言行事行为的区别时，奥斯汀用"act of saying something"(说某事的行为)表示前者，用"act in saying something"(在说某事中[完成的]行为)表示后者。并且，他还将以言行事行为用公式表示为：

In saying X, I was doing Y.（在说 X 时，我正在做 Y）
令 X＝我答应我明天来，Y＝允诺，并代入上式，则有：
在说"我答应我明天来"时，我正在作出允诺。

这里，说"我答应……"是以言表意，而"我正在作出允诺"是以言行事。因此，以言行事行为是在以言表意行为中完成的。奥斯汀生造的词"illocutionary"就是"in-locutionary"，其中的 in 就是公式中"in saying"中的 in，有言内行事之意，表示 Y 是存在于 X 之中的言语行为。

(2)它总可以被释义，并且总可以通过加上一行为话语公式(a performative formula)而变得明确化。例如，"我问你生活得好不好?"，"我命令你把门关上"，"我劝告你把烟戒掉"等。可以代入行为话语公式中的以言行事的动词有：报告(report)、陈述(state)、断言(assert)、告诉(tell)、命令(order)、允诺(promise)、威胁(threat)、警告(warn)、邀请(invite)、请求(request)、建议(suggest 或 propose)、劝告(advise)、询问(ask)、提供(offer)、感谢(thank 或 appreciate)，等等。说出一个含有上述行为动词或可加上这类动词作主要动词的话语，就是在完成一件以言行事的行为。

(3)它总是符合约定俗成的社会惯例。这并不仅仅指语音和语义结合的那种任意性和约定性，而是说：以言行事行为并不是说出的话语所表达的理性内容的逻辑后果或心理后果，相反，实现以言行事行为是根据某种社会惯例，因为对于某个人在特定环境下所使用的一个特定表达式，这种社会惯例赋予其一种特殊的价值。例如，在西方社会，牧师在教堂举行婚礼时说出"某男与某女正式结为夫妻"时，以此宣布这两个人结为夫妇。这句话之所以能起这种作用，是因为这样一些因素：他以牧师的身份充当证婚人，并在教堂举行婚礼这种特殊场合下说出它，根据西方的风俗习惯(一套约定俗成的社会惯例)，那两人从此结为合法夫妻。假如在大街上游玩时，某对男女的一位朋友说"我宣布你们俩结为夫妻"，这句话并不会使这两个人成为合法夫妻，因为它不符合西方社会的惯例。

关于以言行事行为和以言表意行为的关系，奥斯汀认为，在大多数场合下，这两者是结合在一起的，因为要完成一个以言行事行为，必须通过完成一个以言表意行为，换言之，要使用一个含有语力的言语行为去行事，必须说出有一定意义的语句。例如，要表示祝贺，必须先说出一个有祝贺意思的语句。他说："一般说来，以言表意行为以言行事行为是同一种抽象。凡是真正的言语行为都兼有这两者。"[①]但是，两者还是有区别的。在有些场合，以言表意行为可以蜕化为单纯的发音行为，例如说梦话，这时它就不能以言行事。奥斯汀认为，从言语行为中区分出以言行事行为这层含义，能帮助我们理解语言的各种具体功能，并揭示言语行为的本质，从而正确处理意义和真假问题。

3. 以言取效行为

奥斯汀指出："对某件事的说出往往——或者甚至通常总是——对听话者、说话者或其他人的感情、思想或行为产生某种效果……我们把完成这种行为称为完成了以言取效行为。"[②]可以看出，以言取效行为包含三个要素：(1)说话者说出某句话；(2)对听话者或其他人的思想、感情或行为产生某种影响，如吓唬住他，使他高兴，让他去做某件事；(3)在(1)和(2)之间有因果关系。表示以言取效行为的动词有：说服(persuade)、鼓动(inspire)、恫吓(intimidate)、欺骗(deceive)、激怒(irritate)、使……满意(satisfy)、使……留下印象(impress)、使……窘迫(embarrass)、误导(mislead)、道歉(apologize)、祝贺(congratulate)等。

奥斯汀强调指出，以言取效行为是通过以言表意行为完成的，而不是在以言表意行为之中完成的。因此，他将其用公式表示为：

By saying X I did Y.（通过说 X，我做了 Y。）

为精确起见，该公式最好改为：

By saying X and doing Y, I did Z.（通过说 X 和做 Y，我做了 Z。）

例如，若令 X＝我答应我明天来，Y＝允诺，Z＝使我的朋友放心，代入上式，则

① J. L. Austin, *How to Do Things with Words*, Harvard University Press, 1962, p. 146.

② Ibid., p. 101.

有:通过说"我答应我明天来"并(由此)作出一个允诺,我使我的朋友放心。

奥斯汀生造了英文词"perlocutionary"表示"以言取效",其中的"per"就是上面公式中的"by"(通过)。所谓以言取效,就是通过说 X 和做 Y 而得到结果 Z。

奥斯汀指出,以言行事行为与以言取效行为有实质性区别。(1)各自的公式显露出不同的特征。请注意,在以言行事行为的公式"通过说 X,我做了 Y"中,说 X 和做 Y 是同时完成的,可以写成 X=Y。例如,令 X=我要枪毙她,Y=威胁,代入上式:在我说"我要枪毙她"时,我正在发出一个威胁。根据以言取效行为的公式"通过说 X 和做 Y,我做了 Z",其中的 Z=X+Y。仍令 X=我要枪毙她,Y=威胁,并且令 Z=我使她感到惊恐,代入上式:通过说"我要枪毙她"并(由此)发出一个威胁,我使她感到惊恐。(2)对当下语境的依赖程度不同。以言行事行为是一种规约行为,与一套惯例、习俗相一致,对当下语境的依赖程度很小,甚至没有;而以言取效行为不是规约行为,对当下语境极其敏感,并且必定产生或大或小的效果或影响。

4. 三种言语行为的相互关联

奥斯汀指出,上述三种言语行为往往可以从形式上加以区别:

> 以言表意行为:他说……(He said that…)
> 以言行事行为:他证明了……(He argued that…)
> 以言取效行为:他使我确信了……(He convinced me that…)

并且更重要的是,上述三种言语行为不是由说出三句不同的话语所完成的三种不同的行为,而是在说出同一句话语时所同时完成的三种不同的行为,这三者之间无严格的先后之分,而只是一种按逻辑顺序的排列。假定在正常情况下,我用响亮有力的语调对你说"你脚下有一条蛇",并且由于我的话而使你感到惊慌。显然,我已经完成了三种不同的言语行为:(1)我已经说出我的话——以言表意;(2)我在说出这句话时,已经告诉你某件事——以言行事;(3)我通过说出这句话,已经让你感到惊慌——以言取效。因此,三种言语行为是在说一句话时同时完成的。

在上述三种言语行为中,奥斯汀重点关注的是第二种,即以言行事行为。根据以言行事行为的语力(illocutionary force),将其分为 5 种类型:(1)裁决式(verdictives),行使判决,如"宣判无罪"(acquit);(2)执行式(exercitives)，行使权力或施加影响，如"任命"(appoint)；(3)承诺式(commissives)，承担义务或表明意图，如"发誓"(swear)；(4)表态式(behabitives)，表明态度，如"怜悯"(commiserate)；(5)阐释式(expositives)，阐明理由，解释争论，说明用法和指称，如"分析"(analyze)。

(三) 塞尔对言语行为理论的发展

塞尔从多方面对奥斯汀理论作了批评和改进，例如他对言语行为重新作了分类：

奥斯汀的三分法	塞尔的四分法
以言行事行为	发话行为
发话行为	
措辞行为	
表意行为	命题行为
以言行事行为	以言行事行为
以言取效行为	以言取效行为

塞尔研究的重点是以言行事行为。他认为，此种行为包含两个要素：一是命题性成分，一是说出该命题时的"语力"(illocutionary force)，即说话者在说出该命题时所携带的意图或力量。若用 p 表示任一命题，用 F 表示语力，则以言行事行为的一般公式是：F(p)。

塞尔举了下面的例子：

(1)约翰将离开这个房间吗？

(2)约翰将离开这个房间。

(3)约翰，离开这个房间！

(4)但愿约翰离开这个房间。

(5)如果约翰离开这个房间，我也离开这个房间。

在这 5 个句子中，含有共同的命题内容，即"约翰离开这个房间"，只是给它附加了不同的语力：在(1)中是"询问"，在(2)中是对未来的"断定"(预测)，在(3)中是"命令"，在(4)中是"愿望"，在(5)中是(有条件的)"允诺"。这些不同的语力使得(1)—(5)完成不同的以言行事行为。

塞尔指出："完成以言行事的行为就是去从事一种由规则支配的行为方

式。我将指出,像提问、陈述这样的受规则支配的行为方式,十分相似于棒球中的打垒、象棋中的跳马那样的受规则支配的行为方式。因此,我打算通过陈述一套完成一个特殊种类的以言行事行为的必要且充分的条件,来解释以言行事行为的概念,并且为使用标记那种以言行事行为表述的表达式(或句法手段)引出一套语义规则。”①

塞尔区分了两类规则:调节规则(regulative rule)和构成规则(constitutive rule)。调节规则用于调节先前存在的行为形式,这些行为的存在在逻辑上独立于这些规则。例如,礼仪规则用于调节人与人之间的关系,而这些关系是独立于礼仪规则而存在的。构成规则不仅调节而且规定新的行为形式,这些行为在逻辑上依赖于这些规则的存在而存在。例如,橄榄球的规则不仅调节了橄榄球比赛,而且还创造了这种运动的可能性并对这种运动加以规定。橄榄球运动是由符合这些规则的行为构成的,离开这些运动,橄榄球运动就不会存在。

塞尔认为:“一种语言的语义学被视为一系列构成规则的系统,并且以言行事的行为就是按照这种构成规则完成的行为。”②他根据言语行为在12个方面的差别,将其划分为5类:断定式(assertives),指令式(directives),承诺式(commissives),表情式(expressives),宣告式(declaratives)。

1975年,塞尔发表《间接言语行为》一文③。他指出,要理解间接言语行为这个概念,首先要了解施为句的“字面用意”,即正常的言语交际者在一定的语境中立即可理解的说话人说这句话的意图,再由“字面用意”去推知说话者赋予该句子的“语力”(即说话意图或话语力量),也就是该句子间接表达的“言外之意”。例如,“你能为我做这件事吗?”这句话的“字面用意”是“询问”,但它实际上要表达的间接用意是“请求”。间接言语行为理论就是要解决下述问题:说话人如何通过“字面用意”来表达间接的“语力”,或者说,听话人如何从说话人的“字面用意”去推断出其间接的“言外之意”。塞尔提出了实施或理解间接言语行为的4条依据:

---

① 塞尔:《什么是言语行为?》,见马蒂尼奇编《语言哲学》,牟博等译,商务印书馆,1998年,第230—231页。

② 同上书,第233页。

③ 同上书,第317—345页。

（1）言语行为理论，特别是关于以言行事行为及其语力的理论，从而了解人们如何以言行事。

（2）会话合作的一般准则，特别是要了解由恪守或违反合作原则或准则而产生的会话含义。

（3）说话人和听话人共有的背景信息，包括语言信息和非语言信息。

（4）听话人的理解和推理能力。

塞尔的间接言语行为理论基于以下假设：

（1）显性施为句可通过句子中的施为动词看出说话人的语力（意图或力量）。

（2）多数句子实际上是隐性施为句，例如陈述句表达“陈述”，疑问句表达“询问”，祈使句表达“命令”等言语行为。

（3）句子本身表达的这些言语行为称作“字面用意”，它与间接的“语力”相对，后者是基于“字面用意”而作出的推断。

（4）间接言语行为可分为规约性的（conventional）和非规约性的（non-conventional）两大类。

规约性的间接言语行为，通过对句子的“字面用意”作一般性推断而得出该句子的间接“语力”，也就是根据该句子的句法形式，按习惯可立即推断出其间接“语力”。请看下面的汉语例子[①]：

（1）你能把门关上吗？

（2）我能不能请你关一下门？

（3）你最好在进屋时把门关一下。

（4）你进屋时是不是忘记关门了？

（5）你进屋时忘记了一件事。

（6）房里好冷啊！原来是谁忘记关门了。

（7）我经常教你在进门以后要干什么？（父母对孩子说）

（8）你进门以后干什么？怎么又把我的话忘了？

（9）谁怕把尾巴夹住了？

（10）谁的尾巴那么长呀？

① 周礼全主编：《逻辑——正确思维和成功交际的理论》，人民出版社，1994年，第419页。

这些以“询问”“建议”“提醒”“描述”“埋怨”等形式出现的句子，实际上都在表达“命令”或“请求”。之所以采用如此委婉的形式，是出于对听话者的尊重，也就是出于礼貌。这一说法对于整个的间接言语行为都成立：间接言语行为是出于礼貌。礼貌要求在发出指令时显得特别重要，因此，塞尔重点考察了间接指令的6种类型[①]。

非规约性间接言语行为却主要依靠说话双方共知的语言信息和所处的语境来推断句子的间接语力，即“言外之意”。这是间接言语行为理论考察的重点。请看下例：

学生X：让我们今晚去看电影吧。

学生Y：我得温习功课以准备考试。

很显然，X可以推知Y说这句话的“言外之意”（语力）是“我今晚不能去看电影”。按塞尔的分析，其推导过程如下：

步骤1.我对Y提出一个建议，他作出这样一个陈述来回答我，其大意是他不得不温习功课以备考。——一些关于会话的事实

步骤2.我假设Y在会话中是与我合作的，因而他的话是想要说得贴切的。——会话合作准则

步骤3.一种贴切的回答必须是一种接受、否决、反建议以及进一步的讨论等等。——言语行为理论

步骤4.但他的字面表述不是其中的一种，所以它不是一种贴切的回答。——从步骤1和3推知

步骤5.因此，大概他意谓的东西要比他说出的东西更多。假定他的话是贴切的，那么他的“言外之意”（语力）必然与他字面上的意思不同。——从步骤2和4推知（这是关键的一步。一个听者如果没有某种策略去发现言外之意与字面意思的差别，他就找不到理解间接言语行为的途径。）

步骤6.我知道按正常情况准备应付一次考试需占用那个晚上的大量时间，而且我也知道按正常情况去看电影需占用那个晚上的大量

① See J. Searle, *Expression and Meaning: Studies in the Theory of Speech Acts*, Cambridge University Press, pp. 36-39.

时间。——事实背景信息

步骤7. 因此,他大概不能够在一个晚上既去看电影又去温习功课以准备考试。——从步骤6推知

步骤8. 接受一项建议或其他任何承诺的准备条件,是指完成命题内容条件中所断言的行为所具备的那种能力。——言语行为理论

步骤9. 因此,我知道他已经说出了其大致含义是他不能接受那个建议的某句话。——从步骤1、7、8推知

步骤10. 因此,他说那句话的言外之意(语力)大概是否决这个建议。——从步骤5和9推知

以上的分析试图在逻辑上重建由学生Y所说的话推出该句话的语力(意图或力量)的过程,其优点是精确、严格,其缺陷当然是烦琐。人们从一段话语推出其语力的过程要比这里分析的直接、简便得多,常常是在瞬间完成的。但即使是这样的分析,也没有穷尽其中的所有相关要素和步骤,该类推导过程不具有必然性,其结论可能是错的。

四　合作原则、会话含义和语用推理

(一) 交际合作原则

1957年,格赖斯发表《意义》一文,把"意义"分为"自然意义"和"非自然意义","会话含义"是"非自然意义"中的一种。1967年,格赖斯在哈佛大学威廉·詹姆斯(William James)讲座发表了三次讲演,其中第二讲"逻辑与会话"1975年发表于《句法和语义学:言语行为》第三卷。[①] 在这篇讲演中,格赖斯提出了交际合作原则,包括一个总则和四个准则。总则亦称"合作原则",其内容是:在你参与会话时,你要依据你所参与的谈话交流的公认目的或方向,使你的会话贡献符合这种需要。仿照康德把范畴区分为量、质、关系和方式四类,格赖斯提出了如下四组合作准则:

(1)数量准则:在交际过程中给出的信息量要适中。

---

① 见马蒂尼奇编:《语言哲学》,牟博等译,商务印书馆,1998年,第296—316页。

a. 给出所要求的信息量；

b. 给出的信息量不要多于所要求的信息量。

(2)质量准则：力求讲真话。

a. 不说你认为假的东西。

b. 不说你缺少适当证据的东西。

(3)关联准则：说话要与已定的交际目的相关联。

(4)方式准则：说话要意思明确，表达清晰。

a. 避免晦涩生僻的表达方式；

b. 避免有歧义的表达方式；

c. 说话要简洁；

d. 说话要有顺序性。

有时也会出现违反准则的情况，具体有以下几种情况：(1)“故意说谎”，即说话者故意违反准则且设法让对方不能察觉，在这种情况下会导致误解和受骗，交际不能成功进行。(2)“无可奉告”，即谈话对象不愿合作，这种情况在记者采访、审讯犯人时经常遇到。(3)“规则冲突”，即谈话对象愿意合作，但是若遵守一条准则，就会违背另一条准则。这种情况常常发生在质量准则和数量准则之间。(4)说话人故意违反准则，而这种违反又能够被对方所觉察到，在这种情况下，听者能够从话语中推导出“言外之意”，“弦外之音”，也就是格赖斯所谓的“会话含义”(conventional implicature)。粗略地说，一个语句 p 的会话含义，就是听话人在具体语境中根据合作规则由 p 得到的那个或那些语句。于是，合作原则又可以用作从说出的话语中推导其会话含义的语用规则，这些原则具有逻辑推理规则的意义。

(二) 会话含义的推导

根据合作原则及各条子准则，利用各种语境因素，从话语的字面意义推出其隐含的会话含义的过程，叫做“语用推理”。其中既包含演绎的因素，也包括很多归纳、猜测的成分，是一种或然性推理，前提真结论不一定真。根据列文森(S. L. Levinson)，从说话人 S 说的话语 p 推出会话含义 q 的一般过程是：

(1)S 说了 p；

(2)没有理由认为S不遵守准则，或至少S会遵守总的合作原则；

(3)S说了p而又要遵守准则或总的合作原则，S必定想表达q；

(4)S必然知道，谈话双方都清楚：如果S是合作的，必须假设q；

(5)S无法阻止听话人H考虑q；

(6)因此，S意图让H考虑q，并在说p时意味着q。①

下面考察一些因违反某个会话准则而产生会话含义的情况：

1. 违反数量准则。例如，某教授写信推荐他的学生任某项哲学方面的工作，信中写道："亲爱的先生：我的学生c的英语很好，并且准时上我的课。"根据量的准则，应该提供所需要的信息量；作为教授，他对自己学生的情况十分熟悉，但他在信中只用一句话来介绍学生的情况。读信人自然明白：教授认为c不宜从事这项哲学工作。

2. 违反质量准则，有夸张、反讽、隐喻、归谬等等情形。例如："您多么了不起呀！大英雄，大美人，空前绝后，万世之楷模，伟大，伟大，伟大得不能再伟大了！"谁都知道，这不是在赞扬某个人，而是对其自高自大的反讽。再如：A说："我能够解决哥德巴赫猜想。"B则说："那我也能够发明一台永动机。"这里，B的意思是：A不可能解决哥德巴赫猜想，就像他本人不可能发明一台永动机一样。

3. 违反关联准则。例如，a站在熄火的汽车旁，b向a走来。a说："我没有汽油了。"b说："前面拐角处有一个修车铺。"这里a与b谈话的目的是：a想得到汽油。根据关联准则，b说这句话是与a想得到汽油相关的，由此可知：b说这句话时暗示"前面的修车铺还在营业并且卖汽油"。再如，在一次聚会上，A说："你看，某某女士打扮得像一位妖精。"B说："你听，乐队演奏的音乐多么温馨动人。"B改变话题的隐含意思是：A的说话方式不太礼貌和文明，与聚会的气氛不协调。

4. 违反方式准则。例如，故意啰唆，衍生言外之意。在曹禺的话剧《日出》中，当交际花陈白露声称不愿意见银行家潘经理时，旅馆茶房福生对她说了下面一段啰唆话：

可是，小姐，……你听着，……这是美风金店六百五十四块四，永昌

① See S. C. Levinson, *Pragmatics*, Cambridge University Press, 1983, p. 113.

绸缎公司三百五十五块五毛五,旅馆二百二十九块七毛六,洪生照相馆一百一十七块零七毛,久华昌鞋店九十一块三,这一星期的汽车七十六块五——还有——

其隐含的意思是:你这位交际花负债累累,不见银行家潘经理,你还能够混下去吗?

再看京剧《沙家浜》中的一段经典对话:

刁德一:日本鬼子人地生疏,两眼一抹黑。这么大的沙家浜,要藏起个把人来,那还不容易吗!就拿胡司令来说吧,当初不是被你阿庆嫂在日本鬼子的眼皮底下,往水缸里这么一藏,不就给藏起来了吗!

阿庆嫂:噢,听刁参谋长这意思,新四军的伤病员是我给藏起来了。这可真是呀,听话听声,锣鼓听音。照这么看,胡司令,我当初真不该救您,倒落下话把儿了!

胡传魁:阿庆嫂,别……

阿庆嫂:不……

胡传魁:别别别……

阿庆嫂:不不不!胡司令,今天当着您的面,就请你们弟兄把我这小小的茶馆,里里外外,前前后后,都搜上一搜,省得人家疑心生暗鬼,叫我们里外都不好做人哪!(把抹布摔在桌上,掸裙,双手一搭,昂头端坐,面带怒容,反击敌人)

胡传魁:老刁,你瞧你!

刁德一:说句笑话嘛,何必当真呢!

在这场戏中,聪明的阿庆嫂干脆把刁德一的话中话(会话含义)挑明了,然后利用胡、刁之间的矛盾,利用胡的颟顸和愚钝,来保护自己。

格赖斯谈到了语用含义的五个特点:(1)可取消性:在给原话语附加上某些话语之后,它原有的语用含义可被取消。在上面的例子中,若 b 在说了“前面拐角处有一个修车铺”之后,又补上一句“不过它这时已经关门了”,原有的语用含义“你可以从那里买到汽油”被取消了。(2)不可分离性:会话含义依附于话语的语义内容,而不是话语的语言形式,故不能通过同义词替换把会话含义从话语中分离出去。(3)可推导性:听话人可以根据话语的字面意义和合作原则及各条子准则,推出该话语的会话含义。上面已举例说明这一点。(4)非规约性：语用含义不能单独从话语本身推出来，除考虑交际合作原则之类的语用规则之外，还要假定通常的逻辑推理规则，并需要把上文语句、交际双方所共有的背景知识作为附加前提考虑在内。(5)不确定性：同一句话语在不同的语境中可以产生不同的语用含义。

（三）礼貌原则

后来，不少语言学家、逻辑学家、哲学家对格赖斯的理论进行修正和发展，例如列文森提出了新的“三原则”（量原则、信息量原则、方式原则）①，被称为“新格赖斯会话含义理论”；利奇（G. Leech）提出了“礼貌原则”；中国学者又对利奇的“礼貌原则”进行修改、补充，提出“得体原则”，由礼貌准则、幽默准则和克制准则组成②。

利奇提出礼貌原则是为了解决下述问题：为什么人们在言语交际中一定要遵守合作原则？既然要遵守合作原则，为什么人们在言语交际中常常不用直接的方式遣词达意，而总是用间接的方式声东击西？为什么只让对方拐弯抹角地意会，而不愿向对方坦率地言传？回答是：出于礼貌。礼貌原则结构如下：

A. 得体准则：（在强制和承诺中）减少有损于他人的观点。

a. 尽量少让别人吃亏；

b. 尽量多使别人得益。

B. 宽宏准则：（在强制和承诺中）减少表达利己的观点。

a. 尽量少使自己得益；

b. 尽量多让自己吃亏。

C. 赞誉准则：（在表态和断言中）减少表达对他人的贬损。

a. 尽量少贬低别人；

b. 尽量多赞誉别人。

D. 谦逊准则：（在表态和断言中）减少对自己的表扬。

a. 尽量少赞誉自己；

---

① See Levinson, S. C. *Pragmatics*, Cambridge University Press, 1983; “Pragmatics and the Grammar of Anaphora”, *Journal of Linguistics*, vol. 27, No. 2.

② 参见索振羽：《语用学教程》，北京大学出版社，2000年，第73—126页。

b. 尽量多贬低自己。

E. 一致准则：(在断言中)减少自己与别人在观点上的不一致。

a. 尽量减少双方的分歧；

b. 尽量增加双方的一致。

F. 同情准则：(在断言中)减少自己与他人在感情上的对立。

a. 尽量减少双方的反感；

b. 尽量增加双方的同情。①

由于礼貌原则是用来补充、援救合作原则的，而合作原则在从话语推导其语用含义的过程中可以充当逻辑推理规则，因此礼貌原则也可在捕捉语用含义的过程中充当推理规则。请看下面两例：

A：你看，她穿的衣服多好看啊！

B：嗯，她的衣服颜色不错。

＊B：我觉得，她的衣服一点也不好看。

A：那位女士多美啊！

B：她的身材还不错。

＊B：我没看出她美在什么地方。

在上面两例中，答话人虽然不同意说话人的观点，但采取了部分同意的策略，尽量减少双方的不一致。相比之下，两例中的＊B都是不大合适的答话，有违礼貌原则。

可以用几个参数，把本讲所讨论的自然语言逻辑的几个关键性概念的特征，图示如下②：

会话含义 ＞ 规约含义 ＞ 预设 ＞ 蕴涵

◄────────────────────────►

语用学	语义学
非真值条件	真值条件
语境依赖的	语境独立的
说话者和听话者	无涉说话者和听话者
可取消的	不可取消的

① See G. N. Leech, *Principles of Pragmatics*, London and New York: Longman, 1983, p. 132.

② See W. Frawley, *Linguistic Semantics*, Lawrence Erlbaum Associates, Inc., 1992, p. 17.

这里所说的“规约含义”，不是从会话准则那种高层次的语用原则推导出来的，而是简单地根据规约（convention）附属于特定的词项或话语。例如，“但是”和“并且”有相同的真值条件，“但是”却具有附加的规约含义，即两个连接成分之间存在某种对立。

第十二讲

且听庄子大侃“辩无胜”

——论证的识别和建构

在日常思维中，尽管我们也出于思维训练或者娱乐的目的，不问前提的真假而进行推理，例如进行假设推演或者解逻辑智力思考题，但在大多数情况下，我们是有目的地进行推理，这个目的就是证明或者反驳。所谓“证明”，就是从真实的或者以为真实的或者至少是可接受的理由出发，运用一定的推理形式，经过一定的推理过程，去确定另一个论断的真实性，这个论断常常是论证者本人所主张的。所谓“反驳”，就是从真实的或者以为真实的或者至少是可接受的理由出发，运用一定的推理形式，经过一定的推理过程，去确定另一个论断的虚假性，这个论断常常是论敌所主张而论证者本人所反对的。证明和反驳都是论证，其目的在于说服：说服自己或者他人接受某个论断的真，或说服自己或者他人接受某个论断的假。因此，论证是带着目的而被使用的推理，因而是活生生的推理，并且还是各种推理形式的综合运用，通常比单个推理形式更复杂。顺理成章地，研究推理的逻辑学也应该去研究论证，也就是证明和反驳。

一　论证的识别

一个论证，是运用真实的或者至少是可以接受的理由，去论证某个论断的真实性或虚假性的思维过程及其语言表述形式。从结构上看，一个论证中包含着下列要素：

1. 论题，即论辩双方共同谈论的某个话题，双方在这个话题上可能具有完全相反的观点。例如，“是否应该用法律的形式禁止婚外恋？”就是一个论题，围绕这个论题至少可以形成相互抵触的两种不同的观点。但有些时候，论题本身就是论证者要加以证明的观点，即论题本身就可以是论点，例如“论和为贵”。

2. 论点，即论证者在一个论证中所要证明的观点，它可以是描述性的，即表明世界是怎样的；也可以是指示性的，即表明世界应该如何、何者为好何者为坏等等。论点常常放在论证的开头，论证者一开始就表明自己的观点；但论点也是一个论证所要得出的结论。所以，论点既是论证的起点，也是论证的终点。

3. 论据，相当于推理的前提，指的是论证者用来论证其论点的理由、根据。论据可以是一般性原理，也可以是事实性断言、统计数据等等。一般要求论据必须真实，至少是论证双方共同接受的。

4. 论证方式，即论据对于论点的支持方式，表现为某种推理形式或某些推理形式的复合。由于推理形式可以是演绎的，也可以是归纳的，所以，论证方式可以是演绎的，也可以是归纳的，还可能是谬误的。

5. 隐含的前提或假设。论证常常隐含地利用了一些前提或假设，相应地也隐含地使用了一些推理形式，而没有把它们统统明明白白地说出来或写出来。但当我们要对一个论证的可靠性作出评估时，则需要把它们考虑进来。

一个较为复杂的论证的各个论据（前提）与论点（结论）构成的整个支持关系，构成一个论证链条或者网状结构。这个论证链条或者论证网络中的任何一个单个的支持关系，都是这个复杂论证中的步骤。结论有主结论与子结论之分。主结论就是一个论证链条或网络中的最终结论，而论证链条或网络中除主结论之外的任何一个步骤的结论，都是子结论。与子结论和主结论的区分相关的，是主论证和子论证的区分。子论证就是由子结论与其支持前提构成的论证，它们是论证链条或网络上的步骤；主论证是由主结论及其支持前提构成的论证，是一个论证的主干部分。

基于上述，在识别一个论证的结构时，常常要作下面的考虑：

第一，确定所要论证的论点，即论证者所明确主张的观点。

第二，确定论证的结论，包括子结论和主结论。结论之前经常会有一些标志词，所以找出论证中的结论标志词是确定论点的重要线索。这样的标志词通常包括：“所以”“由此可见”“因此”“由此推出”“显然”“可以推断""相应地""我们认为""我们相信""这表明""可以推出""这证明""随之而来的是""这意味着""因为这个原因""这蕴涵着""因为这些原因""其结论是""可以做出结论""其结果是""这允许我们推出""如此说来""这指向了下述结论""总而言之",如此等等。跟在这些标志词之后的往往就是结论。

第三,确定论证的论据(前提)。与论点类似,也可以找到一些前提的标志词,通过它们便可以确定论证的前提。这样的标志词通常包括:"因为""如果""假设""鉴于""根据""从……中推出""其理由是""其原因是""其根据是""如……表明的""如……显示的""出于……的考虑""从……可以推出""从……可以演绎出",如此等等。跟在这些标志词之后的或占据其省略号位置的往往就是前提、理由或论据。

第四,确定论证所隐含的前提和假设。如前所述,隐含的前提和假设也是完整的论证的构成要素,其作用不可忽视。

在柯比的《逻辑导论》第一章中,举了这样一个例子:

> 大数学家哈代论证说:阿基米德将永远被记住,而埃斯库罗斯会被遗忘,因为一种语言会消亡,而数学理念不会消亡。

柯比指出,对该论证的充分分析表明,要合逻辑地得出该论证的结论,至少需要下列前提或推理步骤:

> (1)一种语言会消亡。
> (2)埃斯库罗斯的伟大剧作使用一种语言。
> (3)故埃斯库罗斯的成果终究会消亡。
> (4)数学理念不会消亡。
> (5)阿基米德的伟大工作使用数学理念。
> (6)故阿基米德的成果不会消亡。
> 所以,阿基米德将被永记,而埃斯库罗斯将被遗忘。[①]

可以看出,在这个论证中,至少有两个隐藏的前提或假设,这就是(2)和(5),或许因其明显性而被省略,但它们的确实性却值得怀疑。

---

① 欧文·M. 柯正、卡尔·科恩:《逻辑学导论》(第11版),张建军等译,中国人民大学出版社,2007年,第15页。

隐含的前提和假设具有如下特点：(1)它们是隐藏的，没有被明确陈述出来；(2)它们被论证者认为是理所当然的；(3)它们是得出结论的必要条件；(4)其本身可能为假。隐含于论证之后的前提和假设主要包括两种类型：一种是背景性假设，一种是隐含的前提。背景性假设往往涉及论证者的价值观或价值偏好。例如，某人论证说："应该节食。面对美味大吃大喝，虽然可以逞一时口舌之快，却容易造成身体过胖，由此带来各种疾病，如高血压、高血脂、高血糖等，严重影响人的寿命和生存质量。"在这个论证中，至少隐藏着论证者如下的价值偏好：健康比尽情享用美食更重要；长寿很重要；要注意生存质量。这些价值偏好之间是否有矛盾、冲突的地方？隐含的前提实际上涉及论证者的知识背景，论证者有时候为了掩饰其论据的不可靠而不明确地将其陈述出来。例如，有人论证说："类人猿和其后的史前人类所使用的工具很相似。最近在东部非洲考古所发现的古代工具，就属于史前人类和类人猿都使用过的类型。但是，发现这些工具的地方是热带大草原，热带大草原有史前人类居住过，而类人猿只生活在森林中。因此，这些被发现的古代工具是史前人类而不是类人猿使用过的。"为了使这个论证有说服力，还必须假设这样一点："即使在相当长的环境生态变化过程中，森林也不会演变为草原。"但这一假设可以受到质疑。

二 论证的图解

在考虑了论证的各构成要素及其联系方式之后，我们可以用图解法将论证的结构图示出来，以便对论证的结构有一个直观的把握。

(一) 线形结构

请看下面的论证：

因为出现在非洲人种身上的线粒体变种最多，科学家推断，非洲人种的进化史最长，这表明非洲人种可能是现代人类的起源。

解析：该论证包含如下要素：

论点：Ⓒ非洲人种可能是现代人类的起源。

论据：①出现在非洲人种身上的线粒体变种最多。②非洲人种的进化史最长。

这个论证的结构较为简单，主结论有一个，两个论据有这样的支持关系：②支持①，①是子结论，反过来作为理由直接支持总结论。若用©表示总结论，则这个论证的结构可图示如下：

买卖人的器官，如心脏、肾脏、角膜等，应被视为非法。允许买卖器官不可避免地导致只有富人才负担得起移植费用的状态，这是因为，无论何种稀缺的东西作为商品买卖，其价格总是会攀升。这是由供求规律决定的。

解析：该论证包含如下要素：

论点：©买卖人的器官，如心脏、肾脏、角膜等，应被视为非法。

论据：①允许买卖器官不可避免地导致只有富人才负担得起移植费用的状态。②无论何种稀缺的东西作为商品买卖，其价格总是会攀升。③这是由供求规律决定的。

这个论证的结构较为简单，主结论有一个，三个论据有这样的支持关系：①由②支持，是②的子结论，②由③支持，是③的子结论。而总结论则由①提供直接支持。这个论证的前提与结论之间的关系是演绎的。若用©表示结论，则这个论证的结构可图示如下：

（二）协同式结构

庄子在《齐物论》中提出了如下的关于“辩无胜”的论证：

> 既使我与若辩矣，若胜我，我不若胜，若果是也，我果非也邪？我胜若，若不吾胜，我果是也，若果非也邪？其或是也，其或非也邪？其俱是也，其俱非也邪？我与若不能相知也，则人固受其黮暗，吾谁使正之？使同乎若者正之，既与若同矣，恶能正之！使同乎我者正之，既同乎我矣，恶能正之！使异乎我与若者正之，既异乎我与若矣，恶能正之！使同乎我与若者正之，既同乎我与若矣，恶能正之！然则我与若与人俱不能相知也，而待彼者邪？[①]

用现代白话文来说，庄子的意思是：假使我和你辩论，你胜了我，我没有胜你，你果然对了吗？我果然错了吗？我胜了你，你没有胜我，我果然对了吗？你果然错了吗？是我们两人中一对一错呢，还是我们两人都对或都错呢？我和你都不知道。凡是人都有偏见，我们请谁来评判是非呢？假使请意见与你相同的人来评判，他既然与你意见相同，怎么能够评判？假使请意见与我相同的人来评判，他既然与我意见相同，怎么能够评判？假使请意见与你我都不同的人来评判，他已经跟你我相异了，怎么能够评判？假使请意见与你我都相同的人评判，他既然跟你我相同了，怎么能够评判？那么，你和我及其他人都不能评判谁是谁非了，故辩论分不出胜负。

解析：该论证的结构要素如下：

论点：Ⓒ辩论分不出胜负。

论据：①辩论的胜负需要裁判来裁决。

②没有人能够当这样的裁判。

③你我不能当这样的裁判。

④与你意见相同的人不能当裁判。

⑤与我意见相同的人不能当裁判。

⑥与你我意见都不同的人不能当裁判。

⑦与你我意见都相同的人不能当裁判。

---

① 陈鼓应注译：《庄子今注今译》，中华书局，1983 年，第 88 页。

在这个论证中，总结论“辩无胜”由理由①和②协同支持，其中任何一个理由都不能单独推出该结论。而理由②又作为子结论，由子理由③④⑤⑥⑦协同支持。于是，该论证是一个二层结构，每一层分别都是协同式结构。我们把该论证结构图示如下：

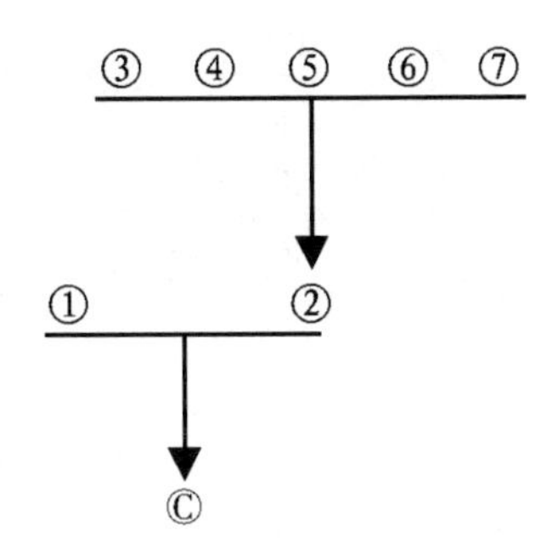

（三）收敛式结构

请看下面的论证：

摇滚乐对大学生的学习产生着恶劣的影响。对书籍的热忱，被对摇滚歌星的痴迷所取代。一旦沉溺到摇滚乐激烈喧嚣的声浪之中不能自拔，怎么能设想他们还会去孜孜研读柏拉图以来的鸿篇巨制？这种音乐，如毒品一般，带给人的是幼稚的、转瞬即逝的晕眩，这一点，书本和教室从来无法提供。此外，与演员一样，学生们被音乐重重包围，对时间的流逝浑然不觉，学习只好被挤到脑后。

摇滚乐还不仅仅是在争夺学生们的精力。事实上，学生们已越来越诉诸摇滚乐。社会公认的摇滚歌星，变成了年轻人心目中的新式英雄。然而，这些歌星提供的解决方案简单无用。今天繁复的疑难困惑，靠五分钟激情是断难厘清阐明的。尽管如此，学生们仍对那些腰缠万贯的音乐匠人的只言片语顶礼膜拜，而把功课和教授抛在了一边。

解析：该论证的要素如下：

论点：Ⓒ摇滚音乐对大学生产生着恶劣的影响。

论据：①书籍需要学生们潜心钻研，但它们无法与摇滚乐的通俗易懂、激昂猛烈相竞争。②摇滚音乐引发的兴趣，使对学习的兴趣相形见绌。③在回答关于人生和世界的各种问题时，学生们诉诸音乐中的简单歌词，却忽视了教授们的深刻思想。

这是一个结构较为简单的论证，主结论只有一个，三个论据分别都支持这个结论的得出，它们组合在一起，对论点提供了更强的支持，也可以说，共同向着结论收敛。可图示如下：

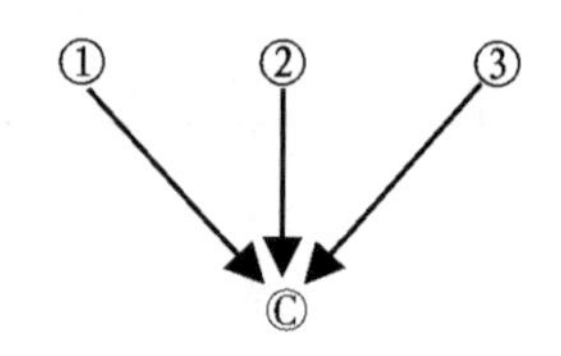

（四）复合式结构

例如：

> 反对克隆人有三个理由。首先，不安全。虽然克隆技术近几年发展迅速，但目前克隆动物的成功率还只有20%，贸然用到人身上，克隆出畸形、残疾、夭折的婴儿，是对人的健康和生命的不尊重和损害。科学界普遍认为，由于对细胞核移植过程中基因的重新编程和表达知之甚少，克隆人的安全性没有保障，必须慎之又慎。其次，可能影响到基因多样性。克隆人的“闸门”一旦开启，人们很有可能会以多种多样的理由来要求克隆人或“制造”克隆人，出现所谓的“滑坡效应”或“多米诺骨牌效应”。第三，有损人的尊严。根据公认的人是目的而非工具以及每个人都享有人权和尊严的伦理原则，生命科学界和医疗卫生界自然也要遵循。克隆人恰恰违背了这些原则。[①]

解析：该论证的要素如下：

论点（主结论）：Ⓒ反对克隆人。

论据：①克隆人不安全。

②克隆人可能影响到基因多样性。

③克隆人有损人的尊严。

④虽然克隆技术……

⑤科学界普遍认为……

---

① 沈铭贤：《从克隆人之争看生命伦理学》，《新华文摘》2004年第5期。

⑥克隆人的“闸门”……

⑦克隆人违背某些公认的伦理原则。

这些论点(结论)和论据构成如下图所示的支持关系：

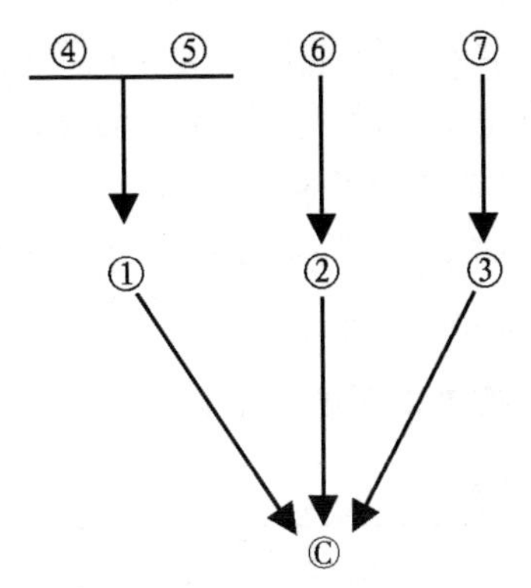

再看一个更为复杂的例子,其中©表示结论,①②③等表示理由：

©大爆炸理论正在瓦解。①根据传统知识,宇宙起源于大爆炸——200亿年前的一次巨大的、完全对称的爆炸。问题是②天文学家通过观测进一步证实:现存的巨大星系团因为体积太大,完全不可能在仅仅200亿年时间中形成。对人造卫星所收集的新材料的研究,以及较早前的地面测量表明③星系聚集成巨大的带状物延续了数十亿光年,并且④星系在真空中分散开来跨越了亿万光年。因为⑤据观测,星系移动的速度远不及光速,数学家证明⑥聚集成这么大的物质团必须要至少1000亿年时间——是假设的大爆炸时间的五倍。②像那么大的一种结构现在看来不可能在200亿年时间中形成……①大爆炸理论推出,物质均匀地散布在宇宙中。从完成聚散过程的速度看,②这么巨大的星系团无法这么快地形成。

解析:这段话中包含下列论证要素：

论点(主结论):©大爆炸理论正在瓦解。

有两个理由协同地支持这一主结论：

理由①:根据传统知识,宇宙起源于大爆炸——200亿年前的一次巨大的、完全对称的爆炸。①另有一个稍微不同的表述。

理由②:天文学家通过观测进一步证实:现存的巨大星系团因为体积太

大，完全不可能在仅仅 200 亿年时间中形成。②有另外两个稍微不同的表述。

理由②得到以下 4 个子理由的协同支持：

子理由③：星系聚集成巨大的带状物延续了数十亿光年。

子理由④：星系在真空中分散开来跨越了亿万光年。

子理由⑤：据观测，星系移动的速度远不及光速。

子理由⑥：数学家证明聚集成这么大的物质团必须要至少 1000 亿年时间——是假设的大爆炸时间的五倍。

于是，上述论证的结构可以图解如下：

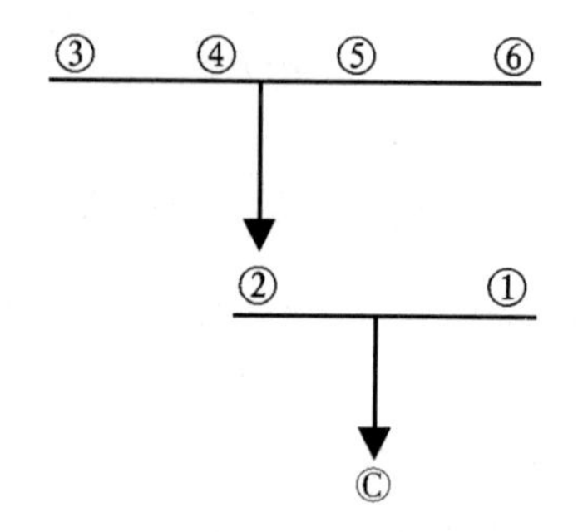

实际上，以上的解析写出来是不必要的，可以在段落中直接表明哪个是结论，哪些是理由，然后用相应的图解表明它们之间的结构关系。例如：

> Ⓒ看来，用动物实验进行科学研究的做法并不是不必要的或靠不住的；①在使用脊椎动物进行实验之前，那个实验的草案必须经过包括一个兽医和一个公众成员在内的一个公共机构委员会进行的再审查，并且②在研究期间，动物的健康状况和被照顾的情况需要得到定期的检查。③研究者需要健康的动物进行科学研究和医学研究，因为④不健康的动物可能导致错误的研究结果。这强烈要求⑤科学家去弄清楚他们使用的任何动物是否健康并且是否得到了精心的饲养。此外，⑥用动物进行研究是昂贵的，因为⑦科学研究的资金受到限制，⑧只有高质量的研究才能通过有力的竞争获得对研究的支持。

解析：在这个论证中，其结论就是开头的第一个陈述。有 4 个前提直接支持这个结论，其中的两个前提又是分结论，逐次得到语段中所断言的其他前提不同方式的支持：

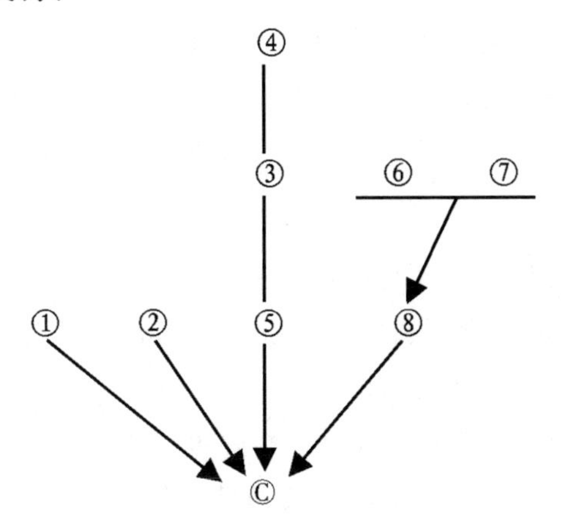

三　论证的评估

有的论者提出，正确提出问题对于评估论证是十分重要的。在评估某段论证之前，应考虑以下问题：(1)论题和论点是什么？(2)理由是什么？(3)哪些词句的意义模糊不清？(4)价值冲突和隐含假设是什么？(5)描述性隐含假设是什么？(6)推理当中有没有谬误？(7)证据有多好？(8)是否存在竞争性理由？(9)论证所用统计推理是否错误？(10)省略了什么样的有意义的信息？(11)什么样的合理的结论是可能的？这里的问题(1)(2)(4)(5)属于论证的识别问题，其他问题都与论证的评估有关。

我认为，在评价论证时，应主要考虑下列问题：

1. 论证中的论题及关键性概念是否清楚、明白？

除非弄清楚论证中关键性词句的含义及其在使用环境中的意义，否则无法对论证作出评价。然而，有些作者疏于给出术语的定义，并且许多关键术语歧义丛生，稍不注意就会受骗上当。因此，有必要找出一段论证中的关键性词句，并且问这样的问题：它们通常或可能是什么意思？它们实际上是什么意思？它们的这种使用合适吗？然后就可以依次区分出论证中的(1)关键性词语，(2)定义较为充分的关键性词语，(3)可作别种解释的关键性词语，(4)在论证的论题中出现的关键性词语。

> 我们对待吸毒,应该像对待言论和宗教信仰一样,将其视为一种基本的权利。吸毒是一种自愿行为。没有人非得去吸毒,就像没有人非得去读某本书一样。如果州政府打算限制毒品消费,它只能对其公民强行压服——其方法类似于保护儿童免遭引诱,或限制奴隶对自己的生命实行自决。

此段论证的关键性词语包括"吸毒""基本权利""自愿行为""限制毒品消费",以及"对其公民强行压服"等等,要对作者的观点作出回应,有必要对"吸毒"一词加以必要的限定与说明。

2. 前提和隐含前提是否真实或至少是可接受的?

真实前提是得出真实结论的必要条件,但这一条件却不是那么容易保证的。有时候,前提可能只是某种常识性说法,但常识并不总是那么可靠。有一个说法很有道理:在常识里可能隐藏着一个时代的偏见。有时候,前提可能是大多数人的看法,但真理并不以信仰者的多少为依归。有时候,前提可能是某位权威的意见和看法,但权威并非在一切时候、一切情况下都是权威。除此之外,在论证中常常会暗中使用一些未明确陈述的前提和假设,它们的可靠性更要受到质疑。因此,一切并不都是那么理所当然,显而易见,很多东西可以并且应该受到批判性思维的检验。

3. 前提和结论之间是否具有语义关联?

我们通常进行推理或论证时,前提和结论之间总是存在某种共同的意义内容,使得我们可以由前提想到、推出结论,正是这种共同的意义内容潜在地引导、控制着从前提到结论的思想流程。除非一个人思维混乱或精神不正常,他通常不会从"2+2=4"推出"雪是白的",也不会从"2+2=5"推出"雪是黑的",因为这里前提和结论在内容、意义上没有相关性,完全不搭界,尽管"如果 2+2=4 那么雪是白的,2+2=4,所以,雪是白的"是一个形式有效的推理。这就表明,有些逻辑上有效的推理形式,作为日常思维中的论证却可能是坏的论证,例如根据同一律,从 p 当然可以推出 p,但若以 p 为论据去论证 p,即使不是循环论证,也至少犯有"无进展谬误"。因此,当我们作论证评价时,常常要考虑前提与结论、论据与论点之间的这种内容相关性,要求它们之间既有内容的关联,又不能在内容上相互等同,否则就没有论证之必要了。

4. 论证中前提对结论的支持强度如何？

一个论证中前提对结论的支持程度，可以分为以下几种：

演绎有效的：如果一个推理的前提真则结论必真，或者说前提真则结论不可能假，则这个推理就是演绎有效的。尽管从假的前提出发也能进行合乎逻辑的推理，其结论可能是真的，也可能是假的，但从真前提出发进行有效推理，却只能得到真结论，不能得到假结论。只有这样，才能保证使用这种推理工具的安全性。这种有效性（亦称"保真性"）是对于正确的演绎推理的最起码要求。如果一个论证只包括从论据到论点的演绎有效的推理，则它是一个演绎有效的论证，论据的真必然导致论点的真。除了在数学等精确科学中出现外，这样的论证在日常思维中并不多见。

归纳强的：有许多推理或论证尽管不满足保真性，即前提的真不能确保结论的真，但前提却对结论提供了小于 100%、但大于 50%的证据支持度，这样的推理或论证仍然是合理的，并且被广泛而经常地使用着。这样的推理或论证可以称之为"归纳强的"。否则，如果一个推理或论证，其证据支持度小于 50%，则可以称它是"归纳弱的"。归纳弱的推理仍有一定的合理性和说服力，但其说服力是十分有限的。一般所说的简单枚举法、类比法等作为论证方法时，从逻辑上看都是归纳弱的。

谬误的：指以完全违反逻辑的手法从前提推出了结论，在下面的"谬误"一节中将重点讨论此类推理或论证。

5. 论证是否具有可接受性、说服力和感染力？

说话有是否恰当和合适的问题，真话不一定都是恰当的。同样，论证也有是否恰当、合适和是否具有说服力、感染力的问题。因为论证的目的是说服读者或听众，论证是否恰当和合适取决于论证想要说服的（潜在的）读者或听众是谁，或者是什么类型的。如果你要说服的潜在对象是学术共同体内的同行，那么，使用通俗的非学术语言就是不恰当的，而使用非常严格的专业化语言就是恰当的。如果你要说服的对象是有文化的一般大众，使用过于学术化的语言，甩名词、抠字眼、拘泥于文绉绉的表达方式，常常是不恰当的。近年来，中央电视台科教频道的"百家讲坛"节目取得成功，有些讲演人甚至成为"学术超男""学术超女"，受到观众的热烈追捧，与他们的讲演方式切合了观众的口味和需求有很大关系：既能给观众一些他们感兴趣、对他们有所帮助的信息，这些信息也能够被他们理解和接受，并且使他们感到有意思。如果你论证的潜在受众是中国农民,那么你的表达方式就必须非常明白晓畅、通俗易懂。毛泽东是一位政治家,他的任务是说服群众接受他的观点和主张,发动群众跟着他一起走,他的论证的潜在受众显然是非常广泛的,他的表达方式洋溢着鲜明的“毛式风格”:

> 中国古代有个寓言,叫做“愚公移山”。说的是古代有一位老人,住在华北,名叫北山愚公。他的家门南面有两座大山挡住他家的出路,一座叫做太行山,一座叫做王屋山。愚公下决心率领他的儿子们要用锄头挖去这两座大山。有个老头子名叫智叟的看了发笑,说是你们这样干未免太愚蠢了,你们父子数人要挖掉这样两座大山是完全不可能的。愚公回答说:我死了以后有我的儿子,儿子死了,又有孙子,子子孙孙是没有穷尽的。这两座山虽然很高,却是不会再增高了,挖一点就会少一点,为什么挖不平呢?愚公批驳了智叟的错误思想,毫不动摇,每天挖山不止。这件事感动了上帝,他就派了两个神仙下凡,把两座山背走了。现在也有两座压在中国人民头上的大山,一座叫做帝国主义,一座叫做封建主义。中国共产党早就下了决心,要挖掉这两座山。我们一定要坚持下去,一定要不断地工作,我们也会感动上帝的。这个上帝不是别人,就是全中国的人民大众。全国人民大众一齐起来和我们一道挖这两座山,有什么挖不平呢?

解析:这个论证所使用的论证方式是比喻论证:援引中国古代的寓言故事——愚公移山,说明只要坚持不懈、持之以恒,就能够像愚公及其子孙们感动上帝,搬掉堵在他们屋前的太行山和王屋山一样,也能感动中国人民,搬掉压在他们头上的帝国主义和封建主义这两座大山。应该说,这样的论证方式是恰当的和合适的。

英国逻辑学家苏珊·哈克(Susan Haack)指出,评估论证可以从如下三个角度进行:(1)逻辑的角度,即论证的前提和结论之间是否存在适当的联系;(2)实质的角度,即前提和结论是否都真;(3)修辞的角度,即论证能否说服和吸引听众。[①] 我上面提出的5个问题实际上分别涉及这三个角度:问题1、2、3涉及实质的角度,问题4涉及形式的角度,问题5涉及修辞的角度。

① 苏珊·哈克:《逻辑哲学》,罗毅译,商务印书馆,2003年,第21页。

看一个 MBA 考试中有关论证评价的考题：

赞成死刑的人通常给出两条理由：一是对死的畏惧将会阻止其他人犯同样可怕的罪行；二是死刑比其替代形式——终身监禁更省钱。但是，可靠的研究表明：从经济角度看，终身监禁比死刑更可取，人们认为死刑省钱并不符合事实。因此，应该废除死刑。

从逻辑上看，下面哪一项是对题干中论证的恰当评价？

A. 该论证的结论是可接受的，因为人的生命比什么都宝贵。

B. 该论证具有逻辑力量，因为它的理由真实，人命关天。

C. 该论证没有考虑到赞成死刑的另外一个重要理由，故它不是一个好论证。

D. 废除死刑天经地义，毋需讨论。

E. 人生最可宝贵的是生命，它赋予每个人的只有一次。

解析：答案是 C。赞成死刑的人给出了两条理由，而题干中的论证只考虑了其中的一个理由，对另一个理由完全置之不理。因此，其反驳没有足够的逻辑力量，不是一个好的论证。其他几个评价都不得要领。

四　论证的建构

人们不仅需要反驳谬误，更重要的是要揭示真理；不仅要否定论敌的观点，更要传播自己的主张，而这都需要以论证的形式进行，论证需要遵守一定的规则。根据不同的需要或标准，可以列出不同的论证规范。[①] 这里主要从认识论角度列出以下几条论证规则：

1. 论题的可信度必须比论据低，并且论题本身必须清楚、确切，在论证过程中要保持同一。

这是对论题或论点本身的要求。一般来说，一个论证之所以有必要进行，是因为某论点很重要，但其真实性或可接受性不明显，受到人们的怀疑，于是需要用一些更真实、更可接受的命题作论据，以合乎逻辑的方式推出该论点的真实性或可接受性。相反，如果论点的可信度比论据还高，那就没有

① 参见刘春杰：《论证逻辑研究》，青海人民出版社，1999 年，第 156—158 页。

必要用该论据去论证该论点,倒是有必要去用该论点去支持该论据,论证过程要完全倒过来,原有的整个论证因此不成立。

只有论题本身是清楚、确切的,论证活动才能做到有的放矢,富有成效。否则,会犯“论旨不清”的错误,后者常常是由于其中所涉及的关键性概念、命题的意义不清造成的。例如,一只松鼠站在树上,两个猎人围绕它转了一圈。他们动时,松鼠也跟着他们动。这时,一个猎人说,他们已经围绕松鼠转了一圈,因为他们已经围绕松鼠绕了一条封闭的曲线;而另一个猎人却说,他们没有围绕松鼠转一圈,因为他们始终只看到松鼠的正面,没有看到它的其他各面。两人争得不可开交,显然,他们对“一圈”这一概念有不同的理解,不解决这一分歧,无论怎么争论,都不会有确定的结果。所以,美国哲学家詹姆士(William James)在《实用主义》一书中谈到这一例证时说道:“我对他们说,‘哪一方才是对的’,要视乎你们实际上怎样理解‘绕着松鼠来跑’这句话。如果你的意思是,从它的北面跑向它的东面,再跑向它的南面,然后跑向它的西面,再返回它的北面,那么,那个人的确绕着松鼠来跑,因为他没错是依这个方式来移动他的位置。反过来说,如果‘绕着来跑’的意思是,先跑到松鼠的前面,再跑到它右边,然后跑到它背后,又再跑到它左边,最后又跑到它前面,那么,那个人就不算绕着松鼠来跑,因为从始至终,松鼠的肚子都向着那个人。只要分清楚这两个意思,根本就不用再争论下去。你们可以双方都错,也可以双方都对,全在乎你们怎样了解‘绕着来跑’这几个字。”①

由于论证是用论据去论证论题,有时候论据的真实性本身又需要论证。于是,在一个主论证中会出现若干分论证,分论证中有时又会有分论证,最后有可能出现这样的情况:论题是 A,在论证 A 时要涉及 B,B 要牵涉到 C,C 又牵涉到 D,D 又牵涉到 E,而 E 可能与 A 毫无关系,它们之间相差何止“八千里路云和月”! 出现这种情况时,就出现了“转移论题”或“偷换论题”的逻辑错误,有时候甚至是离题万里。

2. 前提必须是真实的,或者至少是论辩双方共同接受的。

因为从不真实的前提出发,不能在逻辑上强制对方接受结论(论点)的真。然而,由于认识过程的复杂性,一个命题是不是真实的,有时候是很难

① William James, *Pragmatism*, New York: Dover Publication, Inc., 1995, p. 17.

说清楚的，但只要论证双方都认定该前提是真实的，或者是可以接受的，它就可以用来充当论据，逻辑也会强制论辩双方去接受从那些共同接受的前提推出的结论。例如，在中世纪神学家之间，也可以合乎理性、合乎逻辑的讨论“上帝是否存在”的问题，并对之给出各种各样的论证。在我们不信上帝的人看来，这些论证可能同样都毫无说服力，但在神学家们看来，其中有些论证有较大的说服力，有些论证有较小的说服力，有些论证则在他们看来也没有说服力。他们赖以评判的依据就是他们所共同接受的一些知识，例如关于《圣经》的知识，等等。因此，在论证中，前提不一定、常常也不必就是真实的知识，而只要求是论辩双方共同接受的知识，因为论辩是在这些人之间进行的，论证的说服对象也是这些人。违反上述规则所犯的逻辑错误，叫做“论据虚假”“预期理由”“论据不为双方所认可”等。

由于论证的目的是说服某些人去接受、承认论点的真，因此在挑选论据时，就要选择那些能为待说服对象所理解、接受的真命题作为论据，否则就如同对牛弹琴，达不到论证的目的和效果。

3. 论据必须是彼此一致和相容的。

如果论据本身不一致，即论据本身包含 $p \wedge \neg p$ 这样的矛盾命题，或者可以推出这样的矛盾命题。根据如前所述的命题逻辑，$p \wedge \neg p \rightarrow q$ 是一重言式，即逻辑规律。这个公式是说，矛盾命题蕴涵任何命题，换句话说，从逻辑矛盾可以推出任一结论。显然，可以作为任何一个结论的论据的东西，就不能是某个确定结论的确切的、强有力的论据。因此，一组不一致或自相矛盾的命题不能做论据。本书第一章谈到，古希腊智者普罗泰戈拉与他的弟子欧提勒士之间发生过“半费之讼”，使用近乎相同的推理形式，却得出了完全相反的结论。究其原因，是因为他们的前提中包含着不一致：一是承认合同的至上性，一是承认法庭判决的至上性，哪一项对自己有利就利用哪一项，而这两者是相互矛盾的。

4. 论证中所使用的推理形式必须是演绎有效的，或者是归纳强的。否则，论证不可靠，会犯“推不出来”或“不据前提的推理”的逻辑错误。

所谓“不据前提的推理”，是指虽然罗列了一些数据、命题，但它们与结论的推出没有关系，结论是不合逻辑地从那些数据、命题推出来的。

古代，一家有祖孙三代。爷爷经过寒窗苦读，由农民子弟考中状元，做了大官。不料他的儿子却游手好闲，一事无成。但他的孙子却考上了探花。于是，爷爷就经常抱怨他的儿子，说他们家就他一个人不争气。但他的儿子却说："你的父亲不如我的父亲，你的儿子不如我的儿子，我比你还争气！"

解析：一个人是否争气，主要看他自己的作为，而与他父亲、儿子的作为没有多大关系。因此，那位儿子所引用的证据与他要证明的结论"我比你还争气"不相干。

再如，有人写了这样一封推荐信："我敢肯定，博比最适合得到工程师奖学金。他通过艰苦的努力获得了他的高分数，不像其他申请者那样不怎么费力就得到了高分数。博比爱好体育并且很容易相处。特别是，他的父亲和祖父都是该奖学金的获得者。"信中所列举的理由与结论几乎毫无关系。又如："素食主义是有害健康和不卫生的实践。如果所有人都是素食者，那么经济就会遭受严重的影响，许多人将失去工作。""不，我不会为你买一台电锯。如果我买了电锯，你又会要我买圆锯，然后又会要我买打孔机，很快你又会要我买并且装备一个工作间。我们负担不起。"

"推不出来"也是一种"不据前提的推理"，它有许多表现形式。例如："凡是大科学家都是聪明人，北大学生都是聪明人，所以，北大学生都会成为大科学家。"这是三段论第二格 AAA 式，中项不周延，是无效的。因为一个人最终是否成为大科学家，聪明与否固然是一个重要因素，但却不是唯一的因素，是否足够勤奋、是否有好的机遇等等，也是获得成功的必不可少的条件。

5. 论证的表述方式要有足够的亲和性和感染力。

也就是说，在做论证时，在考虑到听众和读者的接受水平的情况下，话要说得漂亮，文章要写得漂亮。中国是文章大国，有深厚的美文传统：不仅注重表达什么，而且注重怎么表达。

五 对一个论证的反驳

一个推理或论证要得出真实的结论，必须满足两个条件：一是前提真实；二是推理过程合乎逻辑，或者说推理形式是有效的。于是，要反驳或削弱某个结论，通常有这样几种方式：

1. 直接反驳该结论，可以举出与该结论相反的一些事实（举反例），或从真实的原理出发构造一个推理或论证，以推出该结论的否定。

2. 反驳论据，即反驳推出该结论的理由和根据，指出它们的虚假性。

3. 指出该推理或论证不合逻辑，即从前提到结论的过渡是不合法的，违反逻辑规则。

在这三种反驳方式中，直接反驳结论是最强的，而驳倒了对方的论据和论证方式，并不等于驳倒了对方的结论，因为对方完全可以更换论据或论证方式去重新论证该结论。无论如何，如果这后两种情形成立，对方结论的真至少是没有保证的，从而被削弱。

在各种能力型逻辑考试中，有大量反驳型或削弱型考题，此处从略。

第十三讲

以貌似讲理的方式
——谬误:有缺陷的推理

对谬误的研究有一个深远的传统,可以说肇始于逻辑之父——亚里士多德。他的六篇逻辑著作集成《工具论》中,《前分析篇》讨论了推理形式方面的谬误,《修辞学》讨论了讲演中的谬误,另有专论谬误的《辩谬篇》,其中对谬误作了初步分类,分析了 13 种谬误,提出了一些解决谬误的方法。从此之后,在中古阿拉伯世界、欧洲中世纪一直到近代,谬误论几乎成为标准逻辑教科书中不可缺少的内容。在中国先秦逻辑和古印度因明中,也有很多关于谬误的研究,谬误分别被称为"悖""谬""虚""妄""过"等等。只是随着现代数理逻辑的兴起,谬误论退居幕后,很少受到关注。但是,随着上世纪 60—70 年代在逻辑教学领域开始的"非形式逻辑"或"批判性思维"运动的兴起,随着逻辑研究对人的实际认知过程和思维过程的日益关注,谬误研究重新走上前台,成为逻辑学的热门研究领域之一,不同学科的众多研究者介入或投身这一研究之中。这是因为,尽管我们的目标是追求真理,但是真理常常是在与谬误的辩驳中成长起来的,因此,我们不得不关注谬误。

一 谬误和诡辩

所谓"谬误",通常指与真理相反的虚假的、错误的或荒谬的认识、命题或理论,这是其广义;我们下面仅取其狭义,指在推理或论证过程中所犯的逻辑错误。从词源上说,英语词"fallacy"(谬误)就是指"有缺陷的推理或论证"。前面说过,一个推理和论证要得出真实的结论,必须满足两个条件:一是前提真实,二是从前提能够合乎逻辑地推出结论。但前提真实这个条件,涉及命题的实际内容,涉及语言、思想和世界的关系,是逻辑学管不了的。但前提和结论之间的逻辑关系,却是逻辑学应该管也能够管的。谬误常常出现在前提与结论的逻辑关系上,它是指那些貌似正确、具有某种心理的说服力,但经仔细分析之后却发现其无效的推理或论证形式。

谬误的具体形式很多,有人曾概括出 113 种之多。如此多的具体谬误可以分为不同的类型,例如有人将符号学中"语形学、语义学和语用学"的三分法移植到谬误研究中,将谬误也区分为三种:语形谬误、语义谬误和语用谬误;有人将谬误区分为形式谬误、实质谬误和无进展谬误。但较为普遍接受的做法是将谬误区分为"形式谬误"和"非形式谬误"两大类,再将后者分为若干个小类。本书采用最后一种分类。

所谓"形式谬误",是指逻辑上无效的推理、论证形式。例如命题逻辑中的否定前件式:如果 p 则 q,非 p,所以,非 q。例如:"如果李鬼谋杀了他的老板,则他就是一个恶人;李鬼没有谋杀他的老板,所以,李鬼不是一个恶人。"谋杀行为固然足以使某个人成为恶人,但恶人并不局限于谋杀者,还有许多其他的作恶形式。因此,从"李鬼没有谋杀某个人"不能推出"李鬼不是恶人"。此推理无效。再如词项逻辑中的中项不周延:"有些政客是骗子,有些骗子是窃贼,所以,有些政客是窃贼。"如此等等。

所谓"非形式谬误",是指结论不是依据某种推理形式从前提推出,而是依据语言、心理等方面的因素从前提推出,并且这种推出关系是无效的。我们把非形式谬误分为"歧义性谬误""假设性谬误"和"关联性谬误"三大类,它们是下面讨论的重点。

如果有意识地运用谬误的推理形式去证明某个明显错误的观点,以便诱使人受骗上当,从中不当谋利,这就是诡辩。德国哲学家黑格尔指出:"'诡辩'这个词通常意味着以任意的方式,凭借虚假的根据,或者将一个真的道理否定了,弄得动摇了,或者将一个虚假的道理弄得非常动听,好像真的一样。"[①]因此,诡辩是一种故意违反逻辑规律和规则,为错误观点所进行的似是而非的论证和辩护。请看下面的例证:

两个 15 岁中学生找到他们的老师,问道:"老师,究竟什么叫诡

① 黑格尔:《哲学史讲演录》第 2 卷,三联书店,1957 年,第 7 页。

辩呢?”

老师稍稍考虑了一下,然后说:“有两个人到我这里来做客,一个人很干净,另一个人很脏,我请这两个人洗澡,你们想想,他们两个人中谁会洗呢?”

“那还用说,当然是那个脏人。”学生脱口而出。

“不对,是干净人,”老师反驳说,“因为他养成了洗澡的习惯,而脏人却觉得自己没有什么可洗的。再想想看,是谁洗澡了呢?”

“干净人。”两个青年改口说。

“不对,是脏人,因为他需要洗澡。”老师反驳说,然后再次问道:“如此看来,我的客人中谁洗澡了呢?”

“脏人!”学生喊着重复了第一次的回答。

“又错了,当然是两个人都洗了。”老师说,“因为干净人有洗澡的习惯,而脏人需要洗澡。怎么样? 到底谁洗澡了呢?”

“那看来是两个人都洗了。”青年人犹豫不决地回答。

“不对,两个人都没有洗,因为脏人没有洗澡的习惯,干净人不需要洗澡。”

“有道理,但是我们究竟该怎样理解呢?”学生不满地说,“您每次都讲得不一样,而且似乎总是有道理!”

“正是如此。你们看,这就是诡辩:以貌似讲理的方式行不讲理之实。”

二　歧义性谬误

(一) 概念混淆

自然语言中的词语常常是多义的,或者说是语义模糊的。如果人们在论证过程中,有意无意地利用这种多义性和模糊性,去得出不正确的结论,就会犯“概念混淆”的逻辑错误。

例如:“凡有意杀人者当处死刑,刽子手是有意杀人者,所以,刽子手当处死刑。”这个推理是不成立的,因为刽子手不是一般的“有意杀人者”,而是“奉命有意杀人者”。又如,三个秀才进京赶考,路上遇到一个算卦的,于是三人合算一卦,算命先生伸出了一个指头,并说“一”,然后不置一语。这个“一”实际上穷尽了所有可能:三个考生一起考上;一起考不上;只有一个考上;只有一个考不上。无论什么结果出来,算命先生都是对的,他所利用的就是卦语“一”的模糊性或不确定性。再如,“蚂蚁是动物,所以,大蚂蚁是大动物”,“这是一头小象,而那是一只大蚯蚓,所以,这只小象比那只大蚯蚓小”。这里,大、小是相对的概念,蚂蚁的“大”、动物的“大”、某头象的“小”等等是相对于不同的类别而言的,不能加以混淆。

(二) 构型歧义

指由于句子语法结构的不确定而产生的一句多义,这包括语词结合关系不明,动宾关系不明,代词所指不明,定语修辞不明,状语修辞不明,施受关系不明,等等。

例如:“李明与王刚相拥抱,因为他明天就要出国到美国留学去了。”究竟谁要去美国留学?是李明还是王刚?不太清楚,该句子有歧义,因而可表达不同的命题。再如,一算命先生给人算卦说:“父在母先亡。”由于标点不同,这句话有两种含义:(1)父亲健在,母亲已亡;(2)父亲在母亲前面去世。如果加上时态因素,它可以表示对过去的追忆,对现实的描述,对未来的预测,因此就有6种不同的含义:(1)父母亲都去世了,但母亲先去世;(2)父母亲都去世了,但父亲先去世;(3)父亲健在,但母亲已去世;(4)母亲健在,父亲已去世,即父亲先于母亲去世;(5)父亲将在母亲之前去世;(6)母亲将在父亲之前去世。这已经穷尽了全部可能的情况,相当于逻辑上的重言式,永远不会错。算命先生就是以此类把戏骗人钱财的。

(三) 错置重音

同一个句子,由于强调其中的不同部分,会衍生出不同的意义。例如,“我们不应该背后议论我们朋友的缺点”,这句话以平常的语气说出,是一个意思;如果重读其中的“背后”二字,则会有“我们可以当面议论我们朋友的缺点”之意;如果重读其中的“我们的朋友”,则会有“我们可以背后议论不是我们朋友的人的缺点”之意;如此等等。如果有意利用重读、强调等手法,传达不正确的、误导人的信息,就犯了“错置重音”的谬误。这在商品广告或合同条款中特别常见。例如,在广告中以特别醒目的大号字标出一个特别低的价格,在旁边则用小号字印上“起”;或者,在合同中用一大堆小号字、谁也不懂的专业术语、冗长累赘的表达方式标明各种限制条件。当顾客真的光顾该店或签署合同后,会大呼上当。

(四) 合举

指把整体中各部分的属性误认为是该整体的属性,或者把个体的性质当作是这些个体的汇集的性质,由此作出错误的推论。

例如,由一部机器的每一个零件都品质优良,推出该机器本身也品质优良;由一辆公共汽车比一辆出租车耗油更多,推出所有公共汽车的总耗油量一定比所有出租车的总耗油量多;由某些农户去年栽种某种农产品,赚了很多钱,推论出:如果所有农户都去生产这种农产品,也同样能够赚很多钱。再如,由一个足球队的每一个球员都很优秀,推出该足球队一定很优秀;由组成森林的每棵树都不怎么壮观,推出那片森林也不怎么壮观;由每条溪流都很细小,推出由这些溪流所汇成的江河也很细小;如此等等。

合举谬误的另一种表现形式是"越多越好":某个东西很好,因此越多越好;某件事情很好,因此越多越好。例如,维生素有利于身体健康,因此除正常食物吸收之外,每天再多吃一些维生素片剂更好;某种药物吃两片有效,因此吃三片、四片甚至更多片会更有效。显然,任何事情都是有限度的,超过限度,不仅不会更好,反而会产生很多副作用,甚至是伤害。

(五) 分举

与合举刚好相反,是指由一整体具有某种属性,推出该整体中的每一个体也具有某种属性。例如,由美国是当今世界上最富裕的国家,推出每一个美国人都是富人;由某人在一重要单位工作,推出该人也一定是一位非常重要的人物;由去年全国农业遭灾,推出某地或某户农民家庭也歉收。再看下面两个推理:"鲁迅的著作不是一天能够读完的,《孔乙己》是鲁迅的著作,因此,《孔乙己》不是一天能够读完的。""人是由猿猴进化而来的,张三是人,因此,张三也是由猿猴进化而来的。"它们都犯了分举的谬误。

分举谬误的另一种表现形式是"越少越好":某种东西有副作用,因此越少越好;某件事情有不好的效果,因此越少越好。例如,由于在现代社会人们很容易发胖,导致胖人很多,给生活带来麻烦,于是整个社会的审美倾向偏好瘦型,有所谓"骨感美人"的说法。于是,有些女士以为人越瘦越好,近乎疯狂地节食,认为脂肪、淀粉容易导致发胖,因此吃得越少越好,以至患了厌食症，结果对身体造成比发胖更严重的危害。

三 假设性谬误

所谓“假设性谬误”，就是指在论证或推理过程中暗中利用了某些不当的假定、预设，并依赖它们得出错误的结论。

(一) 复杂问语

问句当然是问不知道的东西，但任何问句都有它所假定的东西。于是，任何问句都包括两部分：一是该问句已经假定的内容，叫做该问句的预设；另一是所问的东西。如果一个问句中包含虚假的预设，这样的问句实际上含有某种陷阱，叫做“复杂问语”。例如，如果向一个男人发问：

你已经停止打你的老婆了吗？

就预设了一个事实：这个男人经常打自己的老婆。对“复杂问语”无论作出肯定的回答还是否定的回答，都接受了那个预设。因此，回答此类问语的最好方法是指出其中那个预设为假。例如，一般人回答上述问题的正确方法是：我根本没有打过老婆，何谈停止不停止！

回答问语的另一个办法是回避，即重复该问句的预设。

三国时，大将军钟会去看望当时的名士嵇康。嵇康脱光衣服正在打铁，不理会钟会。当钟会看了一会儿正要离开时，嵇康问道：“何所闻而来？何所见而去？”钟会答道：“闻所闻而来，见所见而去。”

解析：钟会的回答只是重复了嵇康问话中的预设，没有新的内容。但它是一个很有意思的回答，所以流传下来了。在外交场合和礼仪场合，对于不便回答或不好回答的问题，就可以采取回避的手法，它比单纯的拒绝显得更有礼貌，也更有修养。

有时人们把两个问题合成一个问题，也叫做“复杂问语”。例如：“是否赞成对这个项目追加投资两千万元？”“是否赞成对婚外恋者处一年以上有期徒刑？”这都是把多个问题合成一个问题处理的例子。实际上，为了讨论富有成效，让各种意见得到充分表达的机会，上述问题应该分开议处：“是否赞成对这个项目追加投资？”在这个问题上取得一致后，再来讨论第二个问题:“该追加多少?”同样,先讨论“是否应该用法律形式来制止婚外恋?”如果回答是肯定的,再讨论第二个问题:“对婚外恋者该给什么样的法律制裁?”

(二) 非白即黑

亦称“错误的两刀论法”或“虚假的二难推理”。这是指在本来有其他选项的情况下,却要求人们作出非此即彼的选择。这就像在黑与白之间本来有很多中间色,却非要人们或者选择黑或者选择白。

例如,美国在遭受9·11恐怖袭击之后,对整个世界摆出了一副异常强硬的姿态:“或者与我们站在一起反恐,那么你是我们的朋友;或者不与我们站在一起反恐,那么你就是我们的敌人。”还有一则汽车销售广告:“或者你开Lynx,或者你根本不开车!”“足球教练的世界不是圆的,它只有两条边——或者赢或者输,或者好或者坏,或者赞扬或者挨骂,或者大拇指或者小指头。”“如果一个教授有能耐,即使给他笨学生他也能够取得成功;如果他没有能耐,即使给他好学生他也会失败。所以,他的学生究竟是聪明还是笨,对他来说是无关紧要的。”

(三) 以全概偏

亦称“偶性谬误”。在我们的日常思维中,我们会使用许多一般性概括或者说通则,它们表明情况一般是怎样的。例如,“人是有理性的”,“偷窃是不道德的”,“鸟会飞”等等,但如果把这些在正常条件下为真的说法当作是无条件真的,则就犯了以全概偏的错误。例如:“这个国家是民主国家,它宣称所有的人都生而自由平等,并且不能剥夺他们的自由。所以,这个国家应该停止监禁罪犯和疯子。”“弄痛一个人是坏事情,所以,牙医简直是在犯罪!”“人是有理性的,张教授的那个痴呆儿是人,所以,张教授的那个痴呆儿是有理性的。”后面这个推理并不能说明“人是有理性的”这个一般性说法是假的。所以,有逻辑学家说:“没有一个谬误比下面的谬误为害更大:将一个在许多情况下不算误导的陈述句,当作是毫无条件地永远是真的。”

(四) 以偏概全

亦称“特例概括”“轻率概括”“逆偶性谬误”。

例如,古时宋国有一位农夫,偶然遇到一只兔子撞在树上死去,他不费力气就捡到了它。他认定,此等好事还会发生,于是他扔下农具、不再干农活，一直守在树旁，希望再捡到撞死的兔子。这就是成语“守株待兔”的故事，该位农夫因为特例概括而成为千古笑柄。再如，鲁迅曾谈到：“一个旅行者走进了下野的有钱的大官的书斋，看见有许多名贵的砚石，便说中国是‘文雅的国度’；一个观察家到上海来一下，买几种猥亵的书和图画，再去寻寻奇怪的物事，便说中国是‘色情的国度’。”①今天的旅行者仍然有鲁迅所说的这些毛病。

下面的谈论都是在“以偏概全”：“9·11恐怖袭击是几个阿拉伯人干的，他们都是伊斯兰教徒，因此，信仰伊斯兰教的阿拉伯人对我们不友好，我们要坚决防范和打击伊斯兰教恐怖主义！”“在我们班，你不会讲德语，我不会讲德语，王刚不会讲德语，李白不会讲德语，余涌不会讲德语，所以，我们班没有人会讲德语。”“当许新与辩论队一起上台时，王教授安慰她说：缺一堂课没有关系，充分发挥才智，好好辩论。所以我说，王教授根本不在乎我们这些人是否去听他的课。”“报纸上除了有关性和犯罪的事情之外，简直什么内容也没有！举例来说，昨天的晚报第一版就有五条犯罪的新闻。”

（五）混淆因果

这包括“虚假原因”“以先后为因果”“因果倒置”等。

例如：“自从1840年以来，所有在20的倍数的偶数年当选的美国总统都是死于任上：哈里森，1840年；林肯，1860年；加菲尔德，1880年；麦肯尼，1900年；哈丁，1920年；罗斯福，1940年；肯尼迪，1960年。所以，在1980年当选的美国总统也会死于任上。”“你的老板拥有比你更多的词汇，这就是为什么他是老板、你是雇员的原因。”“在某些国家，无神论传播很广，自杀率也很高，所以，失去对上帝的信仰就是导致自杀的原因。”这都是以偶然的巧合或现象的同时并置为原因，属于虚假原因。

“闪电之后常常接着打雷和下雨，所以，闪电是打雷和下雨的原因。”“在××来我这里之后，我的某件贵重物品就找不到了。肯定是被他偷走了！”这是“以先后为因果”的谬误，尽管原因总是在结果之先发生，但先发生的现象不一定就是原因，最多只能列为可能的原因，究竟是不是真正的原因，还要做许多的调查研究工作。

---

① 《鲁迅杂文、小说、散文全集》第3卷，中国致公出版社，2001年，第955页。

“我们只会惩罚那些专制独裁的无赖国家,我们惩罚了伊拉克,所以,伊拉克先前是专制独裁的无赖国家。还有少数几个国家在我们打算惩罚的名单上,因此,这几个国家也是专制独裁的无赖国家。”不管事实究竟如何,这样的推理和论证却是无效的,有那么一点骄横和蛮不讲理的味道,是在强加事物之间的因果关系。“聪明人常常都能够成功致富,所以,如果你想让我进入聪明人的行列,最好的办法是给我一大笔财产。”这是明显的因果倒置。还有,某种疾病常常表现出某些症状,有些庸医经常把症状当原因,不去治病根,而只治那些症状。这也是因果倒置的一种类型。

(六) 虚假类比

指把两类很不相同的事物强作类比,从而得出荒谬的结论。

例如:“为什么我们要因为人的行为而惩罚他们?他们所做的事情都是他们的本性的表达,他们禁不住要这样做。我们难道要对石头下落、洪水上涨感到愤怒吗?”这是典型的虚假类比,因为人与其他自然物有一个明显的区别:其他自然物没有意识和自我意识,更没有所谓的自由意志,它们的一切行为都是自然行为;但人却有意识和自我意识,有自由意志,在很多情况下有很多的选择,并不是非做某件事情不可,如果他选择了做坏事,他就需要承担招致惩罚的后果,以此教育他本人并且警示他人。

再如,欧洲中世纪有神学家为了论证上帝存在,提出了所谓的“设计者”论证:宇宙是由许多部分构成的一个和谐整体,正如钟表是由许多部分构成的一个和谐整体一样,而钟表有一个制造者——钟表匠,所以宇宙也有一个创造者,这就是上帝。这是虚假类比,因为钟表是一个人工产品,并且是一个有限物;而宇宙是自然本身,没有时空边界,是无限的。这两者之间存在巨大差别,属于不同类别,不可比。

中国古代墨家曾提出“异类不比”的原则,他们把“木与夜孰长?智与粟孰多”之类的问题斥为荒谬,因为木头占据空间,夜晚涉及时间,智慧属于精神范畴,粟米属于物质范畴,不同类,不可比。如果硬要把它们拿来相比,就犯有“机械类比”或“荒唐类比”的谬误。

(七) 预期理由

指用本身的真实性尚待证明的命题充当论据,而起不到证明的作用。

例如,在昆曲《十五贯》中,糊涂知县就是用想当然的方式判案,是典型的预期理由：

> 看她艳若桃李，岂能无人勾引？年正青春，怎会冷若冰霜？她与奸夫情投意合，自然要生比翼双飞之心。父亲阻拦，因之杀其父而夺其财。此乃人之常情。这案情就是不问，也早已明白八九了。

再如，美国第二次攻打伊拉克的一个重要理由是：伊拉克有大规模杀伤武器，这些武器掌握在这个邪恶国家的政权手中，会对世界和平和人类生存带来威胁。因此，要对这个邪恶国家实施预先打击。但当美国成功占领伊拉克之后，把伊拉克查了底儿朝天，也没有找到大规模杀伤武器的任何踪影。攻打伊拉克的那个理由属于典型的预期理由，把“想当然”当成了“所以然”，美国也为此付出了很大的代价，其道德形象在人们的心中大打折扣。

(八) 理由虚假

指在论证中用虚假的理由充当论据，这类错误被称为“基本错误”。因为无论是证明还是反驳，都是从人们认为真的东西或者是至少可接受的命题出发，在人们都是理性的、都讲道理这个假设之下，通过逻辑的强制力，去证明某个另外的命题的真或者假，希望由此改变人们的信念状态：由原来不相信或不接受某个命题，改为相信或接受它；或由原来相信或接受某个命题，改为不相信或不接受它。例如：“所有的猴子都是人变的，金丝猴是猴子，所以，金丝猴是人变的。”“你说所有的人都是会死的，但据我所知，张果老、嫦娥都吃过长生不死药，他们就能长生不死；我是卖长生不死药的人，我担保，凡是吃过我的长生不死药的人都会长生不死。所以，你的那种说法是假的。”这样的论证根本不能证明它的结论，根本起不到论证的作用，凡是有正常理性的人都不会把此类论证当一回事，当然，个别的愚夫愚妇除外。

四　关联性谬误

所谓“关联性谬误”，是指从语言、心理上有关，但在逻辑上无关的前提出发进行推理，以至前提与结论的推出不相干，因此更正确的说法是“不相干谬误”。

(一) 诉诸人身

即通过对论敌的人格、品质、处境等等的评价来论证他的某种言论为假,或者至少是降低其言论的可信度。显然,一个人的人格、品质、处境与他观点的正确与否之间没有直接的逻辑联系。这种谬误包括:

1. 人身攻击

“你们不要相信他的话,他因乱搞男女关系受过处分,并且经常说谎。”这等于在人们要喝井水之前给井里下毒,所以也叫做“给水井投毒谬误”。“目前的经济政策导致这个国家在迅速地下滑。这主要是由于一些前政府的官员、顾问以及一些不良学者相互勾结在一起。这些人自私自利,自以为是,完全不受人民和议会的监控。”这段话没有说明现行经济政策究竟在哪里有问题,这些问题如何导致经济衰退,而只是一些对有关人士的攻击性言辞,并不能论证他的观点。

2. 处境人身攻击

即通过论及某个人处于某个特定的位置,证明他的观点就一定错。例如:“某位人大代表是一位大学教授,因此他肯定代表大学教授讲话,而大学教授在这个社会中是极少数人,因此,他是在为极少数人的利益说话。”“该银行总裁坚持认为,富人的个人所得税不应该提高。对于一个有巨额收入并且贪婪地渴望获得更多的人,你还能指望他有什么别的观点呢?”“某位记者并不出生于农村,家里也没有亲人、亲戚在农村,他不了解农村的真实状况,他关于农民、农村、农业所说的话完全不可信。”

上述谬误的另一种表现形式是“你也是”谬误,即通过指出对方言行方面的某种矛盾,来证明对方的观点不正确。看下面的对话:“甲:抽烟有害健康,你应该戒烟。乙:嘿!看谁在说话呢!你不是正在抽烟吗?!”

3. 恶意诋毁

指不去论证对方观点的对错,而用一些恶毒的言辞诋毁对方的人格和人品。

例如,德国哲学家黑格尔曾经谈到一个例子:在集市上,一位女顾客对一位女商贩说:“喂,老太婆,你卖的鸡蛋是臭的呀!”女商贩听后雷霆大怒:“什么?我的鸡蛋是臭的?你敢这样说我的蛋?我看你才臭呢!你?要是你爸爸没有在大路上给虱子吃掉,你妈妈没有跟法国人相好,你奶奶没有死在医院里，你就该为你花里胡哨的围脖买一件合身的衬衫啦！谁不知道，这条围脖和你的帽子是从哪儿来的。要是没有军官，你们这些人才不会像现在这样打扮呢！要是太太们多管管家务，你们这些人都该蹲班房了。还是补一补你袜子上的那个窟窿去吧！”对于这样的言语，我们只需引用鲁迅的一句话就够了：“辱骂和恐吓绝不是战斗！”

(二) 诉诸情感

即用激动众人感情的办法来代替对某个论题的论证。

不论述自己的观点何以成立，而是以哗众取宠来取胜，叫做“诉诸公众”。例如：“我所主张的只不过是大多数公众的观点，你反对我，就是在与公众作对。不信你问一问在场的人？”

不去陈述某个观点成立的理由，而是促使别人同情持有这种观点的人，以图侥幸取胜，叫做“诉诸怜悯”。例如，有的犯罪嫌疑人在法庭上痛哭流涕地说道：“我上有年迈的失去自理能力的老母，下有两个正在上小学的孩子，如果给我判刑，投入监狱，他们该怎么办呀！”

诉诸情感的另一种形式是“诱导性定义”，指炮制一个定义，里面充满了暗示性、情感性、偏向性的词汇，试图由此说服别人接受某种观点。例如，美国夏威夷州立法院就一个取消该州堕胎法的议案举行听证会，议员们发生激烈辩论，有一名不具姓名的工作人员替立法议员起草了一份“就堕胎问题与选民答话”，请他们传阅，内容如下：

> 各位：你们问我对堕胎有什么看法？这里我清清楚楚地回答你们。
>
> 如果“堕胎”是指谋杀毫无自卫能力的，剥夺我们最年幼的公民的权利，鼓励我们无知的青少年滥交，反对自由生存和幸福的话，那么我向各位保证，我永远反对堕胎。愿上帝帮助我们。
>
> 但是，如果“堕胎”指的是给予我们的公民平等的权利而不论他们的肤色、性别和种族，取消残害无助妇女的坏制度，使青年都有机会得到爱护，以及给予公民天赋权利去以良知行事，那么，身为一个爱国的和有人道精神的人，我向各位保证，我永远都替你们争取这些基本的权利，绝不放弃。
>
> 多谢你们问我对这个问题有什么看法。让我再次保证，我一定坚

持自己的立场。[①]

美国逻辑学家柯匹在《逻辑导论》一书中指出：

> 诉诸情感论证是某些宣传家和蛊惑人心的政客的手段。它之所以是谬误，是因为它用表达性语言和其他手段以博取情感，激起兴奋、愤怒或憎恨，而不是致力于提出证据和理性论证。阿道夫·希特勒的讲演，激发德国听众达到一种狂热爱国状态，可以作为一种经典范例。爱国是一种可敬的高尚情感，通过不适宜地诉诸它来操控听众，在智力上是低劣的——萨缪尔·约翰森挖苦地说："爱国主义是恶棍的最后避难所。"
>
> 最为严重的诉诸情感可以在商业广告中找到，那里的运用几乎达到出神入化的境地。广告的产品都明显地或偷偷地与我们渴望的或惹人好感的事物相联系。早餐的麦片粥与健美年轻、体魄健壮和精力充沛相联系；威士忌与豪华和成就相联系；啤酒与高度冒险相联系；汽车与浪漫、富有和性感相联系。广告产品描绘出的男人一般都是英俊而杰出，女人精明而迷人——或者几乎一丝不挂。我们这个时代广告艺术家聪明和持之以恒足以使我们全部都在某种程度上受了影响，尽管我们决心抵制。几乎各种想象不到的手段都可以用来支配我们的注意力，甚至渗透到我们的潜意识之中。我们不断地被各种诉诸情感谬误所操纵。[②]

（三）诉诸权威

严格地说，是"诉诸不适当的权威"。例如，在相对论问题上听一听爱因斯坦怎么说当然是必要的，并且是有说服力的；但是，由于权威并非时时、处处、事事都是权威，如果在关于经济危机的处置上也引用爱因斯坦的意见来论证某种观点，如"爱因斯坦都这么说，你竟敢不同意？"就犯了诉诸权威的错误。这种错误在广告中十分常见，一些文艺、体育明星常常被拉来为商品做广告，例如买某个牌子的汽车、饮料、护肤品、礼品等等。难道这些明星在

---

① 参见欧文·M. 柯匹、卡尔·柯恩：《逻辑学导论》（第11版），张建军等译，中国人民大学出版社，2007年，第129—130页。

② 同上书，第169页。

这些事情上也是行家?!

这里有一个最明显的诉诸权威的例子:在欧洲中世纪,亚里士多德及其学说享有崇高的地位。一位经院哲学家不相信人的神经在大脑里会合的结论,一位解剖学家请他去参观人体解剖,他亲眼看到了这一事实,解剖学家问他:“你这回应该相信了吧?”他却这样答道:“你这样清楚明白地使我看到了这一切,假如亚里士多德的著作里没有说人的神经在心脏中会合的话,那我一定会承认这是真理了。”

在援引名人、权威的说法作为论据时,应该认真思考一下:尽管他们在有些领域是权威,但就你正在讨论的问题而言,他们是不是真正的权威?假如引用姚明的说法去证明某个经济学命题,就犯了“诉诸不适当权威”的谬误。

(四) 诉诸强力

指不正面陈述理由去论证某个观点成立或不成立,而是通过威胁、恫吓甚至使用棍棒和武力,去迫使对方接受自己的观点或放弃他本人的观点。所谓“秀才遇到兵,有理说不清”,“强权胜于公理”,“打棍子、扣帽子、抓辫子、装袋子”等都是诉诸强力的谬误。在一个不正常的社会,或者在一个社会的某个不正常的时期,例如中国的“文化大革命”时期,容易发生这种现象。例如:“你承认还是不承认自己是小偷?不然你就别想从这里活着出去!”这就是造成司法案件中许多屈打成招的原因。20世纪,意大利有一位法西斯哲学家曾这样说:“我们可以有很多不同的工具来彻底说服对方,讲道理是其中一种,大棒子是另外一种。一旦对方真正给说服了,用什么工具也就无所谓了。”使用强力实际上就等于放弃理性,也就等于承认自己输了理,以至在理性上无计可施。

(五) 诉诸无知

指通过人们对某事的无知来证明某种观点成立还是不成立。有以下表现形式:

一是断言某命题是真的,因为该命题没有被证明是假的。例如:“因为没有证据表明上帝不存在,所以上帝是存在的。不然,你证明上帝不存在给我看看?”“我坚信有鬼存在,不然那些怪事怎么解释?并且,谁又有本事证明鬼不存在呢?”

二是断言某命题是假的，因为该命题没有被证明是真的。例如："UFO肯定是臆造出来的东西，子虚乌有，我从来没有听说哪个大科学家说这些东西存在着，也没有见一篇正经的科学论文证明过。它们都是一些民间的科学发烧友弄出来的。"这段话肯定没有论证的逻辑力量，至于UFO是不是真正存在，或者是不是太空人的某种装置，这是另一回事情，需要有经科学认定的经验证据和相应的科学理论去证明。"谁说吸烟能够致癌？谁已经证明这一点了？现在谁也没有弄清楚癌症的致病机理，也没有治疗癌症的有效方法，却把吸烟与癌症联在一起，想出各种办法打击我们这些烟民，真是岂有此理！"

诉诸恐惧也是诉诸无知的一种表现形式，例如为了反对某项计划、方案，用一些想象的、未经证实的副效应和有害效果来恐吓公众，从而获得支持。例如："假如我们不先发制人打击某些无赖，他们就会用核武器来毁灭这个地球和整个人类！"

应该指出的是，在逻辑上诉诸无知是一种无效的论证形式，但是在美国法律中却有一条"无罪推定原则"，即在证明某个人有罪之前，假定所有被告都是无罪的，控方说他有罪，必须拿出证据来，"谁检控谁举证"，并且这些证据需经法庭认定、接受。如果不能有力地证明某人有罪，法庭就必须宣判某人无罪。之所以有这一原则，是因为法律认为：伤害无辜是比让罪犯逃逸危害更大的事情。所以，美国最高法院曾这样重申这一准则："要减少因为事实方面的错误而错判的情况，'有力地证明有罪'的准则是必须依从的。因为这一准则有力地支持了'无罪推定'这个基本而不可违反的准则，而后者正是刑法得以执行的基础。"

（六）诉诸起源

指通过说某个理论、观点、事物的来源好或不好，来论证该理论、观点成立或不成立，该事物好或者不好。

例如，某人说："我知道这种药是由一种剧毒的植物提炼而成的，尽管医生建议我服用它，但我决不服用，因为我害怕被毒死。""人只不过是由原子构成的；而原子没有自由意志，所以，人也没有自由意志。""她出生于那样一个家庭，我们怎么能够指望她有好的品德、优雅的举止和高贵的气质呢？""麻将是中国文化的产物，而中国文化都有正面价值，所以我们要推广打麻将运动。牛仔裤是洋鬼子的东西，有什么好穿的，太崇洋媚外了，所以应该发起不穿牛仔裤运动。因此，我们要打麻将，不穿牛仔裤，做一个具有中国文化气质的、堂堂正正的中国人。”这些议论都犯了“诉诸起源”的谬误。

(七) 窃取论题

指用论题本身或近似论题的命题做论据去论证论题。有以下两种形式：

一是重复论题，即用另一种与论题在表述方式有差异，但实质内容没有差异的命题做论据。例如：“吸鸦片会令人昏睡，因为鸦片中含有令人昏睡的成分。”“所有基督徒都是品行端正的，因为所谓基督徒就是品行端正的人。”“整体而言，让每个人拥有绝对的言论自由肯定对国家有利，因为若社群里每个人都享有完全不受限制的表达自己思想感情的自由，对这个社群是非常有利的。”

二是循环论证：论证者要证明 A，这要用到 B，证明 B 要用到 C，证明 C 要用到 D，而证明 D 要用到 E，证明 E 又要用到 A。在兜了一个或大或小的圈子之后，又回到最初的出发点。例如，鲁迅在《论辩的魂灵》一文中，就揭露了顽固派的这种诡辩手法：“你说谎，卖国贼是说谎的，所以你是卖国贼。我骂卖国贼，所以我是爱国者。爱国者的话是最有价值的，所以我的话是不错的。我的话既然不错，你就是卖国贼无疑了。”这里，顽固派所进行的是一个典型的循环论证。

有逻辑学家正确地指出：“应该记住这一点，一个很长的讨论是谬误的最有效的面纱。当诡辩以浓缩的形式呈现于我们面前时，像毒药一样，它立刻会被防备和厌恶。一个谬误若用几句话赤裸裸地加以陈述时，它不会欺骗一个小孩；如果以四开本的书卷‘稀释’时，则可能会蒙骗半个世界。”[1]

(八) 稻草人谬误

这是指：在论辩过程中，通过歪曲对方来反驳对方，或者通过把某种极端荒谬的观点强加给对方来丑化对方的诡辩手法，就像树起一个稻草人做靶子，并自欺欺人地以为：打倒了这个稻草人，也就打倒了对方。歪曲对方

① Richard Whately, *Elements of Logic*, vol. 3, section 5, Longmans, 1948。转引自武宏志、马永侠：《谬误研究》，陕西人民出版社，1996 年，第 197 页。

观点的重要手法有夸张、概括、限制、引申、简化、省略、虚构，等等。在以前的各种政治运动特别是“文化大革命”中，此类手法被运用到登峰造极的程度。

例如，无政府主义者故意把马克思主义的一个重要论点“人们的经济地位决定人们的意识”，歪曲为“吃饭决定思想体系”，并对这个荒谬的论点大加攻击。斯大林揭露了这一偷换论题的诡辩手法：“请诸位先生们告诉我们吧：究竟何时、何地、在哪个行星上，有哪个马克思说过‘吃饭决定思想体系’呢？为什么你们没有从马克思著作中引出一句话或一个字来证实你们的这种论调呢？诚然，马克思说过，人们的经济地位决定人们的意识，决定人们的思想，可是谁向你们说过吃饭和经济地位是同一种东西呢？难道你们不知道，像吃饭这样的生理现象是与人们的经济地位这种社会现象根本不同的吗？”①

再如，孟轲曾说：“杨氏为我，是无君也。墨氏兼爱，是无父也。无父无君，是禽兽也。”（《孟子·滕文公下》）杨朱“为我”论点的涵义是重视个人生命的保存，反对别人对自己的侵夺，也不侵夺别人，孟轲却把它说成是目无君主。墨翟“兼爱”论点的含义是普遍平等地爱人，不受等级贵贱与血缘亲属的局限，孟轲却把它说成是目无父亲，而无父无君又被等同于禽兽。这是一个古老而又影响深远的稻草人谬误。②

稻草人谬误的另一种表现形式是避强就弱、避重就轻、避实就虚，即论敌本来为自己的观点提出了很多论据，在反驳时，却避开对方所提出的那些强有力的、重要的、实实在在的论据，而专挑那些比较弱的、不太重要的、虚的论据展开反击。这也等于歪曲了对方，故意把对方弱化为稻草人。不过，无论在逻辑上还是在人们的心理上，稻草人谬误都是不管用的。因为批判的态度应该是科学的态度：在批判对方时，在与对方论战时，每个人都有义务忠实地转达对方的观点，并在此基础上展开论战，这是逻辑的要求，也是道德的要求！

---

① 《斯大林全集》第1卷，人民出版社，1953年，第298—299页。

② 参见中国人民大学哲学系逻辑教研室编：《逻辑学》，中国人民大学出版社，2002年，第270页。

（九）赌徒谬误

在轮盘堵游戏中，除非经过特殊设计，红黑两色的出现概率应该是大致相等的，即通常所说的“五五波”。赌徒据此认为，如果以前红色出现过多，下次更可能出现黑色；如果他以前老是输，他的下一把就可能赢，因此他继续赌下去，直到输光为止。这里就出现了所谓的“赌徒谬误”：红黑两色的出现概率大体均等，这是大数定律，需要成千上万次实验；而红黑两色在某次投掷中的出现却是一个独立事件，与先前的事件没有任何关联，丝毫不受先前事件的影响，每种颜色的出现机会都是50%，也就是下一次输赢的机会还是各占一半。

赌徒谬误在日常生活中有很多的表现。例如，某对农村夫妇生了四个女儿，他们特别想要一个儿子，于是给第四个女儿起名为“招弟”。他们盘算，既然男孩和女孩的数量是大体均等的，我们已经生了四个女儿，以后再生一个肯定是儿子，于是一共生了九个女儿。赌徒谬误把他们弄得筋疲力尽，一贫如洗。再如，在初期，当某只股票的价格长期上扬，投资者可能认为股价的走势会持续，“买涨不买跌”；可一旦股价一直高位上扬，投资者又担心上涨空间越来越小，价格走势会“反转”，所以卖出的倾向增强。这是股票交易中的“赌徒谬误”，其根本原因在于：人们倾向于认为，如果一件事总是连续出现一种结果，则很可能会出现不同的结果来将其“平均”一下，正是这种思维使投资者更加相信股价反转出现的可能性。但这是不一定的：股市既可能在相当长的一段时间内一直处于“牛市”，也可能在相当长的一段时间内一直处于“熊市”。

（十）滑坡的谬误

本来指这样一种情形：当你站在一个光滑的斜坡上，一步不慎，就可能引起连锁反应，直至滑到坡底；转指这样一种论证方式：A引起B，B引起C，C引起D，D引起E，E引起F，所以，A引起F。这里有两点要注意：F常常是一种危险的状况，或者是某种无法接受的观点；而每一次的“引起”都没有得到严格的证明，小的失误遭遇大的放大，实际的情形是A不一定导致F。这就陷入了“滑坡的谬误”。

例如，中国人口众多，年轻一代竞争激烈，“可怜天下父母心”，有些做父母的生怕自己的孩子在今后激烈的竞争中失败，在孩子还没有出生之时就开始准备,并且在孩子尚在母腹中就进行胎教,在婴幼儿时期开始早期教育,在儿童时期上各种兴趣班和辅导班,如此等等。这样的父母就陷入了“滑坡谬误”:如果我的孩子不在婴幼儿期怎么样,那么就会怎么样;如果他上小学时成绩不好,就上不了好的中学;上不了好中学,就可能考不上大学,或者上不了好大学;如果……,就……;如果……,就……总之,如果我们不从胎儿就关注宝宝的教育,我们的孩子今后就会在竞争中失败,成为生活的弃儿。实际上,这每一步“如果……,就……”都可以受到质疑:人的禀赋各有不同,成功的定义各有不同,成功的道路各有不同,父母完全没有必要这样自己吓自己,再说也不可能为孩子包办一切,如果某件事情必定发生,就让它发生好了。“儿孙自有儿孙福”,用不着父母老为他们担惊受怕。

我们列举、分析谬误的目的,是为了弄清楚谬误的产生原因、机制,以便在我们的思维中避免谬误,反驳诡辩。这需要读者自己对具体谬误作具体分析,寻求破解该种谬误之道。

第十四讲

一只咬着自己的尾巴乱转的猫

——悖论：思维的魔方

在当今社会，“悖论”似乎已经成为某种形式的思维魔方，老少咸宜，激发理智的兴趣，构成智力的挑战，养成思考的习惯，锻炼思维的智慧，孕育出新的理论。但是，究竟什么是悖论？如何定义悖论？悖论能否分类？如何分类？产生悖论的原因是什么？悖论究竟是一种逻辑矛盾，还是所谓的辩证矛盾或者其他？对于悖论应该采取什么样的态度，是拒斥、消解、容忍还是干脆承认？已有的各种悖论解决方案的优劣得失如何？能否提出某种新的悖论解决方案？据我所知，很多读者对这些问题感兴趣，有些人还亲自投身于对它们的研究中。在这一讲中，我将对这些问题作一些初步梳理，并给出一些尝试性的回答。

一　什么是悖论？

“悖论”是两个英语词 paradox 和 antinomy、特别是前者的中译，从字面上说，悖论是指荒谬的理论，或自相矛盾的命题。最早的悖论可追溯到公元前 6 世纪古希腊克里特岛人埃匹门尼德(Epimenides)，他提出了著名的说谎者悖论：“所有的克里特岛人都说谎。”这被载入《圣经·新约》的《提多书》中，因而在西方世俗社会和学术界都很有影响。此后对悖论的研究一直绵延不绝，并经历了至少两个高峰期，一是欧洲中世纪经院逻辑对悖论的研究，一是从 19 世纪末一直延续到今天的悖论研究。

在中国先秦时期，庄子提出过“吊诡”一说，仍被学界一些人用作“悖论”的代名词：

> 梦饮酒者,旦而哭泣;梦哭泣者,旦而田猎。方其梦也,不知其梦也。梦之中又占其梦焉,觉而后知其梦也。且有大觉而后知此其大梦也,而愚者自以为觉,窃窃然知之。“君乎!牧乎!”固哉!丘也与女皆梦也,予谓女梦亦梦也。是其言也,其名为吊诡。万世之后而一遇大圣知其解者,是旦暮遇之也。(《庄子·齐物论》)

上面这段话是隐士长梧子对瞿鹊子所说的,意思是说:人生无常。有一夜,梦饮酒,好快活,哪知早晨醒来大祸临门,一场痛哭。又有一夜,梦伤心事,痛哭一场,哪知早晨醒来出门打猎,快活极了。做梦时不知是在做梦。梦中又做了一个梦,还研究那个梦中梦是凶还是吉。后来梦中梦醒了,才晓得那只是梦啊。后来的后来,彻底清醒了,才晓得从前的种种经历原来是一场大梦啊。蠢人醒了,自认为真醒了,得意扬扬,说长道短,谈起君贵民贱那一套,真是不可救药的老顽固哟。你老师孔丘,还有你本人,都是在做梦,只是自己不晓得。我说你们在做梦,其实我也是在梦中说梦话。这样的说法,就是所谓的“吊诡”(即后世所谓的“悖论”)。我也不能把它们解释清楚。也许到遥远的将来,碰巧会遇到一位有大智慧的人,他能够把它们解释得一清二楚。

先秦墨家也用到过“悖”这一概念,相当于某种自相矛盾的说法。例如,《墨经》中说,“以言为尽悖,悖,说在其言。”(《经下》)“之人之言可,是不悖,则是有可也;之人之言不可,以当,必不当。”(《经说下》)

在长达几千年的研究过程中,“悖论”或“吊诡”已成为一个庞大的家族,冠以“悖论”之名的各种语句或推论差异极大。我们有必要先厘清“悖论”的精确含义,在此基础上展开对悖论的讨论。在目前的用法中,“悖论”一词至少有以下4种含义:

1. 违反常识,有悖直观,似非而是的真命题。

例如,在数学史上曾喧嚣一时的所谓“无穷小悖论”就是如此:微积分中的无穷小似零(作为加项可以略去),但又非零(可以作为分母),(表面上)自相矛盾。于是,当时的英国大主教、著名哲学家贝克莱说它像一个飘动不居的鬼魂。所谓的“伽利略悖论”也与此类似:对于任一平方数,有且只有一个自然数与之对应,即作为整体一部分的平方数竟与作为整体的自然数一样多。这与当时已知的数学知识相悖,因为当时还不能从数学上很好地理解和刻画“无穷”这个概念。在逻辑中，有为数众多的所谓“蕴涵悖论”，例如著名的“实质蕴涵悖论”：真命题被任一命题所蕴涵；假命题蕴涵任一命题，以及道义逻辑中的各种“道义悖论”。这些“悖论”都是相应的逻辑系统中的定理，并且这些系统都是可靠的，内部并没有任何矛盾。这些定理之“悖”在于它们有“悖”于关于相应概念的常识、直观、经验等等，最多只能被叫做“直观悖论”或“经验悖论”，不属于本讲所讨论的严格意义的“悖论”之列。

2. 与公认的看法或观点相矛盾的命题或原则，似是而非，但其中潜藏着深刻的思想或哲理。

最典型的是古希腊哲学家芝诺提出的四个“芝诺悖论”，即“二分法”“阿基里斯追不上龟”“飞矢不动”“一倍的时间等于一半”。这里仅以他的“二分法”为例：假定某个物体向一个目的地运动，在它达到该目的地之前必须走完这路程的一半，而要走完这路程的一半，又要走完这一半的一半；要走完这一半的一半，则要先走完这一半的一半的一半，如此递推，以至无穷。因此，第一次运动所要达到的目标是没有的，但没有第一次运动的目标就不可能开始运动，因此就没有运动，运动是不可能的。这里，芝诺的论证并不是在描述或否认运动的现象和结果，而是要说明运动是如何可能的，我们应该如何在理智中、在思维中、在理论中去刻画、把握、理解运动！与此类似的是康德关于时间和空间的四个“二律背反”，仅举一例：正题：“世界在时间上有开端，在空间上有界限”；反题：“世界并无开端，也无空间的界限。就时空而言，它是无限的。”康德以触目惊心的形式揭示了世界本身就存在的矛盾。再如中国古代的名辩学家，曾提出了诸如“白马非马”“鸡三足”“卵有毛”这样一些表述形式怪诞的命题，其中有些命题甚至隐含着集合论思想的萌芽。

3. 从一组看似合理的前提出发，通过有效的逻辑推导，得出了一对自相矛盾的命题，它们与当时普遍接受的常识、直观、理论相冲突，但又不容易弄清楚问题出在哪里，这时我们称导出了悖论。

例如，下面要谈到的布拉里—弗蒂悖论、康托尔悖论、里查德悖论等等，都属此列。相反，如果只是简单地导出了矛盾，由于逻辑中不允许矛盾，根据否定后件就否定前件的规则，可以推知至少一个前提不成立，这时没有悖论。例如，中国古代曾有“言尽悖”的说法，《墨经》反驳说：“以言为尽悖，悖，说在其言。”(《经下》)用印度因明的话来说，“言尽悖”这句话“自语相违”，必定不成立。

4.悖论是指从一组看似合理的前提出发,通过看似正确有效的逻辑推导,得出了一个由互相矛盾的命题构成的等价式:$p\leftrightarrow \neg p$。

这种悖论最典型的是"强化的说谎者悖论"和"罗素悖论"。前者是指这样一种情形:一个人说了唯一一句话:"我正在说的这句话是假的。"请问这句话究竟是真的还是假的?如果这句话是真的,则它说的是真实的情形,而它说它本身是假的,因此它是假的;如果这句话是假的,而它说它本身是假的,因此它说了真实的情形,因此它说了一句真话。于是,这句话是真的,当且仅当它是假的。这就是悖论。

一般把上述"悖论"的第一种意义撇开,因为无论怎么定义,悖论似乎都不应该包括那些似非而是的命题。于是,还剩下三种可能:如果把后面三种意义都包括在内,这是"悖论"的宽定义,有合理性,但不太科学;如果只包括后两种意义,这是"悖论"的中定义,我个人相当赞同。如果只包括第四种意义,则是"悖论"的狭定义,国内学界一般持这种看法。例如,《中国大百科全书·哲学卷》的"悖论"定义:"指由肯定它真,就推出它假,由肯定它假,就推出它真的一类命题。这类命题也可以表述为:一个命题 A,A 蕴涵非 A,同时非 A 蕴涵 A,A 与自身的否定非 A 等值。"[①]《辞海》的"悖论"的定义:"一命题 B,如果承认 B,可推得 $\neg$B;反之,如果承认 $\neg$B,又可推得 B,则称命题 B 为一悖论。"[②]国内悖论研究专家张建军认为:"'公认正确的背景知识'、'严密无误的逻辑推导'、'可以建立矛盾等价式',是构成严格意义逻辑悖论必不可少的三要素。由此我们可以得到如下定义:逻辑悖论指谓这样一种理论事实或状况,在某些公认正确的背景知识之下,可以合乎逻辑地建立两个矛盾语句相互推出的矛盾等价式。"[③]

我基本同意张建军关于悖论三要素的说明,认为它是深刻的,但有两个严重保留:(1)不太赞同把"悖论"仅限制于"两个互相矛盾命题的等价式",因为有不少悖论并不表现为这样的等价式,例如布拉里-弗蒂悖论、康托尔悖论、里查德悖论等等,勉强把它们划归于这样的等价式也不太自然。(2)

---

① 《中国大百科全书·哲学》第1卷,中国百科全书出版社,1987年,第33页。

② 《辞海》(缩印本),上海辞书出版社,1989年,第979页。

③ 张建军:《逻辑悖论研究引论》,南京大学出版社,2002年,第7—8页。

在我看来，悖论意味着思维在某个地方出了毛病，但张的定义中很少有这方面的意涵，"公认正确的背景知识""严密无误的逻辑推导"这些字眼容易给人造成误导，似乎在导出悖论的过程中一切正确且正常。

蒯因在《悖论的方式》一文中指出："我们可以一般地说，一个悖论只是这样一个结论，起初听起来荒谬但却有论证去支持它吗？我最终认为，这种说法是完全站得住脚的。但这还有许多东西没有说出来。支持一个悖论的论证可能揭示了，一个被葬送掉的前提是荒谬的，或先前被看作是对物理理论或对数学或对思维过程至关重要的某个先入之见是荒谬的。因而，在看似最无辜的悖论中，可能就隐藏着巨大灾难。历史上所发现的悖论，曾不止一次地正是对思想基础的主要重建。"[①]

哈克在讨论悖论解决方案时指出：悖论在于"从表面上无懈可击的前提，通过表面上无可非议的推理，推出了矛盾的结论"。而一种合理的悖论解决方案不得不完成两个任务：一是从形式上说明**哪些表面上无懈可击的推论的前提或原则是不能允许的**，二是从哲学上说明，为什么**这些前提或原则表面上是无懈可击的，但实际上是有懈可击的**。[②]（着重号系作者所加）

以上两段引文旨在强调悖论意味着我们的思维在某些地方出了毛病，需要对其进行诊断和治疗，这是我所赞同的，而在张建军对悖论的定义性刻画中这一点不很明显。因此，我更赞同下面的"悖论"定义：

> 如果某一理论的公理和推理规则看上去是合理的，但在这个理论中却推出了两个互相矛盾的命题，或者证明了这样一个命题，它表现为两个互相矛盾的命题的等价式。那么，我们说这个理论包含一个悖论。[③]

或者换一种更松散的说法：如果从看起来合理的前提出发，通过看起来有效的逻辑推导，得出了两个自相矛盾的命题或这样两个命题的等价式，则称得出了悖论。用公式表示：

---

① 涂纪亮、陈波主编：《蒯因著作集》第5卷，中国人民大学出版社，2007年，第9页。

② S. Haack, *Philosophy of Logics*, Cambridge University Press, 1978, pp. 138-139.

③ A. A. Fraenkel, and Bar-Hillel, *Foundation of Set Theory*, Amsterdam, 1958, p. 1.

$$p \to (q \wedge \neg q) \vee (q \leftrightarrow \neg q)$$

则 p 是一悖论语句，这个推导过程构成一个悖论。这里的要点在于：推理的前提看似明显合理，推理过程看似合乎逻辑，推理的结果则是自相矛盾的命题或这样的命题的等价式。

不过，在撰写悖论方面的书籍或讲授悖论方面的课程的时候，从传授相关知识、讲清来龙去脉的角度出发，作者们常常采用“悖论”的宽定义。

二　一些常见的悖论

（一）拉姆塞的悖论分类

1925 年，英国年轻的数学家和哲学家拉姆塞（F. Ramsey）在一篇题为《数学基础》的论文中最先把当时已知的悖论分为逻辑—数学悖论和语义悖论两大类。他认为，有一种悖论不涉及内容，只与元素、类或集合、属于和不属于、基数和序数等数学概念相关，它们能用符号逻辑体系的语言表述，并且只出现于数学中，这样的悖论是逻辑—数学悖论。另外一种悖论不是纯逻辑和纯数学的，而与一些心理的或语义的概念，如意义、命名、指称、定义、断定、真、假等等相关。后一类悖论并不出现于数学中，它们可能不是产生于逻辑和数学中的错误，而是源自于心理学或认识论中关于意义、指称、断定等概念的含混。[①] 拉姆塞的悖论分类很快被普遍接受，只不过后来常把逻辑—数学悖论改称为“语形悖论”。后来又出现了一些新的悖论，最近得到了广泛的讨论，但很难把它们归入以上两种类型，由于它们与语境和认知主体及其背景知识有关，可将它们统称为“认知悖论”或“语用悖论”。中世纪逻辑学家早就讨论了认识论悖论，即与知道、相信、怀疑、犹疑这类认识论概念以及真假这类语义概念相关的悖论；以及与命令、答应、允诺或希望这一类指导行动的话语或态度有关的悖论，如某人颁布了唯一一道命令：“不执行这道命令！”听话人究竟是执行还是不执行这道命令？

于是，我们有下面的悖论分类表：

---

① F. P. Ramsey, *The Foundations of Mathematics and Other Logical Essays*, ed. by R. B. Braithwaite, London and New York, 1931, pp. 1-61.

语形悖论	语义悖论	语用悖论
布拉里—弗蒂悖论	说谎者悖论及其变种	意外考试悖论
康托尔悖论	格雷林悖论(非自谓悖论)	全知者悖论
罗素悖论	里查德悖论	囚徒悖论
理发师悖论	贝里悖论	纽科姆悖论
等等	等等	等等

(二) 一些语形悖论

1. 布拉里-弗蒂悖论

最早由康托尔(G. Cantor)发现,但未公开发表。布拉里-弗蒂(C. Burali-Forti)于1897年重新发现,该悖论与集合论中的良序集有关。可叙述如下:在集合论中有这样三个定理:(1)每一良序集必有一序数;(2)凡由序数组成的集合,按其大小为序排列时,必为一良序集;(3)一切小于或等于序数 α 的序数所组成的良序集,其序数为 $\alpha+1$。根据康托尔集合论的造集规则(概括规则),由所有序数可组成一良序集 Δ,其序数为 δ,这样 δ 也应包括在由所有序数组成的良序集 Δ 之中,而根据(3),由包括了 δ 在内的所有序数组成的良序集 Δ 的序数应为 $\delta+1$,比 δ 要大,故 δ 不会是所有序数的集合的序数,由此得到自相矛盾的结果。

2. 康托尔悖论

这个悖论由康托尔发现。素朴集合论中有一条康托尔定理:任一集合 M 的基数小于其幂集 P(M)(由 M 的一切子集所组成的集合)的基数。根据概括规则,可由一切集合组成集合 μ,由康托尔定理,μ 的基数小于 μ 的幂集 $P(\mu)$ 的基数。但是,$P(\mu)$ 又是 μ 的一个子集,证明如下:设 x 为 μ 的一个子集,即 $x \in P(\mu)$,由此可知 x 是一集合,故 $x \in \mu$,因此 $P(\mu) \subseteq \mu$,即 $P(\mu)$ 为 μ 的子集,从而 $P(\mu)$ 的基数小于或等于 μ 的基数,矛盾。这就是康托尔悖论。

3. 罗素悖论

这也是素朴集合论中的一个悖论。根据概括规则,由下述条件可定义一个集合 S:对任一 x 而言,$x \in S$ 当且仅当 $x \notin x$。在这个条件中用 S 替换 x,得到悖论性结果:$S \in S$ 当且仅当 $S \notin S$。这个悖论只涉及"集合""集合的元素”等简单概念。可用自然语言复述如下：

把所有集合分为两类：(1)正常集合，例如，所有中国人组成的集合，所有自然数组成的集合，所有英文字母组成的集合。这里，“中国人的集合”不是一个中国人，“自然数的集合”不是一个自然数，“英文字母的集合”不是一个英文字母，故这类集合的特点是：集合本身不能作为自己的一个元素。(2)非正常集合，例如所有集合所组成的集合，所有抽象东西的集合。这里，“所有集合所组成的集合”也是一个集合，“所有抽象东西的集合”也是一个抽象的东西，故这类集合的特点是：集合本身可以作为自己的一个元素。现假设由所有正常集合组成一个集合 S，那么 S 本身属不属于 S 自身？或者说 S 究竟是一个正常集合还是一个非正常集合？如果 S 属于自身，则 S 是非正常集合，所以它不应是由所有正常集合组成的集合 S 的一个元素，即 S 不属于它自身；如果 S 不属于它自身，则它是一正常集合，所以它是由所有正常集合组成的集合 S 的一个元素。于是，得到悖论性结果：S 属于 S 当且仅当 S 不属于 S。

这个悖论由罗素于 1902 年发现。策梅罗也曾独立地发现了这个悖论，所以它有时候被称为罗素-策梅罗悖论。

4. 理发师悖论

这是罗素悖论的日常语言变形。某村庄有一位理发师，他规定：给并且只给本村庄中不给自己刮胡子的人刮胡子。那么，他究竟给不给他自己刮胡子？如果他给自己刮胡子，则按照他的规定，他不应给自己刮胡子；如果他不给自己刮胡子，则按照他的规定，他应该给自己刮胡子。由此得到悖论性结果：他给自己刮胡子，当且仅当，他不给自己刮胡子。但这个悖论的问题是，人们一般会很容易地从它得出结论：根本不可能有这样一个理发师，更具体地说，或者这位理发师不是该村村民；如果这位理发师是该村村民，则或者他颁布了一条自己无法执行的规定；或者她本身是一位女士，不需要给自己刮胡子。在其他悖论的情况下，常常不那么容易地否定某个前提或结论。因此，理发师悖论常常被叫做“伪悖论”，或者叫做“悖论的拟化形式”。[①]

① “悖论的拟化形式”是张建军引入的一个称谓，见他的专著《科学的难题——悖论》，浙江科学技术出版社，1990 年，第 13 页。

(三) 一些语义悖论

1. 说谎者悖论

这是最早提出也最典型的语义悖论。公元前6世纪，古希腊克里特岛人埃匹门尼德说“所有的克里特岛人都说谎”，从这句话真可推出它假，但从这句话假只能推出它可能真。公元前4世纪，欧布里德斯(Eubulides)把它改述为：一个人说：“我正在说的这句话是假话”。可以确定，这个人说真话当且仅当这个人说假话。为了更明确起见，有时也把说谎者悖论表述为：

本框内的这个语句是假的

容易确定，此框内的那句话是真的当且仅当它是假的，由此得到严格意义的悖论。

说谎者悖论有许多变形，欧洲中世纪的经院哲学家们对此作了专门而精深的研究。这里仅举两种类型：

一种是“明信片悖论”。一张明信片的一面写有一句话：“本明信片背面的那句话是真的。”翻过明信片，只见背面的那句话是：“本明信片正面的那句话是假的。”无论从哪句话出发，最后都会得到悖论性结果：该明信片上的某句话为真当且仅当该句话为假。显然，明信片悖论可以扩展为转圈悖论，下一节讨论悖论产生原因时将更详细地剖析此类悖论。

另一种可以叫做“经验悖论”。给出几个命题，根据常识和经验，可以确定一些命题的真假，另一个命题的真假却不能凭经验或常识确定，而要靠它自身确定：如果它是真的，则会逻辑地推出它是假的；如果它是假的，则会逻辑地推出它是真的。例如：

(1)有唯一一个析取命题：“2+2=5或者这个析取命题是假的。”由于此析取命题的一个析取支2+2=5明显为假，于是该析取命题真不真就取决于它的另一个析取支“这个析取命题是假的”的真假，可以逻辑地推知：此析取支为真当且仅当此析取支为假。

(2)2×2=4并且这个合取命题是假的。分析从略，下同。

(3)仅有三个命题：所有的人都是傻瓜；雪是黑的；这里的每一个命题都是假的。

(4)仅有四个命题：人是动物；雪是白的；独角兽不存在；除这最后一个命题外的其他每一个命题都是真的。

(5)仅有三个命题:莎士比亚是英国国王;李白是诗人;这里的假命题比真命题多。

在此类悖论中,一组命题的真假取决于其中一个支命题的真假,后者就像一个砝码一样,但这个支命题却通过迂回的途径说自己为假,从而导致悖论。在这个意义上,我给它们杜撰了另一个名称:砝码悖论。

2. 里查德悖论

这是由法国人里查德(J. Richard)于1905年发现的一个悖论。任一语句都是用可能重复的法语或其他语言的字母加上若干其他符号或空位构成的有穷长的符号序列。现在设想:由能用有穷长语句加以定义的一切十进位小数组成一个集合E,并且令E中的元素按字典顺序排列为E_1,E_2,$E_3 \cdots E_n \cdots$,且令$E_n=0.x_{n1}x_{n2}x_{n3}\cdots x_{nn}\cdots$,这里$x_{nn}$表示E中第n个小数的小数点之后的第n位数。另外构造一个无限十进位小数$N=0.y_1y_2y_3\cdots y_n\cdots$,并将$y_n$定义为:如果$x_{nn}=1$,则令$y_n\neq 1$;若$x_{nn}\neq 1$,则令$y_n=1$,也就是说使每一个$y_n$都不同于$x_{nn}$。N是能用有穷长的语句定义的无限十进位小数,而E是由所有能用有穷长语句加以定义的无限十进位小数的集合,故$N\in E$。但是,由N的定义知,N与E中的任一十进位小数都有一个有穷差值,故N与E中的任一个十进位小数都不同,所以$N\notin E$。由此导致悖论。里查德悖论有很多的变形,其中一个变形据说为哥德尔证明其著名的不完全性定理时提供了思路。

3. 贝里悖论

罗素在《以类型论为基础的数理逻辑》(1908)一文中提到这个悖论,据罗素称,它是由剑桥大学的图书馆员贝里(G. Berry)于1906年发现的。这个悖论原来的表述依赖于英语表达式,为合乎汉语习惯,改用汉语表述为“用少于十八个汉字不能命名的最小整数”,这个摹状词本身只有17个汉字,它却命名了这个最小整数,矛盾!据认为,贝里悖论是“里查德悖论的一种深刻和天才的简化”,它以极其简单明了的形式揭示了日常语言概念所潜藏的矛盾。

4. 格雷林悖论

这个悖论是由德国人格雷林(K. Grelling)于1908年提出并发表的,亦称“非自谓悖论”。可把所有形容词分为两类:一类是对自身适用的,如“pentasyllabic”(5个音节的)、“中文的”“短的”;一类是对自身不适用的,如

"monosyllabic"(单音节的)、"英文的""红色的"。前一类词称为"自谓的",后一类词称为"非自谓的"。现在的问题是:"非自谓的"这个词究竟是自谓的还是非自谓的?逻辑的结论是:它是自谓的当且仅当它是非自谓的。悖论!

(四) 一些语用悖论

1. 美诺悖论

这是柏拉图在其后期对话《美诺篇》中提出的,以苏格拉底与美诺(Meno)之间对话的形式写成。美诺是一名富家子弟,著名智者高尔吉亚(Gorgias,约前 480—)的学生。他在与苏格拉底的对话中提出一种观点:研究不可能进行,论证如下:"一个人既不能研究他所知道的东西,也不能研究他不知道的东西。他不能研究他所知道的东西,因为他知道它,无需再研究;他也不能研究他不知道的事情,因为他不知道他要研究的是什么。"[①]为明确起见,将该论证整理如下:

(1)如果你知道你所寻求的东西,研究是不必要的;

(2)如果你不知道你所寻求的东西,研究是不可能的。

(3)所以,研究或者是不必要的,或者是不可能的。

这就是所谓的"美诺悖论"。需要思考的问题是:美诺的论证是否有效?为什么?

2. 幕后的人

这是古希腊麦加拉派提出来的,内容如下:

> 你认识那个幕后的人吗?不认识。那个人是你的父亲。所以,你不认识你的父亲。

3. 知道者悖论

这也是古希腊麦加拉派提出来的,内容如下:

> 厄勒克特拉不知道站在她面前的这个人是她的哥哥,但她知道奥列斯特是她的哥哥。站在她面前的这个人与奥列斯特是同一个人。所以,厄勒克特拉既知道又不知道这同一个人是她的哥哥。

---

① 苗力田主编:《古希腊哲学》,中国人民大学出版社,1989 年,第 250 页。

“幕后的人”和“知道者悖论”说明：在由“认识”“知道”“相信”“怀疑”等词造成的所谓“认知语境”中，经典逻辑中的同一性替换（或等值替换）规则并不一定有效。一个人知道 p，他是否同时知道 q，不仅取决于 q 事实上是否与 p 等值，而且取决于他是否**知道** q 与 p 等值。在认知语境中，需要考虑的因素变得复杂了。

4. 知道悖论

这是欧洲中世纪逻辑学家提出的，内容如下：

> 苏格拉底知道写在墙上的这个命题对他来说是可疑的。假设这就是写在墙上的唯一一个命题，苏格拉底看着这个命题并思考它，实际上也处于怀疑它为真或为假的状态中，并且完全知道他正处于这种状态中。这个命题究竟是真的还是假的？其结果是一个悖论：该命题是真的，当且仅当它不是真的。

5. 全知者悖论

在现代认知逻辑中，有如下形式的公理、推导规则或定理：

P_1 $A \vdash KA$

P_2 $KA \wedge (A \rightarrow B) \rightarrow KB$

P_3 $KA \wedge K(A \rightarrow B) \rightarrow KB$

P_4 $(KA \wedge KB) \rightarrow K(A \wedge B)$

P_5 $KA \rightarrow K(A \vee B)$

P_6 $\neg (KA \wedge K\neg A)$

假如用 A、B 等表示任一公式或命题，用 KA、KB 等表示某认知主体知道 A、知道 B 等，则 P_1 是说：如果 A 是逻辑规律，则某认知主体知道 A；P_2 是说：如果知道 A，并且 A 在逻辑上能够推出 B，则知道 B；P_3 是 P_2 的弱化：如果知道 A，并且知道从 A 能推出 B，则知道 B；P_4 是说：如果知道 A 并且知道 B，则知道 A 与 B 的合取；P_5 是说：如果知道 A，则知道 A 与 B 的析取；P_6 是说：任一认知主体都不能既知道 A 又知道非 A。这些公式所假定的认知主体在逻辑上是万能的：他知道一切逻辑规律，并且他知道一切命题的逻辑后承，也就是说，他在逻辑上具有无限的推演能力。这显然不是现实的认知主体，后者所能获得的各种资源以及逻辑推演能力都是十分有限的。

上述逻辑公式与现实的认知主体的认知能力之间的差异，被叫做“逻辑万能问题”；或者说，上述公式所假定的认知主体是逻辑全知者，这是不合理的，造成某种悖谬的情形，它们又被叫做“全知者悖论”。

6. 意外考试悖论

最早由英国学者奥康纳（D. O′Connor）于 1948 年提出，下面是它的一个变体：

老师对学生说，下周我将对你们进行一次出其不意的考试，它将安排在下周一至周六的某一天，但你们不可能预先推知究竟在哪一天。显然，这样的考试可以实施。但学生通过逻辑论证说，周六不可能是考试日。因为如果该考试安排在周六，则周一至周五都未考试，就可推算出在周六，该考试因此不再出其不意。同样，周五也不可能是考试日。因为如果该考试安排在周五，则周一至周四都未考试，就可推算出在周五或周六；已知考试不可能在周六，因此只能在周五，该考试也不再出其不意。类似地，可证明其余四天都不可能是考试日。于是，这样的考试不可能存在。我们最后得到了一个悖论：这样的考试既可以实施，又不可能进行。但老师确实在该周实施了这一考试，也确实大出学生意料之外。

7. 囚徒悖论

有两个嫌疑犯 A 和 B 被警方捕获，这两个人确实作案了，但警方实际上没有掌握他们作案的确切证据。警方把他们俩分开关押，分别审讯。A 和 B 各自都有两种策略可供选择：坦白或者抵赖，其选择会影响到自己乃至对方最终将受何种处罚，具体如下：

（1）如果两个人都抵赖，因证据不足，两个都只被判 1 年徒刑。

（2）如果两个人都坦白，因证据确凿，两个人都被判 7 年徒刑。

（3）如果一个坦白，一个抵赖，那么，根据“坦白从宽，抗拒从严”的政策，坦白的人将无罪释放，而抵赖的人会被重判 10 年徒刑。

两个人的策略选择对于判决结果的影响可以图示如下：

甲＼乙	坦白	抵赖
坦白	7,7	0,10
抵赖	10,0	1,1

假如你是这两个囚徒之一,你会作怎样的选择?

显然,对方的选择对于最终结果有直接影响,我们必须针对对方的行动来决定自己的对策。如果对方选择坦白,那么自己坦白只判 7 年,如果抵赖则会被重判 10 年,所以,选择坦白划算;如果对方选择抵赖,那么,自己坦白会被无罪释放,抵赖反而要判 1 年,仍然是选择坦白划算。所以,无论对方如何选择,只要选择坦白,对于自己而言都是最优策略。

结论似乎出来了:甲和乙都应该选择坦白。但仔细一想,又显然不妥。因为假如甲、乙都选择坦白,对应的结果是第一种,两人都被判 7 年徒刑;假如两人都选择抵赖,对应的结果就变成各判 1 年徒刑,相比之下显然更优。这就是说,两个最优策略的叠加,却并不是最优策略,这个结果是悖论性的。问题出在哪里呢?

8. 纽科姆悖论

1960 年,由美国物理学家威廉·纽科姆(William Newcomb)所设计,涉及全知者和预测的可能性;1969 年,美国哲学家诺齐克(Robert Nozick)在《纽科姆难题和两个选择原则》中转述并正式发表,并试图用博弈论的方法来分析它,由此引起了广泛的讨论。下面是《科学美国人》用幻灯片形式给出的一个版本:

> M:一天,一个由外层空间来的超级生物欧米加在地球着陆。
>
> M:欧米加搞出一个设备来研究人的大脑。他可以十分准确地预言每一个人在二者择一时会选择哪一个。
>
> M:欧米加用两个大箱子检验了很多人。箱子 A 是透明的,总是装着 1000 美元。箱子 B 不透明,它要么装着 100 万美元,要么空着。
>
> M:欧米加告诉每一个受试者。
>
> 欧米加:你有两种选择,一种是你拿走两个箱子,可以获得其中的东西。可是,当我预计你这样做时,我就让箱子 B 空着。你就只能得到 1000 美元。
>
> 欧米加:另一种选择是只拿一个箱子 B。如果我预计你这样做时,我就放进箱子 B 中 100 万美元。你能得到全部款子。
>
> M:这个男人决定只拿箱子 B。他的理由是——
>
> 男:我已看见欧米加尝试了几百次,每次他都预计对了。凡是拿两

个箱子的人，只能得到1千美元。所以我只拿箱子B，就可变成一个百万富翁。

M：这个女孩决定要拿两个箱子，她的理由是——

女：欧米加已经做完了他的预言，并已离开。箱子不会再变了。如果是空的，它还是空的。如果它是有钱的，它还是有钱。所以我要拿两个箱子，就可以得到里面所有的钱。

M：你认为谁的决定最好？两种看法不可能都对。哪一种错了？它为何错了？这是一个新的悖论，而专家们还不知道如何解决它。①

这个悖论直接涉及的是博弈论中“占优原则”和“期望效益原则”之间的冲突，更深层涉及的是有关决定论和自由意志的问题。

三　悖论产生的原因

一般认为，悖论（特别是严格的逻辑悖论）的产生与三个因素有关，即自我指称、否定性概念，以及总体和无限。尽管不能说这三个因素一定导致悖论，但悖论中一般含有这三个因素。

（一）悖论与自我指称

一般的共识是：悖论总与自我指称或自我相关有关联。所谓自我指称，简称“自指”，是指一个总体的元素、分子或部分直接或间接地又指称这个总体本身，或者要通过这个总体来定义或说明。这里所说的总体可以是一个语句、集合或类。罗素在《以类型论为基础的数理逻辑》（1908）一文中最明确地指出了这一点：所有的矛盾（即悖论）“都有一个共同的特点，我们可以将此种特点描述为自我指称或自返性。……在每一矛盾里，都是对一类情形的所有事例说话，而从所说的话中又产生了新的情况。当所有的事例与所说的话有联系时，这新的情况既属于又不属于这类事例”。“因此，所有的矛盾都共同有这样一个关于总体的假定：如果它合理，它立即就由它自身所

---

① 《科学美国人》编辑部：《从惊讶到思考》，李思一、白葆林译，科学技术文献出版社，1984年，第29—31页。

定义的新元素而扩大。”[①]

自我指称分两种情况：一是直接循环，作为总体的元素、分子和部分反过来直接指称这个总体，或直接需要用这个总体来定义。最典型的是说谎者悖论和罗素悖论。例如，下述说谎者悖论语句

本框内的这个语句是假的

之“悖”就在于：“本框内的这个语句”作为“本框内的这个语句是假的”的主语，却指称这整个语句本身。罗素悖论的情况与此类似：把所有集合分为两类，即以自身为元素的集合，和不以自身为元素的集合。把所有不以自身为元素的集合收集起来，构成一新的集合——“不以自身为元素的所有集合的集合”。这时再问“这个新集合是不是自己的元素”，从而构成了如下的直接循环[②]：

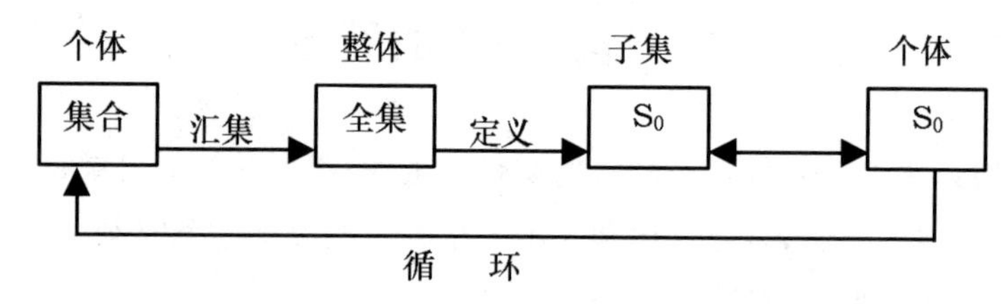

另一种是间接循环，即表面上没有循环，但在兜了一个或大或小的圈子之后又回到原处，最后依然是自我指称。圈子兜得最小的是“明信片悖论”及其变体：

> 苏格拉底说了唯一一句话：柏拉图说假话；
> 柏拉图说了唯一一句话：苏格拉底说真话。
> 问：苏格拉底（或柏拉图）究竟说真话还是说假话？

要确定苏格拉底是否说真话，要看柏拉图的话真不真；而要确定柏拉图的话之真假，又要回到苏格拉底自己的话，这等于苏格拉底自己说自己说假话，归根结底仍是自我指称或自我相关。

把明信片悖论展开，让圈子兜得更大，这就是我所谓的“转圈悖论”。一般地说，若依次给出有穷多个句子，其中每一个都说到下一个句子的真假，

---

① 罗素：《逻辑与知识》，苑利均译，商务印书馆，1996年，第74—76页。

② 参见夏基松、郑毓信：《西方数学哲学》，人民出版社，1986年，第151页。

并且最后一个句子断定第一个句子的真假。如果其中出现奇数个假，则所有这些句子构成一个悖论，并且此一情况构成“恶性循环”。图示如下：

S_0：S_1 是假的
S_1：S_2 是假的
S_2：S_3 是假的
S_3：S_4 是假的
⋮
S_{n-1}：S_n 是假的
S_n：S_0 是真的

}若假的出现次数是奇数，则为恶性循环，导致悖论。

间接循环的另一类型是我所谓的“砝码悖论”，也就是我前面说到过的“经验悖论”，那里给出了好几种形式，最典型的一种是：共有 $m+n+1$ 个命题，其中有 m 个真命题，n 个假命题，并且 $m=n$，最后一个命题则是：这里假命题比真命题多。这又等于最后一个命题自己说自己假，仍是自我指称。

这里有两个问题要考虑：

1. 是否所有的悖论都是自我指称或自我相关的？能否找到或构造出不自我指称的悖论？据我看来，对前一问题的答案是肯定的，对后一问题的答案则是否定的，因为经仔细分析就会发现：现有的所有悖论都是自我指称的，只不过有直接自我指称和间接自我指称的区别罢了。至少我本人尚未发现反例。

2. 自我指称是否必然造成悖论？对这个问题的答案也是明显否定的。相应于说谎者悖论、里查德悖论、明信片悖论、转圈悖论和砝码悖论，我们都可以构造其“说真话者”变形。例如，说谎者悖论的说真话变形是：

本框内的这句话是真的

如果这句话真，则这句话真；如果这句话假，则这句话假，并没有任何悖论。里查德悖论的说真话变形是：“‘自谓的’是自谓的吗？”这不会造成任何悖论。一连串句子都说到下一个句子的真假，而最后一个句子却说到第一个句子的真假。如果其中出现偶数个假(包括不出现假)，则不构成任何悖论，故此一情况为“良性循环”。亦可图示如下：

S_0：S_1 是假的
S_1：S_2 是假的
S_2：S_3 是假的
S_3：S_4 是假的
⋮
S_{n-1}：S_n 是假的
S_n：S_0 是真的

}若假的出现次数为偶数，则为良性循环，不导致悖论。

在我们的日常话语中，有许多这样的良性自我指称，例如：

> 本语句是用中文书写的。
>
> 一本书的末尾有一个句子：本书中的所有句子都是真的。
>
> 约翰是所有英国人中个子最高的英国人。

它们并不造成悖论。但是，一般认为，即使是良性循环也是一种病态。与此类似的另一种病态是“无穷倒退”：有无穷多个（良序的）句子，它们每一个都断定下一个句子的真假。这些句子都可以是真句子。

（二）悖论与否定性概念

悖论看来总是与否定性概念直接联系的，例如：

> 不以自身为元素的集合的集合是不是自身的一个元素？
>
> 非自谓的谓词是不是自谓的？
>
> 说自身为假的语句为真抑或为假？
>
> 不能用……定义的自然数能否用……定义？

如此等等。但是，显然并非任何否定概念都可以构成悖论，它必须与自我指称的语词或者命题联系在一起，构成自我相关的否定，或者更明确地说，构成自我否定，如：

> 本语句是假的。

才会导致悖论。

因此，悖论的成因在于由概念或命题的“自我指称”加上“否定”构成的“自我否定”。若没有这样的“自我否定”，就无法构成悖论。具体地说，如果没有自我否定，尽管有自指现象，如直接自指“本语句是真的”，和间接自指

“苏格拉底说了唯一一句话：柏拉图说真话；柏拉图说了唯一一句话：苏格拉底说真话”。或者，尽管有否定，但不存在自指，如“他正在说的那句话是假的”，“不属于空集的所有元素构成的集合”等等，都不构成悖论。并且，例如“不属于空集的所有元素构成的集合”是确实存在的，这个集合就是全集。

从张建军的《逻辑悖论研究引论》得知，英国学者吉奇(P. T. Geach)构造了一个“悖论”，在前提和推导过程中均没有使用“假”或“否定”。语句(*)是下面这个语句的缩写：

如果(*)是真的，则 q。

用公式表示它，即(*)→q。从(*)出发，可以纯句法地推出任意语句 q，推导过程如下：

(1)(*)：(*)→q	(*)本身
(2)(*)→(*)	同一律
(3)(*)→((*)→q)	由(2)定义置换
(4)(*)→q	由(3)据吸收律
(5)(*)	由(4)定义置换
(6)q	(4)(5)分离

张建军指出，“吉奇悖论的魔力并不大于原型说谎者，它只不过是说明把语义悖论归结于‘否定性自指’不正确罢了。”[①]我并不同意对“吉奇悖论”的这种解读，甚至倾向于不把(*)看作一个“悖论性语句”，因为从它只是推出了一个任意的命题 q，而不是一个矛盾语句或矛盾等价式。当然，既然 q 是任意的，它就可以是一个矛盾语句或矛盾等价式。但问题是，经典逻辑中有一条定理：从逻辑矛盾可以推出任一命题 q，那么按同样的道理，是不是任何逻辑矛盾都是悖论呢？显然不能这么认为，因为如此一来，在逻辑矛盾与悖论之间就没有任何区别了。顺带指出，任一命题 q 之所以能够从(*)：(*)→q 推出，就在于(*)既表示条件命题(*)→q，同时又表示该命题的前件，就像一个名字既指称一个人，又指称这个人的一个脚指头，于是，我们可以随便地把适于那个人的描述安到那个脚指头上，也可以把适于那个脚

① 张建军：《逻辑悖论研究引论》，南京大学出版社，2002 年，第 119 页。

指头的描述安到那个人身上，所得出的结论之惊世骇俗，就丝毫不让人诧异了。这表明，“（＊）：（＊）→q”这个命题是有严重缺陷的。

上面说明，悖论的产生与自指加否定有关，但问题在于：自指加否定是否必然导致悖论？看来未必，例如：

> 本语句不是中文语句；
>
> 本人不是所有中国人中最聪明的中国人。

都不构成悖论。

于是有人说，形成悖论的不是一般的否定概念，而是被片面夸大到绝对的否定概念。悖论总是与绝对否定概念相关联的。问题在于什么是“绝对否定概念”？他们举例说，像“最大”“最小”这样的概念并不是绝对否定概念，因此像“小李是本班个子最高的人”并不构成悖论；但如果说“小李是比他所在班上所有人都高的人”，情况就不同了，由于“比他所在的班上所有人都高的人”是一个绝对否定概念，因此上述命题就可能导致悖论。[①]

由此看来，所谓绝对否定，实际上涉及“总体”和“无限”的问题。

（三）悖论与总体、无限

罗素认为，悖论产生的原因在于恶性循环，于是他提出了著名的（禁止）“恶性循环原则”：“‘凡涉及一个集合的全部元素者，它一定不是这一集合的一个元素’；或者相反，‘如果假定某一集合有一个总体，且这个总体有由这个总体唯一可定义的元素，那么所说的集合就没有总体’。”[②]罗素说，像“所有命题”这样的说法，在它成为一个合法的总体之前，必须以某种方式加以限制，并且任何使它合法的限制，必须使关于总体的任何陈述不属于这个总体的范围之内。

我认为，与悖论相关的总体有两类：

一类涉及有穷，最典型的是如下的“砝码悖论”：“共有五个命题，其中有两个真命题，两个假命题，第五个命题说：‘假命题比真命题多’。”再如：“我说过的所有的话，包括本句话在内，都是假的。”不管此人多么长寿，也不管他一生中说过多少话，由于生也有涯，遣“有涯之生”说“无涯之事”，即使不

---

① 参见夏基松、郑毓信：《西方数学哲学》，人民出版社，1986年，第186页。

② 罗素：《逻辑与知识》，苑利均译，商务印书馆，1996年，第76页。

停地说，“说”还是“有涯”，即他所说过的话语在数量上是有穷的。前面说到过的直接自指造成的悖论，以及间接自指造成的悖论如“转圈悖论”“砝码悖论”等，大多涉及有穷的总体。若间接自指涉及无穷，一般不会形成“圈”，而只是“无穷倒退”，但无穷倒退尽管在逻辑上有严重缺陷，却并不导致悖论。

另一类涉及无穷，各种各样的“大全集”都是如此：“所有不以自身为元素的集合之集”，“所有序数的集合”，“所有基数的集合”，等等。对无穷有两种看法：潜无穷和实无穷。潜无穷把无穷性对象看成一个永无止境的过程，强调其过程性；实无穷则是把无穷性对象看成是完成了的整体，强调其完成性。我认为，即使不是全部也至少是大多数逻辑—数学悖论源自于对潜无穷对象做实无穷的把握。例如，根据素朴集合论的造集规则，“**所有**不以自身为元素的**集合**的**集合**”就是一潜无穷对象，但当我们问这个新集合是不是自身的元素时，显然是把它当作了一个完成了的整体，于是导致罗素悖论。因此，克服此类悖论的办法之一就是不允许对潜无穷对象作实无穷的处理，后来的公理集合论大致是沿着这条途径进行的。

四 关于悖论的解决方案

什么样的悖论解决方案是合理的？罗素可能最先考虑了这一问题，他认为一个悖论解决方案应至少满足三个条件：(1)让悖论消失；(2)尽可能让数学保持原样；(3)非特设性，即提出此方案的人除了“能避免悖论”这一理由之外，应有其他的理由。[①]

哈克曾在概括罗素等人论述的基础上，对悖论解决方案提出了更明确的要求。一方面，从形式或技术上说，这种方案应提供一套相容或一致的语义学或集合论理论，用以表明导致悖论的哪些看上去无懈可击的前提或推理原则必须被拒斥。并且，这种形式理论还应满足下述要求：不应如此宽泛以致损害了本应保留的推理(“不要因厌恶脸而割掉鼻子”原则，克林曾把它概括为：“治病但不应治死人”)；但又要足够宽泛以堵住相关的悖论性论证，以免悖论重新产生(“不要跳出煎锅又入火坑”原则)。另一方面，从哲学上说，这种方案应说明为什么导致悖论的那些前提或推理看上去是无懈可击，

① 参见罗素：《我的哲学发展》，商务印书馆，1982年，第70页。

而实际上却必须被拒斥。[①]

不过，也有人不同意这些意见，特别是“非特设性”这一条，例如冯·赖特就认为，矛盾律和排中律是思维的基本规律和最高准则。假如使用某个短语或词去表示、指称某个事物导致矛盾，这就是不能如此使用这个词或短语的理由；假如从某个悖论性语句或命题能够推出矛盾，这就是该语句或命题不成立的理由。他通过对说谎者悖论和非自谓悖论的详细分析，指出：“悖论并不表明我们目前所知的‘思维规律’具有某种疾患或者不充分性。悖论并不是虚假推理的结果。它们是从虚假前提出发进行正确推理的结果，并且它们的共同特征似乎是：正是这一结果即悖论，才使我们意识到(某前提的)假。倘若不发现悖论，该前提的假也许永远不会为我们所知——正像人们可能永远不会知道分数不能被 0 除，除非他们实际地尝试去做，并且得到一个自相矛盾的结果。”[②]

在综合前人意见的基础上，我认为，一个合适的悖论解决方案至少要满足三个要求：

1. 让悖论消失，至少是将其隔离。这是基于一个根深蒂固的信念：思维中不能允许逻辑矛盾，而悖论是一种特殊的逻辑矛盾，所以仍然是不好的东西，它表明我们的思维在某个地方患了病，需要医治；或者说，我们的大脑“计算机”的某个程序染上了病毒，如果能够直接杀毒，把病毒歼灭，更好；如果不能，至少需要把这些“病毒”隔离起来，不能让其继续为非作歹。

2. 有一套可行的技术方案。正如张建军指出的，“悖论是一种系统性存在物，再简单的悖论也是从具有主体间性的背景知识经逻辑推导构造而来，任何孤立的语句都不可能构成悖论”[③]。因此，患病的是整个理论体系，而不是某一两个句子，“治病”(消解悖论)时我们既不能“剜肉补疮”，更不能把“病人”治死，即轻易摧毁整个理论体系，这不符合一个重要的方法论原则——“以最小代价获取最大收益”，后者要求我们在提出或接受一个新理论或假说时，应尽可能与人们已有的信念保持一致，一个新假说要求拒斥的先前信念越少，这个假说就越合理——假如其他情况相同的话。于是，当提

---

① S. Haack, *Philosphy of Logics*, Cambridge University Press, 1978, pp. 138-140.

② 冯·赖特：《知识之树》，陈波等编译，三联书店，2003 年，第 489—490 页。

③ 张建军：《逻辑悖论研究引论》，南京大学出版社，2002 年，第 8 页。

出一种悖论解决方案时，我们不得不从整个理论体系的需要出发，小心翼翼地处理该方案与该理论各个部分或环节的关系，一步一步地把该方案全部实现出来，最后成为一套完整的技术性架构。

3. 从哲学上对其合理性作出证成或说明。悖论并不只与某个专门领域发生关联，相反它涉及我们思维的本性和核心，牵涉的范围极深极广，对于这样的问题的处理必须十分小心谨慎。应该明白，技术只是实现思想的工具，任何技术性方案背后都依据一定的思想，而这些思想本身的依据、理由、基础何在，有没有比这更好、更合理的供选方案等等，都需要经过一番批判性的反省和思考。若没有经过批判性思考和论战的洗礼，一套精巧复杂的技术性架构也无异于独断、教条、迷信，而无批判的大脑是滋生此类东西的最好土壤。

至于通常特别看重的“非特设性”，我不再特别地加以强调。它是上面提到的技术可行性和修改理论的保守性策略的应有之义。一个解决悖论的方案，如果除了消除悖论这一个理由之外，还得到许多其他的经验的、直觉的等等理由的支持，这当然是好事情。一个理论得到的支持当然越多越好，并且一个新理论对已有理论的伤害当然是越小越好。不过，假如有人认为，悖论是我们思维中的“癌症”，不治愈它就不能挽救我们的理论体系，因此必须对之“下猛药”，也未尝不可，只是需要对这一点作出哲学的论证，并提出相应的技术方案。

有人认为，悖论是不可避免的，并给出了本体论论证和认识论论证。所谓“本体论论证”，我是指把导致悖论的自我指称、自相缠绕普遍化、实在化的做法，把它们当作是客观事物本来的存在方式。既然客观事物只能如此存在，我们也只能如此认识，形成思维中的自相缠绕、自我指称，形成摆脱不了的思维怪圈——悖论。这种论证的代表者是《哥德尔、埃舍尔、巴赫——集异璧之大成》的作者侯世达(D. R. Hofstadter)以及有辩证法背景或倾向的学者。所谓认识论论证，我是指把悖论产生的根源归结为思维的本性的做法。例如，有论者明确指出：由于悖论是客观实际与主观认识矛盾的集中体现，因此，从认识论的角度看，悖论的出现就不可能完全避免。悖论的这种不可避免性是由认识的本性所决定的。他们引述列宁的话说，如果不把连续的东西割断，不使活生生的东西简单化、粗糙化，不加以割碎，不使之僵化，思维就不能想象、表达、测量、描述运动。不仅思维是这样，而且感觉也是这样;不仅对运动是这样,而且对任何概念都是这样。于是,人们对生动的实在的认识总是一种简单化、粗糙化、僵化的过程,往往包含着对客观事物辩证性质的一定的歪曲,从而在一定的条件下就可能导致悖论。[①] 从悖论不可避免到悖论不应该避免,这两者之间只有一步之遥:既然悖论是人的认识不可避免的,因此我们就应该承认它,学会与它和平共处,悖论因此就不应该避免。允许悖论的次协调逻辑和其他方案就这样产生了。

我对上面的认识论论证有些同情,但对于本体论论证目前却缺乏任何同情。在我看来,同一律、矛盾律和排中律是我们的合理思维或正确思维的基础假定和前提条件,它们确保我们的思维具有确定性、一致性和明确性,是不同的人之间的思维具有可交流性、可理解性、可批判性的前提。辩证法所反映的是客观事物本身的矛盾,它的成果若要被人所理解,能够供交流和批评,则它们也应遵守形式逻辑的规律。辩证法就其本性来说,与形式逻辑并不矛盾,它只是超越了形式逻辑而已。既然矛盾律不可动摇,于是悖论在思维和理论中不能容忍,必须予以排除。如何排除?我前面指出过,在导致悖论的论证中,我们所证明的是一个条件命题:$p\rightarrow(q\wedge\neg q)\vee(q\leftrightarrow\neg q)$,这里$(q\wedge\neg q)$和$(q\leftrightarrow\neg q)$都是一个典型的逻辑矛盾,既然逻辑矛盾不能成立,根据否定后件式推理,p 也不能成立。难题就在于确定这个导致悖论的 p,不同的研究者会有不同的认识,并作出不同的选择。

我的上述看法受到了冯·赖特相应看法的影响。他通过精确表述说谎者悖论和非自谓悖论,证明:若假定某些前提,则会导致逻辑矛盾或悖论,矛盾在逻辑中不能允许,因此根据否定后件式,相应的前提必不成立。在非自谓悖论那里,所要否定的前提是"'非自谓的'表示、命名、指称某种性质如非自谓性",从而证明"非自谓的"并不指称任何性质;在说谎者悖论那里,所要否定的前提是"在'本语句是假的'中,主语'本语句'一词指称'本语句是假的'"。[②]

我们能够找到一种方法一劳永逸地摆脱所有悖论吗?我认为不能。由于实际情况的复杂性和人的认识能力的局限性,我们甚至不可能一下子找

---

① 参见夏基松、郑毓信:《西方数学哲学》,人民出版社,1986 年,第 188 页。

② 参见冯·赖特:《非自谓悖论》,见《知识之树》,陈波等编译,三联书店,2003 年,第 455—490 页。

出所有的悖论，更不能一般性地弄清楚悖论产生的根源，因而也就不能提出关于悖论的一揽子解决方案。例如，就目前已经发现的悖论而言，我前面也只指出了它们产生的三个必要条件：自我指称、否定性概念，以及总体和无限。它们是不是悖论产生的充分条件？我目前无法作出断言。因此，仅目前所发现的那些悖论产生的根源就仍待梳理，更别说一下子指出所有悖论产生的根源了，当然更谈不上排除将来有可能出现的新悖论了。对于悖论，我们只能一个个仔细分析，分门别类地提出解决方案，这些方案大都具有尝试性和相对性。但是，就目前所知的而言，它们都有助于排除或消解悖论，例如公理集合论，迄今在它里面没有发现新的悖论，一般认为也不大可能在它里面产生新的悖论，这就证明了这种方案的价值。

第十五讲

“彼,不两可两不可也”

——中国历史上的逻辑学家

先秦时期的逻辑学是中国逻辑学发展的黄金时代,当时诸子蜂起,百家争鸣,其中有许多学派尤其是名家和墨家讨论了许多与逻辑有关的问题。《墨经》建构了一个以名、辞、说、辩为主要内容的逻辑学体系,使中国逻辑成为世界逻辑发展的三大源流之一。不过,由于后来的“罢黜百家,独尊儒术”,儒家和道家之外的各家学说遭到排斥甚至被遗忘,中国逻辑学的发展出现严重的断裂。直至明代中叶,开始有人译介西方逻辑书籍,但没有产生什么影响;清朝后期严复翻译了两本西方逻辑著作《穆勒名学》和《名学浅说》,逐渐产生影响,西方逻辑学说开始进入中国。后来有一批欧美留学生如金岳霖等回国,传播西方现代逻辑。1949 年后,全面学习苏联,逻辑学的内容以传统形式逻辑为主,并得到相当程度的普及,但却处于现代数理逻辑的发展主流之外,这使中国逻辑学的教学与研究状况远远落后于国际水准,这种局面迄今为止并没有得到实质性改变。

一 中国先秦逻辑学家

中国先秦逻辑,以名、辞、说、辩为主要研究对象,亦称为“名学”“辩学”或“名辩学”,其代表性人物有邓析、孔子、惠施、公孙龙、墨翟及其后学、荀子、韩非等等。下面介绍先秦逻辑的几位主要代表人物。

(一) 墨翟及其后学

墨翟(约前 480—前 420),鲁国人,据说既是一位能工巧匠,又是一位博通古代典籍的士，“谈辩”（辩论和游说）、“说书”（讲授典籍）、“从事”（从事农、工、商、兵各项事业）三者兼长。他的弟子和后学形成墨家学派，曾风靡于整个战国时期，号称“显学”。现存《墨子》一书，是墨家著作的总集，其中《墨经》是后期墨家的创作，包括《经上》《经下》《经说上》《经说下》《大取》《小取》六篇。《墨经》讨论了“名”，相当于现在所说的“概念”，其作用是“以名举实”，其种类有达名，类名，私名，形貌之名和非形貌之名，兼名和体名等。也讨论了“辞”，相当于现在所说的“命题”或“判断”，其作用是“以辞抒意”，其种类有“合”（直言命题）、“假”（假言命题）、“尽”（全称命题）、“或”（特称命题）、“必”（必然命题）、“且”（可能命题）等。但《墨经》论述的重点在“说”与“辩”。“以说出故”，“说，所以明也”。“说”就是提出理由、根据、论据（即所谓“故”）来论证某个论题。“辩，争彼也。辩胜，当也。”下面一段话则是关于“辩”的一个总说明：

> 夫辩者，将以明是非之分，审治乱之纪，明同异之处，察名实之理，处利害，决嫌疑焉。摩略万物之然，论求群言之比。以名举实，以辞抒意，以说出故。以类取，以类予。有诸己不非诸人，无诸己不求诸人。（《小取》）

这里，第一句阐述“辩”的目的和功用，后几句阐述“辩”的方法和原则。例如一条原则是“以类取，以类予”，即依照类去选取理由，依照类去推出结论。根据“以类取，以类予”的原则，“推己及人”的方法以及不矛盾律，还必须坚持另外一条原则：“有诸己不非诸人，无诸己不求诸人。”

《小取》谈到了七种具体论式：或，假，效，辟，侔、援、推；《经说上》和《经说下》说到过“止”。“推”和“止”主要用于反驳，其他六种均同时适用于“说”和“辩”。这里，将这八种论式概要解释如下：

1.“或也者，不尽也。”“或”相当于选言命题及其推理。例如，“偏也者，兼之体也。其体或去或存，谓其存者损”，即是说，“偏”是整体（“兼”）的构成部分（“体”），断定“体”是否保存，就取决于其“或去或存”：若不去，则存；若去，则不存。

2.“假也者，今不然也。”假设当下没有发生的情况，并进行推理，相当于假言命题及其推理，其中还区分了必要条件（“小故”）假言命题和充分必要条件（“大故”）假言命题及其推理。“小故”：“无之必不然”；“大故”：“有之必然，无之必不然”。

3.“效者，为之法也。所效者，所以为之法也。”在“立辞”之前要提供一个评判是非的标准，再看所立的“辞”是否符合这个标准：“中效，则是也；不中效，则非也。此效也。”例如，“谓辩无胜，必不当，说在辩”（《经下》），因为“俱无胜，是不辩也。辩也者，或谓之是，或谓之非。当者胜也”（《经说下》）。

4.“辟也者，举他物而以明之也。”“辟”即譬喻，相当于类比推理。例如：“治徒娱、县子硕问于墨子曰：‘为义孰为大务？’子墨子曰：‘譬若筑墙然，能筑者筑，能实壤者实壤，能睎（指了望测量）者睎，然后墙成也。为义犹是也，能谈辩者谈辩，能说书者说书，能从事者从事，然后义事成也。’”（《耕柱》）

5.“侔也者，比辞而俱行也。”例如：“白马，马也；乘白马，乘马也。骊马，马也；乘骊马，乘马也。获（指某位女奴仆的名字），人也；爱获，爱人也。臧（指某位男奴仆的名字），人也；爱臧，爱人也。”它们相当于附性法直接推理，不过是非普遍有效的推理形式。墨家给出了其反例：“盗，人也；杀盗，非杀人也。”

6.“援也者，曰：子然，我奚独不可以然也？”即引述对方的观点与己方的观点作比较，根据自己的观点与对方的观点属于同类，驳斥对方对自己观点的否定，从反面证明自己的观点也成立。例如，公孙龙批评孔子后代孔穿说：“夫是仲尼异楚人于所谓人，而非龙异白马于所谓马，悖。”

7.“推也者，以其所不取之同于所取者予之也。‘是犹谓’也者，同也；‘吾岂谓’也者，异也。”即通过揭示对方所否定的命题（“所不取者”）和对方所肯定的命题（“所取者”）属于同类，从而推出只能对它们加以同样的肯定或否定，而不能二者择一。例如：“公孟子曰：‘无鬼神。’又曰：‘君子必学祭祀。’子墨子曰：‘执无鬼而学祭祀，是犹无客而学客礼也，是犹无鱼而学鱼罟也。’”（《公孟》）

8.“止，因以别道。”（《经上》）“止”是举反面例证来推翻一个全称命题：“彼举然者，以为此其然者，则举不然者而问之。若‘圣人有非而不非’。”（《经说下》）例如，“以人之有黑者有不黑者，止黑人”（《经说上》），所谓“止黑人”，就是反驳“所有的人都是黑的”这个全称命题。

此外，《墨经》提出了“悖”“费”“拂”“谬”等概念，其中“悖”的含义很多，有“自相矛盾”“自相背离”“荒谬”“虚假”“不合情理”等意思。“费”通“拂”，“费”“拂”犹“谬”，即诡异、荒谬之意，也就是自相矛盾、自相背离。墨家发展了一种类似于归谬法的反驳方法，即指出对方的观点将导致“悖”的境地，而“悖”在思维中是不允许的，因此该观点本身是不能成立的。兹举几例：

1.言论上的矛盾。

《墨经》说：“以言为尽悖，悖，说在其言。”（《经下》）“之人之言可，是不悖，则是有可也；之人之言不可，以当，必不当。”（《经说下》）这就是说，假如“言尽悖”（所有的言论都是假的）这句话是真的，则有的言论（即这句话本身）不是假的，即“有的言论是真的”，所以，并非“所有的言论都是假的”；假如这句话不是真的，则并非“所有的言论都是假的”，即有的言论（可能是这句话本身）是真的。无论怎样都导致自我否定、自相矛盾的结果，因此，“所有的言论都是假的”这句话必定是假的。

“言尽悖”十分类似于古希腊的说谎者悖论的原始形式：“所有的克里特岛人都说谎。”只不过墨家早就认识到了：这句话根本不成立。

2.言行间的矛盾。

《墨经》说：“诽，明恶也。”“非诽者悖。”（《经下》）“非诽，非己之诽也。”（《经说下》）即是说，“诽”就是提出批评，指出缺点和错误。“反对一切批评”的人（“非诽者”）也在进行批评，他既然“非诽”，也就在“非己之诽”，其言行处于自相矛盾的状态，故“非诽者悖”。

古代有人倡言“学无益”，例如老子《道德经》说“绝学无忧”，《墨经》反驳说：“以为不知学之无益也，故告之也，是使知学之无益也，是教也。以学为无益也教，悖。”（《经说下》）这就是说，你一方面主张“学无益”，另一方面又教导别人，告诉他们“学无益”，而教的目的在于传播你的观念，使别人按照你的观念行事，这暗中假定了“学有益”，等于否定了“学无益”，于是你的信念、言行之间就出现了自相矛盾。类似的情形有：“公孟子曰：贫富寿夭，错然在天，不可损益。又曰：君子必学。子墨子曰：教人学而执有命，是犹命人包而去其冠。”（《公孟》）

再如，墨子主张兼爱天下，但当时却有很多“非兼主别”之人。在墨子那里，所谓“别”是指一切以自我为中心，在利己与利人之间总是选择利己，甚至不惜害人以利己。墨子反驳说，今有人远行，托亲寄子，“不识于兼之有（友）是乎，于别之有（友）是乎？我以为当其于此也，天下之愚夫愚妇，虽非兼之人，必寄托于兼之有（友）是也。此言虽非兼，择而取兼，即此言行费也”（《兼爱》）。这里，有如下的言行上的矛盾：

在言论上 A,即言而非兼;

在行动上 ¬A,即择而取兼;

所以,有言行间的矛盾:A 且 ¬A。

3.态度上的矛盾。

《墨子》说:“子墨子曰:世俗之君子,欲其义之成,而助之修其身则愠,是犹欲其墙之成,而人助之则愠也,岂不悖哉?”(《耕柱》)“子墨子曰:世俗之君子,贫而谓之富则怒,无义而谓之有义则喜,岂不悖哉?”(《贵义》)这里,有如下的态度上的矛盾:

两件事情十分类似,因此,对它们的态度也应类似;

但有些人在一件事情上有态度 A,在另一件类似的事情上则有态度 ¬A;

所以,有态度上的矛盾:A 且 ¬A。

4.行为之间的矛盾。

《墨子》说:“子墨子曰:世之君子,使之为一犬一彘之宰,不能则辞之;使为一国之相,不能而为之,岂不悖哉?”(《贵义》)这里有行为上的矛盾:

在一行为上 A,即不能则辞之;

在另一行为上 ¬A,即不能而为之。

所以,有行为上的矛盾:A 且 ¬A。

5.“不知类”之悖。

“墨子谓鲁阳文君曰:世俗之君子,皆知小物而不知大物。今有人于此,窃一犬一彘则谓之不仁,窃一国一都则以为义。譬犹小视白则谓之白,大视白则谓之黑。是故世俗之君子,知小物而不知大物者,若此言之谓也。”(《鲁问》)

设 A 为不仁的事情之类,按其不仁的程度,把 A 中的元素排成一个序列,不仁程度小的记为 $a_{小}$,不仁程度大的记为 $a_{大}$,我们有:

按实际的情形,$a_{小} \in A$ 并且 $a_{大} \in A$;

世俗之君子却认为,$a_{小} \in A$ 但 $a_{大} \notin A$;

因此,世俗之君子“明于小而不明于大”,是谓“不知类”。

"揭悖法"要以矛盾律为基础。《墨经》确实用它特有的语言表述了矛盾律:"辩,争彼也。""彼"是辩论双方所持的两种互相矛盾的观点或命题,它们不能都成立,也不能都不成立。"彼,不两可两不可也。"(《经上》)例如,"或谓之牛,或谓之非牛,是争彼也。是不俱当,必或不当。不当若犬"(《经说上》),在"牛"和"非牛"这两种互相矛盾的说法中,不可能都真("是不俱当"),必有一个假("必或不当")。这里既表述了矛盾律的基本思想(一对互相矛盾的命题不能同真),也表述了排中律的基本思想(一对互相矛盾的命题不能同假),它们都是分析和消解悖论的强有力的思想武器。

(二)公孙龙

公孙龙(约前325—前250),战国末期人,曾为赵国平原君门下客卿,其生活年代略晚于惠施、庄子,略早于荀子,大抵与《墨经》作者同时。他是名家的主要代表人物之一,集名家之大成,提出了完整的名学理论。现存有《公孙龙子》一书,由《迹府》《白马论》《指物论》《通变论》《坚白论》和《名实论》六篇组成,一般认为反映了公孙龙本人的思想。

正名理论是公孙龙学术思想的核心。在其正名理论中,他对与"名"有关的一系列问题作了解释、说明与讨论,并提出了如下的正名原则:

> 其名正,则唯乎其彼此焉。
>
> 谓彼而不唯乎彼,则彼谓不行;谓此而不唯乎此,则此谓不行。其以当必不当也。不当而当,乱也。
>
> 故彼彼当乎彼,则唯乎彼,其谓行彼;此此当乎此,则唯乎此,其谓行此。其以当而当也。以当而当,正也。
>
> 故彼彼止于彼,此此止于此,可。彼此而彼且此,此彼而此且彼,不可。(《名实论》)

上面这段话的意思在于:"名"是否"正",关键在"彼此"二字:在使用名称时,"谓彼"时要"唯乎彼","谓此"时要"唯乎此"。也就是说,用彼名称称呼彼实,而且只用彼名称称呼彼实,或者,用此名称称呼此实,而且只用此名称称呼此实,这是可以的;如果用彼名称称呼此实,它就既称呼此实也称呼彼实,或者,用此名称称呼彼实,它就既称呼此实也称呼彼实,这是不可以的。这些要求是同一律在"正名"上的表现,公孙龙实际上以某种形式表述了同一律的部分基本思想。

历史上，公孙龙以“白马非马”和“坚白之辩”而闻名。据说，有一次他骑马过关，关吏说：“马不准过。”公孙龙答道：“我骑的是白马，白马非马。”关吏被他弄糊涂了，于是连人带马一起放过关。在《白马论》中，公孙龙对“白马非马”这个命题作了如下论证：

1. 从概念的内涵说，“马者，所以命形也；白者，所以命色也。命色者非命形也。故曰：白马非马”。这就是说，“马”指谓（动物）的形状，“白”指谓一种颜色，“白马”指谓动物的形状加颜色。三者内涵各不相同，所以白马非马。如果把“白马”也叫做“马”，是“离白之谓”，即撇开马的颜色“白”而不顾，这是不可以的。如果考虑到“白马”的颜色“白”，就再不能说“有白马是有马”了。

2. 从概念的外延说，“求马，黄黑马皆可致。求白马，黄黑马不可致。……故黄黑马一也，而可以应有马，而不可以应有白马。是白马非马，审矣”，“马者，无去取于色，故黄黑马皆所以应。白马者有去取于色，黄黑马皆所以色去，故惟白马独可以应耳。无去取非有去取也，故曰：白马非马”。这就是说，“马”的外延包括一切马，不管其颜色如何；“白马”的外延只包括白马，有相应的颜色要求。由于“马”和“白马”的外延不同，所以白马非马。

3. 从共相的角度说，“马固有色，故有白马，使马无色，有马如已耳。安取白马？故白者，非马也。白马者，马与白也，白与马也。故曰：白马非马也”。这是在强调，“马”是抽象掉具体马的一切特性之后得到的共相，“白”是如此得到的另一种共相，这两个共相都是独立自藏、互不相同的。马的共相，是一切马的本质属性，不包括颜色，仅只是“马作为马”；而“白马”的共相包括颜色。并且，这些共相与其殊相、表现、个例并不相同：“以‘白者不定所白’，忘之而可也。白马者，言白定所白也，定所白者非白也。”因此，不能把“白”与“定所白”（白性的体现者）相混同。总之，马作为马，不同于白马作为白马，所以白马非马。

关于“白马非马”这个命题的意义，人们有不同的理解。一是把其中的“非”理解为“不等于”，“白马非马”是说“白马不等于马”，它把“属”和“种”、“类”和“子类”区分开来，因此是一个正确、科学的命题。一是把“非”理解为“不属于”，“白马非马”是说“白马不属于马”，因此它是一个虚假、错误的命题。公孙龙的意思究竟是什么？在我看来，他是通过“白马不等于马”来论证"白马不属于马",因而是在进行诡辩。

在《坚白论》中,公孙龙子对"坚白相离"这个命题作了如下论证:

1. 知识论论证。

假设有坚白石存在,问:"坚白石三,可乎?曰:不可。二,可乎?曰:可。何哉?无坚得白,其举也二;无白得坚,其举也二。"公孙龙给出了如下两个理由:

(1)"视不得其所坚而得其所白者,无坚也;拊不得其所白而得其所坚者,无白也。"这就是说,用眼睛看,只能感知到有一白石,而不能感知到有一坚石;用手摸,只能感知到有一坚石,而不能感知到有一白石。因此,坚、白相离。这是在用感官和感觉的分离性去论证坚白相离,或者说,公孙龙提出了一个原则:某物的"存在性"或"具体性"要由"感觉呈现"来界定或保证。值得思考的问题:感觉呈现原则是否成立?为什么?感官和感觉的综合作用是如何发生的?

(2)"且犹白以目以火见,而火不见,则火与目不见,而神(指心)见;神不见而见离。坚以手,而手以捶,是捶与手知而不知,而神与不知。神乎!是之谓离焉。"这就是说,要看见白,需要"目"(眼睛)与"火"(光线)这两个条件,缺少其中任何一个条件,就不能看见白;要感受到坚硬,需要手和"捶"(手杖)为条件,没有这样的条件,也不会感受到坚。不过,它们都还需要另外一个共同条件,即"神"(人的心智)的参与。没有心智的参与,尽管有"目"与"火",也不会看见白;尽管有手与捶,也不会感受到坚。看不到或感受不到,就是所谓的"离",即坚、白相离,它们各自"独而正"。

2. 本体论论证。公孙龙的思想是,在具体的感官世界之外,还有一个由"坚""白"这样的共相组成的抽象世界,它与感官世界的关系是:"兼现万物";"离而自藏"。坚、白二者作为共相,尽管兼通万物,即体现在一切坚物和白物身上,但它们本身却是不定所坚的坚、不定所白的白,并不唯一确定地存在于某一具体物之中。即使这个世界中完全没有坚物和白物,坚还是坚,白还是白。坚、白作为共相,独立于坚白石以及一切坚物和白物而存在,"离而自藏",它们"超离"于具体事物和感官世界之外;并且,各个共相又相互"隔离"而独立自存("自藏")。坚白相离的事实根据在于:在这个世界上,有些物坚而不白,有些物白而不坚。所以,坚、白相离。

（三）荀子

荀子(约前313—前238)，名况，字卿，亦称孙卿。战国末期赵国人，曾游学于齐国，三为稷下学宫“祭酒”(学宫领袖)，名声很大。其著作保存在《荀子》一书中，凡三十二篇。

荀子的逻辑思想的核心是其正名理论。在谈到正名或制名时，他强调指出：“若有王者起，必将有循于旧名，有作于新名。然则所为有名，与所缘以同异，与制名之枢要，不可不察也。”(《正名》)

1.“所为有名”。

> 故知者为之分别制名以指实，上以明贵贱，下以辨同异。贵贱明，同异别，如是，则志无不喻之患，事无困废之祸。此所为有名也。(《正名》)

荀子认为，制名之所以必要，至少有两点理由：一是“明贵贱”，即分清封建贵贱等级次序，这是正名学说的社会政治含义：“正名”在某种意义上就是“正政”，以恢复或维持“君君、臣臣、父父、子子”的社会伦理秩序。二是“明同异”，即用同“名”指称同“实”，用异“名”指称异“实”。这是正名学说的逻辑与认知功能。

2.“所缘以同异”。

荀子强调，制名与正名要以外在事物本身的同异为基础，并且还要有认识论上的根据。在他看来，人的认知有两个源泉或依据：一是“缘天官”，即通过人的感觉器官，如眼、耳、鼻、舌、身，来感知外在事物本身的同异；二是“心”的“征知”，即人的“心”(思维器官，即大脑)对感觉材料的加工制作。这两者相互依存，缺一不可：“心有征知。征知，则缘耳而知声可也，缘目而知形可也。……五官薄之而不知，心证之而无说，则人莫不然，谓之不知。”(《正名》)这就是说，五官可以注意到某些感官收到的印象，但如果一个人不能对它们加以分类，如果头脑不能辨别它们并赋予意义，则只能说：这个人无知。

3.“制名之枢要”。

荀子认为，制名要遵守一些基本的原则和方法(“枢要”)，例如：

> 然后随而命之：同则同之，异则异之；单足以喻则单，单不足以喻则

兼；单与兼无所相避则共，虽共，不为害矣。知异实者之异名也，故使异实者莫不异名也，不可乱也，犹使同实者莫不同名也。（《正名》）

这就是说，制名的原则是：要确保指称事物的名与它们所指称的事物之间有一一对应关系：使"同实"者"同名"，使"异实"者"异名"，最终做到"异实者莫不异名"，"同实者莫不同名"。这也是同一律在名称问题上的要求和表现。

4. 名的逻辑分类。

荀子在谈到制名时，把名称分为不同的类型，例如单名、兼名、共名、别名、大共名、大别名，等等。单名，指由一个字构成的语词（单音词），例如"牛""马"。兼名，指由几个语词构成的复合词（复音词），例如"白马""黑牛"。共名是一类事物的名称，例如"动物"指称所有的动物，是所有动物所"共有"的名称，故叫做"共名"；相对于动物而言，"牛"指称这类动物中的一部分，故叫做"别名"。对事物的类进行抽象，假如抽象到极端，其上再没有包含这类事物的其他的类了，这样的名就叫做"大共名"，例如"物"就是一个大共名。假如对一类事物不断进行划分，划分到个体，再无从划分了，这样的名称叫做"大别名"，例如某头牛的名称。换成现代的术语，"大共名"相当于"范畴"，"大别名"相当于个体名称，即单称词项。共名和别名之间的关系是"属种关系"：共名表示属概念，别名表示种概念，种包含于属，但反之不然。至此，我们可以理解荀子下面的说法：

故万物虽众，有时而欲遍举之，故谓之物。物也者，大共名也。推而共之，共则有共，至于无共然后止。有时而欲偏举之，故谓之鸟兽；鸟兽也者，大别名也。推而别之，别中有别，至于无别然后止。（《正名》）

5. 名的约定性和社会性。

荀子阐述了一个重要的制名原则：约定俗成，突出强调了名的约定性和社会性：

名无固宜，约之以命，约定俗成谓之宜，异于约则谓之不宜。名无固实，约之以命实，约定俗成谓之实名。名有固善，径易而不拂，谓之善名。（《正名》）

这就是说，"名"本身没有"合宜"与否的问题，"名"的合宜与否，取决于是否"约定俗成"：按约定俗成的方式使用名，是合宜的；不按约定俗成的方式使用名，是不合宜的。“名”本身也不指称特定的“实”，一个名指称什么样的“实”，也源自于“约定俗成”。例如，我们现在所谓的牛本来也可以唤作“羊”，但它既然已经被唤作“牛”而不是“羊”，这是因为社会性、历史性的约定俗成。一个名是否完善，却有它自身的判定标准，这就是是否易懂而不含糊混乱（“径易而不拂”）。易懂而不含糊混乱的名是善名。

强调名称的社会性和约定性，这是荀子正名理论的一个伟大而深刻的洞见。

6. 用名之谬误：三惑说。

荀子指出，有人“析辞擅作名以乱正名”，出现了所谓的“三惑”：用名以乱名，用实以乱名，用名以乱实。“凡邪说辟言之离正道而擅作者，无不类于三惑者矣。”荀子给出了三惑的具体例证以及因应之道：

> “见侮不辱”，“圣人不爱己”，“杀盗非杀人也”，此惑于用名以乱名者也。验之所为有名，而观其孰行，则能禁之矣。“山渊平”，“情欲寡”，“刍豢不加甘，大钟不加乐”，此惑于用实以乱名者也。验之所缘以同异，而观其孰调，则能禁之矣。“非而谒楹”，“有牛马非马也，”此惑于用名以乱实者也。验之名约，以其所受，悖其所辞，则能禁之矣。（《正名》）

在其正名学说的基础上，荀子发展出一个以名、辞、辩说为主要内容的逻辑学体系，并对之作了概略的阐述：

> 实不喻然后命，命不喻然后期，期不喻然后说，说不喻然后辩。故期命辩说也者，用之大文也，而王业之始也。名闻而实喻，名之用也。累而成文，名之丽也。用丽俱得，谓之知名。名也者，所以期累实也。辞也者，兼异实之名以论一意也。辩说也者，不异实名以喻动静之道也。期命也者，辩说之用也。辩说也者，心之象道也。心也者，道之工宰也。道也者，治之经理也。心合于道，说合于心，辞合于说。正名而期，质情而喻，辨异而不过，推类而不悖。听则合文，辩则尽故。以正道而辨奸，犹引绳以持曲直。是故，邪说不能乱，百家无所窜。（《正名》）

二　西方逻辑的早期翻译家

(一) 李之藻和《名理探》

在明代，随着西方传教士进入中国，开启了一个“西学东渐”的过程，西方的科学和逻辑开始传入中国。其中一位重要人物是意大利传教士利玛窦(Matteo Ricci, 1553—1610)。徐光启(1561—1633)和李之藻都与之过从甚密。由利玛窦口述、徐光启执笔，合作翻译了西方科学史上的经典著作《几何原本》，于1607年雕版印行，这是第一次把一种全新的演绎思维方法介绍给中国知识界。徐光启认为，中国古算学与西方算学的根本性差别在于，西方算学有一系列基本原理，是一个演绎系统；而中国算学虽然早在方法上颇能尽其详，在理论上却说不出所以然：“第能言其法，不能言其义。”(《勾股义绪言》)

李之藻(1565—1630)，浙江仁和人。万历二十二年(1598)中举，二十六年进士。历任南京太仆寺少卿、福建学政、北京光禄寺少卿、修历等职。晚年退居杭州专事著译。李之藻追随利玛窦左右，从事了较大规模的译述活动。除自己著述外，在1613—1631年间中国出版的五十余种西方译著，几乎都经过李之藻之手，或同译，或润色，或作序，涉及天文、数学、哲学诸门学科。在此过程中，李之藻发现，西方逻辑思维的最大优点，就是有一套完整的推理系统，由局部可推至全体，由简单可推至复杂，“借平面以推立圆，设角形以证浑体。探原循委，辩解九连之环；举一该三，光映万川之月”；也可以由细微推至宏大，由具体推论抽象，“即细物可推大物”，“即物物可推不物之物”。(《圜容较义序》)基于这种认识，他决心把专门讲述演绎思维特点及其规律的亚里士多德逻辑介绍给中国学术界。1623年，李之藻与葡萄牙籍传教士傅汎际人开始合作翻译《名理探》。二人“结庐湖上”，“矢佐翻译”，傅译义，李达辞，五易寒暑，于1627年完稿。书成，李之藻须发皆白，一目失明，三年后去世。1631年，《名理探》印行于世。

《名理探》原名是《亚里士多德辩证法概论》，系葡萄牙高因盘利大学耶稣会会士的逻辑学讲义，1611年在德国印行。全书分上下编，拉丁文本，共25篇。上编论及“五谓词”和“十范畴”，下编论及三段论。据说，李之藻已将全书译出，但目前所见刻本只包括上编的内容。他将古罗马逻辑学家波菲利(Porphyry of Tyre，约 233—309)的“五谓词”(属、种差、种、特有属性和偶性)译为“五公”：宗、类、殊、独、依；将亚里士多德的“十范畴”(实体、数量、性质、关系、地点、姿态、时间、状况、主动、被动)译为“十伦”：自立体、几何、何似、互视、何居、体势、暂久、得有、施作、承受。关于形式逻辑的内容体系，李之藻表述说：“名理探三门，论明悟之首用、次用、三用；非先发直通，不能得断通；非先发断通，不能得推通；三者相因，故三门相须为用，自有相先之序。”[①]这就是说，逻辑学研究“直通”(概念)、“断通”(判断)、“推通”(推理)这三种思维形式，并且它们之间有先后顺序：先有概念，连接概念构成判断，连接判断构成推理。李之藻认为，逻辑学是探求学问、追求真理的工具，应该在“贯通众学”之前“先熟此学”。《名理探》在 1631 年出版之后，拜读者寥寥无几，并没有产生什么实质性影响。不过，其首创之功仍值得载入史册，传于后人。

（二）严复和《穆勒名学》

清朝末年，出现了西方逻辑对我国的再次输入。当时已经出现了多本西方逻辑的译本，如《名学类通》《思想学揭要》《名理学》等。其中最重要的是英国逻辑学家耶方斯(W. S. Jevons，1835—1882)的《辩学启蒙》，原名《逻辑学初级读本》(*Primer of Logic*)，1876 年在伦敦出版。中文版由总揽清朝总税务司大权的英国人赫德组织，英国人艾约瑟翻译。正文分 27 章，约 7 万字。从内容上看，可分为四部分：第 1—2 章为引论，3—14 章为演绎逻辑，15—24 章为归纳逻辑，最后三章为逻辑谬误，书后附录“辩学考课诸问”，是按正文顺序列出的思考题和练习题。所有这些逻辑翻译著作都没有产生很大的影响。

直到严复的逻辑学译著出现，才改变了这种局面。严复(1854—1921)，字又陵，又字几道，福建侯官人。早年入洋务派开办的福州船政学堂学习，毕业后留学英国三年，广泛阅读西方近代启蒙思想家的著作。归国后，在北洋水师学堂任职 20 年，先后任总教习(教务长)、总办(校长)，后曾任复旦公学(复旦大学前身)校长、京师大学堂(北京大学前身)校长。为变法图强、富

① 《名理探》，傅汎际译，李之藻达辞，三联书店，1959 年，第 31—32 页。

国强兵，一生致力于介绍、传播西方的思想、科学与文化，先后译介了8本西方名著，其中两本是逻辑学著作：《穆勒名学》和《名学浅说》。

《穆勒名学》原书名为《逻辑体系——演绎与归纳》，英国逻辑学家密尔的代表性著作，自1843年问世至密尔去世前一年已出8版。正文6编，分别是：论名称和命题，论推理，论归纳法，论归纳法的辅助推演方法，论谬误，论精神科学的逻辑。其中最为重要的内容是把培根所提出的“三表法”系统化为“密尔求因果五法”。严复翻译了前3编和第4编的前13章，共29万字，于1905年出版，商务印书馆至今仍列入“汉译名著”丛书不断印刷中。

有中国逻辑史专家评论说：“《穆勒名学》译笔典雅，一些逻辑术语的创译凝炼、简洁，非先前的译著可比。例如，他以‘内籀’译归纳，‘外籀’译演绎，以‘名’译概念，以‘辞’或‘词’译判断，以‘演联珠’译三段论，以‘推证’译推理；契合法译为‘统同术’，差异法译为‘别异术’，契合差异并用法译为‘同异合术’，剩余法译为‘归余术’，共变法译为‘消息术’。特别值得一提的是，在中国，严复是第一个将英文Logic译为汉语‘逻辑’，但他并未提倡、推广，而是选用了‘名学’作为这门科学的名称。严复译著的另一个特点是，在翻译过程中加进了大量按语。《穆勒名学》中有40余条按语，达数千言。其中或简述原文大意，加以旁证，表示赞同；或旁征博引，阐述不同意见；或结合中国的典籍，引喻设譬；或以西方逻辑与中国的名辩思想相对照，分析异同等。”①

《名学浅说》即前面提到过的耶方斯的《逻辑入门》，先前已经译成《辩学启蒙》，但由于该译本不忍卒读，没有产生什么影响，严复遂重新翻译。

正如郭湛波所指出的，“自严先生译此二书，论理学（即逻辑学）始风行国内，一方学校设为课程，一方学者用为致学方法”②。

（三）王国维和《辨学》

王国维（1877—1927），曾任京师图书馆编译、名词馆协修，期间翻译了英国逻辑学家耶方斯的另一本逻辑著作——《逻辑基础教程》，1908年出版。

---

① 杨沛荪主编：《中国逻辑思想史教程》，甘肃人民出版社，1988年，第293页。

② 郭湛波：《近五十年中国思想史》，北平人文书店，1936年，第264页。

有中国逻辑史专家评论说："原书1870年在伦敦出版。全书分为33节。王国维略去了其中主要讲英文文法的一节。译本分为9篇32章，凡14万字。《辨学》是一本很有影响的教科书，曾多次印行。从1870年至1923年，在西方就印行了29次。王国维的译本是比较忠实地照原文直译的，简洁明快。译本常被用作教材。书中所用逻辑术语的译名与现在通行的大致相同。概念、判断、推理、外延、反对、矛盾、普遍名辞、集合名辞、肯定命题、否定命题、推论、大前提、小前提、结论、假言、选言、演绎、归纳、观察、实验、假说等均已出现。不难看出，《辨学》中出现的这些术语大多是以往的汉语词汇中不曾有的，较之严复煞费苦心地从中国古代名辩学中寻找相对应的语词，无疑是个发展或说是个进步。

《辨学》一书的体例安排更趋合理，先绪论，然后依次是名辞、命题、推理式、虚妄论（谬误论），接着介绍辨学的最新成果及方法论、归纳法等，眉目清楚，一目了然。"①

留日学生胡茂如还翻译了日本文学博士大西祝（1864—1900）的《论理学》一书，该书分为3篇：第1篇形式论理，分为12章，介绍亚里士多德创立的演绎逻辑。第2篇10章介绍因明。第3篇归纳法，计11章，主要介绍培根、密尔等人的归纳理论。全书约14万字。1906年由河北译书社出版，颇受欢迎，"是以甫出世，海内争先睹，再版皆罄"，1919年遂由上海泰东书局出了第3版。

至此之后，出现了很多翻译、编译甚至是中国人自行编撰的逻辑学教材，其中影响最大者当数金岳霖的《逻辑》一书。

三　现代逻辑的传入者和研究者

（一）金岳霖

金岳霖（1895—1984），字龙荪，湖南长沙人。据说，金岳霖中学时期已经有很强的逻辑意识，他觉察到人们常说的两句话"金钱如粪土""朋友值千金"不能同时成立，因为从中可以推出"朋友如粪土"的荒谬结论来。但他与

① 杨沛荪主编：《中国逻辑思想史教程》，甘肃人民出版社，1988年，第293—294页。

逻辑结缘却是很晚的事情。金岳霖于1911年考取清华学堂，后来考取官费留学生，于1914年赴美国留学，先学商业，不感兴趣，改学政治学，于1920年获政治学博士学位。在读博士期间，对哲学发生兴趣。1921年底至1925年，赴欧洲游学。这期间在伦敦念书时，有两本书对他发生了很重要的影响：一本是罗素的《数学的原则》，另一本是休谟的《人性论》。休谟所提出的归纳问题给他造成思想上的困难，而这种困难差不多又造成他情感上的痛苦，从此他的理智探讨完全转向哲学，并对逻辑学感兴趣，这时金岳霖已近30岁。1926年，原来在清华大学讲授逻辑的赵元任另有高就，聘金岳霖到清华讲授逻辑，在讲授几次之后，于1931年赴哈佛大学随逻辑学家谢弗(H. M. Sheffer)学习逻辑。当时，金岳霖对谢弗说，他教过逻辑，但没有学过，引得后者一阵大笑。1927年，创办清华大学哲学系，任该系教授兼系主任，主讲逻辑学和西方哲学，后一直在清华任教（包括西南联大时期），直至1952年院系合并，转任北京大学哲学系主任、教授。1955年，转入中国科学院哲学所，任副所长，中国科学院哲学社会科学学部常务委员。后来还担任过国务院学位委员会第一届学科评议组成员，中国逻辑学会会长、名誉会长，等等。金岳霖是中国现代著名哲学家、逻辑学家、杰出的教育家，一代宗师。

在金岳霖一生的著述中，有三部著作最为重要，分别是《逻辑》《论道》和《知识论》，后两本书是带有原创性的哲学著作，但也与逻辑学有关，讨论了许多逻辑哲学问题。《逻辑》于1936年由商务印书馆出版，此前于1935年由清华大学出版部作为内部讲义印发。该书分四部，第一部讲授传统逻辑的推理理论；第二部对传统逻辑所存在的问题进行批评，特别是讨论了主宾式命题的主项存在问题，以及该问题对主宾式命题的逻辑特性和推理关系的影响，其讨论之深入、细致和系统，见解之独到、深刻，在当时以至后来的中国逻辑学界，都罕有其匹，至今仍具参考价值；第三部介绍了怀特海和罗素的三大卷巨著《数学原理》(1910—1913)中的逻辑系统，包括命题演算、谓词演算、类演算和关系演算；第四部"是一种逻辑哲学的导言"，精辟阐述了逻辑和逻辑系统，涉及逻辑系统的完全性、一致性和独立性，逻辑的许多基本概念如"必然""矛盾""蕴涵"，所谓"思想三律"（即同一律、矛盾律、排中律）的性质与地位，等等。在1949年以前，《逻辑》一书对逻辑演算作了最全面、最系统的介绍，在传播当时新兴的数理逻辑方面影响最大，功绩最巨。

正是金岳霖的《逻辑》及其教学活动,为中国培养了一批现代逻辑方面的人才,其中不乏世界级的大家,如王浩;此外还有许多优秀专家,如沈有鼎、王宪均、胡世华、周礼全、殷海光等。可以恰如其分地说,金岳霖是中国现代逻辑的奠基人。

金岳霖的其他著作还包括:《形式逻辑》(主编,人民出版社,1979 年),《罗素哲学》(写于"文革"时期,上海人民出版社,1988 年),《金岳霖学术论文选》(中国社会科学出版社,1990 年)。其著述后来编成《金岳霖文集》(四卷本,甘肃人民出版社,1995 年)。其中,由他主编、周礼全等众多资深专家参与撰写的《形式逻辑》,建构了一个以传统逻辑为主要内容、包括演绎和归纳的逻辑教学体系,全书在体系设置、内容考辨、文字表述、例证选择、习题编写等众多方面都很下了一番功夫,堪称同类书中的范本和佳作,被教育部列为"高等学校文科教材",自 1979 年出版以来产生了很大影响,至今仍在大量印行。

(二) 王浩

王浩(1921—1995),山东省德州人。1939 年夏,王浩考入西南联大数学系,1943 年夏大学毕业,随即考入清华大学研究生院,师从金岳霖、冯友兰、沈有鼎等名师攻读哲学和逻辑,打下了很好的学问基础,1945 年获哲学硕士学位。王浩后来回忆说:"在这段感受力最强的日子,和许多老师及同学享受了一种人生难得的平淡亲切而纯洁的人际关系。这样经验不但为以后的做人和学业打了一个比较坚实的基础,而且彼此之间的信任和同情一直持续着,成为崎岖的生命历程的一个重要的精神支柱。……这些良师益友的影响,配上青春的活力,简陋的物质生活,对学问的专一向往,以及对精神领域的虚心的热情,在昆明过了一段生气勃勃的日子。"[①]1946 年春,王浩获得美国国务院奖学金,随后赴美国哈佛大学哲学系师从著名逻辑学家和哲学家蒯因。就读期间,发现蒯因所构造的 NF 系统存在漏洞和缺陷,提出修改意见,被蒯因采纳,还发表了几篇论文,仅用 15 个月时间就获得博士学位。1948 年从哈佛大学毕业,留美工作,后入籍美国,先后任教于哈佛大学、牛津大学、洛克菲勒大学等世界名校,当选为美国艺术和科学院院士、大

① 刘培育主编:《金岳霖的回忆和回忆金岳霖》(增补本),四川教育出版社,2000 年,第 29 页。

不列颠科学院通讯院士。

哈佛毕业后，王浩随即投身于数理逻辑和计算机科学的前沿研究之中，取得一系列重大成果。1950年代，最早区分了非直谓集合论与直谓集合论，开拓了集合论的一个新领域。1952年，发表有关“真定义”的论文，对塔斯基有关工作作了重要改进，提出了更完整的理论。1955年，证明每一个语义悖论都可以转换成一个不完全性证明，并与人合作得到了有关形式证明长度的一些结果。1957年，提出了一种新的比图林计算机更接近现实机器的理想计算机，后被称为“王氏机器”，并证明这种机器与图林机一样能计算一切可计算函数。1958年，在计算机上用9分钟时间证明了怀特海和罗素花费十年功夫写成的《数学原理》中的450条数学原理，以至罗素闻讯后唏嘘不已，生出“早知如此，何必当初”的感慨。1960年，创立了一种新的计算理论——铺砖理论，或称骨牌游戏理论，该理论仍与数学定理自动化证明相关，并在很多领域获得重要应用。1983年，鉴于他在数学和计算机方面的突出贡献，被国际人工智能联合会授予“数学定理自动化证明里程碑奖”。王浩后半期将兴趣中心转向哲学，主要是数学哲学和分析哲学，撰有《从数学到哲学》(1974)和《超越分析哲学——公平地对待我们的知识》(1985)，后者实际上是对罗素、维特根斯坦、卡尔纳普以及他的哈佛老师蒯因等人的思想的详细阐述、缜密分析和有洞察力的批判。英国著名哲学家斯特劳森评论说：“哲学家们对于王浩此书的主要的、深厚的兴趣在于，它记录了一位极富才智、卓越和敏锐的哲学家对所谓‘分析’或‘英美’哲学在本世纪所经历的发展过程的看法。”“王的书是对现代哲学史和元哲学的丰富而迷人的贡献。”从1970年代起，王浩与逻辑学巨擘哥德尔过从甚密，是哥德尔晚年最赏识的年轻学者之一。王浩经常从纽约去普林斯顿大学拜访哥德尔，两人经常促膝长谈，主要讨论哲学问题。后来，他出版了两本关于哥德尔的书——《关于哥德尔的反思》(1987)、《逻辑之旅——从哥德尔到哲学》(1996)，披露了他们之间谈话的一些重要信息，全面评述了哥德尔的思想、观点和成就，成为哥德尔研究方面的权威性著作。

王浩先后发表了100多篇论文，出版了多部著作，除上面已经提到的外，还有《数理逻辑概论》(1962)、《数理逻辑通俗讲话》(1981)、《计算、逻辑和哲学——论文选》(1990)。早在1972年，中美关系解冻初期，王浩就毅然回国访问，是最早回国访问的少数几位著名华人学者之一，随后频繁回国访问、讲学,1985 年兼任北京大学名誉教授,1986 年兼任清华大学名誉教授。

在逻辑学、计算机科学和哲学领域,王浩仍旧是树立在中国学者或华裔学者面前的一座丰碑,其被国际主流学术界所公认的成就至今没有被后来者所超越。

附录一

逻辑学和理性精神*

逻辑学是一门研究推理和论证的科学。它的主要任务是提供分辨有效推理与无效推理的标准，并教会人们正确地进行推理和论证，识别、揭露和反驳错误的推理和论证。

推理是从一个或者一些已知的命题得出新命题的思维过程或思维形式，其中已知的命题是前提，得出的新命题是结论。论证是使用某些理由去支持或反驳某个观点的思维过程或语言形式，它常常是多种推理形式的综合运用。推理通常分为演绎推理和归纳推理。不太严格地说，演绎推理是把一般性原理应用于特殊或个别的场合，从而得出关于该特殊或个别场合的结论，这种结论已经隐含地包含在前提中，因此前提的真就能够保证结论的真，是一种必然性推理。归纳推理则是从某些经验证据中抽象、概括出某个普遍性原理，结论的内容超出了前提，因此前提只对结论提供一定的支持关系，但不能保证结论的真，是一种或然性推理。以演绎推理为研究对象的逻辑理论，叫做“演绎逻辑”。以归纳推理为研究对象的逻辑理论，叫做“归纳逻辑”。

推理是由命题组成的，其前提和结论都是一个个单独的命题。于是，对命题的不同分析就会导致对推理结构的不同分析，并最终导致不同的逻辑类型——命题逻辑、词项逻辑和谓词逻辑，它们是现代演绎逻辑的三种基本类型。其中，以符号语言和公理化方法表述的命题逻辑和谓词逻辑，称为“一阶逻辑”；由于它在现代逻辑体系中的基础地位，也常被称为“经典逻辑”。可以对经典逻辑的某些基本假定提出质疑和挑战，由此得到“变异逻

---

* 原载 2003 年 6 月 10 日《光明日报 · 理论周刊》。

辑”；也可以把经典逻辑应用于某些特殊领域，得到它们的一些扩充系统，叫做“应用逻辑”。如果把前面所说的归纳推理中前提对结论的支持关系概率化和演算化，由此形成的逻辑理论叫做“概率归纳逻辑”，这是现代归纳逻辑的主要形态。

可以说，逻辑学是一门既古老又年轻的科学。说它古老，是说它历史悠久，源远流长。从起源上看，逻辑学有三大源泉：（1）古希腊的形式逻辑，以亚里士多德的词项逻辑和斯多亚学派的命题逻辑为代表。（2）中国先秦逻辑，亦称“名辩学”，以名、辞、说、辩为研究对象。（3）古印度逻辑，主要是正理论和因明。不过，在实际的历史进程中，中国先秦逻辑和古印度逻辑都有某种中断，没有进入世界逻辑发展的主流。唯有肇始于古希腊的西方逻辑有相对完整的历史，它后来成为世界逻辑发展的主流，现代逻辑就是以它为基础发展而来的。这里所说的现代逻辑，是用特制的人工语言构造的形式化公理系统，其研究方法与数学有某种类似，因此被称为“数理逻辑”，由弗雷格、皮尔士和罗素等人创立于 19 世纪末、20 世纪初。它一经创立，就显示出巨大的威力。例如，它进入哲学领域，导致分析哲学运动在 20 世纪如火如荼；罗素曾经说过，“逻辑是哲学的本质”，他所说的就是数理逻辑。它进入语言学领域，导致 20 世纪的“乔姆斯基革命”和后来的蒙塔古语法等；它更是计算机科学和人工智能研究的重要理论基础。目前，数理逻辑已经与数学、哲学、语言学、心理学、计算机科学与人工智能研究等紧密结合在一起，并且后面这些学科又为它的发展提供了新的需求和动力。在某种程度上可以说，来自计算机和人工智能方面的需要，将决定逻辑学在 21 世纪的面貌，即主要研究模拟人的创造性智能的各种非确定性推理。由于现代逻辑广泛进入各种不同的学科，显示出强大的生命力，因此我们说：逻辑学也是一门年轻的学科，它朝气蓬勃，充满活力，已经或者正在形成一个庞大的逻辑学科体系。

有些人以为逻辑学只不过是一堆比较难学的“技术”，是一些无关痛痒的“雕虫小技”的汇集。这是对逻辑学的严重误解，是没有领悟到隐藏在逻辑“技术”背后的真精神，没有把握发明这些“技术”的原动力。实际上，逻辑学和逻辑教学是对于理性精神的培养和训练。逻辑学重视和追求语言和思维的确定性、无矛盾性、明确性、论证性，以及严格性、精确性、程序性、可操作性、系统性，等等。在遇到一个复杂和困难的问题时，逻辑学要求我们首先精确地确定问题之所在；把该复杂问题分解为多个相对简单的问题；逐个找出解决这些简单问题的可以操作的模式、程序、方法和准则；给出这些问题的解决方法；检验它们的真假对错，等等。也就是说，它试图把一些理念转化为一套受规则指导的操作，这套操作可以重复，可以检验，有确定的结果。这正是理性精神的体现和运用，并且是西方文化的精髓。爱因斯坦指出："西方科学的发展是以两个伟大成就为基础的，那就是：希腊哲学家发明形式逻辑体系（在欧几里德几何学中），以及通过系统的实验发现有可能找出因果联系（在文艺复兴时期）。"逻辑学所体现的这种理性精神正是中国传统文化中所缺乏的。因此，在中国研究、传播和普及逻辑学知识，在国民中培植严格的理性精神，是一件非常有意义的事情。

附录二

逻辑：一个生长和变动的概念*

什么是逻辑？这个问题既重要又不重要。说它重要，因为对它的回答将决定一个人自己如何做逻辑研究，以及如何看待和评价他人（包括历史前辈和当代同行）的逻辑研究。说它不重要，因为它是关于逻辑的"高谈阔论"，既不提供具体的逻辑理论，更不提供具体的逻辑技术。不过，走上正途是很重要的，故对"什么是逻辑"的探讨也是很重要的。早在拙著《逻辑哲学引论》（人民出版社，1990 年）中，我就对该问题有所探讨。后来一段时间内，此话题在国内逻辑学界曾变得非常热闹，成为一些相当极端观点的竞技场。在这期间，我反而对此话题敬而远之，不置一语，且在后来出版的两本逻辑哲学著作（《逻辑哲学导论》，中国人民大学出版社，2000 年；《逻辑哲学》，北京大学出版社，2005 年）中，把此话题挪到了最后一章。在本文中，我将回到此话题，系统地阐发一个中心论点："逻辑"是一个生长和变动着的概念。

一　客观形态的逻辑和理论形态的逻辑

在谈论"逻辑"时，在下面两者之间做出区分是特别必要的：一是"客观形态的逻辑"，或者说，"作为研究对象的逻辑"；一是"理论形态的逻辑"，或者说，"作为研究结果的逻辑"。

客观形态的逻辑指我们实际使用着的逻辑，或者说外部世界和人类思维所遵循的逻辑。这种意义上的逻辑，更多的与"规律"同义。这样的"逻

* 原载《学术月刊》（上海）2011 年第 12 期，第 5—13 页。

辑"大概是存在的;但它究竟是什么样子,却是一个见仁见智的事情:甲有甲的理解,乙有乙的看法,丙有丙的观点,相互之间很难取得统一,很难有一个公共的平台和出发点。我从不在这种意义上谈"逻辑",大多数逻辑学家也不在这种意义上谈"逻辑",因为根本没有办法把它谈清楚。

理论形态的逻辑是逻辑学家对"客观形态的逻辑"所做的艰辛探索的结果,具体表现为由他们建构出来的各种逻辑学说或逻辑系统,特别是那些被公认为正确因而在某个时期占据主导地位的逻辑学说和逻辑系统。假如存在客观的"逻辑"的话,理论形态的逻辑就是对"客观的逻辑"的反映、刻画或重构,它们就是一种"发现"而不是"发明",发现就含有描述性成分,描述就有真假对错之分……由此引出一连串复杂的哲学问题。

受蒯因等人的影响,我坚持认为:逻辑是可修正的,逻辑真理是可错的[①]。当我这样说的时候,很显然,我不是指客观形态的"逻辑",因为它是"存在"那里、"摆"在那里的东西,无法修正;可以修正的只能是作为理论形态的"逻辑",即在一定时期占据主导位置的逻辑理论和逻辑系统。

二 弗雷格的反心理主义

在弗雷格之前,哲学处于其"认识论转向"中,心理学是主导性研究范式,其概念和方法向哲学的各个领域渗透,也向逻辑学领域渗透,导致了逻辑学的"心理学化",其典型代表是《波尔・罗亚尔逻辑》,也包括密尔的《逻辑体系》。

为了捍卫逻辑的客观性,弗雷格提出了著名的反心理主义原则:"始终要把心理的东西和逻辑的东西、主观的东西和客观的东西严格区别开来。"[②]其具体做法是:在外部世界和内心世界之外,他弄出一个"第三域",即由"思想"组成的世界。

在弗雷格看来,思想与外部事物不同:后者是物质的和可以感知的,但思想本身是非物质的和不可感知的,尽管"思想"依赖物质性的东西,即"句子"——思想是某些句子(直陈句或命题式问题)的涵义。思想也与观念或

---

① 参见陈波:《"逻辑的可修正性"再思考》,《哲学研究》2008年第8期。

② M. Beaney ed., *The Frege Reader*, Oxford: Blackwell, 1997, p. 90.

主观印象不同:后者是不可感知的,是被人拥有的,且只能为单个人所拥有;思想也是不可感知的,但它并不为单个人所拥有,可以为许多人所分享。思想的存在不依赖于我们,就像星星的存在不依赖于我们一样。思想本身不是外部事物,但思想的对象可以是外部事物;思想本身也不属于内在领域,但思想的对象可以属于内心世界。思想有真假:"是真的完全不同于被认为是真的";真不是思想的属性,也不是思想与其他事物的关系,因而不是所谓的"符合";"真"是不可定义的。人们可以认识和断定思想的真假:思想的真在直陈句的断定力之中;说一个句子为真并没有给该句子增加什么。弗雷格断言,逻辑学是研究真的规律的科学。他的潜台词是:逻辑学是研究思想以及思想结构的科学。他试图由此来保证逻辑的客观性、分析性和先验性。[①]

但弗雷格的反心理主义所引出的问题比它所解决的问题还要多!在我看来,弗雷格似乎混淆了"主体间性"(inter-subjectivity)和"客观性"(objectivity)这两个概念。具有主体间性的东西不依赖于个别人,但依赖于整个人类,例如,思想由语句表达,语句是语言的一部分,但语言是人类的语言,没有人类就没有语言;因此,某个思想可以不依赖个别人,但不能独立于人类。但纯客观的东西是不依赖于整个人类的所思所想的,例如日月山川在人类之前就存在,在人类之后也可能仍然存在,最多改变其存在方式。假若思想是独立于人类而存在的,并且又与外部世界不同,是完全不可感知的,由此会产生一个相当严重的问题:人类究竟如何去"把握"(grasp)思想?曾有外国学者写过一篇文章,题目是《如何去把握一个思想,弗雷格先生?》。并且,弗雷格似乎把"心理的"一词等同于"主观的""私人的""不可捉摸的"等等,几乎完全对其做贬义的使用。实际上,对心理现象和心理过程也可以做客观的研究,心理学是自然科学的一种,心理学规律也是客观规律的一种,例如,马斯洛的需求层次理论庶几近之。所以,很有必要去重新审视弗雷格的反心理主义的效力和影响,我一直想写一篇大文章——《逻辑学中的心理主义和反心理主义》,但迄今仍未完成。

---

① 参见 G. Frege, "Thoughts", in *The Frege Reader*, 1918, pp. 325-345。

三　逻辑与人类思维

受弗雷格的反心理主义的影响，曾几何时，在逻辑学界特别是中国逻辑学界，说逻辑与人类思维有关，或者说逻辑是研究人类思维的形式结构及其规律的学科，甚至会受到嘲讽，被讥笑为“心理主义”。于是，各种相当奇怪的说法大行其道：逻辑学直接以现实世界为对象，它研究现实世界的逻辑结构及其规律；逻辑学以语言符号为研究对象，现代形式逻辑以人工语言为对象，自然语言逻辑则以自然语言为对象。对于此类说法，我在 1990 年出版的《逻辑哲学引论》中就表示怀疑，迄今依然。几乎所有逻辑学家都承认，逻辑是研究推理形式的有效性的科学，但推理过程既不是一个客观事物的发展过程，也不是一个单纯的语言过程，而是一个思维过程。怎么能够既主张逻辑是研究推理的，又同时否认逻辑是研究人类思维的，至少是与人类思维有关的呢？亨迪卡指出：“在正确思维和有效论证之间有以下类似之处：有效论证可以看成正确思维的一种表达，而正确思维可以看成是内在性的有效论证。在这种类似的意义上，正确思维的规律和有效论证的规律是一致的。”[①]因此，在我看来，承认逻辑以推理为对象，就是承认逻辑以人类思维（至少是思维的某一个方面）为对象。[②]

承认逻辑学与人类思维有关的学者，通常会做出如下两个方面的区分：

一是事实问题：人类实际上如何思维？更具体地说，人类思维的发生机理和演变机制，人类思维的具体过程、模式、程序、环节、方法，如此等等。这里面既有发生学问题，也有形式结构问题，多种因素相互交织。对此方面的研究更多地属于经验心理学，也属于发生认识论。

二是规范问题：人类应该如何思维？人类应该遵循什么样的模式、程序、方法和准则，才能保证他们达成有效的交流和沟通，才能保证他们从真实的（至少是承认真实的）前提出发，得到真实的（至少是承认真实的）结论，从而同时确保思维的效率、安全和可靠？

通常认为，逻辑学不研究人类思维的事实方面，只研究其规范方面：逻

---

① 亨迪卡：《逻辑哲学》，《哲学译丛》1982 年第 6 期，第 66 页。

② 参见陈波：《逻辑哲学引论》，人民出版社，1990 年，第 26 页。

辑学家制定一套有关概念、命题、推理和论证的形式程序和规则，然后将其传授给普罗大众；后者只要按照逻辑学家所说的去做，就能确保他们思维的效率和安全。对于此类说法，我一向保持强烈的怀疑：关于“人类应该如何思维”的规范是否需要从“人类实际上如何思维”中去提取？逻辑学家也是芸芸众生中的一员，他们从哪里获得一种凌驾于众人之上的特殊的认识论地位？换句话说，逻辑学家是理性的立法者吗？如果是，他们从哪里获得这种立法权？他们能否随心所欲地为理性立法，然后像颁布律令一样颁布给大众，要求甚至强迫大众去遵守？在这样做的时候，逻辑学家有没有可能犯错？除了形式方面的限制条件之外，逻辑学家是否还必须遵循某些实质性的限制条件？

对于这些问题，我目前的梗概性回答是：人类所面对的自然界本身是有层次、结构、秩序和规律的，通过自然选择，它会训导甚至强迫人类也按照这种层次、结构、秩序和规律去思考和行动；在人类的世代更替中，其思考习惯逐渐沉淀、结晶为思维的模式、程序、结构、方法和准则；逻辑学家从对人类思维的实际考察中，对其思维模式、程序、结构、方法和准则做归纳、总结、分辨、拣选、提炼和重构的工作，由此形成逻辑理论和逻辑系统，然后再将其传授给普罗大众。因此，逻辑学家的研究中也牵涉到人类思维的事实方面，他们所构造的逻辑规范应该是人类思维中所固有的，而不是从外面强加的。例如，目前比较成熟的逻辑理论——命题逻辑、词项逻辑、谓词逻辑和模态逻辑，都分别刻画和反映了人类思维中原有的某一个侧面，还有许多其他侧面仍有待逻辑学家去研究和开发；逻辑学家并不能随心所欲地构造他们的逻辑系统，尽管这些系统也许满足某些形式方面的限制，例如可靠性和完全性；有些相当奇怪的逻辑系统即使被构造出来，也没有人使用，或被束之高阁，或被完全遗忘，因为它们严重偏离和违背了人类的实际思维。例如，在命题逻辑中，我们不能接受$(p\rightarrow q)\wedge q\rightarrow p$；在词项逻辑中，我们不能接受$PAM\wedge SAM\rightarrow SAP$；在谓词逻辑中，我们不能接受$\exists xFx\rightarrow\forall xFx$；在模态逻辑中，我们不能接受$p\rightarrow\Box p$；在认知逻辑中，我们不能接受$\neg Kp\rightarrow\neg p$。我们不能接受它们的理由，首先不是形式的，而是实质的：它们都是日常思维中不可靠的推理形式。即使我们设计出相应的语义理论，使得这些推理形式成为“有效的”——这是完全可能的，我们仍然不能把它们应用于日常思维。

四 向人类的实际思维领域进军

早在《从人工智能看当代逻辑的发展》(2000年)等文[①]中,我就做出预测性断言:计算机科学和人工智能将是21世纪(至少在其早期)逻辑学发展的主要动力源泉,并将由此决定21世纪逻辑学的另一副面貌。由于人工智能要模拟人的智能,难点不在于人脑所进行的各种必然性推理(这一点在20世纪已经基本上做到了,如用计算机去进行高难度和高强度的数学证明,"深蓝"通过高速、大量的计算去与世界象棋冠军下棋),而在于最能体现人的智能特征的能动性、创造性思维,这种思维活动中包括学习、抉择、尝试、修正、推理诸因素,例如选择性地搜集相关的经验证据,在不充分信息的基础上做出尝试性的判断或决策,不断根据环境反馈调整、修正自己的行为……由此达到实践的成功。于是,逻辑学将不得不比较全面地研究人的思维活动,并着重研究人的思维中最能体现其能动性特征的各种不确定性推理,由此发展出的逻辑理论也将具有更强的可应用性。在这个时期,逻辑学将至少重点研究如下课题:(1)如何在逻辑中处理常识推理中的弗协调、非单调和容错性因素?(2)如何使机器人具有人的创造性智能,如从经验证据中建立用于指导以后行动的归纳判断?(3)如何进行知识表示和知识推理,特别是基于已有的知识库以及各认知主体相互之间的知识而进行的推理?(4)如何结合各种语境因素进行自然语言理解和推理,使智能机器人能够使用人的自然语言与人进行成功的交流?等等。

情况确实如此。由于计算机科学和人工智能研究要模拟人的智能行为,即在一定的前景下做出决策、进行推理、对先前的决定做出调整和修正,以至最后做成某件事情,当代的逻辑学已经大大突破了只研究必然性推理的藩篱,而向人类的实际思维领域进军。由于考虑的参数越来越多,系统也就越来越复杂;由于变化的因素太多,不确定程度也就增高。这带来了当代

---

① 陈波:《从人工智能看当代逻辑的发展》,《中山大学学报论丛》(逻辑与认知专刊)2000年第2期,台湾《哲学与文化》2001年第10期;《人工智能——当代逻辑发展的动力》,《光明日报》(理论学术版)2000年5月9日;《从〈哲学逻辑手册〉(第二版)看当代逻辑的发展趋势》,见《2003学术前沿论丛·小康社会:文化生态与全面发展》,北京师范大学出版社,2004年,第173—196页。

逻辑研究的一些新特点:直接明显的描写性,甚至有所谓的“描述逻辑”;技术上的复杂性,因为要处理的因素太多;高度的不确定性,因为不断有新的信息流涌入,会导致前提信念发生改变,从而导致推理关系也发生改变。当代逻辑的主要导向是实际的可应用性,即能够用它们去解决实际而困难的问题,我们先前所注重的那些形式标准,如可靠性和完全性,反而退居次要的地位。不过,我目前对此类研究模式又充满了疑虑,认为它们将面临某种二难困境:如果考虑的因素太简单,技术上可以控制,人们可以学习和掌握,如早期的认知逻辑和道义逻辑,但它们偏离直观和常识太远,几乎没有什么用处;如果考虑的因素太多,技术上太复杂,学习和应用它们又变得很困难,几乎不可能被应用;还由于它们仍然达不到确定性,本质上还是靠“猜测”,与其诉诸复杂的技术去猜,不如诉诸直觉和常识去猜。也许此类担心是多余的,随着逻辑技术的进一步发展,这些问题都可以解决,就像概率论、博弈论、复杂性理论的发展所显示的那样。

不过,从整体上看,逻辑学的发展目前处于相对低潮的时期,或者说,处于一个新的变革的前夜。逻辑学家们在以各种方式去突破旧有的以研究必然性推理为主的范式,而进入到人类实际的、复杂的、不确定的、以解决问题为导向的思维领域。由于所研究问题的复杂性,常常要求多学科研究者的相互协作。迄今为止,逻辑学家们基本上处于“解放思想,摸着石头过河”的阶段,研究焦点比较分散,没有任何研究范式处于主导或控制地位,也没有什么特别重大的得到公认的新成果。在这样的情况下,我不太赞成把中国逻辑学界的资源一股脑地投入到所谓的前沿研究上去,主张做一些扎扎实实的基础性学术工作,如编撰逻辑学各分支的高水平教科书,做一些逻辑史的研究工作,以及研究一些可控制的比较小的论题。学术之路还是要一步一步地走,不可能在很短的时间内突飞猛进。

五　批判性思维和非形式逻辑

批判性思维和非形式逻辑作为研究领域的出现,不是由学术圈自发促成的,而是由社会的现实需求间接促成的。主要是来自逻辑学界外部的两大动力:一是上世纪 60—70 年代,美国社会风云激荡,越南战争、种族隔离、性别歧视、性解放等等,成为各种社会势力竞逐的热门话题,各种观点的交锋与论战空前激烈。但当时的逻辑教学是数理逻辑的一统天下，与社会所关注的这些热门话题很少关联，甚至是没有关联。学生们要求有一门课程告诉他们，如何去分辨关于这些话题的观点或论战的合理性，评判它们是否概念清晰、根据充分、论证合理或有效，等等。批判性思维课程就是一些大学教师为呼应这种要求而尝试开设的，他们提出了一个口号：逻辑教学应该“与人们的日常生活相关，与人们的日常思维相关”。二是上世纪中叶开始的美国教育改革运动，要求从以知识传输为主的教育模式，改变成以人格和素质的养成以及能力培养为主的模式。“20 世纪 40 年代，批判性思维被用于标示美国教育改革的一个主题；70 年代，批判性思维成为美国教育改革运动的焦点；80 年代成为教育改革的核心。”[①]对批判性思维和非形式逻辑的理解不能脱离这些背景性因素。

在我看来，“批判性思维”至少有如下四种含义：(1)指起源于美国、后来风行欧美的一场教育改革运动；(2)指一种人格特质和思维习惯；(3)指一种旨在培养批判性思维的习惯和能力的课程设置；(4)指一套体现批判性思维的气质和倾向的思维技能。国内有人喜欢把批判性思维单纯地技艺化，我认为不妥，这至少降低了批判性思维的重要性。

从根本上说，批判性思维涉及培养什么样的人，以及如何培养所需要的人这两方面，后者又涉及“教什么”和“如何教”等问题。通过激烈的辩论和反思，美国教育界逐渐认识到：在民主社会中，在信息爆炸的当代，教育的首要目标不是培养知道很多的“知道分子”，而是培养能够“批判性思考”(critical thinking)的人，即能够独立思考、理性地判断和决策、有责任心、充满活力和创造力的人。按此理解，批判性思维首先是一种精神气质，一种人生态度，一种思维习惯。批判性思维服膺理性、逻辑和真理，是一种讲道理的、健康的怀疑主义态度，它的基本预设是：任何观点或思想都可以而且应该受到质疑和批判；任何观点或思想都应该通过理性的论证来为自身辩护；在理性和逻辑面前，任何人或任何思想都没有对于质疑、批判的豁免权。“把一切送上理智的法庭”，可以看作是批判性思维的基本主张和口号。善于进行批判性思维的人具有这样的个性特征：心灵开放，独立自主，充满自信，乐于思

① 武宏志、刘春杰主编：《批判性思维——以论证逻辑为工具》，陕西人民出版社，2005 年，第 2 页。

考，不迷信权威，尊重科学，尊重他人，力求客观公正。他们随时准备对所面对的各种观点和主张进行评估，以便确定什么样的信念最适合或切近于当下或长远的目标；不断发展出新的阐释，以便改善其对周围世界的理解；积极搜寻对所提出的阐释的质疑、修正或反驳意见；对所搜集信息进行比较、分析和综合，以便更有效地做出决定和选择；如此等等。

如上所述的精神气质、倾向、态度、习惯甚至是人格的养成，不能由某一门课程来完成，而要贯彻到教育的每一个过程和环节之中。如果你听过某些西方著名大学的网络公开课程，例如由哈佛大学哲学教授桑德尔（Michael J. Sandel）主讲的“正义”，以及由耶鲁大学哲学教授凯根（Shelly Kagan）主讲的“死亡”，你就会明白什么叫“批判性思维”。在欧美大学中，仍另外设计了专门的批判性思维课程，去培养学生的批判性思维的习惯和能力。这种课程目前尚未定型，不同的人有很不相同的理解，课程内容也五花八门。但按我的理解和偏好，批判性思维课程应该以论证的识别、评价和建构为核心，另外包括谬误理论、定义理论等内容；它在理论上并不复杂，知识含量并不高，而以案例教学为主。这种教学方式目前在中国实施和推广仍有难度。在总体上，中国目前仍然缺乏批判性思维的环境：我们大学的政治课教学，仍以让学生“相信”为鹄的，尽管是以一种“讲道理”的方式，以一种“苦口婆心”的方式。清华大学公开宣称，要改革政治课，要让学生“真信”马克思主义，真正做到“入脑”和“入心”。[①] 绝大多数课程仍然以知识传播为主，以老师讲授为主，以大课堂为主，以知识性考试为主：对原有知识的背诵、记忆、熟悉、理解、应用占了最大的比重。在这样的环境和氛围下，仅由一门批判性思维课程去承担培养某种人格特质和思维习惯的重任，难乎其难。

不过，批判性思维的重要性正得到越来越多有识之士的承认。在2006年7月上海召开的第三届中外大学校长论坛上，耶鲁大学校长理查德·莱文强调指出，传统的“填鸭式”教学培养不出创新型人才；大学教师的主要工作应该是教会学生如何独立思考，要让大学生具备批判性思维的能力，这种能力是目前的中国学生最为缺乏的。[②] 新加坡教育部长王瑞杰认为，要评估一个教育系统是否成功“不太容易”，过去20至30年，新加坡教育系统为

① http://news.xinhuanet.com/edu/2011-07/11/c_121647823.htm.

② 参见《新民晚报》2006年7月18日A12版《需培养大学生批判性思维》。

经济社会输送人才，而现在，可能需要培养“具有批判性思考能力”的人。①温家宝总理也强调指出，新时期的解放思想应该突出的第三个方面是：“要使每个人，特别是领导干部的思想得到解放，也就是说要有独立思考、批判思维和创造能力。”②中国社会和中国教育都需要有批判性思维，推广和普及批判性思维大有可为。

六　法律与逻辑：法律逻辑

法律与逻辑是密切关联的，这种关联不仅体现在法律实践要应用现有的逻辑理论与技术，而且体现在法律实践还会产生一些特殊的逻辑问题，因而有必要专门研究“法律推理”“法律论辩”“法律证成”，或者更一般地，“法律逻辑”。

按我的理解，法律逻辑可以涉及以下论题或内容：

1. 立法：有关法律条文证成的逻辑问题。例如，法律概念的清晰性，法律条文的无歧义性，某个法律条文与宪法及其他法律条文的一致性，对某部法律或某个法律条文的证成：理论上的根据，实践上的必要性，以及操作上的可行性，等等。

2. 司法：在大多数西方国家的司法实践中，都秉持一条“无罪推定原则”，即在证明某个人有罪之前，假定所有被告都是无罪的；控方说他有罪，必须拿出证据来，“谁检控谁举证”，并且这些证据需经法庭认定、接受；如果不能有力地证明某人有罪，法庭就必须宣判他无罪。之所以有这一原则，是因为人们相信：伤害无辜是比让罪犯逃逸危害更大的事情。对这一原则的最好践履，可以观看美国 1957 年的一部电影《十二怒汉》(*12 Angry Men*)。

于是，在司法环节，有如下一些逻辑问题值得研究：

(1)犯罪证据的寻找与发现：侦查的逻辑。这里，需要大量应用归纳推理、假说演绎法、类比推理，以及基于常识和专门知识的推理等，大侦探福尔摩斯的逻辑属于此类。

(2)证据真伪性的认定：控告与抗辩。因为实行“无罪推定”原则，即不

---

① 2011 年 7 月 15 日《联合早报》“新加坡新闻”。

② http://news.xinhuanet.com/misc/2008-03/18/content_7817295.htm.

能证明有罪就是无罪,犯罪证据是否能够被法庭或陪审团所接受,对于控辩双方都是关键性的。利用"合理怀疑"是抗辩方的利器,而排除或否定所谓的"合理怀疑"则是控告方的防卫重点。嫌疑者是否最后定罪,就取决于控辩双方的缠斗结果。这个过程牵涉到大量的逻辑问题,与推理、证明与反驳特别相关。

(3)犯罪证据与法律条文的链接:量刑。由于法律条文众多,里面可能有不一致的地方,因此有可能**合法地**钻法律的空子。由于法律条文的一般性,留下了很大的诠释空间。即使在确定犯罪证据之后,法官或陪审团仍有很大的自由裁量权。于是,控辩双方如何说服他们,对判决结果就有很大的影响。这里面也有很多逻辑问题,与法律条文的解释以及证据与法律条文的链接等等相关。

国内过去所谓的"法律逻辑",基本上是逻辑原理加法律例子。这是法律逻辑的初级阶段。据我所知,国内目前的法律逻辑研究正在或已经跨越这个初级阶段,开始真正以法律实践为依托,研究其中特殊的逻辑问题,至少是旧有的逻辑原理在法律实践中的特殊运用。如果法律逻辑能够让我们的公民、嫌疑人、律师、法官觉得真正有用,有助于他们去理解法律、运用法律,如果它还能为逻辑学的发展提供新的素材或理论,就获得了成功,在众多逻辑学科和法律学科中,就会获得其应有的地位。

七　逻辑理论形态的多样性

从时间上讲,逻辑的发展经历了几千年的时间,它不可能只保持一种形态;从地域上讲,世界上有许多不同的民族,他们使用不同的语言,有不同的文化,如果他们有逻辑理论的话,其逻辑理论不可能不带上其语言和文化的特点。由此导致逻辑理论形态的多样性,具体表现在研究题材、研究方法、研究结果(包括理论内容和理论表现形式)等方面的差异。

公认的说法是,亚里士多德是逻辑之父,他创立了包括概念范畴理论、定义理论、直言命题和模态命题的理论、直言三段论和模态三段论、思维规律的理论、证明理论(包括对公理化方法的探讨)、谬误理论等等在内的大一统的逻辑体系,其中,处理直言命题推理关系的理论特别是三段论是其核心。斯多亚派重点研究了复合命题及其推理的理论,并且还研究了悖论等问题。欧洲中世纪逻辑学家继承亚氏和斯多亚派的成果，在词项属性学说、推论理论、对悖论的系统研究、模态逻辑等方面卓有建树。文艺复兴和近代以来，归纳逻辑和经验科学方法论兴起。莱布尼茨倡导普遍文字和理性演算，试图把所有的推理化归于计算，使推理的错误成为计算的错误。布尔构造了逻辑代数；弗雷格和罗素构造了一阶逻辑和高阶逻辑，使莱布尼茨的理想部分地得到实现。刘易斯和克里普克构造了现代模态逻辑及其语义学。冯·赖特提出了"广义模态逻辑"的系统构想，导致一大批新的逻辑，如道义逻辑、时态逻辑、认知逻辑等等的出现。在计算机科学和人工智能研究的推动下，逻辑研究正在向人类思维的各个具体领域进军，由此导致其复杂性和不确定性程度大大提高。为了回应社会的现实需求，批判性思维和非形式逻辑异军突起。

从地域上看，也有一种比较公认的说法：逻辑学有三大源头，即以亚里士多德为代表的古希腊逻辑，古印度的因明和正理论，以及中国先秦的名辩学。在这三者中，只有古希腊逻辑通过古罗马和中世纪，进入拉丁语世界，延续下来，有连续的发展历史，其他二者都因为复杂的原因而被迫中断，但其大部分典籍仍然留存下来。此外，还应提到阿拉伯逻辑，它保存了几乎全部的亚里士多德著作，并对其做了大量的诠释工作。中世纪早期的拉丁世界所获得的亚氏著作极少，仅仅是《范畴篇》和《解释篇》，再加上波菲利的《〈范畴篇〉导论》，学术资源和研究主题受到极大的限制。正是通过阿拉伯世界，亚氏的大部分著作才翻译为拉丁文，由此造就了欧洲中世纪逻辑的大发展。

由逻辑理论形态的多样性又会引出"逻辑究竟是一元的还是多元的"问题，即正确的逻辑是仅有一个还是可以有多个，甚至不同的语言、文化和民族是否会有不同的逻辑？最近有人提出了逻辑相对于语言和文化的多元性论题，我对此多有保留，认为是过于大胆的推论。操不同语言和文化的民族能够相互沟通和理解，他们必定有某种共同的基础：这个基础就是逻辑。逻辑是不同民族所共同面对的自然界教导我们，甚至是强迫我们接受的东西。

八　中国古代究竟有没有逻辑？

回答这个问题，主要取决于我们如何理解"逻辑"。如果只把"逻辑"理解为用符号的形式去研究必然性推理，最后得到某些形式的或准形式的理论系统,那几乎可以肯定地说,中国古代没有逻辑。但是,如果像我前面所主张的那样,对“逻辑”做比较宽泛的理解,将其理解为关于思维的模式、程序、结构、方法和准则等的研究,则中国古代肯定有逻辑,并且有丰富的逻辑内容。

在我看来,中国逻辑最典型的代表是墨家逻辑。他们讨论了“名”:其作用是“以名举实”,其种类有达名、类名、私名,形貌之名和非形貌之名,兼名和体名等。也讨论了“辞”:其作用是“以辞抒意”,其种类有“合”(直言命题)、“假”(假言命题)、“尽”(全称命题)、“或”(特称命题)、“必”(必然命题)、“且”(可能命题)等。他们重点讨论了“说”与“辩”:“以说出故”,“说,所以明也”;“说”就是提出理由、根据、论据(即所谓“故”)来论证某个论题。“辩,争彼也。辩胜,当也”,下面是关于“辩”的一个总说明:“夫辩者,将以明是非之分,审治乱之纪,明同异之处,察名实之理,处利害,决嫌疑焉。摩略万物之然,论求群言之比。以名举实,以辞抒意,以说出故。以类取,以类予。有诸己不非诸人,无诸己不求诸人。”(《小取》)这段话既涉及论辩的伦理,更涉及论辩的目的、作用、方法、规则等等,大都属于逻辑的范围。他们还提炼出七种具体论式:或,假,效,辟,侔,援,推;还讨论过“止”。“推”和“止”主要用于反驳,其他五种论式均同时适用于“说”和“辩”。除墨家及其后学外,中国古代思想家邓析、孔子、惠施、公孙龙、荀子、韩非等人对逻辑学也多有贡献,甚至在《易经》中也隐藏着理解中国传统思维方式的密码。

即使退一步讲,中国古代真的没有逻辑,那么,与西方人相比,中国人的思维有些什么特点?有哪些模式和程序性的东西?经常使用哪些思维方法?是如何使用的?中国思想家对思维的模式、程序、结构、方法、准则等等做过哪些有意识的探索?中国人的思维方式对中国的文化、艺术、科学、技术、宗教、政治经济制度等等产生了什么样的影响?是如何产生那些影响的?在现代,中国人的思维方式和思维习惯是否需要改变或改进?如何去促成或促进这种改变或改进?……所有这些问题,都是值得认真研究的,由此获得的研究成果也是很有价值的。至于给这些研究成果以什么样的名称,例如是否冠以“中国逻辑史”之名,并不是很重要的事情。

在过去几十年中,中国逻辑史研究取得了较为丰硕的成果,远远超出了中国的西方逻辑史研究。我对中国逻辑史的研究者们致以敬意。我读过一些中国逻辑史著作,例如,沈有鼎的《墨经的逻辑学》(1980),周文英的《中国逻辑思想史稿》(1979),杨沛荪主编的《中国逻辑史教程》(1988),温公颐主编的《中国逻辑史教程》(初版,1988;修订本,崔清田为第二主编,2001),李匡武主编的《中国逻辑史》(5卷本,1989)及其配套的资料集,孙中原的墨辩研究等等,都是有分量的研究成果,从中获益匪浅。但是,绝大多数成果几乎有一个共同的特点,那就是以西方的形式逻辑为研究范式或研究框架,在中国思想家那里找相应的材料,再往其中“套”或“装”;由此,几乎把一部中国逻辑史变成了西方逻辑史的注脚。我主张,中国逻辑史应该按其本来面目重写,提炼出一些为中国逻辑所特有而为西方逻辑所缺乏的东西。

九 “思维四律”的特殊地位

上世纪早中期的中外逻辑教科书中,还把同一律、矛盾律和排中律叫做“思维三律”或“思维基本规律”,即使不这么叫,也往往赋予它们某种特殊的地位。但新近的西方逻辑教科书几乎不提这些规律,更别说给它们以任何特殊处理。有一种说法在国内逻辑学界一度十分流行:所谓“思维三律”只不过是现代逻辑演算系统中的重言式。我从不接受这样的说法,即使所有其他人都这么说。我曾撰文[①]指出,在上述见解中隐藏了一个根本性错误:把一个逻辑演算系统所赖以奠基和出发的元规则等同于该系统所接受的一个内定理。因为在我看来,“思维三律”是用元语言表述的元规则,它们是构造或检验一个逻辑演算系统的根本指导原则。

同一律作为元规则的作用,体现在逻辑演算系统的整个构造过程中:我们特制单义的人工语言符号,正是为了克服和避免自然语言中语词或概念的多义性或歧义性;我们递归定义系统内的合式公式(形成规则),正是为了避免自然语言语法规则的模糊性和松散性;我们严格定义系统内的“证明”概念,正是为了排除日常推理中随意引入的暗含假设和错误的推理步骤;我们区分对象语言与元语言、内定理和元定理、基本规则和导出规则、系统的语法和语义等等,都是为了严格贯彻同一律的精神,执行它的逻辑指令。可以说,同一律的基础作用和元规则作用已体现在逻辑演算的每一个符号、每一个公式、每一个推理或证明过程、每一个定理中。“$p \rightarrow p$”只是同一律在

---

① 陈波:《思维四律不能表述为重言式》,《哲学动态》1993年第5期。

命题演算中的表现形式;在其他逻辑中,同一律有别的表现形式。

矛盾律作为元规则的作用,体现在一个形式系统构造完毕之后,我们还要从语形和语义两方面去证明该系统的无矛盾性。正是矛盾律推动人们去探索、追寻、发现一个形式系统的无矛盾性证明,因为矛盾律告诉我们,包含矛盾的系统是不成立的,会崩溃或坍塌掉。至于 $\neg(p \wedge \neg p)$,只是矛盾律在命题演算中的表现形式;在其他逻辑中,矛盾律还有别的表现形式,如谓词演算中的 $\neg(\exists x)(F(x) \wedge \neg F(x))$,如模态逻辑中的 $\neg(\Box p \wedge \Diamond \neg p)$。

排中律的语义表述是:对于任一命题 A,要么 A 真,要么 A 假。它和矛盾律一起构成著名的“二值原则”:任一命题或者是真的或者是假的,二者必居其一,且只居其一。二值原则刻画了我们日常所使用的语义概念“真”和“假”的特性,它是整个经典逻辑(包括命题演算和谓词演算)的基础。经典逻辑是最典型的二值逻辑,其中的定理如 $(p \vee \neg p)$,$(\forall x)(F(x) \vee \neg F(x))$,只是排中律的表现形式;在其他的二值逻辑中,排中律还有别的表现形式。

至于充足理由律的逻辑地位,历来是有争议的,迄今依然。莱布尼茨对充足理由原则的最早表述是:“任何一件事如果是真实的或实在的,任何一个陈述如果是真实的,就必须有一个为什么这样而不那样的充足理由,虽然这些理由常常总是不能为我们所知道的。”[①]对此原则最大的非议是:这样的充足理由只有上帝才能知道,因此,若有该规律的话,它也只是上帝的规律,不是人的思维的规律。我不这么看,即使莱布尼茨的表述有问题,我们也可以对它加以改造,使之成为一条逻辑规律,成为我们的思维的基本指导原则。我对充足理由律的改造是:若要证明 B 为定理,必须做两件事情:先证明 A 是定理,并证明从 A 能够逻辑地推出 B。这就是分离规则:若 $\vdash A$,且 $\vdash A \to B$,则 $\vdash B$,每个逻辑系统都必须使用它。换成语义的表述:若要证明 B 真,也必须做两件事情:先证明 A 真,然后证明从 A 能够逻辑地推出 B。满足以上两个条件的 A 就是确证 B 在逻辑上充足的理由。换成平常的说法,充足理由律的内容是:在同一思维和论证过程中,要确定一个思想为真,必须有逻辑上充足的理由。具体要求如下:(1)对所要论证的观点必须给出理由;(2)给出的理由必须真实,至少是论辩双方所能接受的;(3)从给

---

① 北京大学哲学系编:《十六—十八世纪西欧各国哲学》,商务印书馆,1961 年,第 488 页。

出的理由必须能够合逻辑地推出所要论证的论点。否则,就会犯“没有理由”“理由虚假”和“推不出来”的错误。充足理由律的作用在于确保思维的论证性,即要求用合逻辑的方式去“讲道理”。随着批判性思维和非形式逻辑的兴起,对讲道理的方式——“论证”的识别、评价与建构占有越来越重要的地位。而在评价和建构论证时,所要注意的最基本问题是:前提或理由是否真实?前提或理由在逻辑上是否足以确证结论?推理或论证过程是否包含逻辑错误?这些问题都是由充足理由律派生的。此外,所谓“谬误”,就是“有缺陷的”推理和论证,其“缺陷”往往表现在:不讲道理,如强词夺理、人身攻击等;讲歪道理,如所给理由不真实,至少是未被证明或未被认可为真实;推不出来,如需要隐含的前提或假设,推理过程不合逻辑等。即使不是所有、至少是绝大部分的思维谬误是由于违反充足理由律而导致的,没有充足理由律,整个“谬误理论”就失去根基。因此,充足理由律至关重要,不可或缺。

十　逻辑的可修正性问题

在这个问题上,我秉持两个信念:(1)逻辑在原则上是可以修正的,甚至可以说,逻辑真理是可错的;(2)让逻辑不受伤害始终是应该优先选择的策略。[①]

为什么逻辑在原则上是可以修正的?可以列出如下理由:

1. 不能绝对地说,逻辑是题材中立的,它关于这个世界什么也没有说。实际上,作为经典逻辑的一阶逻辑,就对这个世界说了些什么,有不少隐含的预设或前提条件,例如它要求其对象域非空,量词都有存在含义,名称都有其相应的所指,没有所谓的“空名”,因而不会有违背二值原则的命题出现。于是,就有这样的可能:另外一些逻辑学家,出于另外一些考虑,不同意其中一些预设,而赞成另外一些预设,甚至是与原预设互相否定的预设,从而构造了另外一些逻辑系统,这些系统至少在某些点上与经典逻辑系统是相冲突的:后者的一些逻辑定理不能作为前者的逻辑定理,反之亦然。

2. 逻辑学家之间的分歧大都不是形式技术上的分歧,而是哲学立场上

---

① 参见陈波:《“逻辑的可修正性”再思考》,《哲学研究》2008年第8期。

的分歧，属于实质性分歧：不同的逻辑理论对这个世界以及人类对这个世界的认知施加了一些不同的限制条件。例如，根据达米特的研究，二值原则预设了某种实在论立场：是独立于我们而存在的外部世界使得我们说出的关于这个世界的任一描述性句子非真即假，这一点与我们是否知道甚至与我们是否能够知道该句子的真假无关。像直觉主义者以及受他们影响的哲学家就不同意这样的论断，他们问：在没有办法知道一个句子的真假的情况下，你有什么理由去断言该句子非真即假？你这样断言，与断言上帝存在有什么区别？他们对"存在性断言"提出了更高的标准："存在等于被构造"，仅当有办法把某物构造出来或找寻出来时，才能说该物存在；仅在能够证成某个句子的真或假的情况下，才能断定该句子的真或假。显然，他们对于逻辑施加了更为严格的限制，所构造出来的逻辑当然会与基于二值原则的经典逻辑有所冲突。

3. 如前所述，逻辑理论中包含描述性因素，关于"人类应该如何思维"的规范是从"人类实际上如何思维"的描述中提炼出来的。尽管逻辑理论中的描述性因素很不明显，但其中还是含有描述性因素和规定性成分，根据我的研究，这主要体现在对逻辑常项（包括联结词和量词）的语义解释，以及随后对于含这些常项的公理和推理规则的选取上。假如另外一些逻辑学家对这些常项的直观解释有不同的认知，就会导致他们各自构造不同的逻辑，由此发生冲突。例如，正是基于对蕴涵和推理关系的不同理解，导致逻辑学家分别构造了经典逻辑、相干逻辑、直觉主义逻辑、反事实条件句逻辑、非单调推理等有所差异且有所冲突的逻辑理论。

为什么让逻辑不受伤害应该是优先选择的策略？这是因为：尽管逻辑理论也含有描述性因素，但仍然与其他经验科学很不相同：它们并不直接描述这个世界以及关于这个世界的认知，其中所含的描述性因素最少，离经验世界最远，得到修正的机会最小。更重要的是，我们关于这个世界的知识或信念构成了一个有层次、有结构的网络——"信念之网"，尽管其中所有成分都与经验内容有关联，但毕竟还有"多少远近"的差别，逻辑处于这个信念网的核心地带，对整个信念网起支撑作用，修改逻辑会导致整个信念网的坍塌，按以最小代价获取最大收益的方法论原则，修改逻辑也是最不应该采取的策略：除非万不得已、万般无奈，通常不选择去修改逻辑这条途径。

承认"逻辑是可以修正的"有什么积极意义？如果连逻辑也与经验有关

联,也可以被修改的话,那么,还有什么东西与经验无关、不可以被修改呢?由此可杜绝一切所谓的"先验真理""分析真理"和"绝对真理",断掉认识论上的独断论、教条主义和专制主义的后路,为自由思考和科学的进一步发展敞开道路,提供空间。

十一　结语

综上所述,"逻辑"是一个生长和变动着的概念。逻辑与人类思维有关,它从对"人类事实上如何思维"的考察中提炼出"人类应该如何思维"的规范。随着人类思维的发展以及人类认知和实践需求的变化,不同历史时期或阶段的逻辑研究会在题材、重点、方法、结果等方面显现出很大的差异,从而导致逻辑理论形态的多样化。在计算机科学和人工智能研究的推动下,当代逻辑正向人类的实际思维领域进军,由此带来逻辑研究的一些新特点:直接明显的描写性,技术上的复杂性,推理结论的不确定性,以及追求研究结果的可应用性等。批判性思维是当代逻辑的一个活跃领域,它涉及培养什么样的人以及如何培养两个方面,后者又涉及"教什么"和"如何教"等问题。法律逻辑是法律与逻辑密切结合的产物,"法律证成""法律推理"和"法律论辩"是其研究重点。同一律、矛盾律和排中律是正确思维的基本规律;没有充足理由律,作为批判性思维核心的论证理论和谬误理论将失去根基。由于逻辑理论也带有某种程度的经验描写性,故逻辑是可修正的、逻辑真理是可错的,但让逻辑不受伤害始终是应该优先选择的策略。我们不能把在某一个历史时期或阶段占主导地位的研究方式视为唯一或绝对正确的研究方式,用它去剪裁和评判历史前辈和当代同行的逻辑研究。"独立之精神,自由之思想",这是学术研究的灵魂,也应该在逻辑学研究中提倡和坚守。坚持一定的学术标准,与保护学术自由,应该并行不悖。

我认为,对于中国逻辑学界来说,下述领域都可以研究,也应该研究:数理逻辑,哲学逻辑,逻辑哲学,自然语言逻辑;西方逻辑史,中国逻辑史,印度、藏传、汉传的因明;批判性思维,非形式逻辑,法律逻辑;前沿研究,历史梳理,逻辑的教学和普及;如此等等。重要的不在于研究什么,而在于怎么研究,以及最后获得什么样的成果。只要中国逻辑学界同仁各显神通,认真扎实地去做,持之以恒地去做,中国逻辑的光明前景是可以期待的!

附录三

从人工智能看当代逻辑学的发展*

现代逻辑创始于19世纪末叶和20世纪早期,其发展动力主要来自于数学中的公理化运动。当时的数学家们试图从少数公理根据明确给出的演绎规则推导出其他的数学定理,从而把整个数学构造成一个严格的演绎大厦,然后用某种程序和方法一劳永逸地证明数学体系的可靠性。为此需要发明和锻造严格、精确、适用的逻辑工具。这是现代逻辑诞生的主要动力。由此造成的后果就是20世纪逻辑研究的严重数学化,其表现在于:一是逻辑专注于在数学的形式化过程中提出的问题;二是逻辑采纳了数学的方法论,从事逻辑研究就意味着像数学那样用严格的形式证明去解决问题。由此发展出来的逻辑被恰当地称为"数理逻辑",它增强了逻辑研究的深度,使逻辑学的发展继古希腊逻辑、欧洲中世纪逻辑之后进入第三个高峰期,并且对整个现代科学特别是数学、哲学、语言学和计算机科学产生了非常重要的影响。

本文所要探讨的问题是:21世纪逻辑发展的主要动力将来自何处?大致说来将如何发展?我个人的看法是:计算机科学和人工智能将至少是21世纪早期逻辑学发展的主要动力源泉,并将由此决定21世纪逻辑学的另一副面貌。由于人工智能要模拟人的智能,它的难点不在于人脑所进行的各种必然性推理(这一点在20世纪基本上已经做到了,如用计算机去进行高难度和高强度的数学证明,"深蓝"通过高速、大量的计算去与世界冠军下棋),而在于最能体现人的智能特征的能动性、创造性思维,这种思维活动中

---

* 原载《中山大学学报论丛》(逻辑与认知专刊)2000年第2期,台湾《哲学与文化》2001年第10期。

包括学习、抉择、尝试、修正、推理诸因素，例如选择性地搜集相关的经验证据，在不充分信息的基础上做出尝试性的判断或抉择，不断根据环境反馈调整、修正自己的行为……由此达到实践的成功。于是，逻辑学将不得不比较全面地研究人的思维活动，并着重研究人的思维中最能体现其能动性特征的各种不确定性推理，由此发展出的逻辑理论也将具有更强的可应用性。

实际上，在20世纪中后期，就已经开始了现代逻辑与人工智能（记为AI）之间的相互融合和渗透。例如，哲学逻辑所研究的许多课题在理论计算机和人工智能中具有重要的应用价值。AI从认知心理学、社会科学以及决策科学中获得了许多资源，但逻辑（包括哲学逻辑）在AI中发挥了特别突出的作用。某些原因促使哲学逻辑家去发展关于非数学推理的理论；基于几乎同样的理由，AI研究者也在进行类似的探索，这两方面的研究正在相互接近、相互借鉴，甚至逐渐融合在一起。例如，AI特别关心下述课题：

- 效率和资源有限的推理；
- 感知；
- 做计划和计划再认；
- 关于他人的知识和信念的推理；
- 各认知主体之间相互的知识；
- 自然语言理解；
- 知识表示；
- 常识的精确处理；
- 对不确定性的处理，容错推理；
- 关于时间和因果性的推理；
- 解释或说明；
- 对归纳概括以及概念的学习。[①]

21世纪的逻辑学也应该关注这些问题，并对之进行研究。为了做到这一点，逻辑学家们有必要熟悉AI的要求及其相关进展，使其研究成果在AI中具有可应用性。

---

① 参见R. Thomason, "Philosophical Logic and Artificial Intelligence", in *Journal of Philosophical Logic* No. 4, 1988, p. 325, Kluwer Academic Publishers。

我认为,至少是21世纪早期,逻辑学将会重点关注下述几个领域,并且有可能在这些领域出现具有重大意义的成果:(1)如何在逻辑中处理常识推理中的弗协调、非单调和容错性因素?(2)如何使机器人具有人的创造性智能,如从经验证据中建立用于指导以后行动的归纳判断?(3)如何进行知识表示和知识推理,特别是基于已有的知识库以及各认知主体相互之间的知识而进行的推理?(4)如何结合各种语境因素进行自然语言理解和推理,使智能机器人能够用人的自然语言与人进行成功的交际?等等。

一 常识推理中的某些弗协调、非单调和容错性因素

AI研究的一个目标就是用机器智能模拟人的智能,它选择各种能反映人的智能特征的问题进行实践,希望能做出各种具有智能特征的软件系统。AI研究基于计算途径,因此要建立具有可操作性的符号模型。一般而言,AI关于智能系统的符号模型可描述为:由一个知识载体(称为知识库KB)和一组加载在KB上的足以产生智能行为的过程(称为问题求解器PS)构成。经过20世纪70年代包括专家系统的发展,AI研究者逐步取得共识,认识到知识在智能系统中的力量,即一般的智能系统事实上是一种基于知识的系统,而知识包括专门性知识和常识性知识,前者亦可看作是某一领域内专家的常识。于是,常识问题就成为AI研究的一个核心问题,它包括两个方面:常识表示和常识推理,即如何在人工智能中清晰地表示人类的常识,并运用这些常识去进行符合人类行为的推理。显然,如此建立的常识知识库可能包含矛盾,是不协调的,但这种矛盾或不协调应不至于影响到进行合理的推理行为;常识推理还是一种非单调推理,即人们基于不完全的信息推出某些结论,当得到更完全的信息后,可以改变甚至收回原来的结论;常识推理也是一种可能出错的不精确的推理模式,是在容许有错误知识的情况下进行的推理,简称容错推理。而经典逻辑拒斥任何矛盾,容许从矛盾推出一切命题;并且它是单调的,即承认如下的推理模式:如果 $p\rightarrow r$,则 $p\wedge q\rightarrow r$;或者说,任一理论的定理属于该理论之任一扩张的定理集。因此,在处理常识表示和常识推理时,经典逻辑应该受到限制和修正,并发展出某些非经典的逻辑,如次协调逻辑、非单调逻辑、容错推理等。有人指出,常识推理的逻辑是次协调逻辑和非单调逻辑的某种结合物,而后者又可看作是对容

错推理的简单且基本的情形的一种形式化。[1]

“次协调逻辑”(Paraconsistent Logic)是由普里斯特、达·科斯塔等人在对悖论的研究中发展出来的,其基本想法是:当在一个理论中发现难以克服的矛盾或悖论时,与其徒劳地想尽各种办法去排除或防范它们,不如干脆让它们留在理论体系内,但把它们“圈禁”起来,不让它们任意扩散,以免使我们所创立或研究的理论成为“不足道”的。于是,在次协调逻辑中,能够容纳有意义、有价值的“真矛盾”,但这些矛盾并不能使系统推出一切,导致自毁。因此,这一新逻辑具有一种次于经典逻辑但又远远高于完全不协调系统的协调性。次协调逻辑家们认为,如果在一理论 T 中,一语句 A 及其否定 $\neg A$ 都是定理,则 T 是不协调的;否则,称 T 是协调的。如果 T 所使用的逻辑含有从互相否定的两公式可推出一切公式的规则或推理,则不协调的 T 也是不足道的(trivial)。因此,通常以经典逻辑为基础的理论,如果它是不协调的,那它一定也是不足道的。这一现象表明,经典逻辑虽可用于研究协调的理论,但不适用于研究不协调但又足道的理论。达·科斯塔在 20 世纪 60 年代构造了一系列次协调逻辑系统 $C_n(1 \leqslant n \leqslant w)$,以用作不协调而又足道的理论的逻辑工具。对次协调逻辑系统 C_n 的特征性描述包括下述命题:(i)矛盾律 $\neg(A \wedge \neg A)$ 不普遍有效;(ii)从两个相互否定的公式 A 和 $\neg A$ 推不出任意公式;即是说,矛盾不会在系统中任意扩散,矛盾不等于灾难。(iii)应当容纳与(i)和(ii)相容的大多数经典逻辑的推理模式和规则。这里,(i)和(ii)表明了对矛盾的一种相对宽容的态度,(iii)则表明次协调逻辑对于经典逻辑仍有一定的继承性。

在任一次协调逻辑系统 $C_n(1 \leqslant n \leqslant w)$ 中,下述经典逻辑的定理或推理模式都不成立:

$$\neg(A \wedge \neg A)$$

$$A \wedge \neg A \rightarrow B$$

$$A \rightarrow (\neg A \rightarrow B)$$

$$(A \leftrightarrow \neg A) \rightarrow B$$

$$(A \leftrightarrow \neg A) \rightarrow \neg B$$

① 参见林作铨:《常识问题——常识、人工智能和数理逻辑》,《常识问题——常识推理的逻辑基础》,《计算机研究和发展》(北京)1997 年第 6 期。

$A \to \neg\neg A$

$(\neg A \wedge (A \vee B)) \to B$

$(A \to B) \to (\neg B \to \neg A)$

若以 C_0 为经典逻辑,则系列 C_0, C_1, C_2,… C_n,… C_ω 使得对任一正整数 i 有 C_i 弱于 C_{i-1},C_ω 是这系列中最弱的演算。已经为 C_n 设计出了合适的语义学,并已经证明 C_n 相对于此种语义是可靠的和完全的,并且次协调命题逻辑系统 C_n 还是可判定的。现在,已经有人把次协调逻辑扩展到模态逻辑、时态逻辑、道义逻辑、多值逻辑、集合论等领域的研究中,发展了这些领域内的次协调理论。显然,次协调逻辑将会得到更进一步的发展。[①]

非单调逻辑是关于非单调推理的逻辑,它的研究开始于 20 世纪 80 年代。1980 年,D. 麦克多莫特和 J. 多伊尔初步尝试着系统发展一种关于非单调推理的逻辑。他们在经典谓词演算中引入一个算子 M,表示某种"一致性"断言,并将其看作是模态概念,通过一定程序把模态逻辑系统 T、S4 和 S5 翻译成非单调逻辑。B. 摩尔的论文《非单调逻辑的语义思考》(1983)据认为在非单调逻辑方面做出了令人注目的贡献。他在"缺省推理"和"自动认知推理"之间做了区分,并把前者看作是在没有任何相反信息和缺少证据的条件下进行推理的过程,这种推理的特征是试探性的:根据新信息,它们很可能会被撤销。自动认知推理则不是这种类型,它是与人们自身的信念或知识相关的推理,可用它模拟一个理想的具有信念的有理性的代理人的推理。对于在计算机和人工智能中获得成功的应用而言,非单调逻辑尚需进一步发展。

二 归纳以及其他不确定性推理

人类智能的本质特征和最高表现是创造。在人类创造的过程中,具有必然性的演绎推理固然起重要作用,但更为重要的是具有某种不确定性的

---

① 此处关于次协调逻辑的讨论,除参阅有关的英文文献外,尚参阅了下述文章:张清宇:《次协调逻辑研究近况》,《世界哲学并鉴 1986》,第 166—168 页。桂起权:《什么是协调逻辑》,《逻辑与语言学习》1988 年第 4 期,第 20—23 页;《次协调逻辑:辩证逻辑形式化的阶梯》,《武汉大学学报》1989 年第 6 期,第 24—30 页。

归纳、类比推理以及模糊推理等。因此，计算机要成功地模拟人的智能，真正体现出人的智能品质，就必须对各种具有不确定性的推理模式进行研究。

首先是对归纳推理和归纳逻辑的研究。这里所说的“归纳推理”是广义的，指一切扩展性推理，它们的结论所断定的超出了其前提所断定的范围，因而前提的真无法保证结论的真，整个推理因此缺乏必然性。具体说来，这种意义的“归纳”包括下述内容：简单枚举法；排除归纳法，指这样一些操作：预先通过观察或实验列出被研究现象的可能的原因，然后有选择地安排某些事例或实验，根据某些标准排除不相干假设，最后得到比较可靠的结论；统计概括：从关于有穷数目样本的构成的知识到关于未知总体分布构成的结论的推理；类比论证和假说演绎法，等等。尽管休谟提出著名的“归纳问题”，对归纳推理的合理性和归纳逻辑的可能性提出了深刻的质疑，但我认为，(1)归纳是在茫茫宇宙中生存的人类必须采取也只能采取的认知策略，对于人类来说具有实践的必然性。(2)人类有理由从经验的重复中建立某种确实性和规律性，其依据就是确信宇宙中存在某种类似于自然齐一律和客观因果律之类的东西。这一确信是合理的，而用纯逻辑的理由去怀疑一个关于世界的事实性断言则是不合理的，除非这个断言是逻辑矛盾。(3)人类有可能建立起局部合理的归纳逻辑和归纳方法论。并且，归纳逻辑的这种可能性正在计算机科学和人工智能的研究推动下慢慢地演变成现实。恩格斯早就指出，“社会一旦有技术上的需要，则这种需要比十所大学更能把科学推向前进”①。有人通过指责现有的归纳逻辑不成熟，得出“归纳逻辑不可能”的结论，他们的推理本身与归纳推理一样，不具有演绎的必然性。(4)人类实践的成功在一定程度上证明了相应的经验知识的真理性，也就在一定程度上证明了归纳逻辑和归纳方法论的力量。毋庸否认，归纳逻辑目前还很不成熟。有的学者指出，为了在机器的智能模拟中克服对归纳模拟的困难而有所突破，应该将归纳逻辑等有关的基础理论研究与机器学习、不确定推理和神经网络学习模型及归纳学习中已有的成果结合起来。只有这样，才能在已有的归纳学习成果上，在机器归纳和机器发现上取得新的突破和进展。②这是一个极有价值且极富挑战性的课题，无疑在21世纪将得到

① 《马克思恩格斯选集》第4卷，第505页。

② 参见王雨田：《归纳逻辑和人工智能》，中国纺织大学出版社，1995年，第i—ii页。

重视并取得进展。

再谈模糊逻辑。现实世界中充满了模糊现象,这些现象反映到人的思维中形成了模糊概念和模糊命题,如“矮个子”“美人”“甲地在乙地附近”“他很年轻”等。研究模糊概念、模糊命题和模糊推理的逻辑理论叫做“模糊逻辑”。对它的研究始于20世纪20年代,其代表性人物是L.A.查德和P.N.马林诺斯。模糊逻辑为精确逻辑(二值逻辑)解决不了的问题提供了解决的可能,它目前在医疗诊断、故障检测、气象预报、自动控制以及人工智能研究中获得重要应用。显然,它在21世纪将继续得到更大的发展。

三 广义内涵逻辑

经典逻辑只是对命题联结词、个体词、谓词、量词和等词进行了研究,但在自然语言中,除了这些语言成分之外,显然还存在许多其他的语言成分,如各种各样的副词,包括模态词“必然”“可能”和“不可能”、时态词“过去”“现在”和“未来”、道义词“应该”“允许”“禁止”等等,以及各种认知动词,如“思考”“希望”“相信”“判断”“猜测”“考虑”“怀疑”,这些认知动词在逻辑和哲学文献中被叫做“命题态度词”。对这些副词以及命题态度词的逻辑研究可以归类为“广义内涵逻辑”。

大多数副词以及几乎所有命题态度词都是内涵性的,造成内涵语境,后者与外延语境构成对照。外延语境又叫透明语境,是经典逻辑的组合性原则、等值置换规则、同一性替换规则在其中适用的语境;内涵语境又称晦暗语境,是上述规则在其中不适用的语境。相应于外延语境和内涵语境的区别,一切语言表达式(包括自然语言的名词、动词、形容词直至语句)都可以区分为外延性的和内涵性的,前者是提供外延语境的表达式,后者是提供内涵性语境的表达式。例如,杀死、见到、拥抱、吻、砍、踢、打、与……下棋等都是外延性表达式,而知道、相信、认识、必然、可能、允许、禁止、过去、现在、未来等都是内涵性表达式。

在内涵语境中会出现一些复杂的情况。首先,对于个体词项来说,关键性的东西是我们不仅必须考虑它们在现实世界中的外延,而且要考虑它们在其他可能世界中的外延。例如,由于“必然”是内涵性表达式,它提供内涵语境,因而下述推理是非有效的:

晨星必然是晨星，
晨星就是暮星，
所以，晨星必然是暮星。

这是因为：这个推理只考虑到“晨星”和“暮星”在现实世界中的外延，并没有考虑到它们在每一个可能世界中的外延，我们完全可以设想一个可能世界，在其中“晨星”的外延不同于“暮星”的外延。因此，我们就不能利用同一性替换规则，由该推理的前提得出它的结论：“晨星必然是暮星”。其次，在内涵语境中，语言表达式不再以通常是它们的外延的东西作为外延，而以通常是它们的内涵的东西作为外延。以“达尔文相信人是从猿猴进化而来的”这个语句为例。这里，达尔文所相信的是“人是从猿猴进化而来的”所表达的思想，而不是它所指称的真值，于是在这种情况下，“人是从猿猴进化而来的”所表达的思想（命题）就构成它的外延。再次，在内涵语境中，虽然适用于外延的函项性原则不再成立，但并不是非要抛弃不可，可以把它改述为新的形式：一复合表达式的外延是它出现于外延语境中的部分表达式的外延加上出现于内涵语境中的部分表达式的内涵的函项。这个新的组合性或函项性原则在内涵逻辑中成立。

一般而言，一个好的内涵逻辑至少应满足两个条件：(i)它必须能够处理外延逻辑所能处理的问题；(ii)它还必须能够处理外延逻辑所不能处理的难题。这就是说，它既不能与外延逻辑相矛盾，又要克服外延逻辑的局限。这样的内涵逻辑目前正在发展中，并且已有初步轮廓。从术语上说，内涵逻辑除需要真、假、语句真值的同一和不同、集合或类、谓词的同范围或不同范围等外延逻辑的术语之外，还需要同义、内涵的同一和差异、命题、属性或概念这样一些术语。广而言之，可以把内涵逻辑看作是关于像“必然”“可能”“知道”“相信”“允许”“禁止”等提供内涵语境的语句算子的一般逻辑。在这种广义之下，模态逻辑、时态逻辑、道义逻辑、认知逻辑、问题逻辑等都是内涵逻辑。不过，还有一种狭义的内涵逻辑，它可以粗略定义如下：一个内涵逻辑是一个形式语言，其中包括(1)谓词逻辑的算子、量词和变元，这里的谓词逻辑不必局限于一阶谓词逻辑，也可以是高阶谓词逻辑；(2)合式的 λ-表达式，例如 $(\lambda x)A$，这里 A 是任一类型的表达式，x 是任一类型的变元，$(\lambda x)A$ 本身是一函项，它把变元 x 在其中取值的那种类型的对象映射到 A

所属的那种类型上;(3)其他需要的模态的或内涵的算子,例如∈,∧、∨。而一个内涵逻辑的解释,则由下列要素组成:(1)一个可能世界的非空集W;(2)一个可能个体的非空集D;(3)一个赋值,它给系统内的表达式指派它们在每 w∈W 中的外延。对于任一的解释 Q 和任一的世界 w∈W,判定内涵逻辑系统中的任一表达式 X 相对于解释 Q 在 w∈W 中的外延总是可能的。这样的内涵逻辑系统有丘奇的 LSD 系统,R. 蒙塔古的 IL 系统,以及 E. N. 扎尔塔的 FIL 系统等。[1]

在各种内涵逻辑中,认识论逻辑(epistemic logic)具有重要意义。它有广义和狭义之分。广义的认识论逻辑研究与感知(perception)、知道、相信、断定、理解、怀疑、问题和回答等相关的逻辑问题,包括问题逻辑、知道逻辑、相信逻辑、断定逻辑等;狭义的认识论逻辑仅指知道和相信的逻辑,简称"认知逻辑"。冯·赖特在 1951 年提出了对"认知模态"的逻辑分析,这对建立认知逻辑具有极大的启发作用。麦金西首先给出了一个关于"知道"的模态逻辑。帕普于 1957 年建立了一个基于 6 条规则的相信逻辑系统。亨迪卡于 60 年代出版的《知识和信念》一书是认知逻辑史上的重要著作,其中提出了一些认知逻辑的系统,并为其建立了基于"模型集"的语义学,后者是可能世界语义学的先导之一。当今的认知逻辑纷繁复杂,既不成熟也面临许多难题。由于认知逻辑涉及认识论、心理学、语言学、计算机科学和人工智能等诸多领域,并且认知逻辑的应用技术,又称关于知识的推理技术,正在成为计算机科学和人工智能的重要分支之一,因此认知逻辑在 20 世纪中后期成为国际逻辑学界的一个热门研究方向。这一状况在 21 世纪将得到继续并进一步强化,在这方面有可能出现突破性的重要结果。

四　对自然语言的逻辑研究

对自然语言的逻辑研究有来自几个不同领域的推动力。首先是计算机和人工智能的研究,人机对话和通讯、计算机的自然语言理解、知识表

---

① C. A. Anderson, "General Intentional Logic", in *Handbook of Philosophical Logic*, eds. by D. Gabbay and F. Guenthner, Dordrecht: Reidel, vol. Ⅱ, 1984, pp. 355-386; Edward N. Zalta, *Intentional Logic and The Metaphysics of Intentionality*, Massachusetts: MIT Press, 1988.

示和知识推理等课题，都需要对自然语言进行精细的逻辑分析，并且这种分析不能仅停留在句法层面，而且要深入到语义层面。其次是哲学特别是语言哲学，在20世纪哲学家们对语言表达式的意义问题倾注了异乎寻常的精力，发展了各种各样的意义理论，如观念论、指称论、使用论、言语行为理论、真值条件论等等，以至有人说，关注意义成了20世纪哲学家的职业病。再次是语言学自身发展的需要，例如在研究自然语言的意义问题时，不能仅仅停留在脱离语境的抽象研究上面，而要结合使用语言的特定环境去研究，这导致了语义学、语用学、新修辞学等等发展。各个方面发展的成果可以总称为"自然语言逻辑"，它力图综合后期维特根斯坦提倡的使用论，奥斯汀、塞尔等人发展的言语行为理论，以及格赖斯所创立的会话含义学说等成果，透过自然语言的指谓性和交际性去研究自然语言中的推理。

自然语言具有表达和交际两种职能，其中交际职能是自然语言最重要的职能，是它的生命力之所在。而言语交际总是在一定的语言环境（简称语境）中进行的，语境有广义和狭义之分。狭义的语境仅指一个语词、一个句子出现的上下文。广义的语境除了上下文之外，还包括该语词或语句出现的整个社会历史条件，如该语词或语句出现的时间、地点、条件、讲话的人（作者）、听话的人（读者）以及交际双方所共同具有的背景知识，这里的背景知识包括交际双方共同的信念和心理习惯，以及共同的知识和假定等等。这些语境因素对于自然语言的表达式（语词、语句）的意义有着极其重要的影响，这具体表现在：(i)语境具有消除自然语言语词的多义性、歧义性和模糊性的能力，具有严格规定语言表达式意义的能力。(ii)自然语言的句子常常包含指示代词、人称代词、时间副词等，要弄清楚这些句子的意义和内容，就要弄清楚这句话是谁说的、对谁说的、什么时候说的、什么地点说的、针对什么说的，等等，这只有在一定的语境中才能进行。依赖语境的其他类型的语句还有：包含着像"有些"和"每一个"这类量化表达式的句子的意义取决于依语境而定的论域，包含着像"大的""冷的"这类形容词的句子的意义取决于依语境而定的相比较的对象类；模态语句和条件语句的意义取决于因语境而变化的语义决定因素；如此等等。(iii)语言表达式的意义在语境中会出现一些重要的变化，以至偏离它通常所具有的意义（抽象意义），而产生一种新的意义即语用涵义。有人认为，一个语言表达式在它的具体语境中的意义，才是它的完全的真正的意义，一旦脱离开语境，它就只具有抽象的意义。语言的抽象意义和它的具体意义的关系，正像解剖了的死人肢体与活人肢体的关系一样。逻辑应该去研究、理解、把握自然语言的具体意义，当然不是去研究某一个（或一组）特定的语句在某个特定语境中唯一无二的意义，而是专门研究确定自然语言具体意义的普遍原则。[①]

格赖斯把语言表达式在一定的交际语境中产生的一种不同于字面意义的特殊涵义，叫做“语用涵义”“会话涵义”或“隐涵”(implicature)，并于1975年提出了一组“交际合作原则”，包括一个总则和四组准则。总则的内容是：在你参与会话时，你要依据你所参与的谈话交流的公认目的或方向，使你的会话贡献符合这种需要。仿照康德把范畴区分为量、质、关系和方式四类，格赖斯提出了如下四组准则：

(1)数量准则：在交际过程中给出的信息量要适中。

a. 给出所要求的信息量；

b. 给出的信息量不要多于所要求的信息量。

(2)质量准则：力求讲真话。

a. 不说你认为假的东西。

b. 不说你缺少适当证据的东西。

(3)关联准则：说话要与已定的交际目的相关联。

(4)方式准则：说话要意思明确，表达清晰。

a. 避免晦涩生僻的表达方式；

b. 避免有歧义的表达方式；

c. 说话要简洁；

d. 说话要有顺序性。[②]

后来对这些原则提出了不少修正和补充，例如有人还提出了交际过程中所要遵守的“礼貌原则”。只要把交际双方遵守交际合作原则之类的语用规则作为基本前提，这些原则就可以用来确定和把握自然语言的具体意义（语用涵义）。实际上，一个语句p的语用涵义，就是听话人在具体语境中根

---

① 参见周礼全：《形式逻辑应尝试研究自然语言的具体意义》，《光明日报》1961年5月26日。

② 格赖斯：《逻辑和会话》，见马蒂尼奇编：《语言哲学》，1998年，第296—316页。

据语用规则由 p 得到的那个或那些语句。更具体地说,从说话人 S 说的话语 p 推出语用涵义 q 的一般过程是:

(i)S 说了 p;

(ii)没有理由认为 S 不遵守准则,或至少 S 会遵守总的合作原则;

(iii)S 说了 p 而又要遵守准则或总的合作原则,S 必定想表达 q;

(iv)S 必然知道,谈话双方都清楚:如果 S 是合作的,必须假设 q;

(v)S 无法阻止听话人 H 考虑 q;

(vi)因此,S 意图让 H 考虑 q,并在说 p 时意味着 q。

试举二例:

(1)a 站在熄火的汽车旁,b 向 a 走来。a 说:"我没有汽油了。"b 说:"前面拐角处有一个修车铺。"这里 a 与 b 谈话的目的是:a 想得到汽油。根据关系准则,b 说这句话是与 a 想得到汽油相关的,由此可知:b 说这句话时隐含着:"前面的修车铺还在营业并且卖汽油。"

(2)某教授写信推荐他的学生任某项哲学方面的工作,信中写道:"亲爱的先生:我的学生 c 的英语很好,并且准时上我的课。"根据量的准则,应该提供所需要的信息量;作为教授,他对自己的学生的情况显然十分熟悉,也可以提供所需要的信息量,但他有意违反量的准则,在信中只用一句话来介绍学生的情况,任用人一旦接到这封信,自然明白:教授认为 c 不宜从事这项哲学工作。

并且,语用涵义还具有如下 5 个特点:(i)可取消性:在给原话语附加上某些话语之后,它原有的语用涵义可被取消。在例(1)中,若 b 在说"前面拐角处有一个修车铺"之后又补上一句"不过它这时已经关门了",则原有的语用涵义"你可从那里得到汽油"就被取消了。(ii)不可分离性:如果某话语在特定的语境中产生了语用涵义,则无论采用什么样的同义结构,该含义始终存在,因为它所依附的是话语的内容,而不是话语的形式。(iii)可推导性,前面已说明这一点。(iv)非规约性:语用涵义不能单独从话语本身推出来,除要考虑交际合作原则之类的语用规则之外,也需要假定通常的逻辑推理规则,并需要把上文语句、交际双方所共有的背景知识作为附加前提考虑在内。(v)不确定性:同一句话语在不同的语境中可以产生不同的语用涵义。显然,确定某个话语的语用涵义是一个极其复杂的过程,需要综合和分析、归纳和演绎的统一应用,因此具有一定的或然性。研究如何迅速有效地把握自然语言表达式在具体语境中的语用涵义,这正是自然语言逻辑所要完成的任务之一,它将在 21 世纪取得进展。

附录四

从《哲学逻辑手册》(第二版)看当代逻辑的发展趋势*

一 当代逻辑的发展趋势

1983—1989 年间,国际逻辑共同体用英文出版了 4 卷本《哲学逻辑手册》。从 2001 年开始,该手册出版第 2 版,约为 18 卷,迄今已经出版 12 卷。该书由英国伦敦国王学院计算机科学系多夫·加贝(Dov M. Gabbay)教授和德国路德维希—麦克米兰大学信息与语言处理中心冈瑟(F. Guenthner)教授共同主编。

加贝在新版序言中指出:该手册第一版出版时,"幸运地处于逻辑学发展的时间转折点。(着重点系引者所加,下同)正是在这个时期,逻辑学在计算机科学和人工智能领域扎下根来。这些领域正处于日渐增长的商业压力之下,要求提供一些在人的日常活动中帮助人甚至是取代人的手段。这种压力,一方面要求在给人的活动和组织建立模型的过程中使用逻辑,另一方面也要求为构造计算机程序提供理论基础。其结果就是《哲学逻辑手册》,它覆盖了为这些活跃的共同体所需要的大多数逻辑领域,并因此成为他们的'圣经'"。"来自计算机科学、人工智能和计算语言学等领域的这种迫切需求,也直接或间接地加速了哲学逻辑的发展。由于受到应用需要的刺激,研究被直接推向前进。新的逻辑领域得到确认,旧的领域得到了丰富和扩充。与此同时,从社会的角度来说,这种需求为好几代逻辑学家提供了在计

* 原载《2003 北京市学术前沿论丛·小康社会:文化生态与全面发展》,北京师范大学出版社,2004 年,第 173—196 页。

算机科学、语言学和电子工程等部门的就业机会，这当然有助于逻辑共同体的繁荣。除此之外，还发生了下述情况(也许并不是偶然的)：《手册》的许多撰稿人在这些应用领域十分活跃，并且随着时间的推移，他们逐渐取得了我们时代的应用哲学逻辑领域中最著名的领军人物的地位。今天，《手册》第二版以非同寻常的方式集合了一批著名人物作为作者！”①

在序言中，加贝也阐述了他本人目前关于在计算机科学、计算语言学和人工智能中的逻辑的看法。“在上个世纪 80 年代早期，有一种感觉，逻辑在计算机科学中的作用是作为描写和推理的工具，并且作为可能是简洁的计算机语言的基础。计算机科学家当时正在对付数据结构，使用逻辑是他们的选择之一。”“当时我自己的看法是，逻辑学有机会在计算机科学中发挥关键性作用，与这个丰富且重要的应用领域交换益处，并由此加快它自身的演变。当时觉得，逻辑与计算机科学的关系，非常类似于应用数学与物理学和工程的关系。应用数学通过被用作一个实质性工具而得到演化，我们希望逻辑也将如此。今天我的观点已经改变了。随着计算机科学和人工智能越来越多地处理分布式和相互作用的系统、过程、并行性(concurrency)、智能体(agents)、因果、迁移(transitions)、通讯和控制(只提到少数几个)，这个领域的研究者与传统哲学家有越来越多的共同之处，哲学家们数个世纪以来一直在分析这些问题(而没有受到任何硬件能力的约束)。”“例如，支配几个过程之间的相互作用的那些原则是抽象的，类似于支配着两个大的有机体之间的合作的原则。一个基于规则的复杂、有效但严格的管理机构非常类似于一个处理和操控数据的复杂的计算机程序。我猜想，构成一个领域之基础的那些原则非常类似于构成另一个领域之基础的那些原则。”“我相信，这样的日子已经不远了：当计算机科学家某一天早晨醒过来时，他忽然认识到，他实际上是某种类型的形式哲学家！”

加贝还指出，“也许，在过去十年中出现的给人印象最为深刻的哲学逻辑成就，是与谬误理论、非形式逻辑和论辩理论等领域的研究伙伴之间的有效对话，由 1995 年在阿姆斯特丹举行的逻辑和论辩会议，以及 1996 年和 1997 年两次在波恩举行的实践推理会议所促成”。

---

① Dov M. Gabbay, “Editorial Preface”, in *Handbook of Philosophical Logic*, 2nd edition, vol. 1, vii-ix. 本文下面的引文凡未另注明出处者，均引自此。

加贝还用下面这张表格去显示当代逻辑学及其与计算机科学、形式语言和人工智能的关系的总体图景：

逻　辑	IT								
	自然语言处理	**程序控制描写、检验、并行性**	**人工智能(缩写为AI)**	**逻辑编程**	**指令式与直陈式语言**	**数据库理论**	**复杂性理论**	**智能体理论**	**特别的评论：未来展望**
时序逻辑	时态算子的表达能力；时序指示词；过去与未来的区隔	对重复发生事件的表达能力；对时序控制的描写；模型检测	计划；依赖时间的数据；事件演算；跨时间的持存——框架问题；询问时序的语言；时序处置	对带时间容量的霍恩子句的扩充；事件演算；时序逻辑编程	时序逻辑作为直陈式编程语言；数据库中改变着的过去；指令式未来	时序数据库和时序处置	相关逻辑的判定程序的复杂性问题	一个实质性构成要素	时序系统正变得越来越精致，并得到广泛的应用
模态逻辑。多重模态逻辑	广义量词	行动逻辑	信念修正；推理数据库	由失败导致的否定和模态	动态逻辑	数据库更新和行动逻辑	同上	可能行动	多重模态逻辑正处于上升期；量化和语境变得非常活跃
算法证明	话语表示；在语言输入上的直接计算	新的逻辑；广义理论证明者	广义推理理论；非单调系统	对逻辑的程序式探索	类型；术语重写系统；抽象解释	溯因推理；相干	同上	智能体的置入依赖于证明论	
非单调推理	消解歧义性；机器翻译；文档分类；相干理论	环形(loop)检测；关于环的非单调决策；系统中的故障	本性上适用于AI的逻辑学科；演变着和用于交流的数据库	由失败导致的否定；演绎数据库		推理数据库；对数据库的非单调编码	同上	智能体的推理是非单调的	目前的一个主要领域；对于把实践推理形式化具有重要意义
概率的和模糊的逻辑	对语言的逻辑分析	实在时间系统	专家系统；机器学习	逻辑程序的语义学		模糊和概率的数据库	同上	与决策理论相关联	目前的主要领域
直觉主义逻辑	逻辑中的量词	构造性推理和关于描写设计的证明论	直觉主义逻辑是比经典逻辑更好的基础	霍恩子句逻辑实际上是直觉主义逻辑；对逻辑编程语言的扩充	编程语言的语义学；马丁—洛夫理论	数据处理；归纳学习	同上	智能体构造性学习	仍然是经典逻辑的一个起中心作用的主要替代者

续 表

逻 辑	IT								
	自然语言处理	**程序控制描写、检验、并行性**	**人工智能(缩写为AI)**	**逻辑编程**	**指令式与直陈式语言**	**数据库理论**	**复杂性理论**	**智能体理论**	**特别的评论:未来展望**
集合论,高阶逻辑,λ—演算,类型	蒙塔古语义学;情景语义学	基础不好的集合	遗传的有穷谓词	λ-演算对逻辑程序的扩充	编程语言的语义学;抽象解释;域递归论		同上		比以往更具中心作用
经典逻辑。经典逻辑的片断	基本的基础语言	程序综合	一个基本工具			关系数据库	逻辑的复杂性类	逻辑的那头干重活的马	对经典逻辑片断的研究非常活跃且前景诱人
加标演绎系统	在建立模型时极其有用		一个起统一作用的框架;语境理论	注解性逻辑程序		加标考虑到语境和控制		实质性工具	逻辑学的起统一作用的新框架
资源和子结构逻辑	Lambek演算		真保持系统		线性逻辑			智能体具有有限的资源	
纤维化和组合逻辑	动态语法	模数;组合语言	空间和时间的逻辑	组合特征		链接数据库;反应数据库		智能体是由各种各样的纤维形机制构成的	自我纤维化概念容许自我指称
谬误理论									在适当的语境中,谬误实际上是有效的推理模式
逻辑动力学	在这里得到广泛应用							潜在可应用的	一种动态的逻辑观
论辩理论游戏		博弈语义学获得了根基							在应用逻辑的所有领域的作用都在上升,前景十分光明

续　表

逻　辑	IT								
	自然语言处理	程序控制描写、检验、并行性	人工智能（缩写为AI）	逻辑编程	指令式与直陈式语言	数据库理论	复杂性理论	智能体理论	特别的评论：未来展望
对象层次/元层次			在AI中得到广泛应用					智能体的重要特征	在所有领域内总是起中心作用
机制：溯因缺省相干			同上					对于智能体来说非常重要	变成了逻辑观念的一部分
与神经网络的联系									未来具有极大的重要性；刚刚开始
时间—行动—修正模型			同上					一种关于逻辑智能体的新理论	一类新模型

关于《哲学逻辑手册》第二版，加贝说："这部《手册》计划有大约18卷。哲学逻辑已经发生演变，它的各个领域已经相互关联到如此程度，以致为各卷设定专门的论题已经失去意义。不过，各卷遵循着章节之间的自然分组。"这里附上已经出版的前12卷的目录：

第一卷

编者序言：D. M. Gabbay

基本谓词逻辑：Wilfrid Hodges

介于一阶和二阶逻辑之间的系统：Stewart Shapiro

高阶逻辑：Johan van Bnetham，Kees Doets

算法和判定问题：递归论中的一个冲突过程：Dirk van Dalen

逻辑编程的数学：Hans Dieter Ebbinghaus，Jorg Flum

索引

第二卷

编者序言：D. M. Gabbay

演绎系统:Goran Sundholm
标准一阶语义学的替代者:Hugues Leblanc
代数逻辑:Hajnal Andreka，Istvan Nemeti，Ildiko Sain
基本多值逻辑:Alisdair Urquhart
高级多值逻辑:Reiner Hahnle
索引

第三卷

编者序言:D. M. Gabbay
基本的模态逻辑:R. A. Bull，K. Segerberg
高级模态逻辑:M. Zakharyaschev，F. Wolter，A. Chagrov
模态逻辑中的量化:J. Garson
对应理论:Johan van Bnetham
索引

第四卷

编者序言:D. M. Gabbay
条件句逻辑:D. Nute，C. B. Cross
动态逻辑:D. Harel，D. Kozen，J. Tiuryn
容错论辩的逻辑:H. Prakken，G. Vreeswijk
优先逻辑:S. O. Hansson
图形逻辑:E. Hammer
索引

第五卷

编者序言:D. M. Gabbay
直觉主义逻辑:Dirk van Dalen
对话作为直觉主义逻辑的基础:Walter Felscher
自由逻辑:E. Bencivenga
更多的自由逻辑:S. Lehmann
偏逻辑:S. Blamey

索引

第六卷

编者序言:D. M. Gabbay

相干逻辑:Mike Dunn, Greg Restall

量子逻辑:M-L. D. Chiara, R. Giuntini

组合子,证明和蕴涵逻辑:M. Bunder

弗协调逻辑:G. Priest

索引

第七卷

编者序言:D. M. Gabbay

基本时态逻辑:J. P. Burgess

高级时态逻辑:M. Finger, D. M. Gabbay, M. Reynolds

时态和模态的结合:R. H. Thomason

关于时态和模态逻辑中的量化的哲学审视:N. B. Cocchiarella

时态和时间:S. T. Kuhn, P. Portner

索引

第八卷

编者序言:D. M. Gabbay

问题逻辑:D. Harrah

模态逻辑的矢列系统:H. Wansing

道义逻辑:L. Aqvist

道义逻辑和违反义务:J. Carmo, A. Jones

索引

第九卷

编者序言:D. M. Gabbay

把逻辑重写为逻辑和语义的框架:N. Marti-Oliet, J. Meseguer

逻辑的框架:D. Basin, S. Matthews

证明论和意义:G. Sundholm
目标导向的演绎:D. M. Gabbay, N. Olivetti
论否定、完全性和相容性:A. Avron
逻辑作为合理性之源:一个概观:Ton Sales
索引

第十卷

编者序言:D. M. Gabbay
模态的认知和信念逻辑:J. -J. Ch. Meyer
指称和信息内容:名称和摹状词:N. Salmon
索引词:G. Forbes
命题态度:R. Bauerle, M. J. Cresswell
属性理论:G. Bealer, U. Monnich
物质表达式:F. J. Pelletier, L. K. Schubert
索引

第十一卷

编者序言:D. M. Gabbay
模态逻辑和自我指称:Craig Smorýnski
逻辑和数学中的对角线问题:Jale Jacquette
语义学和说谎者悖论:Albert Visser
虚构的逻辑:John Woods and Peter Alward
索引

第十二卷

编者序言:D. M. Gabbay
带逻辑程序的知识表示:Gerhard Brewka and Jürgen Dix
可解性原则:Alexander Leitsch and Christian Fermüller
形式不协调的逻辑:Walter Alexandre Carnielli, Marcelo Esteban Coniglio and João Marcos
全意识:Elias Thijsse

索引

令我本人感到欣慰的是，早在1999年我就著文表达了与加贝的序言所表达的类似的思想，即计算机科学和人工智能将是21世纪（至少是其早期）逻辑学发展的主要动力。这就是我的《从人工智能看当代逻辑学的发展》一文，15000字，先发表于《中山大学学报》社会科学版（2000年）逻辑与认知专刊（1），后发表于台湾《哲学与文化》2001年第10期。我还将其改写为一篇短文，题为《人工智能——当代逻辑发展的动力》，约4000字，发表于《光明日报》（2000年5月9日，理论学术版）。下面是我的主要说法：

现代逻辑创始于19世纪末叶和20世纪早期，其发展动力主要来自于数学中的公理化运动。当时的数学家们试图从少数公理根据明确给出的演绎规则推导出其他的数学定理，从而把整个数学构造成一个严格的演绎大厦，然后用某种程序和方法一劳永逸地证明数学体系的可靠性。为此需要发明和锻造严格、精确、适用的逻辑工具。这是现代逻辑诞生的主要动力。由此造成的后果是20世纪逻辑研究的严重数学化，其表现在于：一是逻辑专注于在数学的形式化过程中提出的问题；二是逻辑采纳了数学的方法论，从事逻辑研究就意味着像数学那样用严格的形式证明去解决问题。由此发展出来的逻辑被恰当地称为“数理逻辑”，它增强了逻辑研究的深度，并对整个现代科学特别是数学、哲学、语言学和计算机科学产生了非常重要的影响。

我做出预测，计算机科学和人工智能将是21世纪（至少在其早期）逻辑学发展的主要动力源泉，并将由此决定21世纪逻辑学的另一副面貌。由于人工智能要模拟人的智能，难点不在于人脑所进行的各种必然性推理（这一点在20世纪已经基本上做到了，如用计算机去进行高难度和高强度的数学证明，“深蓝”通过高速、大量的计算去与世界象棋冠军下棋），而在于最能体现人的智能特征的能动性、创造性思维，这种思维活动中包括学习、抉择、尝试、修正、推理诸因素，例如选择性地搜集相关的经验证据，在不充分信息的基础上做出尝试性的判断或决策，不断根据环境反馈调整、修正自己的行为……由此达到实践的成功。于是，逻辑学将不得不比较全面地研究人的思维活动，并着重研究人的思维中最能体现其能动性特征的各种不确定性推理，由此发展出的逻辑理论也将具有更强的可应用性。在这个时期，逻辑学的重点研究论题将至少包括：（1）如何在逻辑中处理常识推理中的弗协调、非单调和容错性因素？(2)如何使机器人具有人的创造性智能，如从经验证据中建立用于指导以后行动的归纳判断？(3)如何进行知识表示和知识推理，特别是基于已有的知识库以及各认知主体相互之间的知识而进行的推理？(4)如何结合各种语境因素进行自然语言理解和推理，使智能机器人能够用人的自然语言与人进行成功的交流？等等。

我本人不搞计算机科学和人工智能，甚至基本不做逻辑技术方面的创造性研究，主要从事逻辑哲学、西方逻辑史、分析哲学和逻辑教学等方面的研究。我如何会产生上述看法？这固然来自于我对有关文献的浏览和研读，但更多地是来自于我对逻辑本性以及逻辑学整体状况的独立思考。我由独立思考产生的想法不久就得到强有力的印证，这令我感到十分高兴。

二 对两个关键性观念的澄清

面对逻辑学发展的这个新趋势，中国逻辑学界需要认真思考应对之策：如何抓住机遇，促成中国逻辑学的跳跃式发展？我个人认为，首先需要在逻辑观上来一些变革，突破某些根深蒂固的旧观念的束缚。有两个重大问题必须重新得到讨论：

1. 逻辑是不是一门与人的思维有关的科学？

这个问题在逻辑学界之外，也许是不成问题的。但是，由于数理逻辑在某种意义上起源于弗雷格(也许包括胡塞尔?)的反心理主义，并且它倾向于被认为与人的思维的过程、方法和规律毫无关系，而是关注于语言符号，或者也许是客观实在。于是，逻辑学是否研究人的思维，在逻辑学界特别是中国逻辑学界一度成了不敢大声提出和讨论的问题，因为有可能遭到“不懂数理逻辑，搞心理主义”的讥讽和贬斥。

这里有必要先简短地回顾一下历史。

从 17 世纪直至 20 世纪初叶，逻辑学领域盛行一股心理主义思潮，它把逻辑研究的对象等同于主观心智过程，试图凭借心理图像和心理过程去研究逻辑推演和逻辑运算，从心理要素和心理学规律中推导出逻辑规律，于是逻辑学就变为心理学的一章，而具有纯粹主观的性质。受心理主义影响的逻辑著作的共同特点是：把大量认识论、方法论和心理学的内容带入逻辑，里面充斥着心理学的概念术语、方法或规则。而在逻辑领域率先擎起反心理主义大旗的是康德，随后是弗雷格、胡塞尔，后两人可以说是毫不妥协的反心理主义者。例如，在《算术基础》(1884)一书的序言中，弗雷格开宗明义地提到了他的哲学逻辑研究所遵循的三个基本原则，其中第一个就是："始终要把心理的东西和逻辑的东西、主观的东西和客观的东西严格区分开来。"[①]弗雷格对心理主义的批判有以下要点：(1)心理主义不能说明逻辑规律的客观性，因为心理主义者视为逻辑规律之基础的主观表象，如观念、心像等，必定是私人性的，而逻辑规律则是公共性的，可以为每一个人所把握。逻辑与之打交道的是思想的宇宙，而思想是不能化归于主观表象的。(2)心理主义不能说明逻辑规律的必然性，因为主观表象是因人而异的，而关于可变规律的想法是无意义的。弗雷格等人对心理主义的批判在19世纪末叶风行一时，几乎被后来的数理逻辑学家毫无保留地接受。从弗雷格开始，逻辑学走上了客观化的道路，即从对观念的研究走向了对语言的研究，从对心智领域的研究走向了对业已形成的客观知识的逻辑结构和形式的研究。于是，逻辑不研究人的思维及其结构，就几乎成为数理逻辑学家们的一个共识。

不过，我本人始终对这种观点持怀疑态度。因为几乎所有的数理逻辑学家都承认，逻辑是一门研究推理形式的有效性的科学。而在我看来，推理不是客观事物本身的一个过程，因为在它们那里不存在意识状态，而推理是一个有意识的行为；也不是一个单纯的语言过程，因为语言符号是死的东西，本身不能进行任何像推理这样的主动行为；而是人运用语言符号所进行的一个思维过程，推理形式是从人的思维活动中剥掉思维的具体内容之后所剩下的那个模式或框架。因此，不管怎样，逻辑总与人的思维活动有某种关系，说"逻辑学是一门与人的思维有关的科学"总不能算错。我本人一直对某种形式的弱心理主义持同情态度，认为逻辑学是一门与人的思维有关的学科，它特别注重研究人的思维的形式结构及其规律，试图找出人的思维所遵循的一些大致的程序、模式、方法和准则，从而把人的观念之间的变换与推移转化为一套受规则指导的操作，这些操作可以重复、可以检验，有相对确定的结果。正是在这个意义上，我认为，逻辑学是对于理性精神的揭示、培养和训练。

---

① 转引自穆尼茨：《当代分析哲学》，第88页。

我现在觉得,这些观点有必要进一步向前推进。在逻辑领域,过去所进行的反心理主义有些矫枉过正,把不该反掉的东西也当作心理主义反掉了,从而使逻辑学脱离了人的思维这个母体和源泉,发展下去就有可能成为无源之水、无本之木。这一点随着计算机科学和人工智能的出现愈加明显。人工智能要模拟人的智能,造出至少能够部分地取代人的劳作的机器人或计算机,而人的一切行为都是有意识的行为,都是受人的思维驱使的,因此计算机科学和人工智能不得不比较全面地研究人的思维活动,从中提炼出结构性和规律性要素,用于有关智能程序的开发和机器人的制作。这就是认知科学、心灵哲学、神经科学等新学科兴起的大背景。据报道,美国《纽约时报》的科技周刊——《科技时代》最近评选出过去 25 年中最具争议性的 25 个问题,其中两个是:"人的大脑是怎样工作的?""机器人能够有人的意识吗?"现在,逻辑学家们面临两种选择:要么固守住某些传统观念,从而置身事外,因自身"门庭冷落车马稀"而像嫁不出去的老闺女一样怨天尤人;要么积极投身到这项事业中去,由此获得推动自身发展的原动力,这样就不得不去比较广泛地研究人的思维活动及其规律,许多先前不研究的课题由此进入视野,例如:

- 感知,溯因,类比;
- 对归纳概括以及概念的学习;
- 做计划和计划再认;
- 关于他人的知识和信念的推理;
- 交际意图,各认知主体之间相互的知识;
- 语境,言语交际,自然语言理解;
- 知识表示,内容相干性;
- 交流所依赖的背景知识,对常识的精确处理;
- 对不确定性(模糊性、歧义性等)的处理;
- 缺省、容错、非单调的推理;
- 谬误理论,论辩理论;
- 效率和资源有限的推理;
- 关于时间和因果性的推理;
- 解释或说明;

• 等等。

逻辑学的研究领域由此将得到大大地扩展，进入一种“为有源头活水来”的境界。

2. 逻辑是否应该研究除有效推理之外的其他推理形式？

如所周知，数理逻辑是研究推理形式的有效性的科学。但问题在于：我们应该如何理解“有效性”概念？逻辑是否应该仅仅局限于对有效推理的研究？换句话说，是否凡是研究非有效推理的就不是逻辑？做后面这种研究的人就应该被排斥在逻辑圈之外？这些问题事关重大，值得详加讨论。

我们知道，推理分为内容的方面和形式的方面，而有效性是刻画推理形式的一个概念。一个推理形式，如果它的前提为真时，其结论不可能是假的，它就是有效的，否则就是无效的。但问题在于，什么是一个推理的形式？我们日常思维中的一个具体推理是否只有一个唯一确定的形式？情形并非如此，因为推理形式的确定取决于我们看问题的视角，取决于我们分析推理的方法。以“如果所有的金子都是闪光的，则有些闪光的东西必然是金子”为例，从直观上看这个推理是有效的；但在命题逻辑中，它的形式是“如果 p 则 q”，用符号表示是“$p\rightarrow q$”，按照对“$\rightarrow$”的经典解释，是不有效的；在亚里士多德的词项逻辑中，它的形式是“$SAP\rightarrow PIS$”，是有效的；在谓词逻辑中，它的形式是“$\forall x(S(x)\rightarrow P(x))\rightarrow \exists x(P(x)\wedge S(x))$”，是不有效的；在模态逻辑中，它又有另外的形式，其有效性不能一概而论。因此，有效性实际上不是一个绝对的、刚性的概念，而是一个相对的概念，具有一定的柔性和弹性，它相对于我们把什么东西当作推理中的结构性要素（逻辑常项），相对于我们对这些逻辑常项做出什么样的解释，因此也就相对于我们由此构造出来的逻辑系统。我们实际上找不出某些绝对的标准，可以确定无疑地说我们语言中的某些要素例如联结词“并且”“或者”“如果，则”“当且仅当”“并非”、量词“所有的”“有些”、等词“＝”是逻辑常项，而其他的词项例如各种副词、命题态度词就绝对不是。难道含有后面这些词项的语句、命题中就没有结构性成分，相互之间就不存在推理关系？显然不是如此。逻辑学的研究实际上已经扩充到后面这些词项，并且还将继续扩充到其他语句成分。

如果这样来理解有效性观念，逻辑学研究的范围就会被大大扩充。我们的思维中固然有在一定的假设下严格有效的推理，例如数学推理，它们脱离具体的时空,不依赖当下的交际语境,但这样的推理在人的思维中毕竟只占很少的一部分。人们在具体的语境中、在背景知识的参与下所进行的交流过程,尽管有某种不确定性,但我们常常能够达成相互理解,这其中难道没有推理因素的参与?难道不能从中找出某种结构性因素,例如大致的程序、模式、方法和规则?既然我们关于世界的知识归根结底来源于归纳、类比、假说演绎等等,难道逻辑学不应该对此做一些研究?难道归纳过程真的像某些人所说的那样是一个完全非理性的过程,没有任何踪迹、规则可寻?那么,我要反问:为什么机遇只偏爱那些有准备的头脑?为什么在某个领域内做出发现和发明的都是相关领域的专家,而不是一个完全的外行?为什么灵感、顿悟常常产生于长期投身于某项研究之后?这至少说明:发现和发明与科学家所受的训练、与他所接受的知识、与他所付出的辛劳等等有某种逻辑关系。因此,归纳逻辑是可以研究的,并且应该研究。关于逻辑学研究,我的更一般主张是:**哪里有推理关系存在,逻辑学研究就应该追踪、推进到哪里,而不管这种推理关系是普遍有效还是相对有效**。逻辑学家在研究逻辑理论时,固然有许多建构性因素,要遵守逻辑理论构造的一些要求,但他必定也在以某种方式描写人的语言实践和思维实践。至于究竟描写什么?描写多少?如何描写?如果肯定逻辑学家也描写,那么逻辑真理和经验真理之间有什么区别?将会对我们的传统知识观产生什么冲击?则是另外一些问题。我将在《逻辑学家是立法者吗?》一文中对它们详加讨论。

三 关于应对策略的一些建议

关于如何应对逻辑学发展的新机遇和新挑战,我这里提出如下一些建议:

1. 打好现代逻辑的基础,与此同时保持住自己的独立思考能力和创造能力。

做学问不是平地起高楼,要在前人的工作上进行,要在一个学术传统中进行。有些野路子的学者,动不动提出新说、创建体系,但由于其学术工作没有坚实的基础,游离于正常的学术传统之外,少数人或许真有真知灼见,但也很难获得承认,常常流于自生自灭。做逻辑研究更是如此。逻辑学是一门历史悠久、源远流长的科学,它有自己的研究传统和研究规范,特别是

19—20世纪创立的数理逻辑给逻辑学带来了一场革命，其显示出的理论深度、在方法论上的创新、其应用范围的广阔和富有活力，都是先前的逻辑无法相比的，它为新的逻辑研究设定了范式、标准，提供了工具、参照。因此，它是当代的任何逻辑研究者都必须学习、研究的，无论他打算研究什么样的逻辑题材，对于中国的逻辑研究者来说更是如此。因为中国的逻辑学研究者一直在逻辑技术方面比较弱，即使某个研究者有比较深刻、独到的思想，如果他不能用国际逻辑学界通用的语言、公认的形式（常常相当技术化）表述出来，其成果就不可能得到广泛认可。因此，学好现代逻辑，在这方面打下坚实的基础，无论怎么强调都不过分。

不过，同样重要的是，我们要坚持独立思考，敢于和善于提出新的想法，并把它付诸实践，做出新的研究结果来。逻辑史表明，逻辑学永远不会停留在某一型态、某一阶段上，某些特立独行人士的"奇思怪想"常常推动着逻辑学的发展，就像当年莱布尼茨提出要把"推理化归于计算，让推理的错误成为计算的错误"一样。当人们说某一逻辑理论发展得近乎完美时，历史常常会开他的玩笑，就像在康德断言"亚里士多德逻辑已经近乎完美"后不久，就迎来了数理逻辑的诞生一样。数理逻辑本身也将进一步发展，甚至也有可能出现与数理逻辑有些不同的逻辑形态，即使如此，已有逻辑的结果、精神、方法也不会被推翻，而会以某种方式被包容在新的理论和结果之中。

我认为，把某个时间段公认的某种观点广为传播，或应用到其他领域，这只是在做知识传播的工作，尚谈不上真正的研究。如果以一种非反省的态度从事此类工作，则有可能造成某种危险，因为有一句话说得好：常识里面往往隐藏着一个时代的偏见。在我的眼中，下面两种类型的工作才配叫做"真正的研究"：一是以明白、晓畅、精确、系统的方式说出了人人心中所想、但从来没有想清楚、当然更没有说清楚的东西；二是说出了这样的思想：初听起来像胡说八道，细听之后觉得有道理，经过认真思考之后才领悟到它的深刻与独到。这样的研究是原创性的。

2. 只要遵守正常的学术标准，什么样的逻辑都可以研究，并且用什么样的方式研究都行。

按我的理解，正常的学术标准至少包括：(1)要把自己的工作置于一个学术传统之中，这包括对前人或他人已经做的有关工作给予必要的尊重；(2)要有自己的独创性见解，因为研究贵在创新；(3)要把对他人观点的批评和对自己观点的证明以系统的方式组织起来,即学术文本要注重论证性;(4)把自己的研究成果发表出来,接受该领域内学术同行的任何不带非学术恶意的品评。得到认可,固然高兴;不被认可,也只好接受,或者把工作做得更好以说服同行接受,或交付历史去裁决。

我认为,只要遵守上述学术标准,对于中国的逻辑研究者来说,以下任何一个领域都可以研究,并且原则上怎么研究都行:

- 数理逻辑,包括一阶逻辑、模型论、递归论、证明论和公理集合论;
- 哲学逻辑,包括变异逻辑和扩充逻辑;
- 概率归纳逻辑;
- 自然语言逻辑,特别是与汉语有关的逻辑问题;
- 符号学,包括语形学、语义学和语用学;
- 非形式逻辑和批判性思维;
- 辩证逻辑、科学逻辑、科学方法论;
- 逻辑史,特别是中国逻辑史;
- 逻辑哲学,语言哲学,分析哲学;
- 逻辑理论在各个领域(例如法律和管理决策)中的特殊应用;
- 逻辑教学和逻辑普及工作;
- 等等。

我以为,之所以要奉行"什么都行"和"怎么都行"的原则,是因为各个研究者在研究基础、知识储备、兴趣爱好、研究特长等方面有诸多差别,无法强求一致;并且,任何人也不能完全正确地预先断定哪些研究是重要的,哪些研究就一定不重要,一切只能等研究结果出来后再说,并且对研究结果的评价也不是一蹴而就的,常常需要时间。例如,看起来似乎与计算机科学、人工智能完全不搭界的关于谬误、论辩等等的研究,居然被《哲学逻辑手册》主编加贝给予很高的评价:"也许,在过去十年中出现的给人印象最为深刻的哲学逻辑成就,是与谬误理论、非形式逻辑和论辩理论等领域的研究伙伴之间的有效对话。"

3. 要加强与逻辑之外的其他学科的合作,并且研究者最好以逻辑之外的某一学科作为自己的研究根据地。

目前的逻辑学研究是文理综合式的，需要来自不同学科背景——如计算机科学和人工智能，数学，认知科学，哲学，语言学，心理学，等等——的人士的跨学科合作，这对中国逻辑学界各自为战的传统研究方式构成挑战，它要求我们走出逻辑学界之外，在其他领域寻求对话者和合作者；要求逻辑研究者扩展自己的知识范围，使不同思想背景和学科背景的人员之间能够相互理解和相互对话，并且使之卓有成效。为了做到这一点，我甚至有一个具体建议：**年轻一代的逻辑研究者在研究逻辑时，最好以某一门具体学科作为自己的研究根据地，这样的学科可以是计算机科学、数学、哲学、语言学、心理学、认知科学、管理科学等，并且要做到在所选定的那门学科中有较深的造诣，例如在其专业学术刊物上发表文章，参加相关的学术会议，与该专业人士进行合作研究，等等**。

如果有条件的话，中国的逻辑研究者也要利用各种机会，去国外学习、访问，从事合作研究，参加国际学术会议，在国际刊物上发表自己的研究成果。至少要做到经常翻阅国际性专业期刊，以及新近的外文专业书籍，由此洞悉国际逻辑学界的研究动态，及时掌握有关的研究资讯。总之，要使中国逻辑学界以多种方式与国际逻辑共同体关联起来，以多种方式参与到国际学术共同体中去。

4. 中国的逻辑研究者要特别注意研究与汉语特点有关的逻辑问题。

一般认为，逻辑学是一门带有全人类性质的、工具性的学科，并且认为它是一门与人的思维有关的学科。而人的思维是以语言为载体的，不同的语言例如英语和汉语有很不相同的特点，如英语形态结构完整，而汉语常常靠“意会”建立关联。因此，在研究有关的逻辑问题时，特别是研究与计算机科学和人工智能有关的逻辑问题，例如自然语言理解、知识推理、认知逻辑等等时，汉语的特点是否会产生影响？如何产生影响？这些影响是否会在逻辑理论的构造中显示出来？西方的有些逻辑理论，例如反事实条件句（即虚拟语气条件句）逻辑，是否更多地与他们语言的特点相关联？因为在汉语中从句子形态上无法区分直陈语气和虚拟语气，那么，汉语中是否有所谓的反事实条件句逻辑？这些问题都值得认真加以研究。

在汉语逻辑的研究方面，有两种不同的策略：一是以中国人民大学哲学系逻辑教研室已故的王方名教授、张兆梅教授为代表，他们着重研究一般的逻辑形式在汉语中的特殊表现，以及某些汉语中特有的逻辑问题，其优点是紧扣汉语特点,缺点是局限于传统形式逻辑。陈宗明的早期著作《汉语逻辑初探》是其代表作。另一是由周礼全先生所提倡,王维贤、李先昆、陈宗明(中后期)所实践,并由周先生的两名博士生蔡曙山、周崇理发扬光大的策略,其优点是以现代符号学(语形学、语义学和语用学)和现代逻辑为基础,介绍、引进的特点比较浓,形式化程度比较高,缺点是汉语本身的特点不突出。我个人认为,这两种不同的研究策略都仍然具有生命力。

5. 要进一步做好逻辑学的教学、传播和普及工作。

在中国传统文化中,逻辑思维一直不发达,“经世致用”的要求和倾向比较强烈,并且这种状况迄今为止没有实质性改变。因此,我们应该加强而不是削弱逻辑学教学,要针对不同的教学对象提出不同要求,在专科学校可以只讲传统形式逻辑,在非重点高校开设国外目前比较盛行的更具实用性的批判性思维课程,在重点高校则应该开设“逻辑导论”课程,这种课程应该教给学生关于逻辑学的一般观念,逻辑学发展到目前为止的大致的整体形象,一些最基本的逻辑技术和技巧,以及隐藏在逻辑技术背后的思想和精神。这是一个大学生必须具备的基本素养。另外,绝不能轻视逻辑知识的传播和普及工作,它也需要许多有识之士带着某种使命感、以创造性心态投入其中。

主要参考书目和推荐读物

Brown, M. Neil and Stuart Keeley, *Asking the Right Questions: A Guide to Critical Thinking*, Prentice Hall, 8th edition, 2006.（尼尔·布郎、斯图尔特·基利:《走出思维的误区》,张晓辉等译,中央编译出版社,1994 年。）

Copi, Irving M. and Carl Cohen, *Introduction to Logic*, New Jersey: Prentice Hall, 13th edition, 2006.（欧文·M. 柯匹、卡尔·科恩:《逻辑学导论》,张建军等译,中国人民大学出版社,2007 年。）

Engel, P., *The Norm of Truth: An Introduction to the Philosophy of Logic*, Harvester Wheatsheaf, 1989.

Hausman, A., Howard Kahane and Paul Tidman, *Logic and Philosophy: A Modern Introduction*, CA: Wadsworth Publishing, 10th edition, 2006.

Hurley, P., *A Concise Introduction to Logic*, CA: Wadsworth Thomson Learning, 9th edition, 2005.

Lewis Vaughn, *The Power of Critical Thinking*, Oxford University Press, 2005.

威廉·涅尔和马莎·涅尔:《逻辑学的发展》,张家龙等译,商务印书馆,1985 年。

张家龙:《数理逻辑史》,社科文献出版社,1993 年。

杨沛荪主编:《中国逻辑思想史教程》,甘肃人民出版社,1988 年。

温公颐、崔清田主编:《中国逻辑史教程》(修订本),南开大学出版社,2001 年。

孙中原:《中国逻辑史(先秦)》,中国人民大学出版社,1987 年。

金岳霖主编:《形式逻辑》,人民出版社,1979年。
周礼全主编:《逻辑——正确思维和成功交际的理论》,人民出版社,1994年。
吴家国主编:《普通逻辑》(增订本),上海人民出版社,1993年。
宋文坚主编:《逻辑学》,人民出版社,1998年。
陈　波:《逻辑学导论》(第三版),中国人民大学出版社,2014年。
陈　波:《逻辑学是什么》(插图精装版),北京大学出版社,2015年。
陈　波:《逻辑哲学》,北京大学出版社,2005年。
陈　波:《悖论研究》,北京大学出版社,2014年。
陈　波:《思维魔方:让哲学家和数学家纠结的悖论》,北京大学出版社,2014年。
王宪均:《数理逻辑引论》,北京大学出版社,1982年。
宋文淦:《符号逻辑基础》,北京师范大学出版社,1993年。
陈慕泽:《数理逻辑教程》,上海人民出版社,2001年。
周北海:《模态逻辑导论》,北京大学出版社,1997年。
马库斯等:《可能世界的逻辑》,康宏逵编译,上海译文出版社,1993年。
张清宇、郭世铭、李小五:《哲学逻辑研究》,社科文献出版社,1997年。
江天骥:《归纳逻辑导论》,湖南人民出版社,1987年。
陈晓平:《归纳逻辑与归纳悖论》,武汉大学出版社,1994年。
邓生庆、任晓明:《归纳逻辑百年历程》,中央编译出版社,2006年。
苏珊·哈克:《逻辑哲学》,罗毅译,商务印书馆,2003年。
斯蒂芬·里德:《对逻辑的思考——逻辑哲学导论》,李小五译,辽宁教育出版社,1998年。
格雷林:《哲学逻辑导论》,牟博译,中国社会科学出版社,1990年,第31—57页。
张建军:《逻辑悖论研究引论》,南京大学出版社,2002年。
奥尔伍德等:《语言学中的逻辑》,王维贤等译,河北人民出版社,1984。
麦考莱:《语言的逻辑分析——语言学家关注的一切逻辑问题》,王维贤等译,杭州大学出版社,1998年。
王维贤、李先昆、陈宗明:《语言逻辑引论》,湖北教育出版社,1989年。
陈宗明主编:《汉语逻辑概论》,人民出版社,1993年。

申小龙主编:《语言学纲要》,复旦大学出版社,2003年。

胡壮麟主编:《语言学教程》(修订版中译本),北京大学出版社,2002年。

何自然:《语用学概论》,湖南教育出版社,1988年。

索振羽:《语用学教程》,北京大学出版社,2000年。

谷振诣、刘壮虎:《批判性思维教程》,北京大学出版社,2006年。

武宏志、马永侠:《谬误研究》,陕西人民出版社,1996年。

武宏志、刘春杰主编:《批判性思维——以论证逻辑为工具》,陕西人民出版社,2005年。